정치적 글쓰기의 멜랑콜리

—신채호와 발터 벤야민을 중심으로

김용하

동의대학교 동의지천교양대학 조교수. 고려대학교 대학원에서 신채호와 이광수 소설에 대한 비교 연구로 박사 학위를 취득했다. 대표적 논문으로는 「신채호의 「조선혁명선언」에 나타난 불교 무정부주의 양상에 대한 연구」, 「신채호의 「龍과 龍의 大激戰」에 나타난 불교 무정부주의와 점복 신앙의 정치적 서사 양상에 대한 연구」, 「신채호의 「용(龍)과 용(龍)의 대격전(大激戰)」과 발터 벤야민의 「역사의 개념에 대하여」에 나타난 종교와 정치의 관계에 대한 연구」 등이 있다.

서강학술총서
097

정치적 글쓰기의 멜랑콜리

-신채호와 발터 벤야민을 중심으로

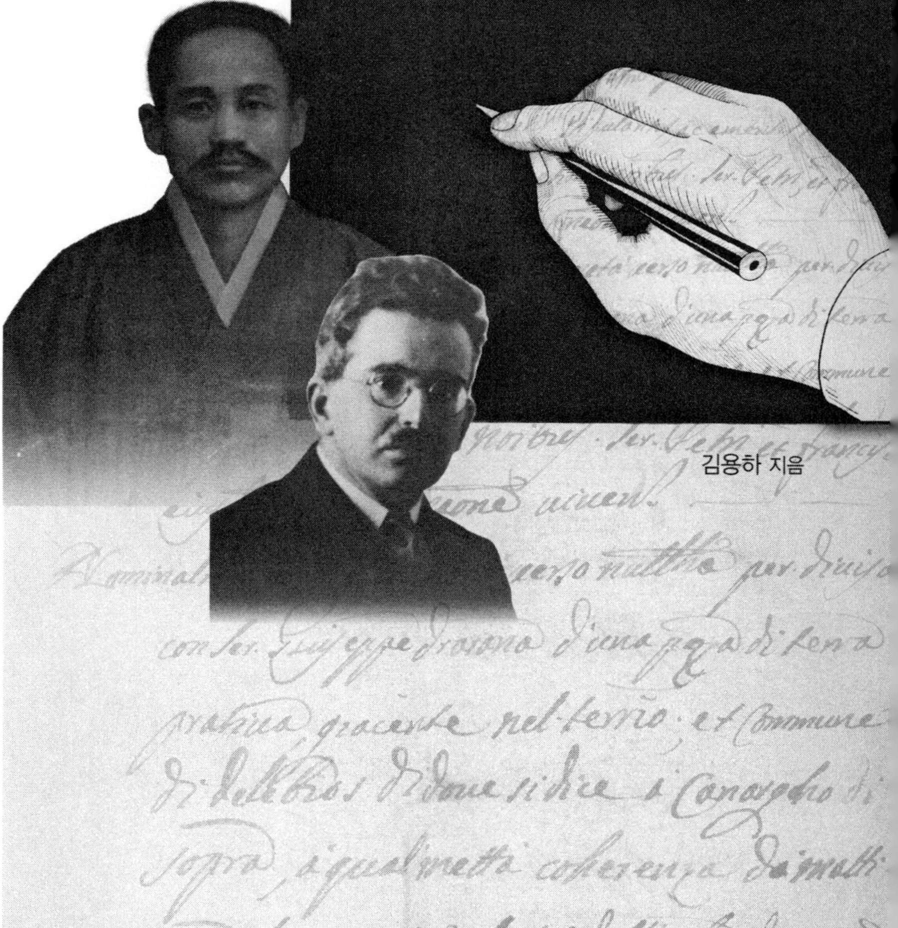

김용하 지음

서강대학교출판부

서강학술총서 097

정치적 글쓰기의 멜랑콜리
– 신채호와 발터 벤야민을 중심으로

초판 1쇄 발행 | 2017년 4월 13일

지 은 이 | 김용하
발 행 인 | 박종구
편 집 인 | 전종호
발 행 처 | 서강대학교출판부
등록 번호 | 제2002-000170호

주 소 | 서울특별시 마포구 백범로 35(신수동)
전 화 | (02) 705-8212
팩 스 | (02) 705-8612

ISBN 978-89-7273-328-7 94810
ISBN 978-89-7273-139-9(세트)

값 22,000원

* '서강학술총서'는 SK SUPEX 기금의 후원으로 제작됩니다.

책머리에

신채호와 발터 벤야민은 글을 쓸 수 없는 현실에 대한 절망과 글을 쓰려고 하는 열망의 경계에서 삶을 마감했습니다. 신채호는 식민주의의 폭력에 저항하고 조선 독립을 위해 글을 썼습니다. 발터 벤야민은 파시즘의 폭력에 대항하고 유럽 민중을 구제하기 위해 글을 썼습니다. 그들은 근대 사회의 정치적 폭력을 극복하기 위해서 글쓰기의 형식과 내용을 '정치적으로' 변경해야 한다고 생각했습니다. 그들은 근대 사회에 대한 고도의 정치적 태도를 글쓰기를 통해 표명하였습니다. 그들은 언어, 역사, 종교, 주권의 문제를 정치적으로 사유하면서 타자의 영역을 보존하기 위한 글쓰기를 보여주었습니다. 그들은 벌거벗은 개인과 세계에 대한 저주와 분노의 욕망을 정치적 글쓰기의 멜랑콜리를 통해 표출하였습니다.

필자는 이전에 두 편의 논문 –「신채호의 「龍과 龍의 大激戰」에 나타난 불교 무정부주의와 점복 신앙의 정치적 서사 양상에 대한 연구」(『어문논집』 60집, 민족어문학회, 2013)와 「신채호의 「용(龍)과 용(龍)의 대격전(大激戰)」과 발터 벤야민의 「역사의 개념에 대하여」에 나타난 종교와 정치의 관계에 대한 연구」(『인문학연구』 47권, 조선대학교 인문학연구소, 2014)—을 작성하면서 신채호와 발터 벤야민의 글쓰기를 총체적으로 비교했습니다. 『정치적 글쓰기의 멜랑콜리』에 두 편의 논문을 전체 논의와 부합하게 보완하여 각각 배치하였습니다.

『신채호 전집』을 발간한 독립기념관 한국독립운동사연구소와 『발터 벤야민 선집』을 번역 출간하신 최성만 교수님께 감사를 표합니다. 독립기념관 한국독립운동사연구소의 『신채호 전집』 출간은 신채호 연구를 위한 실증적 자료 수집 차원을 넘어 신채호 사상을 총체적으로 조명할 수 있는 토대가 되었습니다. 아울러 최성만 교수님의 『발터 벤야민 선집』 번역 출간은 발터 벤야민의 이론을 주체적으로 성찰할 수 있는 지형을 제공해 주었습니다.

『정치적 글쓰기의 멜랑콜리』의 모태는 스승인 김인환 교수님의 「최제우와 몽테스키외」였습니다. 스승의 책을 읽으면서, 우리 시대의 학문은 아학(我學)과 비학(非學), 실학(實學)과 허학(虛學)의 세계를 고루 지향할 필요가 있다고 생각했습니다. 인문학을 포함해 모든 학문은 인간과 세계를 성숙한 시선으로 성찰하는 과정을 거쳐 주체적으로 글쓰기를 지향해야 한다고 생각합니다.

2017년 2월

저자 김용하

목 차

서론

서론
신채호와 발터 벤야민의 정치적 글쓰기

1. 신채호와 발터 벤야민의 현재성

신채호(1880~1936)는 "근대가 일용할 양식과 일용할 기계가 필요한 시대라는 사실을 인식하고 있었으며, 제국주의와 계급 투쟁이 근대의 본질적 문제 상황임을 파악하고 있었다. 무엇보다 그는 근대를 대중의 수량이 움직이는 사회로 이해함으로써 대중의 개념을 정치의 범주로 포착한 한국 최초의 사상가"[1]이다. 그는 일본 제국주의의 폭력에 대항하기 위해 글을 썼다. 그는 조선 독립을 위해 일본의 정치적 폭력에 대응하는 글을 쓰면서 이론적 사유에만 머물지 않고 의열단의 무장 투쟁에도 동참하였다. 그는 민족주의자에서 아나키스트로 정치적 행동의 실천을 감행했다고 하지만,[2] 무정부주의를 수용한 이후에

1 김인환, 『기억의 계단 – 현대문학과 역사에 대한 비평』, 민음사, 2001, 78~79면.

2 이호룡, 『신채호 다시 읽기』, 돌베개, 2013, 243면.

도 글쓰기를 포기하지 않았다.

발터 벤야민(1892~1940)은 유럽의 근대 사회가 근대성의 순수성을 상실한 채 근대성의 폭력만을 향해 나아가는 과정을 경계하였다. 그는 유럽의 근대 사회가 문명과 진보의 파국을 성찰하지 못하고 정치의 종교화를 강행하는 맥락을 해체하고자 하였다. 그는 독일 사회뿐만 아니라 유럽의 정치적 문제점을 진단하고 정치적 파국에 브레이크를 걸기 위해 글을 썼다. 그 역시 무정부주의에 대한 관심을 표명하면서도[3] 특정 이념에 치우치지 않는 글쓰기의 면모를 보여주었다. 그가 보들레르, 아케이드, 비애극 등을 분석하면서 유럽 근대 사회의 진보에 대한 질주를 제어할 수 없다는 비극적 전망은 그의 글쓰기에 온전하게 반영되어 있다. 그는 좌파 아웃사이더에만 머물지 않고 메시아적 파수꾼(Messianischen Wächter)을 자처하면서 정치적 글쓰기의 영역을 확장하기 위해 노력하였다.[4]

---

3 Martel, James R., The Anachist Life we are Already Living : Benjamin and Agamben on Bare Life and the Resistance to Sovererignty, Brendan Moran and Carlo Salzani(ed), Toward the critique of violence, Bloomsbury Academic, 2015, p.187.

4 다니엘 벤사이드(Daniel Bensaïd)는 발터 벤야민을 메시아적 파수꾼(Messianischen Wächter)으로 규정하였다. 그는 발터 벤야민이 히틀러(Hitler)와 스탈린(Stalin)이 독소 불가침 조약을 체결했다는 사실에 절망했다는 점을 주목하면서, 발터 벤야민이 좌파 아웃사이더에서 탈피해 독일을 포함한 유럽 사회가 파국을 향해 치닫는 것을 경고하기 위해 글을 썼다고 하였다. 그는 발터 벤야민이 모스크바를 방문한 후 혁명의 순수성이 국가주의와 관료주의로 변질하고 있다는 점에 절망하여 유럽의 정치 상황을 비판하는 데 몰두하였다고 보았다. 특히 그는 발터 벤야민이 미적 가상에 도피하지 않고, 국가주의 이성의 총체적 조화를 파괴하기 위해 게릴라처럼 유대교와 마르크시즘의 변증법적 이미지를 유도하는 융합적 글쓰기에 매진하였다고 보았다. 결론적으로 그는 정치가 역사에 우위를 차지한다는 발터 벤야민의 경구를 언급하면서, 정치를 국가가 독점하는 행위로 규정하지 않고, 시간의 경과를 중단하고 미지의 오솔길을 파헤치는 전략적 사유로 고찰하면서, 사람들

신채호는 뤼순 감옥에서 옥사했고, 발터 벤야민은 스위스와 스페인의 국경지대인 포르 부(Port-Bou)에서 음독자살했다. 신채호는 중국 망명 전후로 식민지 조선의 독립을 쟁취하고 식민주의에 저항하는 과정에서 수감되어 죽음을 맞이했고,[5] 발터 벤야민은 제2차 세계 대전의 와중에 프랑스 국립 도서관에서 책을 읽고 글을 쓰는 도중 미국으로 망명을 떠나기 직전에 자살했다.[6] 신채호의 감옥과 발터 벤야민의 도서관은 근대의 폭력을 급진적으로 해체한 공간이었다. 그들은 감옥과 도서관에서 세계와 사회에 대한 단독자의 인식을 실천하였다. 감옥은 타인이 정신과 육체를 구속하는 비자율적 공간이고, 도서관은 정신과 육체를 자발적으로 구속하는 공간이다. 그들은 각각 감옥과 도서관에서 이론과 실천을 모색하는 와중에 타살과 자살로 삶을 마감했다.

신채호와 발터 벤야민을 연구대상으로 삼은 이유는 다음과 같다. 그들은 근대의 주변부 사유를 급진적으로 보여주었다. 신채호는 피식민지의 지식인이었고, 발터 벤야민은 근대 유럽 문명이 배제한 유대인 지식인이었다. 그들은 조선 사회와 유럽 사회의 파멸을 구제하기 위해

이 인지하지 못했지만 언제든지 시간의 흐름을 파괴하면서 도래할 메시아를 출현하는데 복무해야 한다고 말한다. 이러한 정치적 관점은 발터 벤야민이 문명과 혁명이 과거를 망각한 채 진보의 이름으로 미래의 유토피아를 향해 가다 결국 파국으로 귀결했다는 역사적 사실에 절망했던 순간, 발터 벤야민이 과거의 죽음과 대면하고 직시하는 과정을 거쳐 미래의 불행을 유예할 가능성을 담보하는 것에 속한다. Bensaïd, Daniel, Walter Benjamin. Links des Möglichen, LAIKA, 2015, S. 29~45.

5 김삼웅, 『단재 신채호 평전』, 시대의 창, 2005, 378~386면.

6 Howard Eiland and Michael W. Jennings, Walter Benjamim : A Criticla Life, Harvard University Press, 2014, pp. 665~657.

문사철을 아우르는 글쓰기를 추구했다. 신채호는 조선의 식민 상황을 인식하고 일본의 식민주의에 대항하기 위한 글쓰기를 선택하였다. 발터 벤야민은 유럽 문명이 파멸을 향해 나아가는 과정을 막기 위해서 글쓰기를 시도하였다.

신채호 전집 출간[7]과 발터 벤야민의 텍스트 국내 번역 출간[8]은 우리 사회를 성찰하는 데 긍정적으로 이바지하였다.

신채호 전집의 출간을 계기로, 그의 글쓰기 전반에 대한 학계의 관

7 신채호, 『단재 신채호 전집 1~9』, 독립기념관 한국독립운동사연구소, 2007. 단재 글의 인용은 『전집 권호』, 인용 면수만을 제시한다.

8 발터 벤야민, 김영옥 외 2인 옮김, 『발터 벤야민 선집 1권』, 도서출판 길, 2007.
______, 최성만 옮김, 『발터 벤야민 선집 2권』, 도서출판 길, 2007.
______, 윤미애 옮김, 『발터 벤야민 선집 3권』, 도서출판 길, 2007.
______, 김영옥·황현산 옮김, 『발터 벤야민 선집 4권』, 도서출판 길, 2010.
______, 최성만 옮김, 『발터 벤야민 선집 5권』, 도서출판 길, 2008.
______, 최성만 옮김, 『발터 벤야민 선집 6권』, 도서출판 길, 2008.
______, 최성만 옮김, 『발터 벤야민 선집 9권』, 도서출판 길, 2012.
______, 최성만 옮김, 『발터 벤야민 선집 10권』, 도서출판 길, 2012.
______, 김남시 옮김, 『발터 벤야민 선집 14권』, 도서출판 길, 2014. 텍스트 인용은 『선집 권호』, 인용 면수만을 제시한다.
______, 반성완 옮김, 『발터 벤야민의 문예이론』, 민음사, 1983. 텍스트 인용은 『문예』, 인용면수만 제시한다.
______, 조형준 옮김, 『아케이드 프로젝트 1』, 새물결, 2005.
______, 조형준 옮김, 『아케이드 프로젝트 2』, 새물결, 2005.
______, 조형준 옮김, 『아케이드 프로젝트 II』, 새물결, 2006. 텍스트 인용은 『아케이드 프로젝트 권호』, 인용면수만 제시한다.
______, 최성만·김유동 옮김, 『독일 비애극의 원천』, 한길사, 2009. 텍스트 인용은 『원천』, 인용 면수만 제시한다.

심이 표명되었다.[9] 신채호는 근대 국가의 작동 방식을 성찰하였다. 왜냐하면, 국가와 정부가 이념적으로 혼란을 초래하면서 근대 국가의 개념과 위상에 대한 재정립이 필요했기 때문이다. 특히 그가 무정부주의를 수용하면서 고찰한 국가의 역할과 기능에 대한 비판적 입장은 여전히 현대 사회에서도 유효하다.

발터 벤야민의 글쓰기에 대해 국내외의 학술적 관심도 증대하였다. 왜냐하면, 그의 이론적 사유는 현대의 문제점을 고찰하는 데 일조할 스펙트럼이 넓기 때문이다.[10] 특히 국내에서는 2000년대 이후 발터 벤야민에 대한 학문적 관심이 양적으로 증대하고 있을 뿐만 아니라 통합 학문의 관점에서 논의되고 있다.[11]

신채호와 발터 벤야민의 글쓰기에 대한 후대의 관심과 연구는 다양한 분야에서 지속해서 진행되었다. 우선, 신채호에 대한 연구는 문

---

9 독립기념관, 「단재 신채호의 삶과 투쟁 그리고 현재적 의의 심포지엄」, 독립기념관 한국언론재단, 2007.

10 최성만, 「한국에서 벤야민의 저작 번역과 수용에 대하여」, 『발터 벤야민 기억의 정치학』, 도서출판 길, 2014.
井波, 陵一, 「中國におけるヴァルター・ベンヤミン研究について」, 『東方學報』 76, 京都大学人文科学研究所, 2004.
Elisa Santucci – Nitis, Benjamin's International Reception, http://www.radicalphilosophy.com/conference-report/benjamins-international-reception-2013-berlin

11 황호덕, 「외부로부터의 격발들, 고유한 연구의 지정학에 대하여 –한국현대문학 연구와 이론, 예비적 고찰 혹은 그래프 지도 수형도」, 『상허학보』 35집, 상허학회, 2012, 79면.

학[12], 역사[13], 종교[14], 사회[15], 정치[16]의 관점에 이루어졌다. 신채호의 문학 담론에 대한 논의는 신채호의 텍스트에 대한 실증주의적 고찰과 문예 미학적 관점으로 이루어졌다. 신채호의 역사 담론에 대한 논의는 신채호의 역사관에 나타난 근대성을 규명하거나 역사 서술의 특이성을 중점적으로 다루고 있다. 신채호의 종교 담론에 대한 고찰은 유교에 대한 성격을 규명하고 있다. 신채호의 사회 사상에 대한 논의는 민족주의와 무정부주의의 상관성을 살펴보고 있다. 신채호의 정치 담론에 대한 고찰은 민족주의와 민본주의의 상관성을 해명하고 있다. 신채호의 텍스트에 대한 다양한 연구는 신채호 글쓰기의 본질을 파헤치고 있지만, 다음과 같은 한계가 있다. 신채호가 문학, 역사, 종교, 사회, 정치 분야에서 보여준 글쓰기의 생성 지점이 어디인지에 대해서는 설명하지 못하고 있다. 그가 식민주의를 파괴하기 위한 혁명적 글쓰기를 정치적으로 보여주고 있다는 점을 간과하고 있다.

---

12 김병민, 『신채호 문학 연구』, 아침, 1989.
김현주, 『단재 신채호 소설 연구』, 소명출판, 2015.
김주현, 『신채호 문학 연구초』, 소명출판, 2012.
김주현, 『계몽과 혁명 -신채호의 삶과 문학』, 소명출판, 2014.

13 이만열, 『단재 신채호의 역사학 연구』, 문학과지성사, 1995.
최홍규, 『신채호의 역사학과 민족운동』, 일지사, 2005.

14 박정심, 「申采浩의 儒教認識에 관한 硏究: 近代的 主體 問題와 관련하여」, 『한국사상사학』 제22집, 한국사상사학회, 2004.

15 신용하, 『증보 신채호의 사회사상 연구』, 나남출판, 2004.

16 김기훈, 「단재 신채호의 정치사상 연구: 국가관과 민족독립사상을 중심으로」, 경북대학교대학원 석사논문, 2002.
이인화, 「한국정치사상의 민본주의에서 민주주의로의 전환과정: 정약용과 신채호의 정치사상에 나타나는 근대성을 중심으로」, 성균관대학교대학원 석사논문, 2013.

발터 벤야민의 텍스트에 대한 국외 선행 연구는 근래 언어철학[17], 미학과 정치[18], 신학과 정치[19]의 관점에서 진행되었다. 그는 언어에 대한 자각과 성찰을 중심으로 파시즘이 지배하는 현실 문제를 감각적으로 재인식할 동력을 확보하는 과정을 거쳐 유대교를 전면적으로 활용하는 방식을 통합적으로 고찰하였다.

발터 벤야민에 대한 국내 선행 연구는 미학[20], 역사[21], 신학[22], 정치[23]의 관점에서 이루어졌다. 발터 벤야민의 미학 담론에 대한 연구는 벤야민이 세계의 파국을 감각적으로 경험하면서 미적 초월을 지향하고 있다는 점을 설명하고 있다. 발터 벤야민의 역사 담론에 대한 논의는 서양의 근대 문명의 진보적 역사 인식을 파국으로 규정하면서 파국과 종말의 지속을 중단하기 위한 비판적 태도를 보여준다는 점을 이야기하고 있다. 발터 벤야민의 신학 담론에 대한 논의는 그가 서양의 기독교 문명이 서양 문명을 불행으로 유인하고 있다는 점을 염두에 두면

---

17 Menninghaus, Winfried, Walter Benjamins Theorie der Sprachmagie, Suhrkamp Verlag, 1995.

18 Palmier, Jean-Michel, Walter Benjamin: Lumpensammler, Engel und bucklicht Männlein Ästhetik und Politik bei Walter Benjamin, Suhrkamp, 2009.

19 Khatib, R. Sami, Teleologie ohne Endzweck : Walter Benjamins Ent-stellung des Messianischen, Tectum, 2013.

20 강수미, 『아이스테시스 -발터 벤야민과 사유하는 미학』, 글항아리, 2011.
최문규, 『파편과 형세: 발터 벤야민의 미학』, 서강대학교출판부, 2012.
문광훈, 『가면들의 병기창』, 한길사, 2014.

21 최성철, 「파국과 구원의 변증법: 발터 벤야민의 탈역사주의적 역사철학」, 『서양사론』 제79호, 한국서양사학회, 2003.

22 이효성, 「메시아적 힘에 대한 탐구: 발터 벤야민의 메시아사상을 중심으로」, 감리교 신학대학교 대학원 석사논문, 2013.

23 최성만, 『기억의 정치학』, 도서출판 길, 2014.

서, 문명과 진보의 허구를 유대 신학의 관점에서 극복하려고 했다는 점을 제시하고 있다. 발터 벤야민의 정치 담론에 대한 연구는 발터 벤야민이 파시즘 체제와 대항하기 위해 고도의 정치성을 표현한 과정을 해명하고 있다. 발터 벤야민의 텍스트에 대한 개별 학문의 접근은 발터 벤야민의 다양한 사유의 흔적을 고찰하고 있지만, 다음과 같은 한계가 있다. 발터 벤야민의 글쓰기는 견고한 현실적 사안에 대한 적극적 대응이었다는 점을 간과해, 그의 글쓰기에는 고도의 현실 개조를 위한 정치적 무의식이 작동하고 있다는 점을 해명하지 못하고 있다.

이상과 같이, 신채호와 발터 벤야민의 텍스트에 대한 선행 연구는 개별 분과학문의 관점에서 진행되었다. 선행 연구는 신채호와 발터 벤야민이 정치적 글쓰기를 통해 극복하려고 한 타자를 억압하는 정치적 폭력의 문제에 대해 구체적으로 살피지 못하고 있다.

신채호와 발터 벤야민을 동시에 비교 검토한 연구는 소략하다. 신채호와 발터 벤야민의 텍스트에 대한 비교는 종교와 정치의 양상을 검토하거나[24] 동아시아와 서양의 근대 사회에서 발생한 폭력 담론을 논의하고 있다.[25] 종교, 정치, 폭력론에 입각한 신채호와 발터 벤야민의 선행 연구 역시 그들의 정치적 지향점과 결부해 논의를 전개하고 있지만, 그들의 글쓰기 전반에 걸쳐 작용한 정치적 위상을 총체적으로 담아내지 못하고 있다는 한계가 있다.

---

24 김용하, 「신채호의 「용과 용의 대격전」과 발터 벤야민의 「역사의 개념에 대하여」에 나타난 종교와 정치의 관계에 대한 연구」, 『인문학연구』 제47집, 조선대학교 인문학연구원, 2014.

25 조관자, 「〈반〉제국주의의 폭력과 멸죄의 힘—중국망명기의 신채호와 동시대의 폭력비판론」, 『문화 과학』 통권 34호, 문화과학사, 2000.

본 연구의 방법론을 세분화해서 제시하면 다음과 같다.

첫째, 본 연구는 비교문학의 방법론을 적용한다. 본 연구는 신채호와 발터 벤야민의 텍스트를 면밀하게 분석하는 비교문학론적 관점에서 살펴보고자 한다. 그들은 근대 사회의 폭력을 글쓰기를 통해 극복하고자 하였다. 그들은 근대성의 부정적 결과가 산출한 현대 사회의 병리적 징후를 성찰할 토대를 제공하였다.

둘째, 본 연구는 신채호와 발터 벤야민의 글쓰기를 분과 학문의 관점에서 고찰하는 태도에서 벗어나 학제간 연구의 방법론을 적용하고자 한다. 본 연구는 그들이 언어, 역사, 종교, 주권에 대한 논의를 어떻게 표현하고 있는지를 통합적으로 파악하려고 한다.

이상과 같이, 본 연구는 비교문학과 학제간 연구 방법을 토대로, 신채호와 발터 벤야민의 정치적 글쓰기의 양상을 분석하고자 한다. 자크 랑스에르(Jacques Rancière)는 정치에 대한 테제를 전개하면서 "정치의 중대한 작업은 그것의 고유한 공간을 짜는 것이다. 그것은 정치의 주체들이 세계 그리고 정치가 작동하는 세계를 보이게 만드는 데 있다. 정치의 본질은 두 세계가 하나의 유일한 세계 안에 현존하는 불일치를 현시하는"[26] 것으로 규정하였다. 그는 정치 행위를 단순하게 개인과 사회가 각자 공동체의 윤리적 선을 실현하기 위한 정치적 의사소통의 담론을 구성하려는 태도를 인정하지 않았다. 그는 정치의 본질을 불일치로 전제한 후, 정치적 불일치의 감각적 배분과 배치의 과정을 형성해야 한다고 주장하였다. 아울러 그는 "정치의 본질은 사회

26 자크 랑시에르, 양창렬 옮김, 『정치적인 것의 가장자리에서』, 도서출판 길, 2008, 249면.

가 사회 자체에 대해 갖는 차이를 그대로 현시하는 불일치하는 주체화 양식"[27]으로 정의하였다. 즉, 정치적 합의는 개별 주체들의 다양한 관점과 입장을 취합 후 공통 지점을 정치적으로 해결할 수 있지만, 실질적으로는 정치적 주체 간의 갈등을 단순하게 무화하는 행위에 불과하다.

롤랑 바르트(Roland Barthes)는 글쓰기를 언어체(langue)와 문체(figures)와 구분한다. 언어체와 문체는 일종의 거대 담론을 형성하는 범주라면, 글쓰기는 거대 담론의 위기와 균열을 초래한다. 글쓰기는 소수자의 고독한 언어이고, 글을 쓰는 의식상의 선택을 도모하면서 기존 사회의 시스템과 불화를 유발한다. 글쓰기는 거대 담론을 초월하는 과정이 아니라 거대 담론 내부의 한계를 교란하기 위한 기억의 산물이다. 아울러 그는 글쓰기를 파롤(parole)과도 구분한다. 그는 파롤의 카오스를 기호의 지속으로 간주하면서, 글쓰기를 상징적이고 내향적인 것으로 인식한다. 그는 혁명적 글쓰기, 마르크스주의적 글쓰기, 스탈린식 글쓰기를 언급하였다. 혁명적 글쓰기는 프랑스 혁명의 과장된 형식을 동반하였고, 마르크스주의적 글쓰기는 협소의 형식을 유발하였고, 스탈린식 글쓰기는 무비판과 응징의 세계를 도출하였다. 글쓰기는 "파롤이 인상적으로 명확한 태도를 취한 형태인데, 소중한 양의적 모호성을 통해 권력의 존재와 외관, 다시 말해 권력의 본래 모습과 권력 자체가 사람들이 그렇게 생각하기를 바라는 모습"[28]을 동반한다. 그는 특히 지식인의 글쓰기를 논의하면서 정치적 글쓰기의 지형을 서술한다. 정치적 글쓰기는 지식인들이 현실적 사안에 대해 정치

---

27 자크 랑시에르, 위의 책, 260면.

28 롤랑 바르트, 김웅권 옮김, 『글쓰기의 영도』, 동문선, 2007, 27면.

적으로 입장을 표현하는 것으로 "무력하며 참여에 대한 강박에 의해서만 정치적이기 때문이다. 요컨대 그것들은 여전히 윤리적 글쓰기이며, 그 속에서 필자(우리는 더 이상 작가라고 감히 말할 수 없다)의 의식은 집단적 구원의 안심시키는 이미지"[29]를 동반한다. 정치적 글쓰기는 경찰적 글쓰기에 종속하고, 지식인적 글쓰기는 유사 문학의 단계로 전락한다. 그는 글쓰기의 정파적 요인을 떠나 글쓰기의 수행 가능성을 정치적으로 자리매김해야 한다고 말한다. 롤랑 바르트의 지식인이 주도한 정치적 글쓰기의 입장을 비판적으로 수용하면서 본고의 정치적 글쓰기는 근대의 거대 담론을 주체적으로 해체하기 위해 문학, 역사 등 제반 제도의 글쓰기 맥락을 교체하기 위한 일련의 정치적 과정에 매개한 글쓰기를 의미한다. 신채호와 발터 벤야민의 정치적 글쓰기는 식민주의와 전체주의의 폭력에 정치적으로 대응하기 위한 과정에서 파생하였고, 신채호의 계몽주의적 글쓰기와 발터 벤야민의 반계몽주의적 글쓰기는 동서양 근대 사회에서 공통으로 폭력적 구조를 파괴하기 위한 일련의 정치적 의식의 소산이라는 점을 고려할 필요가 있다.

칼 슈미트(Carl Schmitt)는 정치적인 것의 개념을 정치적으로 존재하는 국민은 자신의 위험에 근거하여 스스로의 결정에 의하여 적과 동지를 구별하는 행위로 규정하면서, 종교와 경제 영역과는 달리 국가 보존을 위한 정치적 결단의 과정이 정치의 본원성이라고 주장하였다.[30] 칼 슈미트의 정치적인 것에 대한 정의를 토대로, 본고의 '정치적

29 롤랑 바르트, 위의 책, 29~30면.

30 칼 슈미트, 김효전·박배근 옮김, 『입장과 개념들』, 세종출판사, 2001, 101면.

글쓰기' 개념은 신채호와 발터 벤야민이 동서양 근대 사회의 정치 프레임에 동화되기를 거부하고 언어, 역사, 종교, 주권의 관점에서 지배자와 피지배 간의 불일치를 글쓰기를 통해 드러내는 방식을 지향하였고, 이를 기점으로 망국 민중과 무산계급이 정치적 공간을 확보하려는 논의를 의미한다. 즉, 그들의 글쓰기 전략을 정치적 행위의 일환으로 간주하고, 그들의 정치적 글쓰기의 다양한 모습을 비교하는 과정을 거쳐, 현대 사회의 부정성과 위험성을 극복할 인식의 지형을 확보하고자 한다. 이에 대한 연구 내용을 세분화해서 제시하면 다음과 같다.

1부에서는 신채호와 발터 벤야민의 '언어'의 정치적 변용에 대한 글쓰기를 살펴보고자 한다.

1장에서는 신채호의 문자론과 발터 벤야민의 「언어 일반과 인간의 언어에 대하여」에 나타난 문자와 언어의 정치적 양상을 살펴보고자 한다. 1절에서는 제국[31]의 민족어 말살 정책과 인간의 말이 타락하는

31 본고에서의 제국은 "국제 질서의 중심과 주변의 관계에 대한 일정한 관념을 내포한 질서표상의 개념(24면)"을 전제로 한자문명국인 한중일이 제국을 개념어로 활용했다고 간주한다. 제국 개념이 통상 근대 일본이 서양의 라틴어 원천인 임페리움imperium을 번역하는 과정을 거쳐 제국주의적 요소를 편성하면서 중화주의에 대한 대항적 개념을 사용했다고 알려져있다. 그러나 한국에서도 제국이라는 용어는 전근대사회에서 통용되고 있었다는 점을 염두에 둔다면 근대 동아시아에서 발현한 제국 개념은 단순하게 이념적 성격을 표현하는 수단이 아니라, 근대적 정치 권력을 동원하기 위한 고도의 정치적 맥락으로 이해할 수 있다. 특히 제국일본과 식민지 조선에서의 제국은 개념적으로 상이하였다. 시기적으로 1900~1920년, 1920년, 1930년대 이후의 식민지 후반기를 기점으로 제국 개념은 변용되었다. 특히 1900~1920년대에 일본은 전통 시대 중국의 천하관에 입각한 중화주의를 배제하고 일본이 동아사아 질서를 표상하기 위해 제국 개념을 활용하였다. 이른바 일본제국이라는 표현을 사용함으로써, 지배와 피지배의 지역 질서를 형성하였다. 이러한 일본 제국의 발명은 정치적 공간을 표상하고, 제국의

양상을 살피면서, 신채호와 발터 벤야민이 문자와 언어의 문제에 주목한 원인을 분석하고자 한다. 2절에서는 신채호의 국문(國文)과 발터 벤야민의 신(神)의 언어가 정치적으로 어떤 의미인지를 살펴보고자 한다. 3절에서는 신채호의 「古史上吏讀文名詞解釋法」에 나타난 명(名)과 발터 벤야민의 이름 언어(Name Sprache)이 공통으로 지향하고자 한 정치적 의미가 무엇인지를 고찰하고자 한다.

2장에서는 신채호의 『伊太利建國三傑傳』[32]과 발터 벤야민의 「파리 풍경 Tableaux Parisiens」[33]에 나타난 번역의 정치학을 논의하고자 한다. 신채호는 양계초(梁啓超)의 『意大利建國三傑傳』을 번역했다. 발터 벤야민은 샤를 보들레르(Charles Baudelaire)의 『악의 꽃 Les Fleurs du Mal』 중 「파리 풍경 Tableaux Parisiens」 을 번역하였다. 1절에서는 신채호의 번역관과 관련한 글과 발터 벤야민의 「번역가의 과제」를 중심으로 각각 계몽의 의역과 반계몽의 직역을 살펴보고자 한다. 2절에서는 이탈리아의 은유[34]와 파리의 알레고리적 양상을 살펴보고자 한다. 즉,

중심과 식민지 관계를 수직적 위계로 표상하였다. 그러므로 본고에서 제국 개념은 천하 중심의 중화주의와 일본제국 중심의 일본 식민주의가 어떻게 조선 민족의 정체성을 해체하고자 했고, 이에 대한 저항의 맥락이 형성되는 과정에서 파생된 의미를 포괄한다. 이삼성, 『제국』, 소화, 2014.

32 본문에 번역문을 인용하고, 각주에 전집 원문을 밝힌다. 인용 출처는 각주에 전집의 원문 인용 후 『전집』, 면수/ 『이태리건국삼걸전』, 면수만 밝힘. 번역본은 량치차오, 신채호 번역, 류준범·장문석 현대어 옮김, 『이태리건국삼걸전』, 지식의 풍경, 2001.

33 본문에 번역시를 인용하고, 각주에 전집 원문을 밝힌다. 인용 출처는 각주에 전집 원문 인용 후, GS Ⅳ-1, 면수, 번역시 제목과 면수만 밝힘, Benjamin, Walter, Gesammelte Schriften - Band IV-1, Suhrkamp, 1991. 번역본은 보들레르, 윤영애 옮김, 『악의 꽃』, 문학과지성사, 2007.

34 나병철은 은유와 네이션의 관점에서 식민지 시대의 글쓰기를 고찰한다. 그는 식민

신채호는 이탈리아의 몰락, 건국의 과정과 조선의 상황을 유비적으로 인식하였다. 그가 국권 상실의 비통함에 대한 개인적 울분을 넘어서 애국의 정념을 서사적으로 활용한 외국 작품을 번역하는 과정은 국권 회복을 위한 이념을 정치적으로 제시한 것이었다. 그는 『伊太利建國三傑傳』을 구한말 조선의 상황과 유사한다는 전제하에 이태리의 혁명과 건국의 과정을 조선에 도입하였다. 반면 발터 벤야민은 자본주의가 방치한 파리의 주변부를 면밀하게 살폈다. 그가 파리의 폐허를 응시하는 알레고리의 시선이 의도하는 바가 구체적으로 무엇인지를 살펴보고자 한다. 3절에서는 신채호의 건국 삼걸과 발터 벤야민의 루저의 정치적 번역 과정을 논의하고자 한다.

2부에서는 신채호와 발터 벤야민의 '역사'의 정치화에 대한 글쓰기를 살펴보고자 한다. 역사의 정치화를 역사를 구성하는 시간, 공간, 인간의 관점에서 세분해 논의하고자 한다.

지 시대의 피식민지들은 각자의 의식을 자유롭게 표출할 수 없었던 시기로 규정하고, 피식민지 구성원은 각자의 의식 세계를 무의식에 은폐하면서 욕망하는 과정을 거친다고 주장한다. 특히 식민지와 피식지는 각각 은유로서의 질병과 은유로서의 네이션을 배치하면서 정치적 지형을 형성하였다. 전자는 조선총독부를 중심으로 조선을 병적 토대를 이룬 곳으로 상정하면서 조선의 정치적 입장을 배제하려는 정치적 의식의 소산이고, 후자는 조선총독부의 억압적 기제에 대응하고 무의식에 저장된 정치적 욕망을 표현하기 위한 저항의 체계를 의미한다. 결국 은유로서의 네이션은 탈식민적 정치 지형을 허구적 서사를 설정하는 방식을 거치면서 중심으로서의 식민체계에 균열을 내기 위한 정치적 전략이다. 이러한 점을 염두에 두면서 신채호가 조선의 건국과 독립심을 고취하기 위해 양계초의 서사를 번역하는 과정은 번역 과정에서 당대 현실의 검열에 정치적으로 대응하기 위한 전략이다. 이를 통해 그는 이탈리아가 정치적 부침으로 거치면서 건국 영웅들이 이탈리아의 통일을 마련해 이탈리아의 독립을 쟁취한 과정을 조선의 상황과 유비적으로 고찰하면서 양계초의 저작을 번역했다는 점을 알 수 있다. 나병철, 『은유로서의 네이션과 트랜스네셔널 연대』, 문예출판사, 2014, 21~30면.

3장에서는 시간의 역사적 투쟁과 시간의 역사적 전복 양상을 살펴보고자 한다. 1절에서는 진화와 진보의 관점에서 신채호와 발터 벤야민이 미래를 어떻게 인식했는지를 살펴보고자 한다. 신채호는 진화론적 시간관에 따라 미래를 긍정적으로 인식했고, 발터 벤야민은 진보를 부정적으로 파악하였다. 2절에서는 신채호와 발터 벤야민이 공통으로 미래에 대한 대항적 의미를 지니는 상고와 태고의 시간을 어떻게 역사적으로 인식했는지를 살펴보고자 한다. 3절에서는 신채호가 변혁[35]의 예언을 어떻게 민족주의 관점에서 호출하고 있는지와 발터 벤야민이 지금 시간(Jetztzeit)을 유대 민족주의와 결부하면서 어떻게 역사를 새롭게 해석하고 있는지 분석하려고 한다.[36]

4장에서는 고대 영토의 집단 기억과 도시 공간의 비의지적 기억의

35 변혁은 혁명이 근대성의 과정과 산물이듯이 특정 역사적 조건의 산물이다. 변혁은 혁명의 선재 내지 선행 조건을 전제한다. 즉 "혁명은 결코 인간의 의지로 통제할 수 없는 것이기는 하지만 그것을 경험하면서 변혁이라는 집단적 노력의 새로운 방식을 발견"하게 한다. 이러한 과정을 거치면서, "변혁은 혁명의 과정에서 만들어진 변화의 조건을 그대로 물려"받는다. 최갑수, 「역사에서 변혁이란 무엇인가」, 『철학과 현실』 60, 철학문화연구소, 2004, 37~40면.

36 임혁백은 에른스트 블로흐(Ernst Bloch)의 비동시성의 동시성 개념을 혁신하였다. 블로흐가 마르크스주의적 경제결정론의 관점에서 동시적 시간과 비동시적 시간의 공존을 통해 진보주의적 시간관을 피력했다면, 임혁백은 블로흐의 시간관을 단순하게 모방하지 않고 주체적 다중 시간을 새롭게 규정하였다. 즉, 그는 '다중적 근대'와 '근대의 다양성'을 중심으로, 비동시성 시간의 동시적 공존뿐만 아니라 '충돌'을 다루면서 변방의 근대화에서는 공존의 시간보다 충돌이 압도한다고 주장하였다. 특히 블로흐의 경제결정론적 진보관을 정치학적 관점에서 재해석하였다. 이러한 점을 염두에 두면서 본고에서는 전근대, 근대, 탈근대의 비동시성 시간이 신채호와 발터 벤야민의 역사 서술에서 어떻게 정치적으로 변용되고 있는지를 살펴보고자 한다.
임혁백, 『비동시성의 동시성 –한국 근대정치의 다중적 시간』, 고려대학교 출판문화원, 2015, 32면.

양상을 살펴보고자 한다. 신채호는 식민주의적 역사 지리를 비판적으로 검토하면서 객관적 사료에 근거한 조선 민족의 영토와 지리적 공간을 근대적 시간에 편입하는 역사 서술 전략을 보여주었다.[37] 발터 벤야민은 서양의 근대 사회의 자본주의적 기억 작동 방식을 비판적으로 검토하면서 개인의 내밀한 기억과 자본주의 성립 전후의 원사를 다루거나 자본주의에 대한 대체 기억을 확보하려는 전략을 구사하였다.[38] 이처럼 그들은 역사의 공식 기억과는 별개로 집단 기억과 사적 기억의 보편과 특수성을 동시에 아우르기 위해 기억의 역사를 복원하려고

---

37 근대국가-국민-민족-국민국가적 영토성-강토, 강산, 삼천리, 산천, 국토 내지 토지와 같이 한국의 영토성을 표시하기 위한 개념어들이 사용되었다. "강토는 다양하게 사용되지만 자국의 영토를 표시하는 중심적인 개념으로 보이고, '강산'이나 '삼천리'는 영토적 외연을 표시하는 개념과는 달리 한국의 영토가 갖는 어떤 특성을 상징화하는 느낌이 강한 단어라는 점에서 '내포적인' 영토 개념과 결부된 것처럼 보인다. 한편 '산천' 또한 내포적인 의미를 갖지만 영토적 경계보다는 질적 공간을 표시하는 느낌이 강하다. 반면 '국토'나 '국경'은 직접적으로 근대적인 영토 관념을 표시하는 단어란 점에서 빈도가 낮다 해도 나타난다는 자체가 중요한 의미를 갖는 단어(244면)"이고, 특히 "〈대한매일신보〉에서는 '강토'가 왕이 아니라 '단군'이나 '국조' 등으로 귀속됨으로서 현존하는 왕이나 왕조가 아니라, 국민 내지 민족의 기원으로 부각되는 지점으로 귀속되고 있었다. 전통적인 영토 관념에서 벗어나 영토를 역사를 매개로 민족이나 국민 자체에 귀속시키는 근대적인 관념을 보여주고 있었다(268면)"다는 점을 주목할 필요가 있다. 이진경, 「근대적 영토 개념의 탄생 -〈독립신문〉과 〈대한매일신보〉에서의 영토적 공간 개념」, 『역사의 공간 -소수성, 타자성, 외부성의 사건적 사유』, 휴머니스트, 2010.

38 그램 질로크 (Graeme Gilloch)는 발터 벤야민의 도시와 정치학의 관계를 다음과 같이 규정하고 있다. "왜냐하면 역사는 과거와 현재의 융합에 의해 발생하기 때문이다. 도시를 부르주아 헤게모니와 신화에 의해 지배되는 곳이라고 폭로하면서 억압받고 있는 주변인들에게 권력을 위임하려 하기에 벤야민은 '반역사 counter-history'라 명명할 수 있는 대안적이면서도 전복적인 역사 실천을 지지한다." 그램 질로크, 노명우 옮김, 『발터 벤야민과 메트로폴리스』, 효형출판, 2005, 37면.

하였다.[39] 1절에서는 신채호의 고구려와 발터 벤야민의 베를린을 중심으로 한민족의 원형 공간과 개인의 기억에 내재한 유년 시절의 양상을 살펴보고자 한다. 2절에서는 신채호의 만주와 발터 벤야민의 모스크바를 중심으로 그들이 어떻게 현실 정치의 문제를 인식하였는지를 살펴보고자 한다. 3절에서는 신채호의 하늘과 발터 벤야민의 파사주(Passage)[40]를 중심으로 각각 보편적 집단 기억과 자본주의의 기억 작동 방식을 살펴보고자 한다. 요컨대, 신채호는 고구려, 만주, 하늘로 대변하는 고대 영토에 대한 상상력을 통해 역사 지리학적 풍경을 보여주었다.[41] 반면 발터 벤야민은 베를린, 모스크바, 파사주로 이어지는 근대 도시 공간을 기억하는 방식을 보여주었다. 그들이 역사의 기원, 망각, 기억의 관점에서 역사를 현재와 접속하고 미래를 유예하는 방식의 정치적 글쓰기를 어떻게 수행했는지를 살펴보고자 한다.

5장에서는 반역자의 정치 서사와 야만인[42]의 문화 정치를 살펴보

39 윤해동,「'만들어진 기억'과 국민 형성– 한국에서의 기억 연구와 그 과제」,『근대역사학의 황혼』, 책과함께, 2010, 203면.

40 고지현은 수전 벅모스(Susan Buck-Morss)와 조형준이 파사주를 아케이드로 번역하는 과정은 발터 벤야민의 애초 구상한 글쓰기의 맥락을 간과할 가능성 있다고 지적한다. 발터 벤야민은 파사주를 19세기 근대 일상 문화의 미시적 공간으로 간주하였다. 그녀는 고대 로마에도 아케이드가 존재했지만, 그녀는 19세기의 아케이드인 파사주는 "철골로 지탱된 천정을 유리도 덮었기 때문에 하늘을 바라볼 수 있었다. 철골과 유리를 건축 소재로 사용하기 시작한 것은 근대에 이르러서이다. 달리 말해 파사주의 단어 속에 포함되어 있는 아케이드는 고대와 근대를 구분하는 시대적 차이를 사회적 실체의 내용 안에 담고(47면)" 있다고 주장한다. 고지현,『꿈과 깨어나기』, 유로서적, 2007.

41 이삼성, 위의 책, 316~317면.

42 발터 벤야민은「경험과 빈곤」에서 새로운 야만성(Barbarentum)의 세계를 주장하였다. 그는 현대 사회에서는 전통과 경험이 붕괴하면서 세대 간의 소통이 불가능해졌다고 인식했다. 그는 현대 기술의 발전이 인간의 경험을 공유하고 연대할

고자 한다. 신채호와 발터 벤야민이 각각 서사와 영화를 통해 근대 사회의 모순을 어떻게 인식했는지를 파악하고자 한다. 1절에서는 신채호가 연개소문을 호명하면서 주목한 안시성 전투의 정치적 의미와 발터 벤야민이 에이젠슈타인(Eisenstein)의 〈전함 포템킨〉을 해석하면서 제시한 혁명의 가능성에 대한 의미를 살펴보고자 한다. 신채호의 전쟁 서사와 발터 벤야민의 전쟁 미학을 중심으로 식민주의와 전체주의에 대항하기 위한 고도의 정치적 의식을 살펴보고자 한다. 신채호의 역사 담론은 승자와 패자의 구분이 명확한 절체절명의 전쟁사를 중심으로 식민주의에 대항하기 위한 민족주의에 일조하려는 의식의 소산이다. 반면 발터 벤야민은 사진, 영화와 같이 근대 매체의 역사적 발전을 논의하면서 파시즘의 이른바 정치의 미학화에 저항하려는 이론적 사유를 확보하고자 했다. 2절에서는 신채호가 궁예의 광기를 재해석하는 정치적 의미와 발터 벤야민이 찰리 채플린(Charles Chaplin)의 영화를 비평하면서 제시한 정치적 의미를 조명하고자 한다. 신채호가 궁예의 광기에 대한 정치적 해석을 어떻게 재현하고 있는지와 발터 벤야민이 찰리 채플린의 희극적 몸짓을 해석하는 과정을 살펴보고자 한다.

수 있는 토대를 원천적으로 파괴했다고 생각했다. 현대인은 경험이 소멸한 자리에 미신의 세계를 수용하는 빈곤한 내면에 빠지게 된다. 그는 현대 사회의 경험의 빈곤을 극복하기 위해서 생성과 파괴의 정신을 수반한 야만인의 세계를 주목해야 한다고 주장한다. 본고에서의 야만인의 개념은 대중문화와 결부되어 소수자의 의식을 전개한 일련의 창조자를 의미한다. 그들은 "새롭게 시작하기, 적은 것으로 견디어내기, 적은 것으로부터 구성하고 이때 좌도 우도 보지 않기이다. 위대한 창조자들 중에는 인정사정이 없는 자들이 항상 있었는데, 이들은 일단 판을 엎어버리는 일부터 시작(『선집 5』, 174면)"하였다. 즉, 그는 에이젠슈타인, 찰리 채플린, 미키 마우스의 세계에서 경험의 빈곤을 파괴한 창조적 야만인의 세계를 발견하였다.

3절에서는 신채호가 이괄의 난이라는 역사적 사실을 어떻게 재해석하면서 당대의 삶에 정치적으로 개입하려고 하는지를 고찰하고, 발터 벤야민이 미키 마우스(Mickey Mouse)의 상징을 어떻게 고찰하고 있는지를 살펴보려고 한다. 즉, 이괄에 대한 역사적 사실이 허구화를 거치면서 어떤 역사적 의미를 획득하는지를 고찰하고, 미키 마우스의 상징이 어떻게 정치적 교란을 일으키는지를 살펴보려고 한다.

3부에서는 신채호와 발터 벤야민의 '종교'의 정치화에 대한 글쓰기를 살펴보고자 한다.

6장에서는 대종교의 민족주의와 유대교의 정치신학이 어떻게 정치적으로 활용됐는지 살펴보고자 한다. 신채호는 대종교를 수용하면서 민족주의적 시각을 확보했고, 발터 벤야민은 유대교를 수용하면서 민족주의적 시각을 비판적으로 활용했다. 신채호는 대종교의 건국 신화를 역사의 시공간으로 편입하는 방식을 통해 민족주의를 강화하는 한편 피식민지인의 정신적 구심점을 확보하기 위한 정치적 글쓰기를 보여주었다. 반면 발터 벤야민은 유대교의 메시아 신화를 근대 사회의 혁명을 위한 조건으로 규정하였다. 그는 타락과 종말의 상태를 해체하기 위해 종교적 세계관을 전면적으로 활용했다. 1절에서는 천부경과 토라를 중심으로 그들이 대종교와 유대교의 교리를 어떻게 정치적으로 인식했는지를 살펴보고자 한다. 2절에서는 그들이 각각 대종교의 단군 신화와 유대교의 메시아 사상을 어떻게 근대 사회에서 정치적으로 구현하려고 했는지를 고찰하고자 한다. 3절에서는 그들이 상무 정신과 유대교의 신적 폭력을 통해 근대 사회의 모순에 어떻게 대응했는지를 살펴보고자 한다.

7장에서는 신채호의 기독교 말살론과 발터 벤야민의 기독교 세속화에 내재한 기독교에 대한 정치적 비판 양상을 분석하고자 한다. 신채호는 유교, 불교, 대종교 등 동양 종교를 비판적으로 수용하면서도 기독교의 서양 종교를 비판적으로 고찰했다. 반면 발터 벤야민은 유대교를 기점으로 기독교적 세계관을 전복하고자 했다. 그들은 공통으로 기독교 중심의 서양 문명의 진보적 세계를 부정적으로 인식하면서 동서양의 주변적 종교관의 관점에서 현실 모순을 타개하기 위한 정치적 글쓰기를 수행했다는 점을 고찰하고자 한다. 1절에서는 신채호의 「龍과 龍의 大激戰」과 발터 벤야민의 「종교로서의 자본주의」에 나타난 천국의 파괴와 자본의 종말에 대한 양상을 살펴보고자 한다. 신채호는 무정부주의적 시각의 관점을 활용해 일체의 종교를 부정하였지만, 유독 기독교를 비판적으로 인식하는 태도를 보였다. 그가 무정부주의적 시각을 통해 기독교를 어떻게 파악하였고, 조선의 식민지 상황에서 기독교의 죄의 작동 방식을 어떻게 파악하고 있는지를 살펴보고자 한다. 발터 벤야민은 근대 사회가 종교를 재활용하는 과정에서 종교의 타락이 발생했다는 점을 주목하면서 자본주의의 종교적 속성을 분석하고자 했다. 발터 벤야민은 자본주의가 종교적 재마법화의 과정을 거쳐 근대인을 억압하는 것으로 부식하는 과정을 어떻게 보여주고자 했는지 살펴보고자 한다. 2절에서는 신채호의 「龍과 龍의 大激戰」과 발터 벤야민의 「역사의 개념에 대하여」에 나타난 천국의 천사와 역사의 천사가 구체적으로 어떤 의미를 지니는지를 살펴보고자 한다. 3절에서는 신채호의 「龍과 龍의 大激戰」과 발터 벤야민의 「종교로서의 자본주의」에 나타난 지옥에 대한 인식을 분석하고자 한다. 그들은 식민주의와 자본주의가 교묘하게 종교적 신격화를 활용하는 방식이 근대인을 불행의 세계로 유인한다고 생각했다. 그들이 동아시아와 서양의 식민주의와 자본주의의 억압적 방식을 어떻게 인식하고, 종교와 정치의 근대적 결합 방식을 문제 삼고 있는지를 규명하고자 한다.

4부에서는 신채호와 발터 벤야민의 주권(sovereignty)[43]의 정치화에 대한 글쓰기를 살펴보고자 한다. 그들은 공통으로 언어, 역사, 종교의 정치화를 모색하면서 주권의 문제에 도달하였다. 신채호는 영웅주의, 국민주의, 민중주의의 관점 변화를 통해 혁명과 폭력의 주권을 파악하였다.[44] 발터 벤야민은 무산대중을 발견하면서 법과 폭력의 주권을 재발견하였다.[45] 그들이 공통으로 지식인의 주권에서 시작해서 어떻게 망

---

43 주권은 근대 유럽의 국가 개념의 부상과 더불어 정치적으로 형성한 근대 개념이다. 주권은 대내적 혹은 대외적으로 국가 권력을 어떻게 유용할지에 대한 근대적 대응의 일환이었다. 대내적으로 교황권과 황제권의 조율을 거쳐 자연법과 실정법의 정치적 결합을 모색하는 과정이고, 대외적으로는 자국과 타국의 영토권을 둘러싼 권력 기반을 형성하기 위해 발명되었다. 특히 근대적 주권 개념은 중세적 권위와 권력 개념을 활용하면서 법의 실질적 행사를 권력자에게 위임하는 방식을 선택하였고, 민족주의의 발흥과 연결되면서 개별 국가들의 권력 세력을 균형 있게 조율하기 위해 작동하였다. 근대 유럽의 주권 개념을 수용한 동아시아에서 특히 조선은 중국과의 대외적 권력관계를 탈피하면서 자국 독립을 정치적으로 모색하기 위해 주권 개념을 활용하고자 하였다. 그런데 주권의 대외적 성격을 마련하기에는 조선은 자국의 권력을 상실한 상황이었기 때문에, 주권 현실이 부재하고, 주권 개념을 실질적으로 형성하기에는 현실적 토대가 미약하였다. 동서양 주권의 대내성과 대외성은 근대 국가를 중심으로 권력의 향방을 모색하고 있기 때문에, 실질적으로 국가를 구성하는 주체에 대한 논의가 부재한다는 점을 거론할 수 있다. 박상섭, 『국가·주권』, 도서출판 소화, 2008, 183~243면.

44 강만길, 「신채호의 영웅, 국민, 민중주의」, 강만길 편, 『신채호』, 고려대학교 출판부, 1990, 50~51면.

45 조르주 바타이유(Georges Bataille)는 근대국가와 국제법이 형성하면서 만들어진 주권 개념과는 달리, 스탈린 체제의 붕괴 전후 과정을 바라보면서 주권 개념을 새롭게 정의하고 있다. 그는 "한 인간의 주권(성)은 존재 자체의 주권(성)(313

국 민중과 무산대중의 주권에 도달했는지를 분석하고자 한다.

8장에서는 신채호와 발터 벤야민의 낭객[46]과 넝마주이의 관점에서 지식인의 글쓰기 방식을 고민하였다. 그들은 수집, 인용, 논설과 비평의 글쓰기를 보여주었다. 1절에서는 신채호가 역사 사료의 수집에 몰두하고, 발터 벤야민이 역사의 폐기물을 수집한 이유를 살펴보고자 한다. 2

면)"으로 간주할 수 있다. 존재자는 존재 내부와 외부에 있는 억압을 부정적으로 인식하면서 해소하는 과정을 거쳐 존재의 존재성을 증명하기 위한 노력을 취한다. 그는 혁명이 혁명의 조건이 완벽하게 구성한 상황에서 발생하지 않고 봉건주의를 해체하지 못한 정치적으로 미성숙한 국가에서 발생했다는 점을 주목하면서, 공산주의 혁명을 우선 긍정적으로 고찰했다. 공산주의 혁명은 권력자와 대중의 주권 없음을 표방하는 가운데, 혁명의 애초 대의와는 무관하게 주권의 순수성을 상실했다는 점을 언급하였다. 그러므로 "주권은 따라서 인간이 의식적으로 치장하는 주관적이며 자기만족적인 자의성과 혼동되어서는 안 된다. 그것은 근본적이고 친근한 유한성과 더불어 대면하는 주체적(주관적)경험이다. 즉 가장 친근한 자기 경험 속에서 정확히 자신을 모면하고 그리하여 치명적인 외부성에 의해서 교차한다는 그러한 사실성과 함께 그 자신의 근본적이고 친근한 유한성과 더불어 대면하는 주체적(주관적)존재의 경험(326~327면)"을 인정한다. 이러한 바타이유의 주권론을 필자는 수용하면서 본고의 주권 개념은 신채호와 발터 벤야민이 근대국가와 근대 주권의 폭력 구조를 해체하기 위해 망국 민중과 무산 계급이 현실적 제약을 극복하기 위한 정치적 맥락을 의미한다. 마크 드 카셀, 한형구 옮김, 「주권의 해부: 바타이유의 현대성에 있어서 고전성과 그것이 그의 정치적 사유에 미친 영향」, 슬라보이 지젝 엮음, 라깡정신분석학회 옮김, 『코기토와 무의식』, 인간사랑, 2013.

46 구장률은 신채호를 낭객(허랑하고 실속이 없는 사람)으로서의 망명객으로 규정하였다. 신채호는 「낭객(浪客)의 신년 만필(新年漫筆)」에서 조선의 문예계를 신랄하게 비판하였다. 그는 신채호가 중국에서 체류하면서 국적을 상실한 지식인이 조선의 현실에 대한 관점에는 디아스포라의 시선이 반영하고 있다고 말한다. 그는 "디아스포라 주체를 통한 공간적 치환은 당연한 것으로 간주되고 있는 지배적인 역사나 지식 등을 외부의 시선(75면)"이 내재한다고 간주하면서, 신채호가 중국에서 조선 내부의 부조리를 응시한다고 말한다. 신채호가 스스로를 낭객(浪客)으로 규정한 만큼, 낭객(浪客)으로서의 망국 지식인이 어떻게 글을 통해 현실에 개입하고 있는지를 파악할 필요가 있다. 구장률, 「낭객 신채호와 정명의 문학 –디아스포라적 위치성을 중심으로」, 『민족문학사연구』 44권, 민족문학사연구소, 2010.

절에서는 신채호와 발터 벤야민이 인용의 정치적 글쓰기를 감행한 이유가 무엇인지 분석하고자 한다. 3절에서는 그들은 각각 논설과 비평의 글쓰기를 보여주었는데, 논설과 비평이 지향하는 바가 무엇인지를 고찰하고자 한다. 그들이 각각 망국 지식인과 무산 계급의 지식인으로서 글쓰기를 통해 어떻게 정치적 감각을 획득하였는지를 살펴보려고 한다.

9장에서는 신채호의 「水軍第一偉人 李舜臣傳」과 발터 벤야민의 『독일 비애극의 기원』을 중심으로 조선 시대 영웅의 비극과 바로크 시대 군주의 비애에 나타난 정치적 맥락을 분석하고자 한다. 1절에서는 조선의 임금과 바로크 시대의 군주의 정치적 입장을 살펴 보려고 한다. 조선의 임금은 임진왜란 동안 공적 목표를 망각하고, 사적 목적만을 위해 정치력을 발휘하였다. 독일 바로크 시대의 군주는 정치적 결단을 추진하기에는 우유부단한 면모를 보였다. 조선의 임금과 바로크 시대의 군주가 어떻게 주권을 행사하고 있는지를 살펴보고자 한다. 2절에서는 임금과 군주가 정치적 결단을 강행하는데 있어, 신하와 궁신들이 어떻게 정치적으로 처신하였는지 살펴보려고 한다. 3절에서는 신채호가 이순신을 호출하면서 근대 식민주의에 승리를 쟁취한 주체를 발견하고자 했다는 점과 발터 벤야민이 햄릿을 통해 마련하고자 한 정치적 주권의 문제가 무엇인지를 살펴보고자 한다.

10장에서는 신채호의 아(我)[47]와 발터 벤야민의 비인간

47 신채호의 아(我)의 성격에 대한 논의는 다양하게 전개되었다. 동(東)의 개념과 결부해 근대 국가의식과 관계가 있다는 논의(노관범)와 조선의 정체성과 주체성에 관한 근대적 담론으로 규정한 논의(박정심, 84면), 식민화 상태에서 회복해야 할 조선인의 본연지성과 결부한 논의(송병삼, 238면) 등이 있다. 본고에서는 아

(Unmensch)[48]에 대한 관점을 살펴보고자 한다. 1절에서는 계집종과 하인으로 대변하는 계층의 자살과 위장 전술을 살펴보고자 한다. 2절에서는 신채호의 비영웅과 발터 벤야민의 현대 영웅의 성격을 살펴보고자 한다. 3절에서는 신채호의 아(我)와 비아(非我)의 관계에 망국 민중의 주권에 대한 관점과 발터 벤야민의 꼽추 난쟁이(ein buckliger

(我)의 범주를 망국 민중으로 규정한다. 신채호는 아(我)의 주체성을 민족과 결부하던 태도에서 민중과의 접속을 시도하였다. 그는 "'아'의 정립이라는 정언명령은 약자들의 공통체를 향해 발화되고 있다는 점에 주의해야 한다. '아'의 정립이란 약소국인 대한제국의 국권 확립, 식민지 조선 민족의 독립 쟁취, 민족과 계급의 이중모순으로 착취 받는 민중의 생존권 확보 같은 현실의 문제들과 결부되어 있었다. 그것은 현실의 불균등한 역학 관계에서 저항의 주체를 확립(윤영실, 302면)"하려고 하였다.

노관범, 「대한제국기 신채호의 "아(我)" 개념의 재검토」, 『개념과 소통』 14권, 한림과학원, 2014.

박정심, 「신채호의 "아(我)"에 관한 연구」, 『동양철학연구』 76권, 동양철학연구회, 2013.

송병삼, 「번역된 근대 주체와 민족: 신채호의 '아(我)'와 '아(我)의 확장' 재인식」, 『인문사회21』 7권, 아시아문화학술원, 2016.

윤영실, 「근대계몽기 신채호의 민족론에 나타난 '아(我)'의 의미」, 『한국학연구』 제24집, 인하대학교 한국학연구소, 2011.

48 발터 벤야민은 동일화를 추구하는 인간 사고의 폭력을 회피하고자 하였다. 동일성 철학은 인간이 문명화 과정을 거치면서 인간중심주의적 관점에서 타자와 자연을 배제한다. 동일성은 문명 구축과 진보주의적 인간 중심주의로 귀결하고, 그는 비동일적 사고는 인간을 둘러싼 지배와 피지배의 구조를 교란한다. 즉, 그는 인간의 정의, 자유, 평등, 우애 등의 도덕적, 종교적, 정치적, 철학적 입장은 인간 세계를 폭력적으로 날조하는 데 이바지한다고 보았다. 그는 아웃사이더로서 인간중심주의의 이데올로기를 회피하려는 과정에서 고립과 우울의 정서를 겪을 수밖에 없었다. 그는 탈인간을 지향하면서도 새로운 인간 유형인 비인간의 세계에 침잠하였다. 비인간이라는 새로운 인간 유형은 전인(Allmensch)과 데몬(Dämon)의 지평에서 지속해서 인간의 동일성에 안주하지 않고 데몬으로의 복귀와 전인으로의 부활을 역설적으로 기대한다.

道籏泰三, 『堕ちゆく者たちの反転――ベンヤミンの「非人間」によせて』, 岩波書店, 2015, pp. 30~44.

Zwerg)로 표상하는 무산대중의 주권을 어떻게 인식하고 실현하는지 살펴보고자 한다. 신채호가 역사 기술에서 아(我)와 비아(非我)의 위상을 다양한 관점을 통해 해석하고, 아(我)와 비아(非我)의 변증법을 정치적으로 배치하려고 했던 맥락을 파악하고자 한다. 발터 벤야민이 꼽추 난쟁이로 표상하는 자아 인식이 어떻게 무산대중과 긴밀한 실천의 관계를 동반할 수 있는지 고찰하고자 한다. 신채호의 드래곤의 '저주'와 발터 벤야민의 꼽추 난쟁이의 '분노'를 면밀하게 살펴보고자 한다.

결론적으로, 신채호와 발터 벤야민이 정치적 글쓰기를 통해 도달한 몫이 무엇이었는지를 제시하고자 한다. 그들에게 정치적 글쓰기의 몫은 현실에서 실패한 자들의 육성을 가감 없이 현실에 개입하는 과정을 의미한다. 정치적 글쓰기의 몫은 현실에 대한 멜랑콜리(Melancholia)의 시선을 담아내고 있다. 멜랑콜리 담론은 지식과 경험의 구조화의 한계에 대한 성찰이고, 어떤 불안정한 권력배열의 표현으로서 끊임없는 질문의 대상이 되는 잠정적 경계 짓기이다.[49] 멜랑콜리는 서양 문화의 정신적 풍경을 나타낸다. 멜랑콜리는 몸, 사람, 인문학, 서양 문화를 의미한다. 몸은 멜랑콜리가 인간의 신체적 조건과 생물학적 기능과 연관한다. 사람은 인간이 사람과 죽음이라는 보편적 멜랑콜리의 지평에 대한 논의이고, 인문학은 지식인의 창조력과 상상력을 기반으로 하는 논의이다. 서양 문화는 서양의 비극 정신에 대한 주체와 타자의 이분법을 토대로 결국 주체와 이성 중심주의로 인해 타자를 억압하는 데 활용하였다. 특히 서양 문화의 멜랑콜리는 서양

49 김영옥, 「시계는 '너무 늦었음'에 멈추어 서 있다?: 벤야민의 멜랑콜리적 역사인식」, 『브레히트와 현대연극』 제8집, 한국브레히트학회, 2001, 227면.

국가 내부의 문제로 식민주의와 제국주의의 폭력 주체로서 존재했기 때문에 타자로서의 멜랑콜리를 경험하지 못할 수 있다.[50] 그들은 근대 사회의 종말과 파국을 중지하기 위해 정치적 글쓰기를 수행했다. 그들은 근대를 포함한 일체의 억압적 폭력의 작동 방식을 멜랑콜리한 시선으로 재구성하고자 한다.

신채호와 발터 벤야민은 멜랑콜리한 시선을 부정적으로만 인식하지 않았다. 그들의 멜랑콜리한 시선의 내부에는 저주와 분노의 감정이 담겨 있다. 그들은 저주와 분노의 감정을 토대로 근대 사회가 개인을 불행하게 만드는 작동방식을 종식하기 위해 정치적 글쓰기를 수행했다. 그들이 현실을 변혁하려는 정치적 실천에는 한계가 있었지만, 정치적 글쓰기의 몫인 저주와 분노의 멜랑콜리를 접목하려는 노력은 포기하지 않았다.

신채호와 발터 벤야민의 텍스트에 나타난 정치적 글쓰기의 의미를 논하고자 하는 의의는 다음과 같다.

첫째, 신채호와 발터 벤야민의 정치적 글쓰기는 신자유주의의 부정적 결과가 나타나고 있는 현대 사회의 모순을 비판적으로 인식하고 해결할 토대를 마련하는 데 이바지한다.

둘째, 신채호와 발터 벤야민의 정치적 글쓰기는 정치의 소멸과 종식이 거론되는 현대 정치의 위기를 극복할 방안을 제시한다.

셋째, 신채호와 발터 벤야민의 정치적 글쓰기는 정치 주체의 문제를 재인식할 기회를 제공한다는 점을 확인할 수 있다.

---

50 김동규, 『멜랑콜리아』, 문학동네, 2014, 18~34면.

1부
언어의 정치적 변용에 대한 글쓰기

1장
문자의 발견과 언어의 성찰

1장

문자의 발견과 언어의 성찰

1. 제국의 민족어 말살과 인간의 말

신채호와 발터 벤야민은 근대 동서양 사회에서 문자와 언어의 문제를 개조하였다. 신채호는 한자와 일본어가 조선의 주체성을 말살한다고 생각했기 때문에 한자의 중화주의와 일본어의 식민주의를 동시에 극복하려고 하였다. 발터 벤야민은 근대 사회의 인간이 신적 언어의 고유성을 상실한 채 인간 언어의 기호적 자의성에 기반을 두면서 언어가 타락했다는 점을 면밀하게 고찰하였다. 신채호는 중화주의 언어와 식민주의 언어를 극복하고자 했고, 발터 벤야민은 자본의 언어에 포섭된 인간 언어를 비판하고자 했다.

> 三國 以後로ᄂᆞᆫ 幾乎 家家에 ᄒᆞᆫ문을 儲하며 人人이 ᄒᆞᆫ문을 讀ᄒᆞ여 ᄒᆞᆫ官威儀로 國粹를 埋沒ᄒᆞ며, ᄒᆞᆫ土風敎에 國魂을 輪送하여 言必稱 大宋大明大淸이라 ᄒᆞ고 堂堂 大朝鮮을 他國의 一附庸屬國으

로 反認홈으로 奴性이 充滿ᄒᆞ여 奴境에 長陷ᄒᆞ엿거ᄂᆞᆯ 今日에 坐ᄒᆞ여 尙且 國文을 ᄒᆞᆫ문보다 輕視ᄒᆞᄂᆞᆫ 者 有ᄒᆞ면 此亦 韓人이라 云ᄒᆞᆯ 할가.[1]

한자는 개인의 의사소통 수단으로만 존재하지 않고 개인의 정체성까지 지배하면서 중화주의의 세계를 전파하였다. 일본어는 서구의 근대 문명을 이식하는 수단에 그치지 않고 일본의 식민주의를 수용하는 데 일조했다. 중국의 중화주의와 일본의 식민주의는 조선의 주체적 세계관을 억압하고 폭력적으로 작용하면서 조선을 정치적으로 회복 불능의 상황으로 이끌었다. 한자는 조선의 인식 세계를 지배했고, 한자 중심의 세계관은 조선의 자주성이 설 자리를 마련하지 못한 채 사대주의를 형성하는 데 일조했다. 한문 중시의 문자관은 국문의 세계를 천시하고, 한문의 세계를 숭상하는 인식에 이바지한다는 점이 문제이다. 한문은 조선에 대한 국가와 애국 관념을 도치하면서 국수 보전을 위한 인식을 저해한다. "國문으로 奴를 삼으며, 漢文으로 主를 삼고, 國文으로 臣을 삼으며, 漢文으로 君을 삼어, 駸駸然 國文은 廢止ᄒᆞ고 漢文만 崇尙ᄒᆞ려ᄂᆞᆫ 意思(『전집 6』, 626면)"는 국문과 한문에 대한 언어학적 차이를 넘어서 한문을 중시하는 중화주의적 세계에 조선은 편입하였다. 한문의 폐해는 조선을 중심으로 중국과의 대항적 애국심을 유지하는 동력을 상실하게 하여 조선은 중국의 부속품에 불과한 변방의 소국(小國)으로 전락하게 만들었다는 점이다. 한문의 숭상과 종속은 조선의 노예 정신을 강화하는 데 작용한다. 조선은 자

1 『전집 6』, 628면.

국의 역사와 문화를 엄밀하게 보존하지 못한 채, 이국의 문자와 문화를 일방적으로 경배하는 태도를 유지할 수밖에 없다.

> 韓國에 自來로 自國國文이 非無언마는 此는 一邊閣置ᄒᆞ여 女子及勞働界에만 行用되고 上等社會에는 漢文만 尊尙ᄒᆞ여 讀習하는 바도 此에 在ᄒᆞ며 著作ᄒᆞ는 바를 此로 以ᄒᆞ더니 居然 時代의 思潮가 一變ᄒᆞ야 彼佶屈聱牙ᄒᆞᆫ한 漢文으로는 國民智識 均啓ᄒᆞᆷ이 難ᄒᆞᆷ을 大覺ᄒᆞ며 又 自國國文을 無視ᄒᆞ고 他國文만 尊尙ᄒᆞᆷ이 不可ᄒᆞᆷ을 不悟ᄒᆞ고 於是乎 國文을 純用코자 ᄒᆞ나 但 屢百年 慣習ᄒᆞ던 漢文을 一朝에 全棄ᄒᆞᆷ이 時義와 時勢에 均是 不合ᄒᆞᆫ지라 所以로 國漢字交用의 議가 起ᄒᆞ여 十餘年來 新聞 雜誌에 此道를 遵用ᄒᆞᆷ이 已久ᄒᆞ나 然ᄒᆞ나 其文法을 觀ᄒᆞ건대 或 漢文文法에 國文吐만 加ᄒᆞ는 者도 有ᄒᆞ며 (一) 或 國文文勢로 下ᄒᆞ다가 突然히 漢文文法을 用하고 (二) 或 漢文文勢로 下ᄒᆞ다가 突然히 國文文法을 用하는 者도 有ᄒᆞ여[2]

신채호는 조선에 국문법이 존재하지 않았다는 점을 지적했다. 그는 동서양을 막론하고 각국은 국문법을 마련하여 국민정신을 고취했다는 점을 언급하면서, 조선은 한문 중시의 태도를 폐기하지 못하고 있다고 말한다. 국문과 한문은 중화와 사대의 경계에 위치하면서 문자의 분화를 유발한다. 국문은 여성과 노동자가 사용하는 문자 체계이고, 한문은 상등사회에서 통용하는 문자 구조로 분화하면서 언어의 사회적 계급 관계를 유착하는 데 이바지한다. 특히 자국 국문의 문법을 생성하기 위해 근대 매체에 국문법을 확보하려는 노력이 있었지만, 한문 문법을 전면적으로 개조하지 않은 채 국문토만 배치하였다. 그는

2 『전집 6』, 511면.

국문의 자립성을 유지하기 위해 국문 문법이 시급하며 한문 문장 세력에서 탈피하기 위해 언중을 독립과 자주의 주체로 자리매김해야 한다고 말한다.

> ① 近日 日本의 엇던 學者들이 弁韓의 「弁」은 音이 「배」라 배얌의 「배」니, 巳韓의 義요, 馬韓은 午韓의 義니, 辰韓 馬韓 弁韓은 다 十二支에서 取하야 所在의 方位를 証함이라 하니, 이 가치 佐証 업시 비슷한 音을 取하여 武斷을 나릴진대, 구태여 부여 죽인단 말이 扶餘 째문에 생기엇겟느냐? 부엿다(空) 부여타(白) 等의 말도 다 扶餘 째문에 생긴 말일지며, 구태여 쌔꼬리만 高句麗의 일흠 지은 原因이 될 쑨이랴? 쇠꼬리(鶯), 개꼬리(狗尾), 궤꼬리(蟹尾) 等이 모다 高句麗란 일흠의 所自出이 될 것이며, 百濟 初年에 瓶山, 馬首, 高木, 牛谷 等 城柵이 다 그 所在地의 地名을 가져 일흠한 者인데 홀로 그 首都의 慰禮城을 漢江 古名 「아리」에서 取치 안코 圍籬의 뜻으로 이름하였다함이 何說이며, 弁韓의 「弁」을 배얌의 「배」에서 뜻을 取하였다함은 더욱 一駁할 價値가 없지만, 三韓의 位置가 明白히 辰韓은 東이며 馬韓은 西이며 弁韓은 南이거늘, 이제 馬韓은 午方이라 弁韓은 巳方이라 함이 何에 據함이뇨?[3]

> ②日本人이 近時에 地中을 掘ᄒᆞ다가 出雲族 古代文字를 發現ᄒᆞ여 東洋歷ᄉᆞ辭典에 載ᄒᆞ엿ᄂᆞᆫᄃᆡ 其字體의 構造가 我國字와 酷肖ᄒᆞ고 又 마메아오 等字가 有ᄒᆞ니 是가 三國時代에 漢文輸渡홈ᄀᆞᆺ치 此文字도 卽 我國으로부터 移去홈이 아닌가 然則 我國文은 蓋檀君時代에 已有ᄒᆞᆫ 者인져.[4]

---

3 『전집 2』, 331면.

4 『전집 6』, 539면.

③ 吏讀文은 後世에 胥吏들이 씀으로 稱한 者니 新羅에서는 鄕書라 하고 百濟에서는 惑 假名이라 稱하얏던 듯 하도다. 日人이 惑(本年 北京大學에서 講演한 今西龍 같은 者)「漢字에서 假借하여 지은 日本의 假名이 元來 女眞으로부터 朝鮮에 渡하고 朝鮮으로부터 日本에 渡하였다」하나「朝鮮으로부터 日本에 渡」함은 確實하거니와「女眞으로부터 朝鮮에 渡」하였다 함은 그 祖孫을 倒換하는 者라. 女眞字는 金史 列傳에 갈오대「女眞初 無文字 及破遼獲契丹 漢人始通契丹漢字…完顔希尹 乃倣契丹字 製女眞字」라 하니 完顔希尹은 金太宗 째의 人인즉 女眞字의 製作이 薛聰의 口訣 釋義보다도 三四百年 後인즉 吏讀보다 더욱 뒤됨을 可知니 엇지「女眞으로부터 朝鮮에 渡」하얏다 하리오.[5]

④ 關野貞一의 朝鮮古蹟圖 解說 黏蟬碑에 그 碑의 發見에 依하야 歷來 爭論되던「列水」는 그 大同江됨이 可하다 하얏으나, 이는 반드시『漢書』地理志의「列水西至黏蟬入海」)를 據함일지나, 그러나 이는 (一) 列水의 多數됨과 (二)『漢書』註의 顔師古 等의 僞增이 잇음을 모른 말이다. (二)에 屬한 論辨은 拙著 平壤貝水考와 前後三韓考에 보이니라.[6]

①, ②, ③, ④는 일본 식민주의 학자들의 언어관을 비판적으로 고찰하는 대목이다. ①, ②, ③, ④는 조선의 민족주의를 말살하기 위해 객관적 언어 사실을 왜곡하거나 조작하고 있다는 점이 공통적이다. 이두문, 국문과 같이 조선의 기원에 해당하는 언어 문제를 식민주의의 관점에서 고찰하고 있다는 점을 알 수 있다.

①은 제국 일본의 학자가 삼한의 이름에 대한 이두문을 자의적으로

5 『전집 6』, 570~571면.

6 『전집 2』, 338~339면

해석하는 오류를 논박하는 대목이다. 미시나 아키히데(三品彰英)는 진한, 마한, 변한을 12간지에서 방위를 지정했다고 주장했다. 이러한 논의는 객관적 증명 과정도 없이 비슷한 음을 토대로 임의적으로 음역에 대한 판단을 내린 것에 불과하다. 아울러 부여와 고구려의 이름에 대한 왜곡, 지리적 지명을 단순하게 해석하는 과정을 비판하고 있다.

②는 국문의 기원을 다루면서 제국 일본의 출운족 고대 문자와 관련한 사항을 언급하는 대목이다. 출운족 고대문자설은 『동양역사대사전』에 실렸다. 히라다 아츠다네(平田篤胤)와 오치아이 나오즈미(落合直澄)는 신대문자설을 유표하고 보급하였다. 그들은 일본의 신대문자를 토대로 세종대왕이 훈민정음을 만들었다고 주장하였다.[7] 일본의 국학자인 히라다는 신대문자를 위작하면서 한글의 위작 가능성을 지적하였다. 신사의 간누시(神主)들이나 신도 사상을 중시하는 사람들이 일본 신대문자의 존재를 강력하게 주장하고, 신대 문자가 일본신대때부터 창제되어 한글과 버마어가 되어 결국 세계 언어의 모태가 되었다고 말하였다.[8]

③은 이마니시 류(今西龍)의 강연에 대한 비판을 진행하면서 제국 일본의 식민지 조선의 언어에 대한 몰이해를 언급하는 대목이다. 이마니시 류는 조선사편수회와 조선 총독부에서 역사가와 행정가로서 활동하면서 식민지 조선의 문화를 찬미하면서도 제국 일본의 식

7 김주현, 「국문 창제 요의설을 통한 「천희당신화」의 저자 규명」, 『신채호 문학 연구초』, 소명출판, 2012, 457~458면.

8 김문길, 「신대문자에 관한 한일 양국간의 논쟁과 그 실태」, 『일본학보』 1권, 경상대학교 일본문화연소, 1994, 84면.

민 정책의 이론적 토대를 제공하는 데 이바지했다. 그는 식민지 조선의 역사 서술을 통사적 서술과 실증주의에 따라 식민지 조선의 현재를 연대기적으로 서술하면서 식민지 조선의 상고사와 접목하는 방식을 취사선택함으로써 식민지 조선의 억압 체계를 역사 서술에서 배제하는 방식을 선보였다. 통사의 서술은 역사적 사건들이 내포하는 정치적 가능성을 부정하고, 실증주의적 사유는 제국 일본과 식민지 조선의 동화 정책을 형성하였다. 그의 식민주의 역사학은 근대역사학과 매개하면서 역사학의 왜곡된 모습을 보여주는 것이다. 이마니시 류의 문자관은 식민지 조선의 문자를 제국 일본과의 연계에 두면서, 일본어는 중국 한자를 빌어서 사용한 것인데, 일본어는 여진에서 조선으로 전달되고, 조선에서 일본에 편입했다고 주장한다. 그러나 신채호는 조선에서 일본으로 전달되었다는 점은 수용하면서도 여진에서 조선으로 유입했다는 사실은 객관적 사실을 왜곡했다고 비판하였다. 신채호는 여진문자의 조선에 유입 과정을 객관적 사료를 거론하면서 제국 일본의 이두 관련 주장을 반박하고 있다.

④는 세키노 타다시(關野貞)가 『朝鮮古跡圖』에서 점선비(黏蟬碑)를 해설하는 대목에서 대동강 유역에서 발굴한 자료를 활용해 대동강이 낙랑군이었다고 주장하는 바를 비판하고 있다. 세키노 타다시는 1902년부터 한반도 고건축 및 고적조사에 참여하였고, 그 결과를 1916년 『朝鮮古蹟圖譜』로 간행하여 제국주의 무단정치를 문화적 선정으로 포장하는 선전 도구로 이용하였다.[9] 세키노 타다시가 『漢書』 지리지를

9 오영찬, 「朝鮮古蹟硏究會의 설립과 운영 – 1931~1932년을 중심으로」, 『한국문화』 제55집, 서울대학교 규장각 한국학연구원, 2011, 225면.

논거로 삼아, 「列水」를 대동강으로 지리적 축소를 감행한 것은 타당하지 않다. 신채호는 열수가 지리적 다수 유포되어 있고, 역사적 자료를 고려하여 보건대 해당 주장은 정치적으로 올바르지 못하다고 지적한다. 이상과 같이, 제국 일본의 식민지 문자관은 식민지 조선의 자주성과 주체성을 말살하기 위해 언어를 단순하게 의사소통의 수단으로만 파악하지 않고 식민지 정책을 식민지 조선에 주입하여, 이를 토대로 식민지 정책을 확장하기 위해 활용하고 있다는 점을 알 수 있다.

신채호는 중세적 세계관을 지배한 중국어 중심주의를 비판하고, 일본의 식민주의 언어 정책에도 반발했다. 그는 중국의 중화주의와 일본의 식민주의의 틈바구니에서 주체적이고 자생적인 민족을 수립하지 못한 근대 조선의 언어적 한계를 극복하고자 했다. 중국의 중화주의는 조선을 지속해서 사대주의의 자장에 포함했다. 반면 일본의 식민주의는 근대의 문명화 과정을 억압적으로 이식(移植)하면서 의사소통의 구조를 왜곡했다. 그는 식민지 언어의 본질을 파악하고, 중국어와 일본어의 침략에 맞설 수 있는 국문의 세계를 확보하고자 했다. 일본 식민주의가 언어적 동일성을 기반으로 조선과 일본의 동화 정책을 확립하고자 했지만, 실질적으로 조선과 일본의 언어적 동화는 쉽게 성립하지 못했고, 이를 해결하기 위해 조선총독부 담당의 조선표준어 규범화가 진행되는 과정에서 저항과 협력의 태도를 보이기도 했다.[10] 일본 식민주의는 피식민지의 정신을 말살하기 위해 피식민지의 언어를 없애고자 했다. 일본 식민주의의 언어 정책은 피식민 구성원을 식

10 미쓰이 다카시, 「식민지하 조선의 언어 정치학 조선 언어정책, 사회사재고」, 『한림일본학』 20권, 한림대학교 일본학연구소, 2012, 98~100면.

민지의 정책으로 동화하기 위한 전략의 소산이다. 일본어와 조선어간의 긴밀한 긴장 관계를 유지했다는 점을 주목할 필요가 있다.[11]

제국 일본의 식민지 언어정책은 합병에 의한 언어적 동화주의, 언어말살정책, 언어 지위의 윤리적 기준, 언어적 동화의 가능성 등에서 많은 문제점을 포함한다. 제국 일본은 언어적 동화주의를 포기하지 않고 조선 민족의 말살을 목표로 조선 민족의 문화적 이국성을 승인하지 않았다.[12] 제국 일본의 언어 정책은 일본어에 대한 제국주의적 이식을 위한 식민지 정책을 일삼았던 측면 이외에도 식민지 조선의 사회 구성원들조차 식민지 상황에서 일본어를 사적 욕망을 충족하기 위한 수단으로 삼았다는 점을 알 수 있다.[13]

> 인간의 언어에서는 사물들의 과다 명명(überbenennnung, 중복 명

---

11 김권정, 「동화와 저항의 기억」, 손준식 외 2인, 『식민주의와 언어 –대만·인도·한국에서의 동화와 저항』, 도서출판 아름나무, 2007, 133면.

12 이성연, 「열강(列强)의 식민지(植民地)언어정책에 관한 연구」, 전남대학교 대학원 박사논문, 1988, 149~154면.

13 일본 식민지배는 우선 식민지 조선을 차별과 지배의 언어로 구성하고자 했고, 식민지 조선은 생존과 순응, 각성과 저항의 언어를 발견하고자 했다. 일본 식민지배는 특유의 근대 문명론과 황민화론을 기반으로 식민지 조선을 지배하려고 했고, 식민지 조선은 엘리트 계층을 중심으로 일본어를 통해 생존과 순응의 기제를 수용하면서도 일본어를 통해 습득한 근대 지식을 기반으로 일본 식민주의의 모순을 각성하면서 민족주의적 저항의식을 보유하려고 했다. 이러한 점을 염두에 둔다면, 신채호가 식민지 언어를 인식하는 태도는 민족주의적 저항 의식을 망국 대중들에게 전달하고자 했다. "언어 제국주의란 특정한 언어가 확대·보급되는 것에 따라 언어 간의 불평등을 확립하는 것만이 아니라, 그 언어 간의 계층적 위계조직(hierachy)이 정치적 쟁점화하는 것을 저지하는 시스템"이다. 가스야 게이스케, 「언어 헤게모니 –'자발적 동의'를 조직하는 권력」, 미우라 노부타카·가스야 게이스케 엮음, 이연숙·고영진·조태린 옮김, 『언어제국주의란 무엇인가』, 돌베개, 2005, 373면.

> 명)된다. 인간의 언어가 사물의 언어에 대해 갖는 관계 속에는 "과다 명명"이라고 얼추 칭할 수 있는 무엇가가 있다. 즉 과다 명명은 모근 슬픔과 (사물의 측면에서 봤을 때)모든 말없음의 심원한 언어적 근거이다. 슬픈 존재의 언어적 본질로서의 과다 명명은 언어의 또 다른 희한한 관계를 시사하는데, 말하는 사람들의 언어 사이의 비극적 관계를 지배하는 과다 규정이 바로 그것이다.[14]

인간의 언어는 신의 언어와 유사한 측면이 있다. 인간의 언어는 원죄 이후 타락의 단계에 진입하기 이전에 신이 부여한 명명의 능력을 보유하고 있었지만, 인간은 신의 성스러운 영역을 지배하고 인간의 세속적 세계만을 중시하면서 인간 언어에 내재한 신의 언어를 자의적 기호로 사용하는 태도를 보였다. 인간의 언어가 신의 언어와 분절하는 과정을 거치면서, 신의 언어가 보유한 초월적 영역을 상실하게 되었다. 인간의 언어는 인간의 말이 되었다.[15] 신의 언어가 대상을 명명하는 과정을 유기적으로 진행했다면, 인간의 말은 "과다 명명"이라는 수다스러움의 소음을 창출하면서 인간의 본원적 의사소통을 파괴하는 양상을 보인다. 아울러 인간의 언어가 "과다 명명"의 단계를 형성하면서 도달한 지점은 판단과 추상의 인식 세계이다. 판단과 추상의 언어적 세계는 원죄 이전의 아담의 언어에서 공유하던 신의 언어와 유사하게 감각적 세계를 표출했던 것과는 달리 이성과 합리의 근대적 언

---

14 『선집 6』, 93면.

15 발터 벤야민은 말(Wort)와 언어(Sprache)를 구별하였다. 전자는 언어의 특수한 한 형태이고, 인간의 사용하는 범주로 국한되고, 후자는 인간, 신, 사물 등을 포섭하는 영역이다. 그는 말(Wort)의 도구적 성향을 비판하고 있다. 조효원, 「발터 벤야민의 Medium 개념 연구」, 성균관대학교 대학원 석사논문, 2009, 73면.

어 세계를 구축하는 과정으로 이해할 수 있다. 근대 사회의 도구적 언어는 근대인이 신의 영역을 소외하면서 인간만의 세계를 확보하려는 전략의 소산에 불과하다.

발터 벤야민은 통속적(부르주아) 언어와 언어 신비주의를 동시에 비판하였다. 아울러 그는 통속적 언어와 신비적 언어가 나치즘 체제를 형성하는 데 작용한다고 생각하였다. 특히 부르주아의 통속적 언어관은 주체와 객체의 분열을 초래하면서 언어를 이데올로기의 지배를 은폐하는 데 이용될 수 있다.[16]

> 하지만 낙원 추방 이후 밭가는 일을 저주한 신의 말씀과 함께 자연의 모습도 심각하게 변화한다. 이제 자연의 또 다른 무언성이, 우리가 자연의 깊은 비애라고 말할 때 의미하는 무언성이 시작한다. 모든 자연은 언어가 부여되면 탄식하기 시작하리하는 말은 형이상학적 진실이다. (이때 "언어의 부여"는 물론 "자연이 말할 수 있게 만든다"는 것 이상이다.)이 문장은 이중적 의미를 갖는다. 우선 그 문장은 자연이 언어 자체에 대해 탄식하리라는 것을 뜻한다. 언어가 없다는 것은 자연이 갖는 커다란 아픔이다. (그것을 구원하기 위해 자연 속에 인간의 삶과 언어가 있는 것이며, 우리가 추측하듯이 시인의 그것만 있는 것은 아니다.) 둘째로 이 문장은 자연이 탄식할 것이라는 것을 뜻한다. 그러나 탄식은 언어의 가장 미분화되고 무력한 표현이다. 탄식은 거의 감성적 입김만을 내포할 뿐이다. 식물들이 살랑거리는 소리를 내는 곳에서도 일종의 탄식이 함께 울려 나온다. 자연이 말이 없으므로 슬퍼한다. 하지만 이 문장의 도치는 자연의 본질 속으로 더 깊이 이끈다. 즉 자연의 슬픔이 자연을 침

16 이영범, 「벤야민의 언어철학과 문학적 글쓰기 -초기 언어 논문을 중심으로」, 연세대학교 대학원 석사논문, 2001, 21면.

묵케 한다. 모든 슬픔에는 말없음으로의 깊은 경향이 내재한다. 그리고 이러한 경향은 전달할 수 없는 무능함이나 전달하고 싶지 않은 마음보다 훨씬 더 크다. 슬픈 것은 인식할 수 없는 것에 의해 자신이 속속들이 인식되었다고 느낀다.[17]

발터 벤야민은 인간의 언어가 자연과 결합하는 방식을 비판적으로 인식한다. 근대인은 자연과 교감하면서 상호 간에 명명 행위를 유기적으로 활동하던 시기를 망각하고 근대 사회의 사물의 언어를 기호적으로 인식하는 과정을 거쳐 자연조차도 인간화시키는 인식 대상으로 간주하였다. 근대인은 자연을 계몽의 대상으로 여기고, 사회를 절대적 생존 투쟁의 공간으로 전환하면서 자연의 소외와 사회의 인식을 고수하려는 태도를 보인다. 근대인은 자연이 언어를 소유하지 못한 채 자연 방임되고 있는 상황에서 근대인이 자연에 대한 언어적 작용을 부여하는 과정을 거쳐 자연을 사물화와 기술화의 대상으로 전락하게 하는 면모를 보여주었다. 근대인과 자연은 상호 분리의 경계에서 벗어날 수 없었기 때문에, 자연은 인간의 언어가 사물화 되기 이전의 순수한 상황을 지켜낼 수 없었다. 자연의 사물화는 근대 사회의 시스템 영역 바깥에 위치하였다. 근대 사회의 시스템은 법과 제도와 같은 상부구조를 형성하면서 자연의 인간화를 도구적으로 배치하기 위해 노력한다.

추상적 언어요소들은 – 추측해 보건대 – 판정하는 말, 판단에 뿌리를 두고 있다. 추상의 전달 가능성의 직접성(그 전달 가능성의 언어적 뿌리)은 법정 판단에 놓여 있다. 추상의 전달 속에 있는 이 직

17 『선집 6』, 92~93면.

접성은, 인간이 원죄를 저지름으로써 구체적인 것의 전달 속에 직접성을 떠나고 이름을 떠나서 모든 전달의 간접성이라는 심연, 수단으로의 말, 허영을 추구하는 말의 심연, 수단의 심연으로 추락했을 때 판정하면서 등장한다.[18]

근대 사회에서 법적 판단은 인간과 세계에 대한 순수 언어를 박탈하고 자연을 배제한 채 인간만의 사회를 위한 제도를 인위적으로 생성하려고 한다. 판정과 판단은 주체와 객체의 분리를 전제로 하고 주체와 객체의 차이를 온전하게 서로 인식하기 위한 수단은 이성과 합리의 언어를 토대로 언어적 혼란을 불러일으킨다. 원죄 이후, 인간은 세계를 선과 악으로 인식했고, 선과 악에 대한 이분법적 인식 태도는 만인의 만인에 대한 투쟁으로 확장하면서 신이 인간에게 죄와 벌을 제시하던 상황을 인간이 인간에게 죄와 벌을 부여하는 방식으로 변모한다. 인간 상호 간의 정치적 갈등과 혼란을 판단하기 위해 인간이 신처럼 개인들을 법적으로 처벌하는 과정은 "법의 신화적 기원(『선집 6』, 91면)"을 나타낸다. 역설적으로, 근대인은 신화적 세계를 계몽적으로 극복한 듯 보이지만, 신화적 세계를 끊임없이 근대 사회의 공간으로 편입하면서 신화적 위력을 악용하고 있을 뿐이다. 선과 악에 대한 법적 판단의 추상성은 신의 이름으로 타자를 억압하는 거짓 신의 세계를 신화적인 것처럼 재활용하는 이데올로기에서 활용할 수 있다. 인간 언어는 선과 악의 경계를 인식하면서 인간과 세계를 구분하고 구획짓는 과정을 거치면서 신의 세계를 배제한 사회를 연출하고 마치 신인 것처럼 신적 언어를 자의적으로 구사한다.

---

18 『선집 6』, 91면.

2. 국문(國文)과 신의 언어

국문(國文)은 조선 민족의 단일화를 형성하였다. 국가와 국문은 식민지 시기의 조선의 정신적 구심점을 형성하면서 일본과의 인식론적 대척점에 위치하는 범주로 작용하였다. 국문은 일본 식민주의에 대항하기 위한 정치적 산물이다. 신채호는 민족을 중심으로 국가를 상상하고 국민이 단일 언어를 사용하기를 갈망했다.

> ① 今人이 皆國文을 本朝 世宗大王이 刱造훈 것으로 知ᄒᆞ나 實로 不然훈지라. 余가 일직 셔肆에 過ᄒᆞ더니 『眞言集』이란 一冊子가 有ᄒᆞᆫᄃᆡ 此를 閱훈즉 乃 佛家에셔 傳敎ᄒᆞ기 爲ᄒᆞ여 國漢字를 交用ᄒᆞ여 著出훈 者러라 其中에 國文의 起原을 說훈 一段이 有ᄒᆞᆫᄃᆡ 倡造훈 人氏는 高僧 了義라 ᄒᆞ엿스니 了義가 何時人인지 不知ᄒᆞ나 世宗 以前 人됨은 無疑ᄒᆞ더라.[19]

> ② 夫 國文도 亦文이며 漢文도 亦문이어늘 必曰 國文重 漢文輕이라 홈은 何故오. 曰 內國文 故로 國文을 重히 녁기라 홈이며, 外國文 故로 한문을 輕히 넉이라 홈이니라. 此雖內國이나 高僧 了義 創造훈 以後 至今 千載에 只是 閨閣 닋네 存ᄒᆞ며 下等社會에 行ᄒᆞ여 不經훈 諺冊과 淫蕩훈 歌詞로 人의 心德을 亂ᄒᆞ얏고 彼雖外國文이나 幾拾百年來로 학士大夫가 尊誦ᄒᆞ며, 君臣上下가 一遵ᄒᆞ야 此로 治民에 以ᄒᆞ며, 此로 行政에 以ᄒᆞ며, 此로 明倫講道에 以훈 故로 此則 諺文이라 名ᄒᆞ며, 彼則 眞書라 稱ᄒᆞ얏거늘 今忽輕重을 顚倒홈은 何故오. 曰 漢文은 弊害가 多ᄒᆞ고 國文은 弊害가 無

19 『전집 6』, 539면.

ᄒᆞᆫ 故니라.[20]

①은 「國文의 起源」 의 일부분이다. 신채호는 고승 요의(高僧 了義)가 국문을 창제했다고 주장했다. 국문 창제 요의설은 신채호가 민족주의적 언어관을 피력하기 이전에 독특하게 사유한 언어관이다. 그는 『眞言集』을 토대로 국문 창제 요의설을 설파하였다.[21] 그는 국문 창제 요의설에서 세종대왕의 창제로 국문의 기원에 대한 견해를 전환하면서 민족주의적 언어관을 확보하고자 하였다. ②는 「國漢文의 輕重」의 한 부분이다. 그는 외국문을 중시하고 내국문을 경시하는 태도를 비판하였다. ①의 주장과 마찬가지로, 국문 창제 요의설을 중심으로 한문 중심의 중화주의적 태도를 비판하고, 국문 중심의 언어관을 피력하였다. 그는 한문의 정치적 이데올로기가 중화 사대주의로 귀결되는 과정을 사전에 차단하기 위해 "諺文"으로 폄훼하는 태도를 교정하고자 하였다. 그는 한문과 언문의 폐해 경중을 언급하면서, 다양한 역사적 사례를 거론한 후, 외국문과 내국문의 관계를 전도하고자 하였다.

> ①故로 今日에 文法統一이 卽亦 一大急務라 此를 統一ᄒᆞ여야 學生의 精神을 統一ᄒᆞ며 國民의 智識을 普啓ᄒᆞᆯ지어ᄂᆞᆯ 乃者 如此不規則無條理의 文으로 敎科를 編ᄒᆞ여 國人子弟를 敎授ᄒᆞ며 書籍을 著ᄒᆞ여 有志同胞에 供覽ᄒᆞ니 是가 奚可며 是가 奚可리오.[22]

20 『전집 6』, 627면.

21 김주현, 앞의 글, 454~457면 참조.

22 『전집 6』, 512면.

② 設令 此音此語가 十分的當홀지라도 徒히 讀者의 腦際만 昏亂케 할 而已요 壹毫도 民知發達에 利益이 無홀지어날 況音韻에도 不適ᄒᆞ고 時宜에도 不適ᄒᆞᆫ 者이오. 諸公의 不憚煩이 엇지 如此히 甚ᄒᆞ뇨. 諸公은 此等 汗漫· 오怪·煩鬧·胡亂·無益의 事는 姑閣ᄒᆞ고 民智發達에 有益ᄒᆞᆫ 辭書 或 字典의 編撰에 從事ᄒᆞ되 字樣을 簡易케 ᄒᆞ고 音韻을 均壹케 ᄒᆞ여 讀者로 掌을 示홈과 如히 홈을 望ᄒᆞ노라.[23]

①은 「文法을 宜統一」의 일부분이다. 신채호는 국문의 세계를 근대 조선에 편입하였다. 특히 그는 언어를 개인 간의 의사소통을 위한 수단으로 보지 않고, 민족 공동체를 형성하는 데 이바지한다는 점을 명확하게 밝히면서 조선의 근대 전후로 한문 숭배와 한글 비하의 태도는 한민족의 계급 간의 갈등을 유발한다고 생각하였다. 그는 국한문 혼용의 한계를 지적하고 시급하게 국문법을 통일해야 한다고 주장한다. 그는 한문 중심의 중화주의적 세계를 파괴하고 한글 중심의 민족주의적 세계를 창조하기 위한 일련의 노력이 필요하다고 주장한다. ②는 「國文硏究會 委員諸氏에게 勸告홈」의 한 단락이다. 그는 국문연구회가 만들어진 시기에 국문연구회 위원들에게 국문 연구의 방향을 제시하였다. 그는 그간 국문연구회에서는 비실용적이고, 무익한 논의로만 일관했다는 점을 지적하였다. 그는 국민이 수월하게 지식을 발달할 수 있는 유익한 서적을 개발한다고 주장하였다.

신은 인간을 말씀으로 창조한 것이 아니고, 또한 인간을 명명하지 않았다. 신은 인간을 언어의 지배 아래 두고자 하지 않았고, 인간

23 『전집 6』, 654면.

> 에게 신은 자기에게 창조의 매체로 쓰인 언어를 방출했다. 신은 인간에게 자신의 창조성을 위임하고 쉬었다. 이 창조성이 신적인 현실성을 탈각하고서 인식이 된다. 인간은 신이 창조주였던 언어를 인식하는 자가 된다. 신은 인간을 자신의 형상대로 창조했고, 신은 인식하는 자를 창조하는 자의 형상대로 창조했다.[24]

발터 벤야민은 자본화와 인간화의 과정을 거치는 언어의 수단화를 비판하였다. 그는 성서의 창세기에 대한 재해석을 거쳐 근대적 소통의 문제를 해명하였다. 그는 인간이 낙원에서 신과 자연사이에 인간의 말만을 운용하지 않았고 만물이 상호간에 조응하는 모습을 소통의 이상향으로 간주하였다. 신은 만물을 창조하면서 구어적 마법을 구사하였다. 신은 세계를 말로서 창조하였지만, 인간은 신 자신과 유사하게 창조하였다. 신의 언어는 세계를 말씀과 이름을 통해 구현하였다. 그는 근대 사회에서 신의 말씀을 감각하고, 인간에 내재한 신의 숨결을 감지하는 과정을 거쳐야만 근대적 인간의 말이 자의적으로 운용되는 단계를 벗어날 수 있다고 생각하였다. 그는 신의 언어가 소멸하지 않고 이성의 순수주의에서 탈각된 살아 있는 현실성으로서 구체적 감각적 경험이자 역사적 경험의 측면이 인식의 차원에서 통용될 수 있다고 생각하였다.[25] 신의 언어를 수용한 그의 언어는 기존 언어관의 협소한 차원을 일시에 넘어선다. 그는 인간의 정신적 삶을 표출한 모든 것을 언어로 파악하였다. 그는 개별 국가 혹은 인간의 언어만을 언

---

24 『선집 6』, 84면.

25 이진실, 「'인식비판'으로서의 언어 –발터 벤야민의 초기 경험 개념 및 언어 이론 연구」, 서울대학교대학원 석사논문, 2015, 72면.

어로 파악하지 않고 정신적 내용을 전달하는 일체를 언어로 간주하였다. 그는 언어를 소통의 수단으로 간주하지 않고 표현(Ausdruck)의 과정으로 파악하고, 언어는 신의 말씀을 자체에 내장하고 있는 영역이라고 말하였다. 그는 "로고스라는 말이 갖는 이중적 의미(『선집 6』, 73면)"의 역설을 극복할 수 있는 방안을 모색하였다. 로고스는 말씀(das Wort)와 이성(ratio)로 분리 수용되면서, 로고스는 이성중심의 의미를 획득하였다. 그런데 로고스의 말씀과 이성을 일원론적으로 수용하고 통합하려는 일련의 움직임이 발생하였다. 즉 일련의 신비주의자들은 신이 창조한 세계는 일체가 말씀으로 이루어져 있기 때문에, 인간의 관점이 아니라, 신의 목소리를 있는 그대로 감지하고 감각하는 과정을 거쳐 일종의 계시의 순간을 맞이해야 한다고 생각하였다.[26]

신의 언어는 자연의 언어, 인간의 언어, 사물의 언어 등 일체 만물을 창조하였다. 이러한 관점을 수용하면 언어는 가장 순수한 의미에서 "매체(Medium)"로서, 정신적 전달의 직접성과 마법성을 동시에 지닌다. 즉 벤야민의 마법적 언어- 공간은 무한한 분할 가능성을 가진 매체이다.[27] 자연은 침묵하면서 존재한다. 아울러 사물의 언어 역시 음성을 지니지 못한 채 침묵을 지킨다. 자연과 사물은 신이 창조하였다. 자연과 사물의 성스러움은 세속에 존재하는 인간과의 교섭을 갈망한다. 그런데 세속적 인간의 언어에는 신의 언어가 내재하고 있다는 점을 고려한다면, 인간이 온전하게 신의 숨결을 부식하지 않고 자연

26 홍승우, 「성서에 나타난 세 언어 모티브에 대하여」, 『언어와 언어학』 40권, 한국외국어대학교 언어연구소, 2007, 177~178면.

27 조효원, 앞의 논문, 2009, 90면.

과 사물에 다가서는 과정을 거쳐 만물의 성스러운 암호를 해독할 수 있다. 인간이 스스로 신의 말씀을 망각하지 않고 현실에서 재발견하는 과정을 거쳐 신의 언어와 만날 수 있다.

3. 명(名)과 이름 언어(Name Sprache)

신채호는 「古史上吏讀文名詞解釋法」에서 고사상의 국명(國名), 관명(官名), 지명(地名)의 해석 방법을 제시했다. 특히 한국 지명은 "자연과 사회적 주체를 지칭하고 재현하여 장소 아이덴티티의 재현과 구축에 적극적으로 개입한 역사적 내용을 풍부하게 가지고 있다. 또한 다양한 사회적 주체들이 자신들의 이데올로기적 가치 평가를 근거로 지명을 이데올로기적 기호로 만들거나 지명의 구심력과 원심력을 이용하여 권력 관계를 지명의 영역에 실천하여 왔다. 사회적 주체의 아이덴티티와 이데올로기가 지명에 투명되는 과정은 장소 아이덴티티가 구성되는 과정이기도 하며, 이러한 과정에서 반드시 포함과 배제라는 권력 관계가 적극적으로 개입"[28] 한다. 이두는 한자를 이용하여 우리 국어를 표기하는 표기법이고, 이러한 표기법을 이용하여 국어의 문장을 표기한 것으로, 국어를 표기하기 위하여 한자를 한국 고유의 방식으로 빌려 사용하는 표기법이다.[29] 그는 이두문 명사의 해석 방

28 김순배, 「비판적-정치적 지명 연구의 형성과 전개」, 『지명학』 제18집, 한국지명학회, 2012, 601면.

29 서종학, 「吏讀의 개념과 성격」, 『구결연구』 제27집, 구결학회, 2011, 52면.

법을 제시하기에 앞서 이두문 해석이 곤란한 점을 다섯 가지 제시했다. 첫째, 이두문이 구결문으로 변하기 전에는 자모의 발견이 없어 이두문 구조에 대한 일정한 법칙이 존재하지 않는다. 둘째, 지명과 관명이 원래의 음과 뜻을 사용하거나 전혀 새로운 한자로 변용한 경우가 많으므로 명의(名義)의 기원과 전후 관계를 고찰하는 과정이 번거롭다. 셋째, 역사서에는 이두문으로 쓰인 본명(本名)이 기록되지 않고 후세에 번역된 한자 이름으로 기록되었기 때문에, 본명(本名)의 원류(源流)를 찾는 데 매양 전후 과정을 판단하기가 어렵다. 넷째, 조선과 중국의 역사 기록이 와자(訛字)·오자(誤字)·첩자(疊字)·누자(漏字)가 많으므로, 기록상의 이두문의 의미를 신뢰할 수 없다. 다섯째, 언어는 고정되어 변경 불가한 상태가 아니라 시공간의 조건에 따라 변경 가능한 상태에 있으므로, 언어의 소멸과 개변(改變)의 말들을 추정할 수 없다는 어려움이 있다. 이처럼 고사상의 이두문을 해석하는 과정은 어려움에 부닥쳐 있다. 이두문은 조선 시대의 행정 관료들이 사용하던 문자 체계이다. 그런데 행정 관료들이 지배 계층의 문자 체계를 온전하게 구사하지 못한 채 그와 유사한 문자를 동원하면서 나랏일을 보았다. 그들이 공문서의 문자 체계를 작성하면서 배치한 문자 체계는 중국 한자를 차자(借字)하는 방식이었다. 그들의 문자 체계를 포함해 이두문의 범주를 포괄적으로 확장하면 조선어 기원에 도달할 수 있다. 그런데 기의와 기표가 개별 문자로 존재하기 때문에, 문자의 의미와 소리를 구별하기 위해서 이두문의 다양한 맥락을 해석할 필요가 있었다. 아울러 개별 문자의 기원을 해석하기 위해서는 다양한 해석법을 동원할 수밖에 없다.

> (一) 吏讀文은
> 『進賜 白是 爲良結 望良白去乎 敎是臥乎在亦 岐等如使內如乎』의 等이니 이는 儒胥必知 吏讀彙編에 揭載한 바 그 讀法은 이러하저 (一)나아리 (二)삷이 (三)하올아저 (四)바라올거온 (五)이시누온견이여 (六)가로려바라다온』이러라.[30]

신채호는 고사상의 이두문 명사를 교정(校正)한 후, 와오(訛誤)된 것들이 귀진(歸眞)하는 과정을 거쳐 각 시대의 본색(本色)을 드러내기 위해 이두문 명사 해석법을 제시했다. 그는 본문의 자증(本文의 自證), 동류의 방증(同類의 傍證), 명전의 삭증(前名의 溯證), 후명의 연증(後名의 沿證), 동명이자의 호증(同名異字의 互證)의 해석 방법을 사례를 들면서 언급했다. 본문의 자증은 본문 자체에서 음과 뜻을 해석하는 과정이다. 동류의 반증은 개별 명사의 유사어를 토대로 언어의 음과 뜻을 유추하여 해석하는 과정이다. 명전의 삭증은 개별 명사의 어족(語族)을 순차적으로 확인해 개별 명사의 진위여부를 판별하는 방법이다. 후명의 연증은 후세의 연혁(沿革)을 검토하면서 명사의 의의(意義)를 확보하는 방법이다. 동명이자의 호증은 이름은 같지만 실제가 다른 것을 분석하여 증명하는 과정이다. 이두문 명사 해석법은 이두문을 통해 조선 민족의 고유성을 회복하고, 역사적 사실을 왜곡하는 식민지 언어에 대항하기 위한 정치적 의식의 소산이다. 해석은 텍스트의 의미를 이해하는 과정이다. 텍스트의 이해는 텍스트의 표기에 대해 단순하게 지식이 있다는 점뿐만 아니라, 순수 언어적 지식 이외의 텍스트를 둘러싼 다양한 담론에 대한 이해를 요구한다. 텍스트

30 『전집 6』, 569면.

에 대한 해석 과정은 문장의 이해를 넘어 텍스트의 이해로 전이한다. 요컨대 언어적 지식, 언어 외적 지식, 문맥적 지식을 동시에 의미론적으로 재구성하는 순간이 해석의 과정이다.[31] 신채호는 명(名)의 세계를 해석하는 과정을 거쳐 일본 식민주의가 파괴한 한민족의 정신적 원형을 확보하고자 했다. 그는 명(名)을 중심으로 한민족의 계통을 체계적으로 서술하고자 했다. 그는 명(名)을 중심으로 근대 조선이 망각한 국민과 민족을 재구성하는 방식을 정치적으로 선택했다.

> 이름(der name)은 언어 영역에서 오로지 이 의미, 이와 같은 지고의 의미를 갖는다. 즉 이름은 언어의 가장 내밀한 본질 자체이다. 이름은 그것을 통해 아무것도 존재하지 않고, 그것 속에서 언어 자체가 스스로를 절대적으로 전달하는 무엇이다. 이름에서는 전달되는 정신적 본질이 언어이다. 정신적 본질이 전달 속에서 절대적 전체성을 갖는 언어 자체인 곳에서만 이름이 존재하고, 또한 그곳에서 언어만이 존재한다. 인간의 언어의 유산으로서 이름은 언어 일반이 인간의 정신적 본질임을 보증한다. 또한 그렇기 때문에 모든 정신적 존재들 가운데 인간의 정신적 본질만이 남김없이 전달 가능하다. 이 점이 인간의 언어와 사물이 언어가 구별되는 근거이다. 그러나 인간의 점진적 본질이 언어 자체이기 때문에, 인간은 언어를 통해서가 아니라 언어 속에서 자신을 전달할 수 있다. 인간의 정신적 본질로서의 언어가 갖는 이 내포적 총체성의 총괄 개념이 이름이다. 인간은 이름을 부여하는 존재이고, 여기서 우리는 인간에게서 순수언어가 발현됨을 알 수 있다. 모든 자연은 그것이 전달되는 한에서 언어 속에서 전달되고, 궁극적으로 인간 속에서 전달된다. 그

31 박시현, 「해석과 번역」, 『EU연구』 5권, 한국외국어대학교 EU연구소, 1999, 97~98면.

렇기에 인간은 자연 만물의 영장이고 사물들을 명명할 수 있다. 사물의 언어적 본질을 통해서만 인간은 자신으로부터 사물들의 인식에 도달한다. – 즉 이름 속에서, 신의 창조는 사물들이 자신의 이름을 인간으로부터 부여받는 가운데, 인간으로부터 이름 속에서 언어가 발현되는 가운데 완성된다.[32]

발터 벤야민은 신의 언어와 인간의 언어가 공통으로 이름 언어를 보유하고 있다는 점을 인정한다. 이름 언어는 신의 고유한 권한이다. 신이 세계를 창조하는 과정에서 언어를 활용했다는 점을 고려한다면, 신이 창조한 인간은 신의 형상과 유사하므로, 인간은 신의 언어를 내재적으로 보유하고 있다는 점을 확인할 수 있다. 그는 근대 사회에서 신의 언어를 망각하고 인간의 말만이 존재하는 상황에서 언어와 인간의 언어에 대한 본원성을 회복하기를 갈망하였다. 이를 위해 그는 언어를 도구적으로 활용하는 태도를 지양하고, 언어를 현실과 무관한 초월주의로만 파악하려는 시각도 부정하였다.[33] 그는 근대 사회를 언어 타락의 상황으로 파악하면서, 이를 해결하기 위해서는 인간의 언

32 『선집 6』, 77~78면.

33 호소미 카즈유키(細見和之)는 이름 언어를 순수 언어와 결부하면서 비순수의 언어를 설정해 이름과 순수의 길항 관계를 고찰한다. 그는 비순수 언어의 임의적, 수단적, 도구적 지형을 거부하고, 연속적으로 인간 언어의 본질을 규명하고 있다는 점을 토대로, 언어의 음성적 가치를 중요시한다는 점을 주장한다. 그는 이름 언어의 이름은 신이 인간과 사물을 정확하게 동일성의 원칙하에 호명할 수 있다는 것을 의미하는데, 신의 능력 중 유일하게 인간에게 전이한 것이 인간 언어라고 말한다. 이름은 주체과 객체 상호간의 존재를 형성하는 매개로서 이름을 부르는 주체는 호명을 받는 객체에 내재하고 있는 언어적 본질을 언어로 표현할 뿐이다라고 말한다. 그는 발터 벤야민의 이름 언어를 단순하게 유대교 신비주의로만 파악해서는 안 되고, 세속적 호명의 세계를 성스러운 호명이 상호간에 소통해야 한다는 점을 언급한다. 細見和之, 『ベンヤミン「言語一般および人間の言語について」を読む—言葉と語りえぬもの』, 岩波書店, 2009, pp. 31~62.

어를 새롭게 재인식할 필요가 있다고 생각하였다. 이른바 아담의 언어를 새롭게 인식하는 과정을 거쳐 인간은 신, 인간, 사물이 매개하는 정신적 본질과 언어적 본질의 위기를 헤쳐나갈 수 있다. 인간의 언어는 사물에 신처럼 이름을 부여할 수 있는 능력을 지니고 있다. 동양의 성명철학과 서양의 기독교 전통 안에서 언어를 통한 명명해위는 이름과 본체, 이름과 몸은 분리될 수 없다는 본질주의적 관점을 취하였지만, 막스 베버(Max Weber)가 말한 탈마술화의 과정을 거치면서 변화되었다.[34]

> 하지만 이름은 마지막 외침〔알림〕이기만 한 것이 아니라 언어의 본래적인 부름〔이름 붙이기〕이기도 하다. 이로써 이름에서 언어의 본질적 법칙이 나타나는데, 이 법칙에 따르면 자신을 알리는 행위와 다른 모든 것을 부르는 행위가 하나이다. 언어와 언어 속의 정신적 본질은 오로지 그것이 이름 속에서 말하는 곳에서만, 다시 말해 보편적인 명명 행위 속에서 순수하게 자신을 알린다. 그리하여 이름에서 절대적으로 전달 가능한 정신적 본질로서의 언어의 내포적 총체성과 보편적으로 전달하는 (명명하는) 본질로서의 언어의 외연적 총체성이 정점에 이른다.[35]

인간의 언어는 "마지막 외침〔알림〕"과 "본래적인 부름〔이름 붙이기〕"이 이름 속에서 작용한다. 전자는 "자신을 알리는 행위", "언어의 내포적 총체성"이고, 후자는 "다른 모든 것을 부르는 행위", "언어의 외연적 총체성"이다. 이러한 태도는 낭만주의적 의인화와 보들레르의 만물

34 전석환 외 1인, 「이름, 그 '명명하기'와 '명명되기'의 의미 –동학·천도교의 동덕(同德) 개념을 중심으로–」, 『동학학보』 29권, 동학학회, 2013, 400면.

35 『선집 6』, 78~79면.

조응의 상태를 의미한다고 볼 수 있다.[36] 이름은 인간이 스스로를 알리는 행위이고 타인을 호명하는 과정에서 발생한다. 주체와 객체가 분리되지 않고 상호 작용을 하면서 각자의 존재 영역을 승인하는 과정은 이름 언어를 매개로 작용한다. 이름 언어는 사물 언어와도 교감하면서 알림과 이름 붙이기 과정을 거쳐 정신적 본질과 언어적 본질을 훼손하지 않은 채 존속시킬 수 있다.

> 자기 이름〔Eigenname, 고유명〕의 이론은 유한한 언어가 무한한 언어에 대해 갖는 경계에 관한 이론이다. 신이 명명하지 않은 유일한 존재가 인간이었듯이 모든 존재 가운데 인간은 자기 자신을 명명하는 유일한 존재이다. 〔중략〕 자기 이름을 통해 인간은 모두 자기가 신에 의해 창조되었음을 보증받으며, 이 의미에서 그 이름 자체가 창조적이다. 이것은 신화에서 (드물지 않게 찾아볼 수 있듯이)인간에게 자기 이름을 운명이라고 말하는 관점과 같다. 자기 이름은 인간이 신의 창조적 말씀과 함께 이루는 공동체이다. (이것은 유일한 공동체가 아니며, 인간에게는 신의 말씀과 맺는 또 다른 공동체가 있다.) 말씀을 통해 인간은 사물의 언어와 결합된다.[37]

인간의 언어는 사물에 신처럼 이름을 부여할 수 있다. 이름 언어는 인간이 사물의 속성에 부합하는 의미를 비물질적이고 순수하게 마법의 공동체를 형성할 수 있다. 유한한 언어와 무한한 언어의 경계짓기는 성과 속을 매개하는 과정이다. 인간의 언어가 인간의 말로 타락하는 과정을 중지하기 위해서는 인간의 자기 이름의 이론을 자각하

36 細見和之, 위의 책, p. 53.

37 『선집 6』, 85면.

고, 신을 배제한 세속적 언어 운용을 거부하면서 자기 고유의 이름을 신적 영역과 매개하는 과정을 거쳐여만 가능하다. 이러한 과정을 거쳐 인간의 언어는 신, 자연, 사물의 분리를 보편적으로 인식하는 순간을 맞이할 수 있다. 이름 언어는 순수한 신적 언어의 세계와 조우하면서 인간의 언어가 인간 고유의 이름을 발견하는 과정이다.[38] 신의 언어는 창조의 언어, 아담의 언어는 이름짓는 언어, 타락 이후 인간의 언어는 판단의 언어 단계는 상호간에 긴밀한 관계를 맺고 있다. 특히 아담의 언어는 신의 언어를 번역하고, 판단의 언어를 구제할 수 있는 복안을 지니고 있다. 아담의 언어는 오히려 사물의 이름되는 언어, 그 사물에 일치하는 이름으로서 고유한 언어였고, 특정 대상을 지칭하기 위한 임의적이고 자의적 기호도 아니고 단순하게 본인의 생각만을 전달하기 위한 수단도 아니었다.[39] 인간의 언어는 바벨탑의 언어 이후 성과 속의 분리 과정을 거치면서 발생한 언어 혼란을 신과 인간, 인간과 사물, 인간과 자연을 고유하게 각자의 정체성을 유지하면서 공동체를 실현할 수 있는 계기를 제시해준다.

---

38 카키기 노부유키(柿木伸之)는 고유명이론(Eigenname)을 거론하면서 벤야민의 이름 언어를 논의 한다. 그는 부모가 아이의 이름을 짓는 과정을 거론하면서 아이의 내재하고 있는 특이성을 부모가 언어로 작명하는 과정이 벤야민의 이름 언어의 특이성을 발견할 수 있다고 말한다. 부모와 자식 간의 작명 행위는 신이 인간과 사물에 부여하는 호명행위와 유사하다. 왜냐하면 인간이 신의 호명 행위를 작명 행위를 통해 아이의 고유성을 승인하는 과정이 아이의 본질을 온전하게 전달 수 있는 속성을 언어 그 자체에 발견할 수 있기 때문이다. 柿木伸之, 『ベンヤミンの言語哲学 — 翻訳としての言語､想起からの歴史』, 平凡社, 2014, pp. 125~130.

39 고원석, 「하나님의 언어, 아담의 언어, 타락의 언어, 그리고 약속의 언어 –언어적 관점에서 바라본 창세기 1:1–12:3 이해–」, 『포룸 비블리쿰』 제3호, 서울 비블리카아카데미아, 2009, 15면.

2장
애국심의 번역과 순수 언어의 번역

2장

애국심의 번역과 순수 언어의 번역

1. 계몽의 의역과 반계몽의 직역

신채호는 한문, 한문 위주의 국한문, 한글 위주의 국한문은 전통 유학, 사회진화론 및 대종교 성향의 국수주의, 무정부주의/사회주의라는 사상 변이와 대응하고, 1920년대 이후에는 일본 문체의 자장에서 벗어나 한국어 통사 위주의 문체를 구성하는 과정에서 한국어, 한문, 중국 등이 결부된 번역을 모색하였다.[1] 신채호의 정치 의식과 번역은 밀접한 관계를 맺고 있다. 그는 신문 논설과 번역 작업을 하면서 당대 번역 풍토를 비판하고, 식민지 시대에 애국심을 고취하기 위해 양계초의 작품을 번역하였다.

1 임상석, 「국한문체의 형성과 번역 –근대 초기 문자의 교체와 식민지」, 『반교어문연구』 38권, 반교어문학회, 2014, 112~113면.

第二, 無宗旨·無條理의 譯書니 凡書籍을 譯述함에 其語意의 明快와 文字의 精潔만 要할 뿐 아니라, 必也 此書를 譯함이 吾國에 利할까 害할까(壹) 此章을 譯함이 吾國에 利할까 害할까(二) 此句를 譯함이 吾國에 利할까 害할가(三) 하여 精善完美케 選擇한 然後에 可하거늘, 噫라, 今日 韓國의 譯者는 只是字를 逐하며 句를 逐하여 譯出할 而已라. 彼가 其國情에만 恊케 한 者도 直譯하며, 彼가 其民性에만 符케 한 者도 直譯하며, 彼가 韓國에 不利케 한 語句도 直譯하여 甚至於 韓國은 混合亂殖的 民族이란 語가 譯筆下에 累見하며,

又按 韓國內에 各語學者가 許多하지마는 譯書者는 只是 日文譯者만 有하니 亦壹可歎.

第三, 譯書中 人名·地名의 矛盾이니 萬壹 韓國의 教育制度가 完全하면 外國 人名·地名의 譯出을 宜乎 統壹할 것이나 今에 此는 可望할 바 아닌즉 此에 統壹함을 謀하여, 人의 腦를 不亂케 함은 譯者 各個人의 責任이거늘 乃者 人名·地名은 姑舍하고 壹國名을 數人이 譯함에 數人이 各異하고, 又此뿐 아니라 甚至於 壹人壹地의 名을 壹人이 壹時에 譯함에도 前章後章의 譯이 不同하며, 上行下行의 譯이 不同하니[此는 苛責이 아니라 記者가 譯史 中에 累累 目擊함] 嗚呼라! 此는 文明 事業에 假託하여 牟利的으로 人을 欺함이 아닌가.

或又曰 壹切 人名·地名의 譯은 各各 其國의 本音을 從함이 可하다 하나 此實 不然하니, 今에 德國(독일)을 「쪄만」이라 譯하며, 英國은 「쑤리텐」이라 譯하면, 徒히 人의 腦만 煩亂케 함이니 何等 實益이 有하리오. 將來의 人名·地名은 或 其國 本音을 從함이 可하나 既已 廣行된 者야 何必如此하리오.[2]

신채호는 「書籍界一評」에서 국민정신과 국민풍화와 무관한 서적이

2 『전집 6』, 681면.

난무하고 있다고 비판하면서, 서적계의 정신 개조를 위한 방안을 논의하였다. 그는 서적을 국민 정신을 고취하기 위한 수단으로 간주하였다. 그는 서적이 부패하고 비열하면 국민 정신 역시 비열하고, 부패한다고 지적하였다. 그는 국민 정신이 개조를 위해 일평을 제시하였다. 그는 한자 중심의 서적이 만연하면서 역사와 정치의 부조리를 비판하지 못하는 괴설이 난무한다고 지적하였다. 그러면서 그는 역서에 대한 입장을 제시하였다. 그는 번역이 자국에 유리한 측면이 있는지를 고찰해야 한다고 말한다. 즉, 한국과 한국 민족에 이익이 되지 못한 채, 일문만을 번역하는 풍토하는 세태를 비판하였다. 특히 그는 번역서 중에서 인명지명의 모순이 발생해 한국이 문명유신의 초기에 외국의 사상을 온전하게 수용하지 못하고 있다고 지적하였다. 그래서 그는 번역서에서 외국 인명과 지명을 명확하게 통일해야 한다고 주장하였다. 그는 번역에 대한 주체성을 중시하였다. "단재의 번역관은 '어의의 명쾌', '문자의 정결'로 표현된다. 그것은 '精善完美케 選擇'함을 바탕으로 한다. 그는 국익에 도움이 되는 것을 선택하여 번역하라는 것이다. 그런데 자칫 국가의 이익을 앞세우다 보면 지나치게 국수주의적 성향을 띠기 쉽다. 그리고 계몽성을 강조하다 보면 원의와 멀어질 가능성이 있다. 또한 단재는 글자 하나하나를 좇아 그대로 해석하는 축가적 해석의 지양을 주장했다. 아울러 문법의 통일성을 강조하였는데 그것은 무엇보다 번역의 혼란상을 막아보자는 것이다, 외국의 인명 지명의 표기, 번역 문체의 통일을 강조한 것은 우리글의 체계와 규범을 확립"[3]했다.

신채호는 일본의 식민주의 담론을 부정하고 독립심을 고취하기 위

3 김주현, 『계몽과 혁명 –신채호의 삶과 문학』, 소명출판, 2014, 516~517면.

해 양계초의 저작을 원전에 충실하게 번역했다. 그런데 그는 양계초의 『意大利建國三傑傳』를 번역하면서, 양계초가 중국의 사회 변혁을 위해 애국자를 기대한 것처럼, 조선의 독립을 위해 영웅이 등장해야 한다는 점을 주체적으로 번역하는 태도를 보여주었다.[4] 아울러 "丹齋의 "伊太利建國三傑傳"은 때로는 내용의 축약과 첨가, 혹은 개변의 정도를 보이고 있지만, 전체적으로 작품의 기본적인 체제는 그대로 유지하고 있기 때문에 번안이라고 수 없다. 그렇다고 梁啓超의 작품에 토를 단 정도로 改修의 폭이 적은 것도 아니다. 이것은 번역자가 번역의 命題인 충실성보다는 일차적으로 당대 현실 인식을 바탕으로 그에 대응하려는 의도"[5]가 작용하고 있다.

> 언어들의 초역사적 근친성은 각각의 언어에서 전체 언어로서 그때그때 어떤 똑같은 것이, 그럼에도 그 언어들 가운데 어떤 개별 언어에서가 아니라 오로지 그 언어들이 서로 초월하는 의도의 총체성(Allheit)만이 도달할 수 있는 그러한 똑같은 것이 의도되어 있다는 점에 바탕을 둔다. 그것은 곧 순수언어(die reine Sprache)이다. 즉 서로 낯선 언어들의 모든 개별적 요소들, 단어, 문장, 구문들은 서로를 배제하는 반면, 이 언어들이 그것들의 의도 자체에서는 서로 보완한다.[6]

---

4 정환국, 「근대계몽기 역사전기물 번역에 대하여 –『월남망국사(越南亡國史)』와 『이태리건국삼걸전(伊太利建國三傑傳)』의 경우」, 『대동문화연구』 48권, 성균관대학교 대동문화연구원, 2004, 19~20면.

5 성현자, 『단재 (丹齋) 신채호의 역사전기소설연구 –이태리건국삼걸전과의 비교를 중심으로–」, 『동방문학비교연구총서』 3권, 한국동방문학비교연구회, 1997, 333면.

6 『선집 6』, 129면.

발터 벤야민은 순수 언어를 신적인 언어에서부터 내려오는 위계적인 질서를 나타내는 말이 아니라, 사물의 언어를 충실하게 느끼는 침묵에서부터 시작하는 것으로 간주하였다.[7] 순수 언어는 근대 사회의 언어의 오남용에서 벗어난 제3의 지점에 존재한다고 간주했다. 그는 기호와 정보의 수단으로서만 존재하는 언어와 형이상학적 세계만을 지향하는 언어를 검토하면서 순수 언어를 발견해야 한다는 점을 지적한다. 그는 원문과 번역문의 관계를 일대일 대응 관계의 유사성의 세계로 파악하지 않고 원문의 세계를 번역문의 세계로 편입하는 과정을 거쳐야만 온전하게 언어적 긴장을 마련할 수 있다고 말한다.[8]

> 따라서 그 권리가 명백하지만 그 근거가 감추어져 있는 직역의 요구는 필연적으로 보다 더 적확한 맥락에서 이해되지 않으면 안 된다. 즉 어떤 사기그릇의 파편들이 다시 합쳐져 완성된 그릇이 되기

---

7 최성희, 「사물의 언어, 사물의 온기: 벤야민의 번역론이 말해주는 것」, 『비평과 이론』 제13권 2호, 한국비평이론학회, 2008, 151면.

8 앙트완 베르만(Antoine Berman)은 순수 언어(die reine sparche)를 칸트의 순수 이성과 결부하는 논의를 수용하면서도 로고스의 영역에서 탈피한 세계로 간주한다. 아울러 창세기에 기반을 둔 신의 언어가 인간의 언어에 내재하고 있다는 점을 고려하기도 한다. 그러나 그는 순수 언어의 세계를 시적 언어에서 고찰하고자 한다. 발터 벤야민이 횔덜린의 시를 번역하면서 언어의 순수성을 발견하고자 했다는 점을 고려하면서, 순수 언어는 일체의 수단과 도구로서의 언어에서 벗어나 언어 그 자체의 고유성을 지닌다는 점을 강조한다. 순수 언어는 시적 언어로 구성한 작품 속에 내재하면서 인간의 언어로 번역할 경계에서 순수하게 언어의 총체성을 온전하게 전달할 수 있다고 주장한다. 앙트완 베르만의 의견에 수용한다면, 발터 벤야민의 순수 언어는 자본주의와 파시즘 체제의 도구적 언어를 벗어나고 로고스 중심주의를 전략적으로 탈주하고 있다는 점을 이해할 수 있다. Antoine Berman, 岸 正樹 驛, 『翻訳の時代: ベンヤミン『翻訳者の使命』註解』, 法政大学出版局, 2013, pp.146~151.

위해서는 가장 미세한 파편 부분들이 하나하나 이어져야 하면서 그 파편들이 서로 닮을 필요는 없는 것처럼, 이와 마찬가지로 번역도 원작의 의미에서 스스로를 비슷하게 만드는 대신 애정을 가지고 또 그 세부에 이르기까지 원작이 의도하는 방식에 자신의 언어로 스스로를 동화시켜 원작과 번역 양자가 마치 사기그릇의 파편이 사기그릇의 일부를 이루듯이 보다 큰 언어의 파편으로 인식되도록 하지 않으면 안 된다.[9]

발터 벤야민은 보들레르의 시를 직역하면서 원전의 목소리를 중시하는 번역 태도를 엿보인다. 그는 주관적 입장을 배제한 채 직역의 방식을 채택하였다. 원작과 번역의 관계는 일대일 대응 관계를 보편적으로 유지하지 않는다. 원작과 번역의 매개는 원작의 순수 언어를 번역의 세속 언어와 직역과 의역의 과정을 거쳐 형성한다. 그는 원작에 대한 번역의 가능성이 대중 추수주의적 태도를 보이는 점을 지양한다. 그는 원작과 번역의 관계를 번역 가능성의 관점에서 파악한다. 그는 근대 자본주의의 타락 국면에 진입한 언어를 구제할 방법을 정치적으로 제시하고 있다. 그는 “언어 보충에의 거대한 동경이 작품에서 표현되는 일이 직역을 통해 보증된 충실성”[10]을 담보해야 한다고 말한다. 그는 보들레르의 시를 번역하면서 “이질적인 문화들 사이에서 권력의 불균형이 자아내는 위계질서의 문제들에 저항하는 문화적 실천의 가능성”[11]을 발견할 수 있었다. 요컨대, 그는 원문 속 단어를 개별적으로

9 『선집 6』, 136~137면.

10 『선집 6』, 137면.

11 윤조원, 「번역자의 책무-발터 벤야민과 문화 번역」, 『영어영문학』 57권 2호, 한국영어영문학회, 2011, 211면.

외국어로 번역하고 외국어로 번역된 언어를 모국어로도 편입하지 않는 이화의 과정을 거치려고 한다.[12]

2. 이탈리아의 은유와 파리의 알레고리

신채호와 발터 벤야민은 양계초와 보들레르의 텍스트를 번역하면서 몰락과 폐허의 풍경을 근대 동서양의 문화 공간에 편입하였다. 그들은 이탈리아와 파리를 각각 조선과 독일과의 정치·경제적 유사성을 토대로 이해하고 조선과 독일의 실제 모습을 직시할 조건을 탐색하였다. 그들은 이탈리아의 몰락과 파리의 폐허가 역설적으로 근대의 동서양 사회의 정치적 결핍을 충족할 수 있다고 생각했다. 그들은 공통으로 몰락과 폐허에서 건국과 생성의 이중적 조건을 인식하고자 했다.

신채호는 이탈리아의 몰락을 주목한다. 이탈리아는 지리적 조건과 정치적 상황이 식민지 조선과 유사한 측면이 있다. "이태리도 망국사(亡國史) 가운데(伊太利도 不過 亡國史中) (『전집 4』, 600면, 『이태리건국삼걸전』, 81면)"에 있었다는 정치적 조건은 신채호가 이탈리아를 주목하게 하였다. 식민지 조선이 국내외 정세 변화에 적극적으로 대응하지 못한 채 국권을 상실해 몰락해가는 과정은 이탈리아의 몰락과 유사한 측면이 존재한다. 그러므로 신채호는 이탈리아와 식민지 조선을 유사성의 관점에서 고찰하면서 식민지 조선의 망국 상황을 타개할 가

12 이명호, 「문화번역의 정치성: 이국성의 해방과 이웃되기」, 『비평과 이론』 제 15권, 한국비평이론학회, 2010, 241~242면.

능성을 모색하려고 했다.

> 급기야 19세기 초에 이르러서는 산하는 산산이 부서져 그 참상이 극심하였으니, 이태리 석 자는 겨우 지리상의 이름으로만 남았을 뿐 존재한다고 해도 사실은 망한 것이나 다름없던 상황이 이제 천여 년에 이른다. 트로이의 화염을 바라보며 호메로스의 애도가를 읊으매 푸림의 이슬은 처량하고 파멸의 잔재는 쓸쓸하도다. 옛 사람의 시에 말하길 "그림에는 집도 있고 산도 있지만 한 조각 상심은 그릴 수가 없도다"라 했으니, 슬프도다, 나라 잃은 백성이여, 후세에 역사를 읽는 이도 원통하고 슬픈 눈물을 그치기 어려운데 하물며 그를 모소 당한 자는 어떠하겠는가.[13]

이태리는 과거의 영광을 현실에서는 발견할 수 없을 정도로 파괴되었고, 19세기 초기에는 참혹한 모습만이 극심하게 남아 있다. 이는 나라 없는 백성의 비통한 심정을 표현하고 있다. 이태리의 모습은 망국의 상황에 부닥친 조선과 은유적으로 유사하다. 이태리는 나라를 잃고 전국이 암흑천지의 상황에 빠졌다. 번역 주체인 신채호는 지속해서 이태리 민족이 처한 국난 위기를 동일시하면서 신성한 이태리의 몰락이 초래한 이유가 무엇인지를 해명하고자 한다.

> 신사민(新史民)이 말한다. 이태리 건국이 시작에서 성공에 이르기까지 무릇 50여 년이 걸렸다. 큰 파도에 꺾인 것이 여섯 차례, 작은 파도

13 及十九世紀 初期에 至ᄒᆞ여는 山河破碎에 慘狀이 尤劇ᄒᆞ니, 伊太利 三字가 僅是地理上의 名詞로 若存實亡者가 千餘年 於玆矣라. 加西士의 火燄을 望하며 法羅의 悼歌을 吟ᄒᆞ미 薤露가 蒼涼ᄒᆞ고 劫灰가 零落ᄒᆞ니, 昔人詩에 謂ᄒᆞᆫ 바, 卷中正有家山在어만 一片傷心畫不成이로다. 哀哉라, 無國之民이여, 後世 讀史者도 慷慨의 淚를 難禁ᄒᆞ려던 以況, 身親當之者乎아. (『전집 4』, 569면, 『이태리건국삼걸전』, 7~8면.)

> 에 꺾인 것이 십여 차례다. 대개 위기가 종종 코앞에까지 미쳐 그 기(氣)가 한번 썩어 버리면 다시 떨치기가 어려운 법이다. 그런데 패배가 한 번 두 번, 두 번 세 번 계속하여 십 수차례에 이르렀어도 그 기는 일찍이 한 번도 썩지 않았다. 여기서 한 번 잃으면 반드시 다른 곳에서 구하고 거기서 다시 잃으면 반드시 여기서 다시 구하여 천하고금의 장극(壯劇), 활극(活劇), 참극(慘劇), 비극(悲劇)을 모두 합하여 한 무대에서 번갈아 공연하였다. 장하도다, 마음을 놀라게 하고 혼백을 움직임에 불가사의하기가 어찌 이에 이르는가. 사람마다 눈과 마음에 조국 두 자가 새겨져 있어 천한의 즐거움을 조국의 고통과 바꾸지 않으며 천한의 고통을 조국의 즐거움과 바꾸지 않으니 조국이 어찌 용솟음치듯 드러나지 않을 것이며 조국이 어찌 솟아나지 않겠는가. 이를 보니 염세의 망령된 생각을 단번에 깨트리며 급히 서두르려는 잘못된 생각을 단번에 씻어주는구나.[14]

신채호는 양계초의 번역문을 통해 본인이 욕망하는 세계를 직간접적으로 전달하였다. 이태리 건국이 최소 50년이 소요되었고, 건국을 위한 과정에서 직시할 천하고금의 장극, 활극, 참극, 비극을 몸소 체험하면서 몰락한 이태리의 국권을 회복해야 한다는 점을 언급한다. 건국 과정에서 대두하는 고통을 수용해 정신과 육체를 건국을 위한 과정에 매진해야 한다고 말한다. 그는 이태리 건국 삼걸의 이타적 행

---

14 新史民 曰 伊太利 建國이 發軔으로 始하여 告成에 至함이, 中間 凡 五十餘年인데 大波折者 六次오 小波折者 十餘次라. 其 危機가 往往一髮에 至하여 其 氣一餒하면 難可復振이어늘, 乃其敗也가 一而再하며 再而三하여 以至於十數敗하되 其氣는 未嘗一餒故로 失於此로되 必得於彼하며, 失於彼로되 必得於此하여 天下古今의 壯劇活劇慘劇悲劇을 括合하여 一堂上에 迭演하니, 壯哉라 其 警心動魂에 不可思議가 何以至於此오. 蓋 人人心目中에 祖國 二字가 皆有하여 天下의 樂으로 祖國의 苦를 不易하며 天下의 苦로 祖國의 樂을 不易하니, 祖國이 安得不湧現이며 祖國이 安得不突出이리오, 觀於此에 厭世의 妄念을 可一破며 欲速의 謬見을 可一洗로다. (『전집 4』, 616면, 『이태리건국삼걸절』, 120~121면.)

위와 건국에 대한 헌신을 조선의 구성원과 동일하게 만들기 위해 노력한다.

① 옛 파리의 모습은 이제 보이지 않는다!(도시의 모습은/ 아! 사람의 마음보다 더 빨리 변하는구나[15]

② 붐비는 도시, 환상이 가득한 도시,/ 그곳에선 한낮에도 유령이 행인에 달라붙는다!/ 신비는 도처에서 수액처럼/ 억센 거인의 좁은 배관 속을 흐르고 있다.[16]

③ 거리는 내 주위에서 귀 아프게 아우성치고 있었다./ 큰 키에 날씬한 한 여인이 상복을 차려입고/ 화사한 한 손으로 가에 꽃무늬 장식된/ 치맛자락 치켜 흔들며 장중한 고통에 쌓여 지나갔다.[17]

보들레르는 자본주의의 산업화가 불러일으키는 파리의 변화를 주목했다. 파리라는 대도시의 물리적 공간의 급격한 변화는 전통과 문명과의 유기적 관계를 단절하고 환상적 공간으로 돌변하고, "억센 거인"으로 의인화된 공간으로 탈바꿈하고 있다. 대도시는 전통적 시공간을 지속해서 파괴하면서 근대 공간을 산출하기 위한 변경을 감행한다. 대도시 구성원이 미처 도시의 변화를 감지할 수 없을 정도의 속도

15 Die Altstadt ist dahin – wenn Neuerungen/ Uns wandeln sinken Stadte doppelt schnell. (GS Ⅳ-1,S.27, 「백조」, 218면.)

16 Wimmelnde Stadt, Stadt die erfullt von Traumen/ Wo das Gespenst bei Tag antritt den Mann!/ Geheimes schwillt gleich Saften wenn sie schaumen/ In engen Gossen des Kolosses an. (GS Ⅳ-1,S.29, 「일곱 늙은이들」, 222면.)

17 Geheul der Strafie drohnte rings im Raum./ Hoch schlank tief schwarz, in ungemeinem Leide/ Schritt eine Frau vorbei, die Hand am Kleide/ Hob majestatisch den gerafften Saum(GS Ⅳ-1, S.41, 「지나가는 어느 여인에게」, 231면.)

로 도시는 발전을 추구한다.[18] ①에서는 전통으로서의 파리는 존재하지 않는다. 파리는 도시화를 추구하면서 이전 시대의 흔적을 소멸한다. 도시인은 소멸의 속도를 따라가지 못한다. 도시인들은 ②에 드러나는 것처럼, 개인의 고유성을 상실하고 군중에 편입하여 인간 상호간의 자기 존재를 증명하지 못한 채 서로에게 익명의 존재인 "유령"처럼 부유할 뿐이다. ③은 도시 거리의 소음을 단적으로 표현하고 있다. 시적 화자는 거리에서 서성인다. 시적 화자는 거리에서 뿜어져 나오는 소음에 괴로워하고 있다. ①, ②, ③은 공통으로 외형적 성장을 거듭하는 파리라는 도시 발전의 이중성을 바로 보여준다. 그는 보들레르의 『악의 꽃』 제2부인 「파리 풍경」을 번역하면서 19세기 후반의 자본주의적 발전 과정 이면의 몰락의 징후를 읽어내고자 했다. 발터 벤야민은 프랑스 파리라는 대도시를 중심으로 재편하는 도시공간의 전후 맥락의 의미를 보들레르의 시에서 발견했고, 보들레르의 도시와 연관된 알레고리의 양상을 독일어로 표현하고자 했다. 발터 벤야민의 알레고리를 따라가 보면 보들레르에게는 상응과 유추의 조화로운 세계와 파편화되고 불협화음적인 세계가 공존하고 있음을 인식할 수 있다. 독일 사회 역시 프랑스의 산업화와 자본화의 흐름에 따르는 발전을 모색했다는 점을 고려

18 발터 벤야민은 보들레르의 초기시와 후기시를 구분하면서, 보들레르의 후기시는 파리를 시적 대상으로 간주하였다. "보들레르에게서 이처럼 문학의 외적인 혁신(정형시에서 산문시로의 전환)과 동시에 주제적인 혁신(서정시적 테마에서 일상적 테마로의 전환)은 당시의 파리에 일련의 정치적·경제적·사회적·문화적·기술적 변화와 불가분의 관계를 맺으면서, "우울"(spleen)과 "멜랑콜리"(malancolie)를 바탕으로 대중 속을 산책하면서 생산해낸 문학적인 반영(20면)"하고자 했다. 조재룡, 「파리, 대도시의 등장과 문화·예술장의 변화 –발터 벤야민의 사유를 중심으로」, 『프랑스 문화예술연구』 제18집, 프랑스문화예술학회, 2006, 348면.

한다면, 독일 사회가 자본과 진보의 세계를 무비판적으로 수용할 경우에 초래할 비극적 단면을 발터 벤야민은 보들레르의 시에서 선험적으로 경험했다고 볼 수 있다.

> 나의 목가를 단아하게 짓기 위해/나는 점성가처럼 하늘 가까이 누워/종루 곁에서 꿈꾸며 들으련다,/바람에 실려 오는 엄숙한 성가를./두 손으로 턱을 괴고 높이 내 다락방에서/나는 바라보이라, 노래하고 수다 떠는 작업장을 ;/굴뚝이며 종루며 저 도시의 돛대들,/그리고 영원을 꿈꾸게 하는 저 끝없는 하늘을.[19]

시인은 파리의 소음을 경청한다. 시인은 도시의 풍경 너머에 있을 초월적 세계를 몽상한다. 파리는 지속해서 도시화의 풍경을 만들기 위해 분주하다. 도시 풍경은 자연을 배제한다. 도시는 자연 풍경을 인공적으로 만든다. 시인은 도시와 자연을 하나의 목가적 시선으로 마주 보면서 시를 쓰려고 한다. 시인은 도시 풍경을 혼자만의 공간인 다락방에서 응시하면서 도시 풍경이 불러일으키는 무미건조함을 파악한다. 시인은 자율적으로 생동하는 자연을 인위적 시적 공간으로 전환하려고 한다.20

---

19 Ich will um meinen Strophenbau zu lautern/Dicht unterm Himmel ruhn gleich Sternedeutern/ Dafi meine Tiirme ans vertraumte Ohr/Mit dem Winde mir senden den Glockenchor./Dann werd ich vom Sims meiner luftigen Kammer/"Oberm Werkvolk wie's schwatzet und singet beim Hammer/Auf Turm und Schlot, die Masten von Paris/Und die Himmel hinaussehn, mein Traumparadies.(GS Ⅳ-1, S. 23 「풍경」, 211면.)

20 발터 벤야민은 보들레르의 도시시의 원전에 충실한 번역을 시도하였다. 그는 보들레르 시의 전형적인 특성인 현대성, 즉 테크닉, 사회적 계층, 산업사회적 특성을 자신만의 문체를 통해 상쇄시켜 대도시를 번역을 통해 표현하고자 하였다. "이는 보들레르의 원전 7행의 "도시의 de la cite"에 해당하는 단어가 (중략) 벤야민은 오히려 "파리의 vom Paris"라고 구체적으로 번역"하고 있다. 이러한 점을 염두에 둔다면, 발터 벤야민은 파리라는 도시 문명이 어떻게 보들레를의 시에서 표

시인의 마음에서 끄집어낸 하나의 의지의 상징인 이상 '혼'의 고뇌를 알며 '정신'의 쾌락을 구하는 자기 파괴적 요구의 표상으로서의 의미를 드러낸다.[21]

> 파리는 변한다! 그러나 내 우울 속에선/ 무엇 하나 끄떡하지 않는다!
> 새로 생긴 궁전도, 발판도, 돌덩이도,/ 성문 밖 오래된 거리도, 모두
> 다 내게는 알레고리되고,/ 내 소중한 추억은 바위보다 더 무겁다.[22]

파리는 도시의 모습을 갖추어 간다. 파리는 전통과 문화의 과정을 보여준다. 파리의 옛 모습은 파괴되고 허물어진다. 반면 파리 도시의 모습은 도시인들이 인지할 수 없을 정도로 급속도로 발전을 거듭하고 있다. 시적 화자는 파리의 도시화 이전의 풍경을 머릿속으로만 상상할 수 있다. 도시화는 기존의 주거 환경과 주변 풍경을 파괴한다. 시적 화자는 도시화 이전의 동물원에 있던 백조를 살펴본다. 파리 도시는 과거를 부정하고 현재와 미래를 존중한다. 도시의 새로움은 과거와 전통을 추방하면서 희극적으로 반응한다, 시적 화자는 파리의 변화 과정을 알레고리의 시선으로 바라본다. 시적 화자의 알레고리는 파괴와 보존이 교차하는 풍경의 국면을 응시하는 순간에 인식하는 감각적 세계이다. 그런데 시적 화자의 알레고리에는 우울이 자리

현되고 있는지를 동시대성을 염두에 두면서 번역하고 있다는 점을 알 수 있다. 안미현, 「게오르게의 『악의 꽃』과 벤야민의 『악의 꽃』 –번역사적 맥락을 중심으로」, 『독일언어문학』 제57집, 한국독일언어문학회, 2012, 61~62면.

21 민희식, 「〈악의 꽃〉에서 산문시 〈파리의 우울〉에 이르는 보들레르의 미적 세계」, 『민족과 문화』, 한양대학교 민족학연구소, 1993, 189~190면.

22 Paris wird anders, aber die bleibt gleich/ Melancholie. Die neue Stadt dir alte/ Mir wirds ein allegorischer Bereich/ Und mein Erinnern wuchter wie Basalte. (GS Ⅳ–1, S.29, 「백조」, 219~220면.)

잡고 있다. 멜랑콜리한 시선이 시적 화자의 내부에 자리 잡고 있어, 시적 화자의 기억에는 도시화가 배제된 풍경을 보존한다. 파리는 물질적 공간의 변화만을 초래한다. 그러나 시인은 도시화의 이면에 망각된 풍경을 기억하고 있다. 시인은 망각한 것을 온전하게 시로 표현한다. 그런데 시인이 온전하게 시로 재현하더라도, 파리의 모습을 현실적으로 완벽하게 재현하는 과정은 불가능하다.

3. 건국 삼걸과 루저

신채호와 발터 벤야민은 이탈리아의 몰락과 파리의 폐허를 극복하기 위해 건국 영웅과 루저를 설정한다. 신채호는 마찌니, 가리발디, 카부르의 이탈리아 건국 영웅들의 무용담을 소개하는 데 그치지 않고 번역서를 통해 자신이 이상으로 삼는 영웅들을 강조하고 새로운 영웅상과 국민상을 제시하면서 새로운 영웅을 많은 청년들이 수용해 애국적·영웅적 투쟁을 전개하기를 갈망하였다.[23] 발터 벤야민은 창녀, 노파, 병자를 파리 풍경의 주체로 수용하면서 사회의 주변인을 전면적으로 다루면서도 이에 대응한 자본주의 담론의 양상을 추론하고자 한다.

마찌니의 '청년 이태리'단의 강령은 "이상 여기에 인용한 것은 단편적인 것들이라서 자세한 기록은 아니지만 미루어 살펴본다면 '청년 이

23 김수자, 「신채호의 『이태리건국삼걸전』 번역 목적과 '영웅상'」, 『한국민족운동사연구』 통권 80권, 한국민족운동사학회, 2014, 45면.

태리' 강령의 취지를 대략 엿볼 수 있을 것이다. 고심하면서 조직을 꾸린 사람의 학식과 재능도 또한 생각해볼 수 있을 터이다. 요약하자면 그 목적은 이태리를 구제하여 공화 정부 아래 통일하는 것이요, 그 방법은 교육과 폭동이며, 그 기치는 한쪽으로는 독립과 통일을, 한쪽으로는 자유와 평등을 말하는 것이다. 그리하여 당의 체제가 서자 이를 따르는 이들이 마치 메아리처럼 학생에서 학생으로, 청년에서 청년으로 퍼져갔으니, 그 결합의 속력은 그 이전에는 일찍이 없던 것이었다.(以上 所引은 雖東鱗西爪에 未能詳記나 推以想之ᄒᆞ면 少年伊太利의 綱領 趣旨를 可以略窺矣며 其苦心經營者의 學識才略도 亦可以想仰矣로다. 又 約而言之ᄒᆞ면 其目的은 伊太利를 救濟ᄒᆞ야 共和政府下에 統一홈이 是也오 其方法은 教育과 暴動이 是也오, 其旗幟는 一面에 獨立統一을 書ᄒᆞ고 一面에 自由平等을 書ᄒᆞᆫ 者가 是也라(『전집 4』, 575면, 『이태리건국삼걸전』, 19면)"이다. "혁명을 하려면 혁명의 씨앗을 먼저 뿌리지 않으면 안 되고 문명을 구하려면 문명의 토대를 미리 다지지 않은 안 되는 까닭에, 나는 국민의 정신에 근본을 두어 저 굴하지 않는 도덕심을 길러 죽을 때까지 다하는 원기를 불러일으킬 것이다.(「革命을 行코자 ᄒᆞᆯ진ᄃᆡ 不可不 革命의 種子를 先播ᄒᆞᆯ지며, 文明을 求ᄒᆞᆯ진ᄃᆡ 不可不 文明의 土臺를 預築ᄒᆞᆯ지라. 故로 吾는 國民의 精神에 推本ᄒᆞ여 其不屈不移의 道心을 養ᄒᆞ며 死而後已의 元氣를 鼓ᄒᆞ리라」)(『전집 4』, 576면. 『이태리건국삼걸전』 21면)"해야 한다는 점을 주장한다.

마찌니는 이탈리아의 몰락을 구제하기 위해 이탈리아 본국의 자주권을 중심으로 국민의 심정 세계를 개조하는 방식만이 유일하다고 생각했다. 그는 카르보나리단의 혁명 방식을 동의하지 않았다. 대신 그는 국민의 도의에 대한 심성 체계를 개조하고 이탈리아를 공화 정부로 통일하고, 교육과 폭동을 통해 독립과 통일, 자유와 평등을 추구했다.[24] 가르발디는 마찌니가 창간간 〈청년 이태리 신문〉을 읽고 마찌니의 사상에 동감을 표했다. 그들은 샤르데냐 왕 알베르트의 유약함에 공통으로 분개하면서 정치적 동지가 되었다. 마찌니는 영국으로 망명하면서 '청년 유럽당'을 만들고, 재상 글래드스턴과 이태리 인민의 망국 상실의 울분을 설명하기도 했다. 반면 가르발디는 남아메리카로 망명을 떠났다. 그는 리우그란데 공화국이 브라질 제국에서 독립 하려는 정세를 파악한 후, 이태리 망명 지사 12인과 함께 리우그란데 공화국의 독립 전쟁에 참여했다가 피오렌티노 장군은 죽고 본인은 괄라가이항에 정박한 후 생명을 부지할 수 있었다. 그는 병원에서 완치한 후 강도 살인 죄목으로 수감되었다. 그는 남아메리카에서 14년 동안 우르과이 정부의 전투에 참전하면서 혁혁한 공을 세웠지만 그의 정치적 행위에 대한 옹호를 받지 못했다. 이에 반해 카부르는 국내 수준의 통일 운동만으로 이탈리아를 정치적으로 개조하는 것이 불가능하기 때문에, 국외의 정치적 상황을 면밀하게 고려하여 외교적 차원에서 혁명의 돌파구를 마련하고자 했다.

특히 이탈리아의 애국지사들은 마찌니의 공화정부론, 카부르파의 사르데냐국 중심론, 신 켈프파의 로마 교회 중심론으로 세분되어 있었다. 1846년 로마 교황 피우스 9세가 종교 중심으로 오스트리아와 국경 조약을 체결함으로써 이태리의 국론을 분열하고자 해, 마찌니와

24 정선경, 「《意大利建國三傑傳》 번역을 통해 본 한중 영웅서사 수용의 재맥락화」, 『중국소설논총』 제46집, 한국중국소설학회, 2015, 272~273면.

카부르는 이에 대해 정치적 견해를 밝혔다. 마찌니는 공화 정치를 지향하기 때문에 독립 후 국민 주권에 따라 대통령을 선출하는 통일론을 주장했고, 반면 카부르는 샤르데냐 왕을 중심으로 이태리 소국가를 통일하는 연합론을 주창했다. 특히 카부르는 본인의 연합론을 추구하기 위해 사르데냐의 개혁에 매진하였다. 프랑스 혁명이 발발하고, 사르데냐국의 연합론이 자리를 잡지 못하고, 사르데냐국의 왕인 알베르토도 죽음에 처하게 되고, 로마 교황 피우스는 오스트리아와 동맹을 체결하는 등 이태리 전국은 극심한 혼란에 빠지게 되었다. 마찌니는 프랑스 혁명의 기운이 전파된 격동의 이태리를 정비하기 위해 로마 공화국을 창립하고 공화국의 임시 대통령이 되었고, 가리발디는 군사력을 보유하고 정비하는 데 혼신을 기울였다. 이에 교황 피우스는 프랑스 대통령 나폴레옹 3세에게 도움을 청했다. 프랑스는 국내외적으로 정치적 영향력을 강화하기 위해 교황 피우스의 제안을 수락했고, 마찌니와 가르발디는 패전한다. 가르발디는 이태리 국내의 혁명 기운을 확대하기 위해 노력했으나, 정치적 정세는 가르발디에게 부정적으로만 흘러갔다. 이태리의 입헌론 혁명은 성공하지 못했다.

샤르데나의 새왕인 에마뉴엘레는 국론을 통일하기 위해 오스트리아에 평화 회담을 제안했다. 이에 오스트리아 장군 라데치는 헌법 폐지를 요구하였다. 이에 에마뉴엘레는 국민의 권리를 보장하기 위해 오스트리아의 제안을 거절하고, 카부르와 정치적 해결책을 마련하고자 했다. 카부르는 마찌니의 로마 공화국이 단명했다는 사실을 염두에 두면서, 내정 개혁에 매진하였다. 카부르는 부국강병을 위한 정치적 정책을 시행하였다. 카부르는 크림 전쟁, 파리 회의, 이태리－프랑스

밀약을 추진하면서 이태리의 독립 국가를 위한 외교 정책을 감행하고 약소국의 한계를 극복하고자 했다.

카부르와 가르발디는 이태리 – 오스트리아 전쟁 준비를 하면서 동맹을 한다. 그들은 이태리와 프랑스가 동맹해서 오스트리아에게 승전을 거두었다. 이에 프랑스의 나폴레옹은 승전 후 사르데냐 왕과 〈빌라 프랑카 조약〉이라는 밀약을 체결했다. 카부르는 사르데르 왕에게 조약 파기를 요구했으나, 본인의 요구 사항을 관철하지 못하고 사직해 시골의 농부로 삶을 살았다. 그러다가 카부르는 다시 이태리의 암흑 상황을 개선하기 위해 프랑스 나폴레옹에게 사보이아, 니스의 두 땅을 할양하면서 이태리를 사르데냐 중심의 독립국으로 재편하고자 했다. 반면 가르발디는 의용병 해산을 요구하는 제안을 수락하지 않고, 국내 정치의 모략에 환멸을 느끼면서 사직한다. 가르발디는 카부르의 정치적 야심을 의심했지만 샤르데나 왕의 중재에 따라 정치적 동맹 관계를 맺었다. 북부 이태리의 통일이 이루어지는 동안, 남부 이태리는 시칠리아와 나폴리를 중심으로 지배자들의 학정이 심했다. 이에 가르발디는 천인대를 이끌고 혁명에 동참하였고, 남부 이태리를 평정하는 데 성공했다. 카부르, 가르발디의 노력으로 이태리 남북이 통일을 맞이하였다.[25] 카부르는 국내 정치와 교황권 제한의 문제를 고심하다가

25 양진오는 신채호가 『이태리건국삼걸전』에서 영웅 개념을 무명의 영웅으로 확대하고 있다고 주장한다. 신채호는 이태리 건국을 주도한 건국 영웅을 재현하는 데 그치지 않고 아래로부터 혁명을 지지하는 민중과 접맥하는 가능성을 보여주었다. "신채호는 이미 1910년대 이전부터 영웅을 엘리트적 의미의 영웅이 아니라 무명의 민중까지 영웅으로 받아들이는 사고의 유연성(262면)"을 보여주었다. 양진오, 「영웅 개념의 주체적 모색과 신채호 문학 –신채호의 『이태리건국삼걸전(伊太利建國三傑傳)』 읽기–」, 『영웅의 발견과 한국근대소설의 기원』, 태학사, 2015.

죽음을 맞이했다.[26]

> 오래된 수도의 꼬불꼬불한 주름 속,/ 모든 것이, 공포마저도 매혹으로 바뀌는 곳에서,/ 나는 지켜본다. 내 숙명적인 기질 어쩔 수 없어/ 늙어빠졌으나 귀여운 요상스런 인간들을,// 저 쪼그라진 괴물도 옛날엔 여인이었겠지,/ 에포닌 아니면 라이스 같은! 꼬부라지고, 곱사등에,/ 뒤틀어진 괴물이지만, 저들을 사랑하자! 아직 넋이 있으니./ 구멍난 치마 입고 차가운 천 조각 걸치고[27]

시적 화자는 숙명적으로 노파들을 쳐다본다. 노파는 세월의 변화를 무기력하게 수용하면서 육체적으로 변화하는 과정을 자각하지 못한다. 노파는 육체적으로 늙어가는 과정을 인식하지 못하기 때문에 괴물로 보일 수 있다. 화자는 도시 속을 배회하면서 늙음과 젊음이 순환하는 생물학적 순환을 자각한다. 그런데 파리 도시에서 늙음은 소외당한 채 자기 존재를 승인받지 못한다. 삶의 순환이 비극적으로 자리 잡고 있는 대상인 노파가 매혹으로 변모하는 대도시에서 존재감을 인식하고자 한다. 노파는 "곱사등에/뒤틀어진 괴물"이지만, 시적 화자는 노파가 아직 정신을 잃어버리지 않고 삶의 무게를 견디고 있는 모습을 수용하려고 한다.

---

26 왕수파, 「신채호의 이태리건국삼걸전 연구」, 대구대학교 대학원 석사논문, 2008, 51~52면.

27 Im Faltenschofi der alten Metropolen/ Wo Feen im Entsetzen selber waken/ Folgt meine triibe Leidenschaft verstohlen/ Verf allnen doch vollendeten Gestalten.// Die Unform die da abstöfit war ein Weib/ War Epona! war Lais! Ehrt ihr Leben/ Das seelenhafte nodi im morschen Leib./ Im diinnen Rock in löchrigen Geweben. (GS Ⅳ-1, S.33, 「가여운 노파들」, 225면.)

> 저들을 보라, 내 넋이여, 정말 끔찍하다!/ 흡사 마네킹 같고, 어딘가 우스꽝스럽다;/ 몽유병자들처럼 섬뜩하고 야릇하게 생긴/ 그들은 어두운 눈알로 어딘가 모를 곳을 쏘아본다.// 성스러운 불꽃 사라져 버린 그들의 눈은/ 먼 곳을 바라보듯 마냥 하늘로 쳐들고 있다;/ 아무도 그들의 무거운 머리가 생각에 잠긴 듯/ 길바닥 쪽으로 숙여진 것을 본 적이 없다.// 그들은 이렇게 끝없는 어둠 속을 건너가고 있다./ 이 영원한 침묵의 형제는. 오 도시여!/ 네가 우리 주위에서 잔인하리만치 환락에 취해,// 깔깔대고 노래하고 울부짖는 동안에도, 보라! 나 역시 간신히 몸을 끌며 간다! 그러나 그들보다 더 넋이 빠져/ 나는 이렇게 말한다. 「하늘」에서 무엇을 찾고 있는가, 저 장님들은? [28]

시적 화자는 장님을 응시하라고 말한다. 장님은 끔찍하기도 하고 마네킹처럼 무미건조한 것처럼 보이기도 하고, 희극적으로 보이기도 한다. 장님은 눈알을 잃어버린 채 대상을 인지할 수 없으면서도 하늘을 향해 눈길을 준다. 장님은 도시의 어두운 길을 혼자서 걸어간다. 장님의 이미지는 눈알을 상실했기 때문에 비시각적 태도로 세상을 감지한다. 장님과 달리, 도시인들은 맹목적으로 분주하게 도시 속을 배회한다. 도시 공간이 선험적으로 배치한 곳을 도시인들은 장님과 달리 쉽게 유동할 수 있지만, 도시인의 시선은 세계의 본질을 즉각적으

---

28 Betrachte sie, mein Herz; sie sind ein Grauen!/ Den Gliederpuppen ahnlich; grundlos komisch;/ Wie Somnambulen sind sie physiognomisch:/ Wohin ergeht nur ihr umwolktes Schauen?// Ihr Augenpaar aus dem der Funke wich/ Blieb mit fernspahender Geberde/ Geoffnet stehn ; nie sieht man sie zur Erde/ Das Haupt gewendet und versenkt in sich.// Sie gehn durchs grenzenloseste Verliefi/ Den Bruder ewgen Schweigens. O Paris/ Wo wir uns vom Gejohl begraben flnden// Du welches Brunst zur Bestie werden liefi/ Sieh her! so schleich auch ich! doch nahm mich dies/ Oft Wunder : Was verrat sich Dort den Blinden? (GS Ⅳ-1, S.39, 「장님들」, 230면.)

로 바라볼 수 없다. 파리는 유폐된 도시 공간이다. 시적 화자는 장님을 응시하면서 정작 본인이 장님이 아닌가 하고 자문한다. 장님은 파리에서 도시 건물 사이 위로 고개를 들어 하늘을 본다. 파리와 하늘은 대비적으로 인공과 자연을 상징한다. 파리라는 인공 정원은 도시인을 인공 조형물로 유인한다. 도시인은 세계에 대해 침묵할 수밖에 없다. 파리의 침묵은 인간과의 관계를 단절한다. 반면 장님은 파리의 시공간 너머에 있을 자연 풍경을 상상한다. 도시인은 상상하지 못한 채 정신없이 분주하게 살아가지만, 장님은 자연의 비밀을 상상하려고 한다. 도시인과 장님 사이에 시적 화자가 위치한다. 시적 화자는 몽유병자처럼 가수 상태로 움직인다. 시적 화자는 인공과 자연의 경계에서 존재하면서도 상상의 나래를 펼친다. 그는 파리의 폐허와 주변에서 유영하는 사회적 주변인을 정치적 주체로 발견하면서도 사회적 약자가 자본주의 사회에서 처한 상황을 멜랑콜리한 시선으로 응시하였다. 그는 파리를 원근법적인 풍경으로 바라보면서 파리 풍경 내부에서 자본주의의 추악한 면모를 포함한 세계를 직시하려고 하였다. 즉, 발터 벤야민이 보들레르의 시를 번역하는 행위는 번역자의 모국어를 이국 언어의 낯섬과 이국성을 맞닥뜨리게 함으로써 폐쇄적인 자기 동일성에서 탈피하는 기회를 제공한다.[29]

29 윤성우, 「발터 벤야민(W. Benjamin)의 번역론에 관한 소고」, 『번역학연구』 8(1), 한국번역학회, 2007, 185면.

2부

역사의 정치적 변용에 대한 글쓰기

3장

시간의 역사적 투쟁과 시간의 역사적 전복

3장
시간의 역사적 투쟁과 시간의 역사적 전복

1. 진화와 진보

신채호와 발터 벤야민의 미래관은 상이하다. 신채호는 역사의 주체와 객체가 상호 투쟁을 통해 적자 생존과 약육 강식의 법칙이 실현되어 개별 민족의 존속 여부가 판가름된다고 생각하였다. 반면 발터 벤야민은 근대 사회의 미래에 대한 낙관주의적 태도가 과학 기술과 결부하여 인류를 파멸로 이끌 수 있다고 판단하였다. 신채호는 사회진화론의 관점에서 미래를 긍정적으로 파악했다면, 발터 벤야민은 인류의 진보주의에 대한 비관적 전망을 제시하였다. 그들은 동서양 근대 사회에서 미래를 긍정과 부정의 시각에서 고찰하면서 식민주의와 전체주의에 대항하기 위한 정치적 시간을 확보하고자 하였다.

然而 世界는 進化者의 世界가 되나니 萬一 退化만 ᄒᆞ면 畢竟 其終

> 極은 滅亾에 陷홀 뿐이라 吾人은 더욱 九顧를 作ᄒᆞ리라.[1]

신채호는 진화와 퇴화의 법칙을 거쳐 생존이 결정된다고 생각하였다. 그는 추장시대, 귀족시대, 전제시대, 입헌시대로 국가의 생활이 진화했다고 말한다. 아울러 단군, 부여, 기자 시대는 문명의 맹아시대, 고구려, 백제, 신라 시대는 방장시대, 고려중엽에서 이조 중엽을 거쳐 근세기에 참담비분의 상태에 도달하였다고 말한다. 그는 국가와 문명이 진화와 퇴화의 단계를 거쳐 성립하기 때문에 구문명의 퇴화를 신문명의 진화로 발전해야 한다고 주장하였다.

> 嗚呼라! 韓國이 數百年來로 對外의 競爭이 無홈으로, 國家的 觀念이 甚微ᄒᆞ여, 或者ᄂᆞᆫ 皇室을 卽國家로 信ᄒᆞ며, 或者는 政府를 卽國家로 信ᄒᆞᄂᆞᆫ 故로 國家에 對ᄒᆞᆫ 責任은 君主나 擔홀 바며, 富吏나 有ᄒᆞᆫ 바오, 壹般 百姓에 至ᄒᆞ야ᄂᆞᆫ 國家가 興ᄒᆞ거나 亡ᄒᆞ거나 治ᄒᆞ거나 亂ᄒᆞ거나 禍가 有ᄒᆞ거나 福이 有하거나 皆我의 過問홀 바가 아닌 줄로 思想하니,
> 人民의 國家精神이 如是幼稚ᄒᆞ고야 엇지 其國家의 發達홈을 望ᄒᆞ리오.[2]

신채호는 한국이 자국의 대외적 경쟁이 존재하지 않았다는 점을 지적했다. 국가간의 대외적 경쟁이 존재하지 않았기 때문에 근대적 국가 관념이 부재한다고 말했다. 국가관은 황실, 정부, 군주, 부리와 같이 제도적 권력만이 지닐 뿐이고, 국가를 구성하는 백성은 국가의 흥망성쇄와는 무관하게 생각한다는 점을 언급했다. 결국 국가 권력과

---

1 『전집 6』, 543면.

2 『전집 6』, 642면.

백성 간에 국가정신이 공유되지 못하기 때문에 온전하게 국가의 발달을 생각할 수 없다고 지적했다. 구한말 사회 진화론은 자강 운동과 민족주의 계열에 따라 지향하는 바가 상이했다. 자강운동은 부강을 통해 실업과 물질적인 것을 강조한 반면, 내셔널리즘은 국가, 민족, 국민을 중시하면서도 국가의 생존을 최우선으로 간주하였다.[3] 그는 국가에 대한 진화론적 관점을 토대로 조선민족의 진화를 추구하고자 하였다. 그는 양계초의 사회 진화론을 수용하면서 역사, 국가, 민족의 생존을 주장하였다.[4]

> 故로 形式上 國家를 建立코ᄌᆞ ᄒᆞ면, 몬져 정신上 國家를 建立ᄒᆞᆯ지며 形式上 國家를 保全코ᄌᆞ 하면 몬져 정신上 國家를 保全ᄒᆞᆯ지며 形式上 國家의 亡ᄒᆞᆷ을 憂ᄒᆞᆯ진대 몬져 정신上 國家의 亡ᄒᆞᆷ을 憂ᄒᆞᆯ지니라.
>
> 余ㅣ 보天下 愛國同胞에게 向하여 정신上 國家의 수립을 祝ᄒᆞ노라.[5]

신채호는 정신적 국가(추상적 국가)와 형식적 국가(구체적 국가)로 국가를 구분한다. 형식적 국가는 강토, 주권, 군주, 정부, 의회, 관리, 군함, 대포, 육군, 해군의 집합체이다. 반면 정신적 국가는 독립 정신, 자유 정신, 불굴의 정신, 국권 보존의 정신, 국위 분양의 정신, 국광 활발의 정신이다. 그는 독일, 미국, 이태리의 정신적 국가와 형식적 국

---

3 천자현외 1인, 「근대 한국의 사회진화론 도입,변용에 보이는 정치적 인식구조: 국가적 독립과 문명개화의 사이에서」, 『대한정치학회보』 18권 3호, 대한정치학회, 2011, 18면.

4 박찬승,「한말 신채호의 역사관과 역사학」, 『한국문화』 제9집, 서울대학교 규장각 한국학연구원, 1988, 303면.

5 『전집 6』, 674면.

가의 사례를 거론하면서, 해당 국가들이 정신적 국가를 중시했다고 언급했다. 그는 국가의 국내적 경쟁을 위해 형식적 국가의 소멸과는 무관하게 정신적 국가의 보편성을 중시하면서 국가의 경쟁력을 강화하기 위한 건립의 토대를 확보하였다. 그는 형식상 국가와 정신적 국가를 구분한 후 현실적 조건에 따라 형식상 국가가 소멸한다고 하더라도 정신적 국가는 존속한다고 보았다. "哀哉라. 萬一 進化의 公例로 推하면 中古時代의 如此 强悍한 民族이 今則優勝勢力이 世界에 橫絕하였을지어늘, 何故로 每下愈況이 此極에 至하였는가. 吾가 今也에 乃知커라, 其國國民의 勇怯優劣은 專혀 其國의 一二先覺 英雄에 鼓舞激勵의 如何를 視하여 進退하는(『전집 4』, 489면)" 것처럼, 신채호는 을지문덕과 같이 무인 영웅이 중고시대에서 줄기차게 진화의 정신을 거듭해 우월한 세력으로 발전시켰는데, 후세들은 영웅 정신을 망각하였다는 점을 지적하였다.

신채호는 사회 진화론이 제국주의와 식민주의에 자칫 동조할 수 있다고 판단해 아나키즘을 수용하였다. 신채호의 아나키즘은 사회 진화론의 우승열패 논리를 상호 부조론을 통해 아나키즘적 투쟁 방법인 민중직접혁명을 통해 민족의 독립을 쟁취하려고 하였다.[6] 신채호는 사회 진화론을 수용하면서 국가와 민족의 유기체를 중시하였으나, 적자 생존과 약육강식의 한계를 자각한 1920년대 이후에는 사회 진화론적 경쟁관에서 민중적 투쟁의 역사관을 변용하였다.

6 이인화, 「1910년 이후 한말 사회진화론의 변용과 극복 양상 -안중근, 박은식, 안창호, 신채호의 사상을 중심으로」, 『동서철학연구』 74권, 한국동서철학회, 2014, 255~256면.

발터 벤야민의 「역사의 개념에 대하여」는 외형적으로 역사에 대한 논의를 표현하는 것처럼 보이지만, 실질적으로는 근대적 시간에 대한 총체적 파괴를 시도하고 있다. 독일 파시즘은 근대 문명의 진보적 시간을 긍정적으로 인식하고 기술의 발전을 통해 미래를 유토피아로 만 만들려고 하였다. 진보적 시간과 기술의 발전은 동일한 궤도에 위치하면서 독일 사회의 시간의 향방을 미래에 고정하고 과거와의 접속을 무기한으로 차단하는 정치적 전략을 구사했다.

> 역사를 이루는 사건들의 연대기는 그 사건들의 관계와 의미에 대해 거의 알려주는 것이 없다. 동시적 사건들은 많은 경우 본질적으로 비공시적 asynchronous이므로, 역사적 과정이 균질적 흐름이라는 생각은 터무니없다. 균질적 흐름이라는 이미지는 역사적 사건이 펼쳐지는 실질적인 배열체의 시간들을 은폐할 뿐이다.[7]

근대의 균일하고 공허한 시간은 인간을 억압한다. 연대기적 서술에 입각한 역사주의는 실증과 객관의 이름으로 인간과 세계의 불행에 대해 침묵한다. 연대순 시간은 궁극적으로 보편성과 총체성을 지향하면서 과거, 현재, 미래의 삼분법에 근거해 다가올 시간을 진보의 관점에서 낙관한다. 연대기적 서술은 통사적이고 공시적 시간의 흐름에 편입하지 못한 무수한 사건을 배제하거나 개별 사건의 고유성을 인정하지 않는다.[8]

---

7 지그프리트 크라카우어, 김정아 옮김, 『역사 ―끝에서 두 번째 세계』, 문학동네, 2012, 165면.

8 '목표로서의 근원에 대한 카발라의 신비주의적 신화들이 그 중심적인 배경을 이루고 있는데, 요컨대 선과 악의 구별을 비롯하여 오늘날 존재하는 온갖 종류의 소외나 고립이 미처 나타나지 않았던 아담의 타락 이전, 태고의 '생명의 나무'에

「역사의 개념에 대하여」는 시간에 대한 철학적 대응이다. 벤야민의 시간관은 중층적이다. 그는 자연적 시간, 문명적 시간, 종교적 시간, 근대적 시간으로 시간을 세분화한다. 자연적 시간은 만물의 생성과 소멸이 변화하지 않고 무한 반복 순환하는 원형적 시간으로 이는 신화적 시간과 결합한다. 반면 문명적 시간은 자연 상태를 인간의 생존을 위한 시간으로 변형하고 시공간을 발생하면서 과거, 현재, 미래의 삼분법에 기반을 둔 인과적 시간이다. 종교적 시간은 기독교적 시간관으로서 문명적 시간과 유사하게 직선적 시간관을 공유한다. 아울러 신의 섭리는 미래에 예정되어 있고, 에덴, 타락, 인간, 구원의 직선적 시간관을 신의 개입으로 해소할 수 있다고 여긴다. 근대적 시간은 종교적 시간을 무효로 만들면서 생성한 것으로, 미래를 향해 무한 진보를 염원하는 시각이 자리 잡고 있는데, 근대의 진보적 시간은 인간이 계몽의 주체가 되고, 인간의 노력 여하에 따라 근대에 당면한 문제를 인간의 이성으로 해결할 수 있다는 관점이다.

> ① 然이나 此時代 我國民이 全然히 進步가 無ᄒᆞᆷ이 아니라, 思潮가 漸新ᄒᆞ고 武魂이 漸躍ᄒᆞ여 一年間 進步가 前時代 十年 二十年보다 過ᄒᆞ나, 但 時勢가 一尺 進ᄒᆞ면 我民은 九寸을 進ᄒᆞ며 時勢가 一度을 進ᄒᆞ면 我民은 九分을 進ᄒᆞ야 恒常 一步差 遲의 歎이 有ᄒᆞᆫ

의해 표상되는 우주적인 조화 상태가 바로 '근원'이다. 그러므로 카발라의 신비주의 철학이 보여주는 구원의 사상에서도 '근원'이 그 목표가 되는 것이다. 즉 메시아의 도래로부터 기대되는 낙원으로의 복귀 또는 다윗 왕국의 회복이 그 목표가 되는 것이다. 이 사상은 순전히 회복적인 의미로서의 구원의 형식을 취하고 있을 뿐만 아니라 급진적·유토피아적인 요소까지도 함께 포함시키는 경향을 띠고 있다. 임철규, 「역사의 천사 ―발터 벤야민과 그의 묵시록적 역사관」, 『왜 유토피아인가』, 한길사, 2009, 384면.

> 故니, 嗚呼라, 今日 以後 我民의 進步가 將且 時勢를 能敵ᄒᆞ야 此國의 歷史를 再續케 ᄒᆞᆯᄂᆞᆫ지, 凡我의 大東帝國의 歷史를 讀ᄒᆞᄂᆞᆫ 者여 淚로 讀ᄒᆞ며 繼하야 血로 讀ᄒᆞᆯ지어다.[9]

> ② 역사에서의 인류의 진보라는 생각은 역사가 균질하고 공허한 시간을 관통하여 진행해나간다는 생각과 분리될 수 없다. 이러한 진행에 대한 비판은 진보에 대한 생각 일반에 대한 비판의 토대를 형성해야 한다.[10]

신채호와 발터 벤야민은 진보에 대한 관점이 상이하다. ①에서 신채호는 조선 민족이 진보의 속도와 박자 흐름에 능동적으로 대처하지 못한 채 퇴보의 과정을 거치면서 민족 고유의 역사 발전의 가능성을 상실했다는 점을 지적한다. 그는 진보적 시간의 흐름을 냉철하게 판독하고 진보의 공간을 대비해 생존의 가능성을 모색하는 과정을 중시한다. 반면 ②에서 발터 벤야민은 역사와 인류의 진보가 궁극적으로 균질하고 공허한 시간을 함축한다는 점을 인식하지 못한 채 현재의 불만족을 미래로 전유하고 과거를 망각하며 유토피아적 관점만을 관찰하는 진보의 허구성을 지적한다. 그들은 근대 사회의 모순을 극복하기 위해 전통적 시간만을 고수하는 태도만으로 불가능하다는 점을 인식하였고, 현재의 모순을 해결하기 위해 진보적 관점을 진화론적으로 인식해야 한다는 입장을 취하거나, 진보의 낙관주의만으로는 근대 사회를 지배하고 있는 암울한 전망을 올바르게 인식할 수 없다는 점을 자각해야 한다고 말한다. 그런데 발터 벤야민은 근대 진보적 시

9 『전집 3』, 349~351면.

10 『선집 5』, 344면.

간의 폭력을 비판하고자 한다. 근대적 진보의 주체는 부르주아 지배 계급이다. 부르주아가 근대적 시간을 통제한다. 특히 그는 근대 진보적 시간을 비판적으로 고찰한다. 그는 근대 사회가 위험 사회로 진입한 이유를 근대 진보적 시간에서 초래되었다고 생각했다. 파시즘과 반파시즘 진영이 근대 사회의 물질적 생산 기반을 중심으로 미래에 대한 진보적 시간을 공통으로 견지했다는 사실은 과거를 망각한다. 그는 근대의 생산 체계가 과거 피지배자들의 삶을 무시하기 때문에, 낙관적 진보주의를 비판했다. 그는 근대 사회가 자연의 야만에 굴복하지 않고 인간의 삶에 이바지한 점은 승인했지만, 인간 중심적 자연 착취는 역설적으로 인간의 노동력을 착취하는 구조를 형성한다는 점을 지적한다. 그는 인간이 본인의 육체를 통해 인간 본위의 사회를 형성하면서 계급관계를 유발했고, 물질적 생산력을 갖춘 능력에 따라 인간에 대한 차등적 인식이 가능하게 되었다는 점을 지적한다. 이른바 계몽의 변증법은 인간 구원의 계몽 논리가 역설적으로 인간을 억압하는 구조를 만드는 사회를 마련한다. 이러한 사유의 중심에 근대의 진보적 시간관이 관여하면서 파시즘과 반파시즘 진영이 공모하는 아이러니가 발생했다. 피지배자들은 본인들의 현실적 모순을 자각해 혁명의 가능성을 도모해야 하지만, 정치 이념의 부조화에 맹목적으로 가담하게 되어, 파시즘의 질주를 제어하지 못했다. 노동자들이 근대 사회의 주역을 본인들의 육체적 노동에서 발견하고, "기술적 진보 과정(『선집 5』, 340면)"을 거쳐 자연 지배의 진보만을 모색하는 노동자의 노동 과정은 "타락한 노동 개념"으로 변질하게 된다. "자연 지배의 진보(『선집 5』, 342면)"를 중시하는 노동자들은 더 이상 "사회적 퇴보(『선집 5』, 342면)"를 고려하지 않은 채 유토피아적 미래의 기술 중심적 진보 개념을 보유한다. 노동자들은 실증주의적 역사관에 기반을 둔 정치적 진보 개념에 종속하면서 미래에 대한 진보적 시각을 절대적으로 승인했다. 그래서 생산력 내지 지배력의 진보가 사회적 억압과 착취로부터의 해방을 초래하지 못하고 새로운 야만적 지배관계를 유지 및 강화하는 데 기여할 수밖에 없다.[11]

> 역사주의가 보편사(Universalgeschichte)에서 그 정점을 이루는 것은 당연하다고 할 수 있다. 유물론적 역사서술은 방법론적으로, 어떠한 다른 종류의 역사보다 바로 이러한 보편사와 비교해보면 아마 가장 뚜렷이 구별될 것이다. 보편적 세계사는 아무런 이론적 장치로 갖고 있지 않다. 보편사의 방법론은 가산(加算)적이다. 그것은 균질하고 공허한 시간을 채우기 위해 사실의 더미를 모으는 데 급급하다. 유물론적 역사서술은 이와는 반대로 하나의 구성(構成, Konstruktion)의 원칙에 근거를 둔다. 사유(思惟)에는 생각들의 흐름만이 아니라 생각들의 정지도 포함된다. 사유는, 그것이 긴장으로 가득 찬 상황(성좌(星座), Konstellation)속에서 갑자기 정지하는 바로 그 순간에 그 상황에 충격을 가하게 되고, 또 이를 통해 그 상황은 하나의 단자(單子; Monade)로 결정(結晶)된다. 역사적 유물론자는 역사적 대상에 다가가되, 그가 그 대상을 단자로 맞딱 들이는 곳에서만 다가간다. 이러한 단자의 구조 속에서 그는 사건의 메시아적 정지의 표지, 달리 말해 억압받은 과거를 위한 투쟁에서 나타나는 혁명적 기회의 신호를 인식한다.[12]

11 홍승용, 「「역사철학테제」 소고」, 『브레히트와 현대연극』 제27집, 한국브레히트학회, 2012, 227면.

12 『선집 5』, 347~348면.

서양은 그리스적 시간, 기독교적 시간, 유물론적 시간을 거치면서 시간의 외부와 내부를 둘러싼 투쟁의 연속이었다. 서양의 시간관은 연속적으로 미래를 향해 나아가는 과정을 거쳐 일상적 시간의 크로노스(Chronos)를 변형하면서 시간의 성과 속을 유지하려는 태도를 보였다. 시간의 질적 변화를 도모하지 않은 상태에서 시간에 대한 관점을 변경하는 것은 시간의 급진적 사유를 저해할 수 있다. 발터 벤야민은 균질적이고 공허한 시간의 연속성을 파괴하기 위해 억압적 시간 운행을 정지해야 한다고 말한다. 그는 시간의 메시아적 중지만이 서양의 정치에서 소외받은 계급의 혁명적 동력을 확보할 수 있다고 간주한다.

> 억압받는 자들의 전통은 우리가 그 속에서 살고 있는 '비상사태'(Ausnahmezustand, 예외상태)가 상례임을 가르쳐준다. 우리는 이에 상응하는 역사의 개념에 도달하지 않으면 안 된다. 그렇게 되면 진정한 비상상태를 도래시키는 것이 우리의 과제로 떠오를 것이다. 그리고 그로써 파시즘에 대항한 투쟁에서 우리의 입지가 개선될 것이다. 파시즘이 승산이 있는 이유는 무엇보다 그 적들이 역사적 규범으로서의 진보의 이름으로 그 파시즘에 대처하기 때문이다. 우리가 체험하는 것들이 20세기에도 '여전히'가능한다는 데 대한 놀라움은 전혀 철학적인 놀라움이 아니다. 그 놀라움은 그 놀라움이 영원한 역사 관념이 지탱될 수 없다는 인식의 출발점에 있다면 모르되, 어떤 다른 인식의 출발점에 있는 것이 아니다.[13]

발터 벤야민은 파시즘에 대항하는 논리가 파시즘과 동일하게 진보의 이름으로 대처하기 때문에 실패할 수 없다고 말한다. 피억압자는

---

13 『선집 5』, 336~337면.

비상상태를 재인식하는 태도가 필요하다. 억압자는 비상상태를 선포하는 방식을 선택함으로써 피억압자를 억압한다. 그러나 실질적으로는 비상상태를 언급해 역사적 국면을 전환하는 태도는 정치적으로 올바르지 못하다. 왜냐하면 피억압자는 항상 비상사태에 처해 있기 때문이다. 비상상태의 정례화만이 정치적으로 인식하는 태도만이 정치적 억압에 대항할 논리를 마련해 준다. 그는 피억압자들이 비상사태를 정치적으로 인식하기 위해 시간의 종말론적 중지를 추구하려고 한다.[14] 그러나 벤야민이 추구하는 메시아주의적 시간의 중단은 사변적 급진성으로 말미암아 실천의 이념적 사유를 극대화할 수 있지만, 자칫 현실의 구체적 모순을 간과할 수도 있다.[15]

2. 상고와 태고

신채호와 발터 벤야민은 근대적 시간을 전면적으로 해체하였다. 그들은 근대 사회의 폭력이 근대적 시간의 왜곡과 조작에서 발생했다고 생각했다. 그런데 그들이 근대적 시간과 대항하기 위한 방안은 상이하다. 즉, 신채호는 시간의 공간적 회통을 지향했다면, 발터 벤야민은 시간의 진보적 흐름을 정지하려고 했다. 국사는 역사적 사실을 객관

14 Ferves, Peter, The Messianic Reduction: Walter Benjamin and the Shape of Time, Stanford University Press, 2010, p. 52.

15 진태원, 「시간과 정의: 벤야민, 하이데거, 데리다」, 『철학논집』 제34집, 서강대학교 철학연구소, 2013, 161면.

적으로 정립한 것으로 간주된다. 국사는 역사가의 주관적 가치 판단이 개입해 성립한다. 국사는 객관적 사실을 선별하여 수용과 배제의 과정을 거친다. 신채호와 발터 벤야민은 전근대와 근대 역사 서술에서 배제된 영역을 계보학적 역사로 접근하면서 조선인과 근대인의 정신적 기원을 설정하고자 하였다. 계보학적 역사는 전근대의 왕조사와 근대의 국민사의 관계에서 해석의 범주에 포섭되지 못한 과거를 역추적하는 과정을 거쳐 연속성에 의해 배제되거나 은폐된 불연속적 계기를 역사적 기원으로 재인식하는 과정이다.[16] 동양은 역사의 기원을 상고주의의 관점에서 파악하였다. 중국의 요순시대를 역사와 정치의 이상적 공간으로 간주하였고, 이를 수용한 조선 역시 이상적 고대의 완벽한 조화와 안정의 시기를 왕조의 질서를 유지하기 위한 방편으로 활용하였다. 신채호는 기존 동양의 상고주의를 중화주의적 태도로 비판하면서 조선 자국 중심의 상고사를 서술하고자 하였다.

> 歷史는 歷史를 爲하야 歷史를 지으란 것이요, 歷史 以外에 무삼 딴 目的을 爲하야 지으라는 것이 아니오. 詳言하자면 客觀的으로 社會의 流動狀態와 거긔 發生한 事實을 그대로 적은 것이 歷史요.[17]

신채호는 한민족의 시간을 복원하기 위해 일본의 역사 왜곡을 부정하면서 한민족의 시간을 근대의 시공간으로 편입하고자 했다. 그는 역사 서술의 실증주의와 과학주의가 사태에 대한 객관성이라는 이름

16 김기봉, 「한국 고대사의 계보학」, 『한국고대사연구』 52, 한국고대사학회, 2008, 27면.

17 『전집 1』, 604면.

의 미명하에 사태의 불합리한 국면에 대한 주관적 해석을 거부하는 태도를 비판했다. 그는 상고사의 영역을 무한 확장하면서 조선 민족의 정신적 구심점을 발견하고자 했다.

신채호는 구사의 역사적 시간에 대한 서술이 객관적 사실을 전달하기보다 역사 서술의 외적 조건의 영향을 받아 주관적 입장의 개입으로 말미암아 역사적 사실을 왜곡한다는 점을 지적한다. 그는 제국 일본의 통사를 부인하고 민족주의적 계보를 확보하고자 했다. 그는 제국 일본이 실증주의적 역사학의 방법으로 식민지 조선을 동화하려는 정치적 전략에 대응하려고 했다. 아울러 중화주의적 사대주의를 파괴하기 위해 근대적 역사 서술을 지향하기도 했다. 일본 식민주의는 조선에 대한 식민 동화 정책을 강화하기 위해 조선의 역사적 사실을 왜곡하고 조작했다. 일본 식민주의는 조선사 편수회를 중심으로 조선의 역사를 변조하는 과정을 거쳐 조선의 주체성을 말살하고자 했다.

> 然則 本書의 目的은 右陳에 依ᄒᆞ여 自然 明白ᄒᆞᆫ 바 어니와, 其 材料에 至ᄒᆞ여 正史쁜 아니라, 或 可信ᄒᆞᆯ 境遇에는 石碑도 採ᄒᆞ며 小說도 遵ᄒᆞ노니, 噫라, 太宗의 東征이 東萊人의 口碑로 傳ᄒᆞ더니, 金東溟의 東征의 實跡을 日本史에 得ᄒᆞ며, 廣開土王의 捷報가 義州人의 口碑로 傳ᄒᆞ더니, 近日 淸人이 捷倭의 遺文을 懷仁縣에서 發하얏스니 口碑라도 어찌 盡侮ᄒᆞ며, 壬辰錄이 雖誕이나 龍蛇慘狀의 一班이 此에 見ᄒᆞ얏스며, 朴氏傳이 雖慌이ᄂᆞ 丙丁亂雜에, 大略은 此에 想ᄒᆞᆯ지니 小說이라고 어찌 盡毁ᄒᆞ리오.
>
> 且 訛僞에 至ᄒᆞ야는 正史도 亦有ᄒᆞ니, 王建이 弓裔를 弑ᄒᆞ고 君位를 簒ᄒᆞ얏스니 弓裔의 惡이 不大라 ᄒᆞ면, 惡이 自家에 歸ᄒᆞᆯ지라.

> 故로 王建家史의 弓裔는 弓裔의 本面이 아니며, 金方慶이 裵仲孫을 滅ᄒᆞ고 外賊을 媚ᄒᆞ얏스니, 裵仲孫의 罪가 不深타 ᄒᆞ면 罪가 自己에 屬홀지라. 故로 金方慶 時代史의 裵仲孫은 裵仲孫의 眞像이 아니리니, 故로 史ᄂᆞᆫ 搜集홈으로 足ᄒᆞ다 홈이 아니라 採擇이 精ᄒᆞᆫ 然後에 可ᄒᆞ니, 採擇에 精홀진ᄃᆡ, 口碑도 可ᄒᆞ며 小說도 可ᄒᆞ니라. 故로 希臘史 羅馬史가 太半 傳說을 採用홈이니라.[18]

신채호는 상고사에 접근하면서 계보학의 원리를 적용했다. 상고사는 가문의 족보를 다루는 것과 유사한 구조의 역사 서술과 시간관으로 구성되어 있고, 민족사는 광대한 족보의 형식을 취한 계보학의 성격을 드러낸다.[19] 전통적 씨족("가족")에 족보가 핵심적으로 중요하듯이, "우리 모두의 대가족"인 "민족"에게는 "민족의 족보"인 민족사가 생명과도 같은 것이다.[20] 그는 조선 민족이 망각한 집단 무의식적 민족주의의 구심점을 확보하고자 했다. 그는 일제 식민지 시기에 조선인이 망각한 실체를 구체적으로 규명하기 위해 노력했다. 그는 일제 식민지배의 역사적 사실의 왜곡과 수정 과정 때문에 저항적 민족주의의 동력이 상실하는 상황에서 기억의 단계를 논증적 형식을 통해 마련하고자 했다.

> 國粹란 者ᄂᆞᆫ 自國의 傳來 宗敎 風俗 言語 歷史 習慣上 一切 粹美ᄒᆞᆫ 遺範을 指稱ᄒᆞᆫ 것이라. 國性이 國粹를 待ᄒᆞ여 保ᄒᆞ며 國魂이 國粹를 得ᄒᆞ여 立ᄒᆞ나니 質言ᄒᆞ면 蓋我가 我를 尊ᄒᆞ며 我가 我를

18 『전집 3』, 348면.

19 앙드레 슈미트, 정여울 옮김, 『제국 사이의 한국』, 휴머니스트, 2007, 419~435면.

20 박노자, 「1900년대 초반 신채호 '민족' 개념의 계보와 동아시아적 맥락」, 『인문과학논총』 제25집, 순천향대학교 인문과학연구소, 2010, 115면.

愛ᄒᆞ는 心이 國粹를 因ᄒᆞ여 生ᄒᆞᄂᆞᆫ 바라. 故로 破壞라홈은 國粹를 破壞홈이 아니오 惡質을 破壞ᄒᆞ여 國粹를 扶植홈이라. 萬一 國粹를 破壞ᄒᆞ고 法國의 文明을 輸入ᄒᆞ면 是는 自國人을 驅ᄒᆞ여 法國奴를 되게 홈이오 國粹를 破壞ᄒᆞ고 德國의 文明을 輸入ᄒᆞ면 是는 自國人을 驅ᄒᆞ여 德國奴를 되게 홈이라. 故로 外國文明을 輸入ᄒᆞ려는 者가 爲先 國粹 二字를 三復홀지어다. 我國에ᄂᆞᆫ 國粹主義의 人이 王建氏 以後 累千年을 不見ᄒᆞ여 奴性이 滋長ᄒᆞ엿도다.[21]

국수(國粹)는 자국의 종교, 풍속, 언어, 역사의 고유성을 인정하면서 국민성을 강화하는 데 기여한다. 국성과 국수가 결합하여 국혼을 획득할 수 있다. 신채호는 타국에 대한 노예성을 파괴하고, 자국민의 국수주의를 보존하는 과정을 거쳐야 한다고 말한다. 이는 자국의 문화적 전통을 심적 체계로 수용하면서 새롭게 규정하는 행위에 속한다. 자국민의 의식은 국수를 보전하는 과정을 거쳐 발전할 수 있다. 이러한 태도는 자국과 타국의 관계에서도 동일하게 작용한다. 왜냐하면 자국의 문화적 정체성을 고수하면서 타국의 문명과 문화를 수용하는 주체적 태도가 필요하기 때문이다.

① 史란 者ᄂᆞᆫ 空間을 因ᄒᆞ여 活動ᄒᆞ며 時間을 因ᄒᆞ여 繼續ᄒᆞᄂᆞᆫ 者라. 故로 著史者가 不可不 兩間의 記號가 有홀지니, 空間의 記號가 無ᄒᆞ면 彼我의 相이 氓ᄒᆞ여 世界가 不足홀지며, 時間의 記號가 無ᄒᆞ면 先後의 序가 混하여 事宗이 不成홀지라. 於是乎 某年 某月 某國 某地 等의 稱이 有ᄒᆞ니라.[22]

---

21 『전집 6』, 544면.

22 『전집 3』, 349면.

②「我」나 我와 相對되는 非我의 我도 歷史的의 我가 되랴면 반드시 兩個의 屬性을 要하나니.
(一) 相續性이니, 時間에 잇서서 生命의 不絶함을 謂함이요,
(一) 普遍性이니, 空間에 있서 影響의 波及됨을 謂함이라.
그럼으로 人類 말고 다른 生物의 我와 非我의 鬪爭도 업지 안흐나, 그러나 그「我」의 意識이 넘우 微弱 ― 或 絶無 ― 하여 相續的 普遍的이 못됨으로 마츰내 歷史의 造作을 人類에 쑨 讓함이라. 社會를 써나서 個人的의 我와 非我의 鬪爭도 업지 안흐나 그러나 그 我의 範圍가 넘우 狹小하여 쏘한 相續的 普遍的이 못됨으로 人類로도 社會的 行動이라야 歷史가 됨이라. 同一한 事件으로 兩性 ― 相續·普遍 ― 의 强弱을 보아 歷史의 材料될 만한 分量의 大小를 定하나니.[23]

①과 ②는 시간과 공간을 역사 서술의 두 가지 구성요소로 간주한다. ①에서는 공간과 시간이 하나의 원인으로 작용하여 지속적 흐름을 산출한다는 점을 말한다. 역사가는 공간과 시간이라는 기호를 중점으로 역사를 서술해야 한다. 역사 서술에서 공간이 존재하지 않는다면, 나와 너의 모습이 존재하지 않고, 시간의 기호가 부재한다면 역사적 사건의 앞과 뒤가 성립하지 않기 때문에 역사적 사실의 객관성을 증명할 수 없다. 역사 서술의 공간과 시간은 기원(紀元)의 문제를 고려할 수밖에 없다. 역사적 사건의 기원은 구체적으로 시간과 공간을 분할하는 과정을 거쳐 사건이 발생할 시점을 규정하고, 사건의 흐름이 도달하기 이전의 상황을 고려해야만 한다. ②에서는 시간의 상속성과 공간의 보편성을 거론하면서 역사적 아가 되기 위한 방법을 제시하고 있다. 인

23 『전집 1』, 601~602면.

간만이 역사적 아를 창조하기 위해 역사적 창작의 순간에 진입할 수 있다. 시간적 상속성과 공간적 보편성을 동시에 아우르지 못한 사건은 역사적 시공간에서 배제할 수 있다는 점을 고려해야 한다.

신채호는 중화주의를 주종 관계의 영속성만을 중시하는 전근대적 시각을 교정하고자 했으며 유교적 관념과 가치는 서구의 근대적 관념과 관련되면서 현실 적합성을 지니고 있는 새로운 사상을 형성하고자 하였다.[24] 식민지 조선은 기존에 중국을 이념의 중심지로 간주했다. 중국의 시스템은 조선의 지배적 이념으로 작동하면서 정치경제를 포함한 모든 영역에서 모방의 대상으로 자리 잡고 있었다. 중화주의는 조선의 생존과 실존의 구심으로 작용했다. 그러나 식민지 조선은 일본의 식민주의에 대항하기 위한 정치적 좌표가 필요했다.

> 과거가 현재에 빛을 던지는 것도, 그렇다고 현재가 과거에 빛을 던지는 것도 아니다. 오히려 이미지란 과거에 있었던 것이 지금과 섬광처럼 한순간에 만나 하나의 성좌를 만드는 것을 말한다. 다시 말해 이미지는 정지 상태의 변증법이다. 왜냐하면 현재가 과거에 대해 갖는 관계는 순전히 시간적·연속적인 것이지만 과거에 있었던 것이 지금에 대해 갖는 관계는 변증법적인 것이기 때문이다. 시간적인 성질이 아니라 이미지적인 성질을 갖는 것이다. 변증법적 이미지만이 진정 역사적 이미지이다. 즉 태곳적 이미지가 아니다. 해독된 이미지, 즉 인식 가능한 지금 속에서의 이미지는 모든 해독의 기반을 이루는 위기적이며 kritisch, 위험한 순간의 각인을 최고도로 띠

24 김기승, 「丹齋의 思想的 變化와 儒敎; 丹齋思想 形成의 儒敎的 基礎」, 『대동문화연구』 29, 성균관대학교대동문화연구원, 1994, 300~301면.

고 있다.[25]

발터 벤야민은 과거, 현재, 미래의 시간 구분이 상호간에 긴밀한 영향을 주고 받는다고 말한다. 삼분법은 서로 무관하게 작용하는 범주가 아니라 주체의 순간적 각성에 영향을 미친다. 그는 주체가 시간을 하나의 이미지로 파악한다고 주장한다. 이미지로서의 시간은 무정형으로 존재하지 않고 시간의 흐름속에서 매순간 주체와의 소통을 갈망하는 순간이다. 변증법적 이미지만이 역사적 이미지로 존재할 수 있다는 태도는 시간의 생성을 지속해서 운동과 실천의 매개 과정으로 파악하기 때문이다. 변증법적 이미지는 융의 원형 및 태고적 이미지를 비판하기 위한 벤야민의 핵심 개념이다.[26]

> 즉 이념과 사물의 관계는 별자리와 별들의 관계와 같다. 이것은 의미하는 것은 우선 이념들이 사물들의 개념도 사물들의 법칙도 아니라는 점이다. 이념들은 현상들의 인식에 기여하지 않으며, 어떤 식으로도 현상들은 이념들의 존립에 대한 기준이 될 수 없다. 오히려 현상들이 이념들에 대해 가지는 의미는 그 현상들의 개념적 요소들에서 소진된다. 현상들은 자신의 현존·공통점·차이들을 통해 자신을 포괄하는 개념들의 범위와 내용을 규정한다 그 반면에 이념들에 대한 그들의 관계는 이념이 현상들의 객관적 해석 – 더 정확하게는 현상들이 지닌 요소들의 객관적 해석 – 으로서, 그 현상들의 공속성(共屬性, Zusammengehörigkeit)을 규정한다는 점에서 정반대의 관계이다. 이념들은 영원한 성좌(Konstellation)들이며,

25 『아케이드 프로젝트2』, 1056면.

26 김현강, 「발터 벤야민의 사유에 나타난 주체, 이미지, 기술 사이의 관계」, 『인문과학논총』 제69집, 서울대학교인문학연구원, 2013, 327면.

> 그 요소들이 이러한 성좌들의 접즐로 파악되는 가운데 현상들은 분할되는 동시에 구제된다. 게다가 그 요소들은 그 극단들에서 가장 분명하게 드러나는데, 이 요소들을 현상들에서 분리해내는 것이 개념의 과제이다.[27]

발터 벤야민은 별자리를 중심으로 전체와 부분의 관계를 정립한다. 발터 벤야민은 신채호와 마찬가지로 하늘을 인식론적 탐구 대상으로 간주하였다. 그러나 그가 하늘을 인식하는 태도는 전형적으로 서양의 하늘에 대한 관점을 제시한다. 이념과 현상은 주체와 객체의 관계를 고려해 본다면, 이념은 주체, 현상은 객체를 뜻한다. 그런데 서양의 인식태도는 주체인 이념을 절대적으로 승인하면서 객체인 현상을 배제한다. 객체인 현상이 응집하여 하나의 주체인 이념을 결집하는 복잡한 순환 구조를 서양 문화는 단순하게 객체를 소이하고 주체만을 승인하는 형국을 보존하였다. 그는 이념의 절대적 단수성을 포기하고 상대적 복수성을 고려해야만 올바른 주체로서의 이념을 구현할 수 있다고 간주한다. 그는 현상들의 이합집산과 이념의 상대적 복수성이 상호간에 유기적 관계를 설정하면서 다수의 소수성과 절대의 상대성을 진면적으로 고려해야 한다는 점을 명확하게 지적한다.

> 예를 들면 별들의 성좌에서 그것을 볼 수 있다. 사람들은 무엇보다 일단 점성술적 해석에서는 분석하기만 할 뿐인 천궁도(Horoskop)를 하나의 독특한 전체성을 파악할 필요가 있다. 천처 상태는 하나의 특성을 지닌 통일체를 나타내며 개개의 행성들은 이 천체 상태에서의 작용양태에서 그 성격이 인식된다. (여기서 성격이라는 말은 임

27 『원천』, 45~46면.

> 시적으로 한 말이고, 어쩌면 본질이라고 해야 할 것이다.)우리가 근본적으로 고려해야 할 것은, 천체에서 일어나는 일들이 옛날 사람들에게는 집단에 의해서든 개인에 의해서든 모방 가능했다는 점이다. 실제로 이러한 모방 속에서 사람들로 하여금 점성술에 경험적 성격(Erfahrungscharakter)을 부여하도록 한 유일한 심급을 보아야 한다. 이것의 한 잔영을 오늘날의 사람들도 남쪽 지방의 달밤에 느낄 수 있다. 그런 밤에 현대인들은 죽어버린 미메시스적 힘들이 자신의 존재 속에서 일어나는 것을 느낄 테지만 자연은 그러한 힘들을 오나벽하게 소유하면서 달 쪽으로 자신을 동화시킨다. 그러나 이러한 드문 순간들도 별들의 만남에 놓여 있던 형성시키는 약속들을 파악할 수 있게 해주진 못한다.[28]

발터 벤야민은 성좌로서의 별과 별자리를 점성술의 관점에서 파악한다. 그는 「점성술에 관하여」에서 인간의 유사성과 미메시스 능력에 대한 관점을 전개하면서 인간과 사물를 포함하는 우주적 차원에서는 유사성의 원리가 교묘하게 작용하는데, "미메시스적 힘(『선집 6』, 316면)"과 "미메스스적 관찰방식(『선집 6』, 316면)"이 보존하거나 상실된 국면을 언급한다. 그는 "미메시스적 객관성(『선집 6』, 317면)"이 존재한다는 점을 토대로, 성좌를 사례로 들어 논의를 전개한다. 점성술은 별자리의 운행을 통해 인간과 자연이 상호간에 긴밀한 관계를 유지하던 시대의 인식 태도이다. 인간은 천체의 흐름을 별개의 과정으로 인식하지 않고 인간과 시간의 범주와 매개하면서 인간의 역사적 흐름을 예언하는 대상으로 기능한다. 인간은 자연의 일부인 별자리를 통해 시간의 흐름을 객관적으로 인식하고, 이를 토대로 앞으로 닥쳐올 자

28 『선집 6』, 317면.

연의 불운을 예비적으로 반응하는 미메시스적 태도를 감각적으로 반응한다. 그는 아이들이 공감과 연대의 미메시스를 어떻게 행복의 조건으로 귀결하는지를 면밀하게 고찰하였다. 그는 미메시스를 통해 아이의 기억 속에 새롭게 다가올 시간을 주입하고 망각한 기억을 이식하고 부정적 현재의 기억을 새롭게 인식할 토대를 마련하고자 했다.[29]

> 유사성의 지각은 어떤 경우든 번득이며 지나가버리고 마는 순간에 묶여 있다. 유사성은 휙 스쳐 지나가는데, 어쩌면 다시 획득할 수 있을지 모르나 본래 다른 지각들처럼 붙들어 매둘 수는 없다. 유사성은 별들의 운행과 마찬가지로 눈앞에 순간적으로, 일시적으로 나타나는 현상이다. 이처럼 유사한 것들을 지각하는 일은 시간적 요인에 묶여 있다. 그것은 순간적으로 파악되어야 할 두 별의 만남에 점성가라는 제 3자가 끼어드는 양태와 같다. 그렇지 않을 경우 이 천문학자는 자신이 갖고 있는 관찰 장비가 제아무리 정밀하다고 할지라도 아무 소득도 얻지 못하고 만다. 점성술에 대한 이상의 언급에서 우리는 이미 비감각적 유사성(unsinnliche Ähnlichkeit)의 개념에 대한 이해를 충분히 얻어냈다고 볼 수 있다 비감각적 유사성이

---

29 미메시스는 문화, 미학, 사회 세계의 관점에서 논의할 수 있다. 특히 근대적 미메시스는 미메시스 개념을 문예학적으로 축소하였다. 군터 게바우어와 크리스토프 불프는 협의적 미메시스관을 광의적으로 재해석하였다. 그들은 사적 미메시스를 공적 미메시스와 결합하는 방식을 고찰하였다. 사회 세계의 의례와 놀이에서 작동하는 미메시스의 위상을 사회적 미메시스로 규정하였다. "미메시스 과정은 그 목표와 가치가 거의 자체 내에 있다. 그 과정은 세계와 비도구적으로 관계할 가능성을 만들어내며, 그러한 관계 속에서 주체 구성에 매우 중요한 개별적인 것이 보편적인 것에 맞서 보호되고 사물과 인간이 돌봄을 받게 된다. 미메시스 과정은 비동일적인 것을 경험할 수 있는 공간을 제공하며, 이 경험 속에서 외부와의 대결 과정 자체가 목표(208면)"로 삼는다. 그들은 사회적 미메시스를 주체 형성과 연관 짓는다. 그들은 사회적 미메시스는 모방 행위의 위계화를 거부하고 수평적 개별자의 상호 표현의 영역을 생산하는 과정을 형성한다. 군터 게바우어·크리스토프 불프, 최성만 옮김, 『미메시스』, 글항아리, 2015.

라는 개념은 일종의 상대적 개념이다. 즉 그 개념은 언젠가 사람들로 하여금 어떤 별들의 상태와 한 사람 사이에 존재하는 유사성에 대해 말할 수 있게 한 그 무엇을 우리는 더 이상 우리의 지각세계에 지니고 있지 않다는 것을 뜻한다.[30]

인간의 자연과 감각적으로 반응하고 소통하는 시대는 존재하지 않는다. 근대인은 점성가처럼 자연의 운행을 감각적으로 반응하면서 시간의 법칙에 순응하면서 살 수 없다. 근대는 천체를 배제하고 근대 문명을 발전하기 위해 심혈을 귀울였다. 그렇다면 근대인이 자연과 교감할 방법이 존재하지 않는 점은 명백하다. 근대인은 자연과 비감각적으로 반응할 뿐이다. 그러면서 자기 보존과 보호를 위한 위장 전술의 목적으로 유사성의 세계를 지향하는 역설적 상황이 발생한다. 비감각적 유사성은 근대인이 자연과 세계와 일시적으로 자연에 유사한 흔적을 내보이면서 생존을 위한 상황을 연출하면서 동시에 자연의 몰락과 파국에 감각적으로 예견할 수 있다.

발터 벤야민은 점성술과 성좌의 체계에 반응하면서 슬픔의 태도를 보인다는 점을 주목할 필요가 있다. 멜랑콜리한 정서는 자연의 거역하기 힘든 운명을 근대 사회에서 인간의 힘으로 개조할 수 없다는 점과 근대 사회에서 파생하는 역사의 운명을 무기력하게 수용할 수밖에 없는 비극적 태도와 매개하면서 인간의 감각적 세계를 지배한다. "알레고리는 그 본성에 당혹스럽게 하는 것이 들어 있기 때문에 노쇠해진다. 대상이 멜랑콜리의 시선 아래에서 알레고리적인 것이 되고, 멜랑콜리가 그 대상에서 생명이 흘러 나가도록 하면, 그리하여 그 대상이

30 『선집 6』, 202~203면.

죽어버렸으면서도 영원히 확보된 대상이 되어 잔류하면, 그 대상이 알레고리 작가 앞에서 그의 처분에 절대적으로 맡겨진 채 놓여 있게(『원천』, 273면)"되는 상황이 발생하면 알레고리를 중심으로 알레고리 작가와 알레고리 대상과의 거리가 비동일성을 유발하면서 인간은 멜랑콜리의 정서에 빠지게 된다.

3. 변혁의 순환성과 지금 시간(Jetztzeit)

「예— 달른 占이 아니라 上典을 찾는 占이올시다. 우리 上典이 어디 가신지 몰나서요…」
「허허. 요새 世上에도 上典을 차저 단이는 이가 잇단 말이요? 당신은 참 忠奴올시다.」
하고 占筒을 흔드니 乾之遯卦가 나온다. 道士가 大驚하야
「아— 어— 乾은 天이니 上帝요, 遯은 逃亡이니, 당신이 上典을 찾는 奴子가 아니라 逃亡한 上帝를 찾는 天使인가 봅니다.」
天使가 이 말에 놀내지 안할 수 업다. 그래서 두 무릎을 꿇고 공손이
「上帝의 게신 곳을 가라쳐 달나.」
하니 道士가 풀어 갈오대
「乾卦初爻의 「子」가 遯卦初爻의 「辰」으로 變하고 '辰'이 回頭하여 「子」를 克하였습니다. 辰은 龍이오, 子는 쥐니 上帝가 龍(드래곤)의 亂에 逃亡하야 쥐구멍으로 들어갓습니다. 古語에 「天開於子」라 하더니 오늘은 「天閉於子」올시다. 쥐구녁에 가서 上帝를 차지

시오.」[31]

노도사는 복희씨의 팔괘(伏羲氏의 八卦)를 신봉한다. 노도사는 점통을 흔들어 상제의 행방에 대해 예언한다. 노도사는 〈乾之遯卦〉의 점괘를 보여준다. 건의 상징은 하늘이고, 상제이고, 둔의 상징은 도망이다. 그러므로 점괘에 따르면, 상제는 도망중이다로 해석할 수 있다. 이에 천사는 노도사에게 상제가 도망간 곳이 어디인지를 재차 묻는다. 노도사는 본인의 점괘를 토대로, 상제가 있음직한 장소를 천사에게 풀이해 준다. 노도사가 점통을 흔들어 세계의 길흉화복을 예언하는 행위는 기층 민중이 민간 신앙을 토대로 선천 시대를 종식하고 후천시대를 맞이할 운명과 숙명을 제시하는 것으로 이해할 수 있다.[32] 천사는 도사의 점에 따라 상제가 쥐구멍에 있으리라 생각하면서 운

31 『전집 7』, 617면.

32 무라야마 지준의 조선의 점복 문화에 대한 식민주의적 시선에도 불구하고, 조선의 점복 문화에 대한 사실 관계를 주목할 필요가 있다. 그는 "민간신앙은 민중이 품고 있는 생활의식의 표현이다. 조선의 민중이 생활의 각반사항에 걸쳐 그 해결을 점복에서 구하려고 하는 것은, 이 해결에 있어서 다른 것은 제쳐두고 점복을 하게 되는 심적 경향이 강력한 전통에 의하여 순치 부여되었다고 하더라도, 이 신앙에 의지하지 않으면 그 생활에 안심할 수가 없다고 하는 데에는, 이를 강요하는 사회적 전통의 힘 이외에 어떤 조선민중의 정신생활을 특색 짓는 본질적 요소와 사회적 전통이 마음대로 그 위력을 발휘하는 외부적 사회 환경과의 협력 작용이 존재하지 않는(7면)"다고 말한다. 그는 조선민중이 점복 문화에 의존하는 것은 자력 갱생적 기력이 결여되고, 과학적 지식이 보급되지 않았다고 하면서, 조선 민중의 전근대성을 비판적으로 논의한다. 그러나 그의 근대 식민주의적 시각을 달리 생각하면, 조선 민중이 식민지 상황을 타개하기 위해 민간 신앙의 정신을 지배하는 점복 문화의 미래에 대한 예언가능성을 정치적으로 활용하기에 따라 상이한 결과를 도출할 수 있다. 즉 식민지의 억압이 존속하지 않고 파괴될 대상이라는 점을 인식하는 동기를 부여하는 방식으로 민중의 예언 문화를 서사적으로 활용할 수 있다. 무라야마 지준, 김희경 역, 『조선의 점복과 예언』, 동문선, 2005.

다. 천사는 쥐가 하늘에서 도망 온 상제라고 말하면서 천국의 종말을 확인한다. 노도사의 예언은 선천 시대의 상부 구조를 해체하고, 후천 시대의 하부구조가 생성된다는 점을 보여준다.

점복 신앙은 인간의 현재상을 원인으로 보고 미래의 결과를 알고자 하거나 미래에 대한 긍정적 전망을 바라보는 일련의 신앙 체계이다. 아울러 주어진 상황과 그에 대한 결과의 해석을 중심으로 일어나는 신앙 모델인 원인과 전망의 심리체계로서 인과론적 해석에서부터 논리 이전의 사고와 미분적 심성에 이르기까지 두루 적용되는 광범위한 신앙이다.[33] 「龍과 龍의 大激戰」의 작품 말미에 노도사의 신점(神占)[34]이 등장한다. 점의 주체는 미래에 대한 불안을 해소하려는 인간인데, 「龍과 龍의 大激戰」에서는 점을 보는 주체가 천사로 설정되어 상제의 거취를 확인하는 전도된 방식이 제시되고 있다. 천사는 천국의 파국 이후 상제를 찾기 위해 수소문을 하던 중 노도사에게 상제를 찾는 점을 부탁한다. 노도사는 상제의 비극적 운명을 사전에 예언한다. 노도사는 점통을 흔들어 〈건지둔괘〉의 점괘를 뽑는다. 건은 하늘이며 상제이고, 둔은 도망을 간다는 사실을 암시하기 때문에, 상제

33 홍장식, 「占卜信仰의 實行과 그 영향」, 『비교민속학』 12집, 비교민속학회, 1995, 366면.

34 한국의 점복은 신점(神占), 작괘점(作卦占), 몽점(蒙占), 작명(作名), 해명(解名), 풍수점(風水占), 관상(觀相), 수상(手相)이 있다. 특히 신점(神占)은 신이 내린 무당이나 명두, 동자, 점바치 등이 하는 영점(靈占)이다. 신점(神占)을 하는 사람들은 사람의 출생과 성장, 결혼, 자녀, 부귀, 건강과 질병, 수명 등 인간의 모든 일이 신의 뜻에 따라 정해지고, 그 뜻대로 되는 것이라고 믿기 때문에, 점복을 통하여 신의 뜻을 알아보고, 신에게 기원하며 질병과 재난을 물리치고, 복을 받게 해주려고 하는 한다. 최운식, 「占卜信仰의 意味와 原理」, 『국제어문』 16, 국제어문학회, 1995, 364~366면.

가 도망갈 운명이라는 점을 의미한다. 「天開於子」는 천개어자(天開於子) 지벽어축(地闢於丑) 인기어인(人起於寅)으로, 하늘은 자월(子月양력 12월)에 열리고 땅은 축월(丑月양력 1월)에 열리고 사람은 인월(寅月: 양력 2월)에 열린다는 의미이다. 노도사는 상제가 드래곤의 난에 도망하여 쥐구멍으로 들어간다고 점괘를 풀이한다. 상제가 종말을 맞이한다는 예언은 지금까지 인간의 무의식을 지배한 기존 질서가 원천적으로 파괴되어 지국의 건설을 최종적으로 승인하는 과정을 의미한다. 실제로 천사는 상제와 함께 사라진 미리가 파괴된 형상으로 남아있는 것을 발견한다. 아울러 쥐구멍에서 쥐로 변한 상제를 발견하면서 노도사의 예언이 적중했다고 생각한다.

천사는 천국의 종말이 도래함에 따라 천국이 존속하기 힘들다고 생각한다. 천사는 천국이 파국을 맞이한 상황에서 상제의 행방을 수소문한다. 천사는 예루살렘에서 바울을 만나고 중국 북경에서 대청국의 대황제를 만나 상제의 안위를 물어본다. 바울과 대황제는 천사에게 면박을 준다. 특히 대청국의 대황제는 부벽을 위한 제천예를 올리면서 민중이 기념하는 경사스러운 날이 연극이라고 말한다. 천사는 선천시대가 폭력적 해탈을 거쳐 종말을 맞이하고 있다는 점을 수용하지 못하고, 선천 시대를 그리워하는 태도를 보인다. 천사는 바울과 대황제에게 뺨을 맞고 시대의 흐름을 간파하지 못하는 인물로 묘사된다. 그러다가 천사는 점을 치면서 사례금으로 동전 열 닢을 받는 노도사를 만난다. 천사는 노도사에게 상제의 행방을 찾을 방도의 목적으로 점을 부탁한다.

「대개 神誌九變局에 발서 지난 變局이 셋인데 順變局이 한번이고 逆變局이 한번이오, 順逆 새이의 變局이 또 한 번이니, 檀君이 처음 나라를 세우실새 地理는 南北은 鳥嶺부터 黑龍江에 일으고 東西는 內蒙古와 直隷 等地부터 東海에 일으며, 宗敎는 三神五帝를 위하며, 倫理는 三符五戒로 세우며, 政區 三京五部에 난우며, 治制는 三于五加로 행하여 萬世의 터를 잡으신 뒤로 우리 子孫된 쟈가 모다 이를 조차 國粹로 나라를 하여 간 고로 그 새이에 歸化한 箕子도 오직 夫婁가 夏禹에게 傳하신 五行說을 되가지고 오실 뿐이니 이 二千餘年 동안이 처음 變한 順局이오.

밋 檀君 二千一百餘年 頃에 우리 種族의 中心되는 震國(古史에는 辰國)이 쓸어지고 匈奴의 左方과 支那族 衛滿이 合勢하여 덤비매 三漢이 南으로 나아가고 夫餘가 內蒙古 等地로부터 滿洲로 서울을 옴기며 未久에 夫餘가 다시 四分하니 海慕漱天王은 今 哈爾濱에 잇서 北夫餘가 되고, 解夫婁는 迦葉原(今 琿春)에 나와 東夫餘가 되고, 東明聖帝는 松讓國(今 興京等地)을 차지하야 卒本夫餘 곳 高句麗가 되고, 溫祚大王은 慰禮城(今 廣州)에 일으러 百濟 곳 南夫餘가 되니 이는 人中遷動의 變이며, 三韓은 망하여 新羅와 百濟가 되고 三夫餘가 合하야 高句麗가 되여 三國이 對峙하다가 다시 南北國 곧 新羅, 渤海가 對峙하니 이는 封建制度가 차차 破壞하여 統一로 돌아가려는 變이며, 孔子와 釋迦의 敎가 들어와 檀君과 對峙하니 이는 信仰의 變이며, 新羅의 三姓祖傳과 高句麗의 五部누薩과 百濟의 六官佐平이 비록 檀君皇祖의 三于五伽의 制度에 각가우나 末流에 간간 支那式의 官制가 採用되니 이는 政法의 變이며, 이밖에 禮敎 風俗 倫理 文物 等에 모두 조곰식 變함이 잇도다. 이때는 國粹와 外化가 서로 싸 우는 變이라. 싸움이 곳 檀君 三千三百年에 北엔 渤海帝國이 망하고 南엔 高麗成宗이 나자 슷젓나니 이 一千二百年 동안은 두번째 變한 半順半逆의 局이오. 檀君 一千三百餘年 뒤부터는 왼 바닥이 모다 變한 大變局이

라. 新羅의 三姓傳賢하던 貴族共和도 업서지며, 高句麗의 大對盧(今 總理大臣) 合議選擧로 三年一違하던 衆議政體도 업서지고, 오직 唐制를 본받아 尊君抑臣의 바람만 세여지니 이는 政治의 大變이며, 檀君과 夫餘神은 비록 民間의 粗한 祭는 받어 잡수나 (香山祭 聖母祭等) 信仰界의 大觀은 아조 孔子와 釋迦에게 돌아가고 高句麗의 仙人이나 百濟의 蘇塗나 新羅의 花郎 갓흔 것은 그 일흠도 아는 이가 없스니 이는 宗敎의 大變이며, 아모골이니 아모뫼니 하는 우리글로 지은 地名은 젹은 마을에 그치고 큰 郡이나 道 갓흔 것은 다만 支那字로 지어 楊洲니 京畿道니 하며, 무슨 쇠니 무슨 놈이니 하는 우리말로 지은 人名은 賤한 아희에 그치고 所謂 班族의 成人은 모두 支那式을 맡아 金甲이니 李乙이니 하며, 열다섯에 成冠하면 衛滿의 稚○로 檀君의 編髮을 대신하며 스물에 行世하면 宋明의 道服으로 高麗의 져고리를 가리우며 學堂의 책을 끼면 東明 赫居는 뉘 집 죠상인지를 몰으나 漢·唐 宋 明의 歷代를 꿰이며 詩場의 선배가 되며, 慰禮 半月은 어늬 서울인지 몰으나 長安 洛陽의 沿革을 외우며 夫餘의 무당이 階伯의 넋은 불우지 안코 唐士賊將 蘇定方을 위하며 積城의 나무군이 劍牟岑 일흠은 알지 못하나 高麗叛臣 薛仁貴를 노래하니 이는 思想과 風俗의 大變이라. 때가 위로 하늘서 비롯하야 알로 땅에 일으히 그 새이에 變치 안은 것이 업도록 國粹가 문어지니 所謂 朝鮮사람은 일흠뿐이오, 그 실샹은 모다 朝鮮에 써난 사람이라. 이와 갓히 朝鮮사람 업는 朝鮮으로 오다가 마참내 半萬年 神器를 하니안은 島醜에게 내여주니 대개 一千三百餘年부터 차차 變한 無順唯逆局이니라. 震壇九變局에 三變은 이러케 지나갓고, 五變은 아직 올 때가 아니나 一變은 現在에 그대와의 幷世한 國民이 當한 바니라」[35]

35 『전집 7』, 534~536면.

신채호는 『朝鮮上古史』의 「神誌의 歷史」와 『朝鮮上古文化史』의 「神誌의 歷史와 預言」에서 비결서인 신지(神誌)의 세계를 소개하였다. 신채호는 두 편의 글에서 신지의 명칭과 유래, 신지 전승의 문제 등을 거론하면서 조선의 기원을 기록한 신지의 역사성을 제시하였다. 김부식이 정치적 목적을 위해 신지에 대한 기록을 삭제하였다. 그런데 〈고려사〉 김위제전(金謂磾傳)에 신지비사의 일부가 전해져 오고 있다.[36] 신채호는 식민주의 역사 왜곡을 비판적으로 인식하고, 역사 지리를 확장하면서 근대적 시간과는 무관한 독특한 시간 개념을 중심으로 개벽의 조건을 제시했다. 「꿈하늘」의 第三章은 신채호의 역사 서술이 허구적 공간과 결합하면서 독특한 시간의 조건을 제시하고 있다. 신채호는 역사서술의 계보학적 측면을 지향하면서도 허구적 글쓰기에서는 근대적 시공간과는 무관한 영역을 보여주고 있다. 신채호는 신지국변국을 거론하면서 순변국과 역변국의 시간 구조를 제시한다. 단군 건국이 첫 번째 순국이다. 이후 삼국시대에 접어드는 인간의 변을 언급한다. 통일의 변, 신앙의 변, 정치의 변, 투쟁의 변, 종교의 변을 거치는 "半順半逆의 局"과 "無順唯逆局"은 종국에는 오변은 오지 않고 국수의 세계의 상실한 상태에 도달한다. 신지와 구변국과 같은 근대적 시간과는 무관한 시간 개념을 활용해 역사적 시간의 개념을 확장하고 있다.

36 신채호는 「神誌의 歷史」와 「神誌의 歷史와 預言」에서 공통으로 "『高句麗史』에 「神誌秘詞」라고 揭載된 바, 如枰錘極)器 枰幹扶蘇樑 錘者五德地 極器百牙岡 朝降七十國 賴德護神精 首尾均平位 興邦定太平 若廢三諭地 王業有衰傾"을 인용하였다. 이를 「꿈하늘」에서는 "우리나라는 저울과 같다 扶蘇서울은 저울몸이오/ 百牙서울은 저울머리요 五德서울은 저울추로다/ 모든 대적을 하루에 깨쳐 세 곳에 나눠 서울을 하니/ 기욺이 없어 나라 되리니 셋에 하나도 잃지 말아라"라고 번역하였다.

천도(天道)의 존재원리는 천행(天行)의 종시성(終始性)으로 규정하고, 이를 역철학적 체계인 '순역이론(順逆理論)'으로 설명할 수 있고, 역(易)은 이간(易簡), 변역(變易), 불역(不易)으로 구분하면서 만물의 시간적 생성변화원리를 의미한다. 역(易)은 변화 원리를 시간적 변화에서 발견한다. 시간의 흐름은 천도의 운행 법칙을 인식하고, 이를 토대로 수리와 괘상으로 파악할 수 있다. 이러한 천지역수는 근본적으로 물리적 차원 혹은 운명적 차원의 천문학적 산술수로만 시간을 파악했으므로 역학의 변화 원리를 집중적으로 규명하지 못한 한계를 보였다. 시간성 자체에 대한 역철학적 방법론으로 순역이론이 대두하였다. 인간만이 물리적 시간 운행을 내면적 차원에서 파악하면서 시간의 주체화를 형성할 수 있고, 과거, 현재, 미래를 살아가는 역사적 주체로 등장할 수 있다. 인간은 태초와 종말, 과거, 현재, 미래, 영원의 범주에서 시간을 인식한다. 이러한 시간 구분에서 현재는 중요하다. 그러나 현재는 과거와 미래로 변이한다. 태초와 영원의 구분을 확장하고 과거, 현재, 미래의 시간 구분을 축소하는 과정에서 실존적 삶의 주체인 인간은 매순간의 시간의 흐름을 자각한다. 변화현상의 지평인 과거 시간은 인간의 경험 세계로 이미 내재화된 것이고, 변화 원리의 지평인 미래 시간은 인간의 의식세계로 주체화된 영역이어서, 인간은 과거 시간과 미래 시간을 통합하면서 현재 시간을 지속적으로 인식한다. 순역이론에 따르면, 과거의 일은 순수로 추산해서 인식할 수 있고, 미래의 일은 역수로 추수해서 예감할 수 있다.[37] 이상과 같이, 신

37 송재국, 『송재국 교수의 역학담론』, 예문서원, 2010, 33~77면.

채호는 근대 시간과는 무관하게 전통적 역의 시간을 재활용하고 있다는 점을 알 수 있다.

> ① 역사는 구성의 대상이며, 이때 구성의 장소는 균질하고 공허한 시간이 아니라 지금시간(Jetztzeit) 으로 충만된 시간이다. 그리하여 로베스피에르에게 고대의 로마는 지금시간으로 충전된 과거로서, 그는 이 과거를 역사의 연속체에서 폭파해내었다. 프랑스 혁명은 스스로를 다시 귀환한 로마로 이해했다. 프랑스 혁명은 마치 유행이 과거의 의상을 인용하는 것과 똑같이 로대 로마를 인용하였다. 유행은 현재적인 것을, 그것이 과거의 덤불 속 어디에서 움직이고 있든지, 알아채는 감각을 갖고 있다. 유행은 과거 속으로 뛰어드는 호랑이의 도약이다. 다만 그 도약이 지배 계급이 지휘를 하고 있는 경기장에서 일어나고 있을 뿐이다. 역사의 자유로운 하늘 아래에서 펼쳐질 그와 같은 도약이 마르크스가 혁명을 파악했던 변증법적 도약이다.[38]

> ② 어떤 현대 생물학자는 이렇게 말했다. "호모 사피엔스의 보잘것 없는 5만 년의 역사는 지구 상의 유기체의 역사와 비교해 보면 하루 24시간의 끝자락 마지막 2초에 해당한다. 문명화된 인류의 역사는 이 척도에 비추어 본다면 기껏해야 마지막 시간, 마지막 초의 5분의 1에 지나지 않는다." 메시아적 시간의 모델로서 전 인류의 역사를 엄청난 축소판으로 요약하고 있는 지금시간은 우주 속에서 인류의 역사가 이루는 앞의 모습과 엄밀하게 일치한다.[39]

> ③ 역사주의는 역사의 여러 계기들 사이에 인과적 결합을 세우는데 만족한다. 그러나 어떠한 사실 정황도 그것이 원인이라는 이유

38 『선집 5』, 345면.

39 『선집 5』, 349면.

로 이미 역사적 사실 정황이 되지는 않는다. 그것이 역사적 사실 정황이 되는 것은, 사후(死後)에, 수천 년의 세월이 동떨어져 있을 모를 사건들을 통해서이다. 이러한 점을 전제로 출발하는 역사가는 사건들의 순서를 마치 염주처럼 손가락으로 헤아리는 일을 중단한다. 그는 그 자신의 시대가 과거의 특정한 시대와 함께 등장하는 성좌구조(Konstellation)를 포착한다. 그는 그렇게 해서 메시아적 시간의 파편들이 박혀 있는 '지금시간'으로서의 현재의 개념을 정립한다.[40]

①의 지금 시간은 과거의 특정 순간이 지금 이 순간에 의미를 갖는 구원적 계기로서의 심리적 시간이다. 지금 시간은 이미지 공간과 주체 범주와 연결할 수 있다. 벤야민은 초현실주의적 집단 신체 반응, 범속한 각성, 심경감응의 원리가 시간의 문제와 결부되면서 과거, 현재, 미래의 흐름이 현재의 현재화속에서 주체가 시간에 종속되지 않고 변용의 방식을 선택할 수 있다고 말한다.[41] 그는 전통적인 과거, 현재, 미래의 연속적 시간의 흐름을 인정하지 않았다. 그가 지금 시간의 정치 이념을 중시한 이유는 "균질하고 공허한 시간"은 억압자의 연속성만을 인정하는 것에 불과하기 때문이다. 파국의 역사철학은 파시즘의 역사적 흐름을 종식하기 위한 정치의 일환이다. '지금 시간'은 과거의 특정 순간이 '지금 순간'에 의미가 있는 구원의 계기로서 시간적 연속성의 궤도에서 이탈하여 역사적 패배의 잔해들 위에 놓여 있는 파국의 시간이라는 점에서 일종의 비관적 역사철학과 친화성을 갖지만, 그 시

40 『선집 5』, 349면.

41 백용성, 「발터 벤야민의 이미지와 시간개념」, 고려대학교 대학원 석사논문, 2010, 72면.

간은 동시에 구원을 향한 발전적 동기를 담고 있다는 점에서 낙관적 역사 인식으로 간주할 수 있다.[42] 그는 혁명과 유행의 은유적 동일성을 중심으로, 유행이 시대 변화에 민감하게 반응하는 것처럼 혁명 역시 과거를 지양하면서 지속해서 새로움을 탐색할 수 있다. 과거의 역사적 사건은 망각하지 않고 현재의 정치적 국면에서 순간적으로 정치의 형식을 담보한다. 이러한 과정을 거쳐 과거가 현재, 미래를 유예하는 방식을 선택해야만 혁명의 조건을 생성할 수 있다.[43]

②에서는 생물학적 시간, 메시아적 시간, 지금 시간의 상관성을 거론하고 있다. 전 인류의 역사는 메시아적 시간을 모델로 삼고, 지금 시간은 우주적 시간과 인류의 역사적 시간이 일치한다. 메시아적 시간은 과거를 구제하기 위해 중단의 시간으로 지금 시간과 접속하기 위해 일회적으로 출현한다. 그런데 지금 시간이 메시아적 시간의 모델이라는 점을 염두에 둔다면, 인류의 역사는 결코 연속체로 간주할 수 없다. 그런데 발터 벤야민은 메시아적 시간, 전 인류의 역사, 우주적

42 최성철, 「파국과 구원의 변증법: 발터 벤야민의 탈역사주의적 역사철학」, 『서양사론』 제79호, 한국서양사학회, 2003, 67~73면.

43 이마무라 히토시(今村仁司)는 하이데거와 헤겔의 시간론을 미래 우위의 시간으로 규정하면서 발터 벤야민의 지금 시간과 비교하였다. 하이데거와 헤겔은 공통으로 도래하지 않은 미래가 현재와 관계 맺는 방식을 통해 존재와 주체의 세계를 발견하고자 하였다. 하이데거는 오지 않은 미래에 인간 존재의 본연성을 드러내는 죽음이 존재한다는 점을 거론하면서 인간은 죽음의 시간을 대면하는 순간을 지속해서 맞이한다고 보았다. 반면 헤겔은 미래에 절대 정신이 존재한다는 전제하에 현재의 인간은 미래의 이념을 향해 나아가야 한다는 점을 거론하였다. 이에 반해 발터 벤야민은 현재를 기점으로 과거의 죽음 속에서 호명을 기다리는 자들과의 만남을 통해 현재의 망각과 미래에 대한 기대를 동시에 파괴하는 지금 시간을 설정하였다. 그는 과거를 기억하는 과정을 거치면서 현재와의 접속을 지속해서 갈망하는 노력이 필요하다고 생각하였다. 今村仁司, 『ベンヤミン「歴史哲学テーゼ」精読』, 岩波書店, 2000, pp. 170~183.

시간의 유비적 관계를 논하기에 앞서, 생물학적 지식을 인용하고 있다. 생물학자의 시간관은 역사가와 역사주의처럼 시간을 균질하고 공허하게 매개하면서 사건이 시간의 연속적 배치에 따른 과정으로 이해할 수 있다. "우주 속에서 인류의 역사"는 자연과학적 차원이고, 특정한 객관적 시간을 나타낸다. 지금 시간은 자연과학적 시간과는 별개로, 시간의 연속적 흐름을 중지하고, 메시아적 시간을 축소 모형으로 삼으면서 현재에 일순간 작동하는 영역으로 간주할 수 있다.[44]

③의 '성좌(Konstellation)'는 '지금 시간'의 역사를 구성하는 구체적인 방법이다. '지금 시간'은 과거, 현재, 미래를 유기적으로 관통하는 삼분법적 시간이 아니다. 지금 시간은 현재와 다르게 삼분법의 시간이 하나로 응축되어 혁명의 기운을 감지하는 시간이다.[45] 현재는 과거의 영향을 받는 것처럼 보이지만, 역사주의적 관점에서는 승리자의 시각만이 보존한 시간에 불과하다. 즉 '지금 시간'은 역사 운행 과정에서 패배자의 시각을 망각하고 승리자의 승전보만을 기억하는 방식을 비판한다. 아울러 미래는 과거와 현재에 대한 무비판적 시간 운행만을 도식적으로 강조한다. 미래는 패배자가 현재의 고난을 극복하려는 염

---

44 ヴァルター·ベンヤミン, 鹿島徹 訳, 『[新訳·評注]歴史の概念について』, 未来社, 2015, pp. 219~221.

45 조르조 아감벤의 서양의 시간관을 논의하고 벤야민의 시간관을 수용하면서 다음과 같이 말한다. "진정한 역사 유물론자는 무한한 선형적 시간 속에서의 연속적인 진보라는 허약한 가상을 추구하는 자가 아니라, 인간의 근원적인 고향은 향유라는 사실을 매순간 회상하면서 언제든 시간을 중지시킬 준비가 되어 있는 자이다. 진정한 혁명의 순간에 경험하게 되는 것이 바로 이러한 시간이며, 벤야민이 말했듯이, 그러한 혁명은 항상 시간의 정지이자 연대기의 중지로서 체험되어야 한다." 조르조 아감벤, 「시간과 역사 시점과 연속성에 대한 비판」, 조효원 옮김, 『유아기와 역사』, 새물결, 2010, 193면.

원을 담은 순간이다. '지금 시간'은 과거의 패배자를 망각하지 않고 기억하는 과정을 거쳐 미래의 유토피아적 열망을 실현하기 위한 조건으로 이해되면서 순식간에 동시다발적으로 혁명의 기운이 응축된 지점이다.[46]

요컨대, ①, ②, ③에 나타난 '지금 시간'은 "정지된 현재의 시간은 과거와 미래를 연결하고 역사적 시간에 생명을 불어넣는 시간이며, 진리가 섬광처럼, 마치 구원의 시간을 알리는 종소리처럼 열렸다가 다시 사라지는 메시아적 시간"[47]이다.

46 박진우, 「파국의 시대와 "지금 시간(Jetztzeit)": 발터 벤야민과 사도 바울의 새로운 역사적 시간의 패러다임」, 『인문학연구』 제44권, 조선대학교 인문학연구원, 2012, 82~83면.

47 김영룡, 「'지금 이때'와 '남은 시간' –발터 벤야민의 「역사의 개념에 관하여」에 나타난 성스러운 구원의 시간 연구」, 『카프카연구』 34, 한국카프카학회, 2015, 171면.

4장

고대 영토의 집단 기억과
도시 공간의 비의지적 기억

4장

고대 영토의 집단 기억과 도시 공간의 비의지적 기억

1. 고구려와 베를린

신채호는 역사와 지리의 상관성을 중시하였다. 그는 민족의 발상지와 연혁을 고려해 단일 민족에 대한 기억을 복원하려고 하였다. 그는 민족 발달 단계를 제 3기로 언급하면서, 제 1기는 부여족의 초민(初民) 시대가 압록강 유역에서 시작하였고, 제 2기는 부여족이 미개 민족을 정복하고 부여족 내의 경쟁이 혼란해지는 국면이고, 제 3기는 북방 민족인 고구려, 발해의 멸망 후 한민족의 영토가 남방 지역에 국한된 상황에서 외세에 저항하던 정치적 동력이 상실되었다는 점을 언급하였다. 그는 한민족이 서북 지역에서 동남 지역으로 이동한 이유, 단군 이후 고려 초엽까지의 서와 남의 분립이 지속된 이유, 서와 남의 분립에서 매번 서방 지역이 승리한 이유 등을 분석하였다.

> 地理란 者는 其 民族의 特質을 與하며 習慣을 與ᄒᆞ여, 凡 人心 風俗 政治 實業에 壹壹 密接의 關係를 ᄒᆞᆫ與 者니, 國民된 者— 此에 研究ᄒᆞ여 自家의 特性을 발揮ᄒᆞ며 缺點을 補充홈이 亦其 天職也니라.[1]

신채호는 고구려와 발해의 멸망 이유, 한민족이 압록강 유역 너머의 조상의 발상지를 찾지 못하는 이유, 한민족이 쇄국을 중시하는 이유 또한 한반도의 지형과 기후 조건에서 발견하였다. 특히 인민들이 가족 관념은 강한 반면, 국가 관념이 희박한 이유를 산세의 조건에서 기인한다고 생각하였다. 그러면서 그는 지리가 민족 특질과 습관을 부여하여, 인심, 풍속, 정치, 실업의 문제와 밀접한 관계를 맺고 있다고 주장하였다. 이러한 지리적 관심은 식민주의 시대의 영토 문제로 확대되었다.

> 卽 疆土開拓主義가 是라. 此主義가 아니면 十餘年 養兵에 盡力홀 理가 無ᄒᆞ며, 此主義가 아니면 敵國의 怒를 觸ᄒᆞ여 糜財挑戰할 理도 無ᄒᆞᆫ딕, 此主義 實行홀 日은 卽 薩水戰役 以後 兩戰役의 時라. 萬一 此時에 乙支公이 無恙尙存ᄒᆞ면 當一大呌曰 時哉時哉라 ᄒᆞ고, 突然 奮起ᄒᆞ여 順庵 安鼎福氏의 所論과 갓치『羅濟와 和를 結ᄒᆞ고 靺鞨의 衆을 用ᄒᆞ여 其後를 追躡ᄒᆞ여 醫閭에 橫據ᄒᆞ여 其罪를 聲討』ᄒᆞ면 彼怨民도 我에게 附ᄒᆞ며, 叛將도 我에게 歸ᄒᆞ여 敵國天子를 擒獲홈이 反掌보다 易ᄒᆞ리니, 巨魔을 摧敗홈도 此時에 在ᄒᆞ고 國光을 發揮홈도 此時에 在ᄒᆞ고 疆土를 擴大ᄒᆞ야 東方大帝國을 建設홈도 此時에 在ᄒᆞ거늘, 乃者此만 不能홀 ᄲᅮᆫ 아니라 困獸의 鬪를 是懼ᄒᆞ며 强弩의 末을 是避ᄒᆞ야 向日大國의 風이 消

1 『전집 3』, 313면.

磨盡矣니, 嗟乎 乙支文德이여, 其逝가 太早로다.[2]

신채호는 구한말 애국심을 고취시키기 위해 전(傳)양식을 주목하였다. 전은 역사적 사실을 독자에게 전달하면서 허구적 요소를 가미할 수 있기 때문에 작가의 주제 의식을 명확하게 호소할 수 있다. 즉 그는 전을 "민족의식을 고취하는 소설(정치소설)개량의 최적화된 실천이었고, 민족사의 부재를 채워 줄 대체역사"[3]로 간주하였다. 그는 영토 회복과 국권 회복을 위해 역사적 인물을 영웅의 형상으로 계몽 담론에 위치시켰고, 이는 국가의 경계선을 도시하고 국가의 이름을 지도위에 새기는 지리적인 상상력에 의해 추동하였다.[4] 그는 신라의 삼국 통일을 부정적으로 고찰하고, 고구려와 발해 중심의 민족주의적 시각을 표출하였다. 그는 외세에 대항하는 자주와 독립의 민족주의적 사관에서 단군, 부여족, 고구려, 발해를 중심으로 상고사의 무대를 한반도 중심에서 벗어나 만주를 포함한 중국 동북지역과 요서지방까지 확대하고자 하였다.[5] 그는 고구려를 단군의 적통으로 파악하였고, 고구려의 대외 관계사를 중시하였다.[6]

신채호는 인간 사회가 적자생존과 약육강식의 세계에서 살아가기

---

2 『전집 4』, 483~484면.

3 윤영실, 「근대계몽기 '역사적 서사(역사/소설)'의 사실, 허구, 진리」, 『한국현대문학연구』 제34집, 한국현대문학회, 2011, 98면.

4 홍순애, 「근대계몽기 지리적 상상력과 서사적 재현」, 『현대소설연구』 40, 한국현대소설학회, 2009, 369면.

5 김석근, 「신라와 고구려를 바라보는 두 시선」, 『양명학』 35호, 한국양명학회, 2013, 274면.

6 박걸순, 「日帝强占期 亡命 人士의 高句麗 · 渤海認識」, 『한국독립운동사연구』 제23집, 독립기념관 한국독립운동사연구소, 2004, 448면.

위해서는 불가피하게 경쟁과 유사한 생존 투쟁 과정을 거쳐야 한다고 말한다. 그는 제국의 전쟁사에서 배제된 식민지 조선의 전쟁사를 복원하는 과정을 거쳐 조선 민족의 자강을 강화할 수 있다고 간주하였다. 그는 문치와 왕조 중심의 역사 서술을 지양하고, 무인과 전쟁 중심의 역사 서술을 제시하였다. 그는『朝鮮上古史』에서 수당전쟁을 역사 서술의 중요한 장면으로 제시하면서 고구려가 수나라와 당나라와 대치하면서 승전하는 모습을 제시하고 있다. 그는 삼국시대의 전쟁을 중심으로 약육강식의 법칙에 기반을 둔 진화론적 역사관을 피력했다.

> 乙支文德이 遼河에서 退軍하여 隋兵의 虛實을 探知코자 하여 거진, 謂 降使者가 되야 隋陣에 드러가 그 內容을 살피어 보고 도라올 새, 逑 等이 그 狀貌의 隆偉함에 놀내어, 이것이 高句麗의 大王이나 大對盧인가 하야 擒住치 못함을 後悔하야 사람을 보내어 다시 만나기를 請하거늘, 乙支文德이 이때에 임의 浿江의 捷報를 드르며 宇文逑 等 諸軍의 飢色 잇음을 본지라, 임의 必勝의 算을 잡앗거니 엇지 虎堀에 再入하랴. 疾馳하여 도라올 새, 隋兵을 誘引하기 爲하야 要塞를 만나면 각금 留陣하야 接戰하다가 거짓 敗하야 一日 中에 七戰七敗 하니, 逑 等이 大喜하야「高句麗兵은 하잘 것 업다」하고 長驅하야 薩水－今 淸川江을 건너 平壤에 이르럿다.
>
> 平壤에 일즉 城外城內의 人家가 고요하야 사람이란 그림자도 볼 수 업고 鷄犬의 소리도 들니지 아니하거늘, 逑 等이 의심하야 直進치 못하고 사람을 보내야 닷힌 城門을 두드린즉, 城中에서 대답하야 가로대, 우리가 곧 降伏하랴 하야 土地와 人口의 文簿를 調査하는 中이니 大軍은 城外에서 五日만 기다리라 하더라. 電報 갓흔 것이 업든 古代인 고로, 逑 等이 來護兒의 戰敗함을 감감히 모

름으로, 來護兒를 기다리어 合攻하랴 하여 거짓 城中의 對答을 許諾하고 城의 附近에 留陣하야, 軍中이 飢餓하얏음으로 虜掠을 行하랴 하나 人家만다 空虛하고 所有가 업스며, 五日을 거듭하야 十餘日이 지나도 城中의 동정이 업슴으로, 述이 諸軍을 指揮하야 進攻한즉, 城上에 高句麗의 旗幟가 一時 四面에 솟치며 활살과 돌망이가 비오듯 쏘다지며, 文德이 譯人으로 하여곰 소리질너 가로대, 너희 粮船이 바다에 잠기어 먹을 짐은 끈어지고, 平壤城은 높고 튼튼하야 뛰여넘을 수가 업스니, 너희들이 엇지하랴 하느냐 하고 俘虜한 바, 隋의 水軍 將卒의 印信과 旗幟를 던지어 주니, 隋兵이 이제야 來護兒의 敗함을 알고 軍心이 擾亂하야 싸울 수 업어 述 等이 退還할 새, 文德은 미리 사람을 보내야 沙囊으로 薩水의 上流를 막고 精兵 數萬을 쏍아 천천히 閑雅하게 隋兵의 뒤를 쫏더라.

薩水에 이르러서는 舟船이 한아도 업슴으로, 述 等이 물의 淺深을 아지 못하여 머뭇머뭇 하더니, 突然히 高句麗僧 七人이 다리를 것고 물에 드러서며, 오금에 밋치지 못하는 물이라 하니, 隋兵이 大喜하야 다투어 물에 드러서다라. 隋兵이 中流에 못밋처서 上流의 沙囊을 터노와 물이 暴力으로 나리어 밀니고, 文德의 進이 이르러 뒤를 襲擊하니, 隋兵이 칼과 활에 마지죽으며 물에 싸져 죽고, 남은 者는 나아가 一日一夜에 四百五十里를 달니어 鴨綠江을 건너 도망하야 遼東城에 이르러서는, 述 等 九軍의 三十萬五千名이 겨우 二千七百名이 되니, 百의 한아씰의 꼴의 剩餘도 못되며, 軍器·輜重 累巨萬은 모다 高句麗의 虜獲品이 되얏더라.[7]

살수대첩을 진술하고 있는 대목이다. 살수대첩은 패강, 살수, 오열홀의 대전(大戰)을 의미한다. 특히 을지문덕이 고도의 전략으로 승전

7 『전집 1』, 778~779면.

한 전쟁은 두 번째 살수대첩이다. 을지문덕에 대한 조선 후기 역사학자들과 신채호의 입장은 다소 상이하다. 송시열은 공리적 기준보다 도덕적 기준을 중시하면서 춘추필법과 왕도정치를 위한 관점에서 을지문덕을 파악했고, 안정복은 고중세사의 중요한 사건과 정책들이 자국에 영향을 끼친 사안을 중심으로 역사를 고찰했기 때문에 을지문덕을 공리의 관점에서 파악했다.[8]

신채호는 안정복의 을지문덕에 대한 관점을 수용하면서 고구려의 을지문덕과 수나라의 우문술과의 지략을 서사적으로 재구성하고 있다. 을지문덕은 대동강 싸움에서 승전보와 우문술의 수군이 굶주림에 허덕인다는 사실을 알았다. 그는 수나라의 수군을 유인하기 위해 패배를 가장하였다. 고구려 군이 수나라의 수군을 응징하는 과정은 은유적으로 당대 조선인들에게 대항 논리를 고무할 수 있다. 고구려 전쟁사의 스펙타클한 재현은 중국의 중화주의와 일본의 식민주의에 대항하기 위한 실천의 동력을 확보하는 데 이바지한다. 즉 을지문덕의 전쟁사는 타국가의 위협을 극복하고 탄생하는 독립된 근대국민국가의 역사이며 더 나아가서는 타국의 영토로 확장해 들어가는 근대 제국주의의 역사이다.[9]

> 無涯生 曰 當時 高句麗가 비록 強大ᄒᆞ나, 其侵掠所得으로 擁有ᄒᆞᆫ 土地人民을 除ᄒᆞ고, 內地幅員을 統計ᄒᆞ면 現今 京畿 平安 江原

8 배우성, 「조선 후기 역사학과 신채호, 그리고 21세기」, 『한국학논집』 제43집, 계명대학교 한국학연구원, 2011, 61~63면.

9 양진오, 「고구려 영웅과 역사의 발전: 신채호 소설을 중심으로」, 『어문학』 제95집, 한국어문학회, 2007, 505면.

> 咸鏡 等道 及 忠淸 等道에 在ᄒᆞᆫ 數十郡이니, 土地는 千里가 不足되고 人民은 數百萬에 不過ᄒᆞ니, 蕞爾一偏邦이 될 而已어ᄂᆞᆯ, 乃者此土地 此人民을 善用ᄒᆞᆫ 結果로 鴨綠 以外 萬餘里地ᄅᆞᆯ 攫取ᄒᆞ야, 其言語도 不同ᄒᆞ고 風俗도 不同ᄒᆞᆫ 幾百萬 客族을 駕馭ᄒᆞ며, 强弱도 懸殊ᄒᆞ고 衆寡도 懸殊ᄒᆞᆫ 支那 大陸國을 蠶食ᄒᆞ야 功則必取ᄒᆞ며, 戰則必克ᄒᆞ며, 守則必固ᄒᆞ며 安則相勵ᄒᆞ야, 卽此 韓漢交涉 以來 第一大戰役(卽 薩水戰役)의 名譽가 我民族에게 專歸ᄒᆞ더니, 柰何로 歷代君相이 孽業만 全種ᄒᆞ야 孑弱萎靡로 民心을 迷醉케ᄒᆞ고 一般 外競思想은 極力摧折ᄒᆞᆷ으로 本朝中葉에 外警이 一聞ᄒᆞᄆᆡ, 朝野上下가 禦侮無策ᄒᆞ야 賊鋒所及에 如何히 巨創을 受ᄒᆞ얏던, 至今 山村孤燈에 白髮野老가 兩三會集ᄒᆞ야 往往 壬辰事를 提及ᄒᆞ고 心骨니 猶戰ᄒᆞᄂᆞ, 哀哉라. 萬一 進化의 公例로 推ᄒᆞ면 中古時代의 如此 强悍ᄒᆞᆫ 民族이 今則優勝勢力이 世界에 橫絶ᄒᆞ얏슬지어ᄂᆞᆯ, 何故로 每下愈況이 此極에 至ᄒᆞ얏ᄂᆞᆫ. 吾가 今也에 乃知커라, 其國國民의 勇㤼優劣은 專혀 其國의 一二先覺 英雄에 鼓舞激勵의 如何를 視ᄒᆞ여 進退ᄒᆞᄂᆞᆫ 바로다.[10]

신채호는 고구려의 흔적만이 남은 고려촌과 고려성에서 민족정기의 상실을 한탄하였다. 그는 고구려는 지리적 조건이 좋지 않은 상황에서 압록강을 중심으로 이민족과의 생존 경쟁에서 우월한 지점에 위치하였다고 말한다. 그는 한국과 중국의 전쟁에서 살수대첩이 가장 위대한 전쟁 중의 하나로 생각하였다. 고구려 정신은 자강과 독립의 세계를 확보하는 것이다. 그런데 한민족의 자주적 정신은 유약과 위미로 변질되고, 조선 시대에는 당파 싸움으로 임진왜란을 맞이하였다. "哀哉라. 萬一 進化의 公例로 推ᄒᆞ면 中古時代의 如此 强悍ᄒᆞᆫ 民族이

10 『전집 4』, 488~498면.

今則優勝勢力이 世界에 橫絕ᄒᆞ얏슬지어늘, 何故로 每下愈況이 此極" 에 도달한 것은 고구려 영웅의 정신을 통해 적자생존의 정신을 기억해야 한다고 생각하였다.

① 나중에 나는 티어가르텐의 새로운 구석들을 발견하게 되엇고, 또 다른 곳들도 계속 알게 되었다. 그러나 내게 이처럼 새로운 장소들을 알려준 것은 어느 소녀도, 어떤 다른 체험도, 어떤 책도 아니다. 30년 뒤 지리에 밝은 한 베를린의 농부가 오랫동안 함께 베를린을 떠났다 돌아온 나를 데리고 나섰다. 그의 오솔길들은 이곳 티어가르텐에게 침묵의 씨앗을 뿌리기라도 하듯 고랑을 만들어나갔다. 그가 가파른 길들을 앞서 걸어갈 때 모든 길이 그에게 급경사를 이루었다. 그 길들은, 비록 모든 존재의 어머니들에게 가는 길은 아니라고 해도 분명 티어가르텐의 어머니들에게 내려가는 길이라고 할 수 있다. 아스팔트 위를 걷는 그의 발걸음은 메아리를 일으켰고 우리가 걷는 보도 위에 비치는 가스등은 보도 바닥에 어슴푸레한 불빛을 던졌다. 티어가르텐에 있는 빌라들의 작은 계단, 주랑식 현관, 띠 모양의 프리즈 장식, 문이나 창의 장식 틀로부터 어떤 약속의 이행을 기대한 사람들은 우리들이 처음이었다.[11]

② 넓은 광장에 서 있는 전승기념탑은 매일 한 장씩 뜯는 달력에 빨간 색으로 표시된 날짜처럼 보였다. 스당의 날을 마지막으로 기념하던 해에 그것을 찢었어야 했다. 〔중략〕 주랑식 현관의 희미한 빛속에서 영웅들이 그들의 무훈을 보여주고 있었지만 내게 그들은 그다지 평판이 좋아 보이지 않았다. 즉 그들은 회오리바람에 채찍질당하고, 수액을 흘리는 나무 그루터기에 베이고 빙하 덩어리에 갇혀 꽁꽁 언 채 어두컴컴한 깔때기 같은 지옥에서 허덕이는 무리

11 『선집 3』, 38면.

들과 별반 다르지 않아 보였다. 따라서 이 주랑은 전승기념탑 위에 서 빛나는 승리의 여신상을 감도는 은총의 영역과는 정반대인 지옥인 셈이었다.[12]

발터 벤야민은 독일 사회의 문명화 과정이 진보의 이름으로 자행한 전통의 파괴 속에서 망각하지 않은 채 남아 있는 유년 시절을 수용하면서 이미지의 병치를 통해 기억 투쟁을 발휘하고 있다. 그는 베를린에서 보낸 유년 시절을 기억하는 과정에서 무의식에 저장된 불쾌한 기억을 직시한다. 그는 "유년 시절의 이미지(『선집 3』, 33면)"을 복원하기 위해 "지나간 과거를 개인사적으로 돌이킬 수 없는 우연의 소산으로 보는 것이 아니라, 사회적으로 돌이킬 수 없는 필연적인 것으로 통찰(『선집3』, 33면)"했다. ①은 티어가르텐에 대한 기억이고, ②는 전승기념탑에 대한 기억을 기록하고 있다. 베를린 광장을 중심으로 티어가르텐과 전승 기념탑은 연이어져 있다. ①과 ②에서처럼, 그는 모성적 공간인 티어가르텐을 긍정하고, 남성적 공간인 전승기념탑을 부정하고 있다. 그는 기억의 기념비적 장소에 중첩되어진 감각의 기억들을 형상화하였다.[13] ①에서는 인간과 자연이 상호간 영향을 주고 받으면서, 자연의 신비로움이 교차하는 모습을 보여준다. 티어가르텐의 웅장한 숲에서 인간은 미로를 헤매면서도 정신적으로 방황하거나 이탈하는 과정을 거쳐 어머니의 품속으로 침잠하려고 한다. 그런데 그는 티어가르텐을 어린아이의 시선으로 접근하며 미로 속에서 헤매는 기술

12 『선집 3』, 43~50면.

13 김영룡, 「기억의 토포스와 도시의 토폴로지 –발터 벤야민의 「베를린의 유년 시절」과 자아의 기억공간에 관하여–」, 『독어교육』 48권, 한국독어독문학교육학회, 2010, 129면.

을 통해 이성, 사유, 분석이 아니라 시지각과 촉각 등을 적극적으로 활용하여 신체적으로 공간을 경험하고, 물리적 혹은 물질적으로 규정된 공간이 아니라 신화적 공간으로 체험하였다.[14] ②에서 전승기념탑은 군국주의와 보수주의의 선전도구로서 국가나 사회의 배타적인 집단기억을 형성하는 데 이바지한다.[15] 그는 전승기념탑의 하단에서 상층까지 오르면서 전승기념탑에 새겨진 전쟁을 장식한 문양을 바라보았다. 전승기념탑은 민족 신화와 역사를 정치적으로 활용한 상징 투쟁의 결과물이다.[16]

> 언어는 우리에게 기억의 저장이 과거를 탐색하는 도구가 아니라 과거가 펼쳐지는 무대라는 것을 오해의 여지없이 가르쳐준다. 죽은 도시들이 묻혀 있는 매체가 땅인 것처럼, 기억의 저장은 체험된 것의 매체이다. 묻혀 있는 자신의 고유한 과거에 가까이 가려는 사람은 땅을 파헤치는 사람처럼 행동해야 한다. 이것은 진정한 기억의 어조와 태도를 규정한다. 진정한 기억에서는 똑같은 내용을 반복해서 떠올리는 것을 기피해서는 안 된다.[17]

발터 벤야민은 부르주아 문화의 허위적 작동 방식을 파괴하기 위해 기억의 시각을 발견한다. 그는 “이 모든 이미지들을 나는 기억 속

---

14 구연정, 「상상과 실재 사이: 헤테로토피아로서 베를린 –발터 벤야민의 1900년경 베를린의 유년시절에 나타난 도시 공간을 중심으로」, 『카프카연구』 제29집, 한국카프카학회, 2013, 130면.

15 전진성, 『역사가 기억을 말하다 –이론과 실천을 위한 기억의 문화사』, 휴머니스트, 2005, 190~200면.

16 최호근, 「독일 제국의 기념물 건립 붐과 민족주의, 1871~1914」, 『대구사학』 101권, 대구사학회, 2010, 208면.

17 『선집 3』, 191면.

에 보존(『선집 3』, 190면)" 하고 있다는 점을 인식했다. 그는 "내 어린 시절의 시간들을 재현(『선집 3』, 190면)"하기 위해 언어에 파묻힌 삶의 구성요소를 발견하고, 경험의 무의식에 내재하는 세계를 현실 공간으로 불러들이는 과정이 필요하다고 말한다. 기억의 저장소는 인간이 타인과 사회를 매개하는 과정을 거쳐 의식과 무의식에 반영한 풍경이다. 이러한 의미를 염두에 둔다면, 인간의 언어는 기억의 무의식에 침잠한 세계를 발굴하는 순간, 인간의 의식 세계로 떠오르면서 기억의 고유성을 만들어내기도 한다.

> 한번 기억의 부채를 펼치기 시작한 사람은 항상 새로운 마디와 부챗살을 그 안에서 발견하게 된다. 어떠한 상도 그에게 만족스럽지 못하다. 왜냐하면 그는 그 상이 더 펼쳐질 수 있음을 이미 알기 때문이다. 원래 우리가 이 모든 것을 쪼개고 펼쳤던 이유는 이미 알기 때문이다. 원래 우리가 이 모든 것을 쪼개 펼쳤던 이유는 바로 접혀진 주름 안에 자리 잡고 있는 어떤 고유한 것, 어떤 이미지, 어떤 맛, 어떤 촉감 때문이 아닌가. 이제 기억은 작은 것에서 아주 작은 것으로, 아주 작은 것에서 아주 미세한 것으로 파고들어간다. 이와 같은 소우주 안에서 기억에 일어나는 일은 점점 더 대단한 힘을 발휘하게 된다.[18]

벤야민은 기억의 미시적 속성을 언급한다. 유년기 회상은 시민사회의 희망과 몰락의 전조를 기억의 심상을 통해 찾아내려는 시도이고, 좌절과 희망의 이미지는 고독한 개인의 기억 속에서가 아니라 집단적 차원에서의 역사적 깨어남의 순간으로 변환한다.[19] 그는 "이례적인 사

---

18 『선집 3』, 160면.

19 윤미애, 「유년의 장소와 기억 –발터 벤야민의 『1900년경 베를린 유년기』를 중심

건들에 대한 기억(『선집 3』, 161면)"을 통해 독일 사회가 근대화 과정을 거치면서 망각한 전통의 실체를 원형으로 간직하고 있는 시공간을 기억하려고 했다.

2. 만주와 모스크바

신채호는 중국 만주에 머물면서 한민족의 원형 기억을 보존한 공간이 폐허로 바뀐 것을 한탄하였다. 그는 중국 망명 이전부터 만주 영토를 회복하기 위해 노력하였다. 그는 역사 속의 만주와 기억 속의 만주를 영웅전을 활용해 복원하였는데, 이는 조선 민족과의 연관성을 러일전쟁의 시국과 연관지은 것으로, 이는 제국주의 열강들의 침략성을 고발하기 위한 것이었다.[20] 그의 만주관은 일본이 한국을 완전히 강점하기 이전에 형성된 것으로, 한국과 만주는 역사적으로 공동운명체라는 점을 피력하고, 청일, 노일전쟁 이후 만주에 침략적 야욕을 보인 일본과 구미 열강의 대일 정책이 어떻게 한국의 식민지화에 작동했는 지를 살폈고, 만주의 고대사, 중세사, 근대사를 약술하면서 동아시아의 화약고로 규정된 만주를 구제해야 할 인물이 한국에서 등장해야 한다고 생각하였다.[21]

으로」, 『뷔히너와 현대문학』 25집, 한국뷔히너학회, 2005, 314면.

20 이연숙, 『동아시아 정치서사 연구 −19세기 말~20세기 초의 텍스트를 중심으로』, 지식산업사, 2015, 381면.

21 박영석, 「滿洲問題에 대한 申采浩의 見解 −1990年初 日本의 滿洲侵略과 관련하여」, 『군사』(1), 국방부 군사편찬연구소, 1980, 151면.

以上 略列ᄒᆞᆫ 滿洲 歷史를 觀ᄒᆞ라. 韓國과 滿洲의 關係 密切이 果然 如何ᄒᆞᆫ가. 韓民族이 滿洲를 得ᄒᆞ면 强盛ᄒᆞ며, 他民族이 滿洲를 得ᄒᆞ면 韓民族이 劣退ᄒᆞ고, 又ᄂᆞᆫ 他民族中에도 北方民族이 滿洲를 得ᄒᆞ면, 韓國이 北方民族 勢力圈內에 入ᄒᆞ며, 東方民族이 滿洲를 得ᄒᆞ면 韓國이 東方民族 勢力圈內에 入ᄒᆞ니 嗚呼라! 此ᄂᆞᆫ 四千年 鐵案不易의 定例로다. 滿洲가 韓國과 如此 重要ᄒᆞᆫ 關係가 有ᄒᆞᆷ을 知ᄒᆞᆫ 者가 幾百年間 人物에 韓人이 能有ᄒᆞᆫ가. 高麗 太祖가 契丹과 絶和하여 舊疆을 恢復ᄒᆞ려 ᄒᆞ다가,[22]

신채호는 「韓國과 滿洲」에서 만주 영토를 둘러싼 한민족의 구심점이 어떻게 변화했는지를 계보학적으로 서술하였다. 그는 한민족이 만주 영토의 주권을 확보와 미확보에 따라 국운이 달라졌다고 주장하였다. 그는 고려 시대 윤관, 최영 등이 고구려의 영토를 유지하면서 국운을 유지하려고 했던 점을 중시하였다. 그는 만주를 고토로서만 상상하지 않고 한민족이 근대 사회에서 만주의 기운을 회복하지 못한 채 일본이 만주 영토에 대한 주권을 획득하게 되었다고 통탄한다. 그는 한국 사천년 역사의 흔적이 만주에 남아 있고, 단군, 고구려, 발해를 거쳐 한민족이 만주 영토를 회복할 필요가 있다고 생각하였다. 그는 "만주를 한국 민족의 역사에 포함시켜, 한국 고대사를 체계화하려고 시도"[23]하였다.

① (一) 古碑의 參照에 대하야는,
일즉 『西郭雜錄』(著者 失名)을 보다가 「申砬聞 先春嶺下 有高句

22 『전집 6』, 641면.

23 김현철, 「한말 조선의 대외관과 영토 인식 –박은식·신채호의 자강사상과 고대사 인식을 중심으로」, 『만주연구』 12집, 만주학회, 2011, 121면.

麗舊碑 潛遣人 渡豆滿江 摸本而來 所可辨識者 不過三百餘字 其曰皇帝 高句麗王自稱也 其曰相加 高句麗大臣之稱也」一節이 잇음을 보고 크게 깃버서 滿洲 深山에 千古故事의 缺을 補할 만한 斷碑가 이것 하나 뿐이 아니라 하고, 海外에 나오던 날부터 高句麗·渤海의 舊疆을 踏査하리라는 懷抱가 가장 깁헛엇다. 그러나 海蔘威에서 「하바롭프개」를 往來하는 船客들에게 그 海路 中에서 傳說로 내려오는 錫赫山嶽에 屹立한 尹瓘(或은 淵蓋蘇文)의 紀功碑를 바라보앗다는 말이며, 奉天省城에서 間接으로 伊通州를 遊覽하얏다는 來人에게서 該邑 東便 七十里에 遺存한 解夫婁의 頌德碑를 보앗노라는 이야기며, 渤海 古都로부터 오는 親友가 幅廣 三十里인 鏡泊湖(故事에 忽汗海)의 前面에 美國「나이가라」瀑布와 견줄만한 萬丈飛瀑을 구경하얏다 하며, 海龍縣으로 나오는 過客에게서, 죽어서 龍이 되야 日本 三島를 陷沒하겟노라 한 文武大王의 遺廟를 瞻拜하엿다는 …… 等이 나에게는 귀로 들을 因緣만 잇섯고 눈으로 볼 機會는 업섯다.[24]

② 著者가 일즉 支那로 西遊歸來한 友人에게 聞ᄒᆞᆫ 즉, 滿洲·奉天·吉林·旅順口 等地로 旅行ᄒᆞᄆᆡ, 往往 石椁의 發現과 宮室의 遺制로 我先民의 遺躅을 依俙像探할 者가 尙多ᄒᆞᆫ 中某村은 曰 高麗村이니, 是ᄂᆞᆫ 昔日 高句麗人이 荊棘을 披ᄒᆞ고 奠居ᄒᆞ던 바며, 某城은 曰 高麗城이니 是ᄂᆞᆫ 昔日 高句麗人이 城郭을 築ᄒᆞ고 守護ᄒᆞ던 바라. 而今에ᄂᆞᆫ 비록 千百年을 已經ᄒᆞ여 物換星移ᄒᆞ고 陵高各深ᄒᆞ얏스나, 昔 我祖先이 長搶大劍으로 收取ᄒᆞ야 堅城利甲으로 自衛ᄒᆞ던 舊地에 今日 渺渺後孫이 匹馬錦囊으로 客遊ᄒᆞ니, 今古變遷의 感이 腦際에 頻觸ᄒᆞ더라고 著者에게 談及ᄒᆞ더라 無涯生이 曰 嗚呼라. 此는 乙支文德 諸公의 經營ᄒᆞ던 陳跡이로다. 當日

24 『전집 1』, 613~614면.

> 血汗을 擲ᄒᆞ며 財産을 糜費ᄒᆞ며 身命을 不顧ᄒᆞ고 以得以守ᄒᆞᆫ 遺産을 後人이 不肖하여 他手에 盡歸ᄒᆞ얏도다.[25]

①은 『朝鮮上古史』의 「史料의 蒐集과 選擇에 對한 商榷」의 일부분으로서 옛 비석의 참조에 대한 문제를 거론하고 있는 대목이다. 신채호는 〈서곽잡록〉의 일부를 인용하면서 광개토대왕릉비에 얽힌 일화를 소개한다. 그는 만주 깊은 산속에서 역사적 기록이 결여된 부분을 보충할 객관적 비석이 존재할 수 있다는 생각에 고구려와 발해의 강역을 답사하려고 생각하였다. 그는 만주에 있는 고구려와 발해의 유적을 직접 보지 못한 채, 사람들이 윤관의 기공비, 해부루의 송덕비, 문무대왕의 유묘를 보았다는 이야기를 간접적으로 들었을 뿐이다. 그가 만주에서 고구려의 민족적 웅혼을 확인하면서 폐허와 유적으로만 존재하고 있다는 점을 한탄하였다. ②는 『乙支文德』의 〈結論〉부분이다. 신채호는 중국에서 유랑하던 벗이 만주 일대에 한민족의 기원이 유적처럼 남아 있다는 이야기를 전해들었다. 그 벗은 만주 일대에 석곽, 궁실의 터가 잔존하고 있고, 고려촌, 고려성처럼 고구려 사람들이 만주 일대 호령하는 시설이 무방비로 방치되어 있었다고 말했다. 이에 신채호는 을지문덕과 같은 영웅들이 목숨을 바쳐 지켰던 고구려의 웅혼이 남아 있는 만주 지역이 다른 사람의 손에 넘어가게 된 것을 애석해하였다. 이른바 고려의 서희, 태조 왕건이 고구려 정신을 계승하고자 하였으나 시운이 맞지 않아 지속해서 후대에 전달되지 못한 채 국운이 쇠퇴하게 되었다. 만주 일대는 고구려가 토지와 인민이 물리적으

25 『전집 4』, 488면.

로 부족하였지만, 대동단결하여 중국과의 전쟁에서 승전하여 한민족의 기개를 발휘한 공간이다. 신채호는 고구려 정신이 유적으로만 남은 만주 일대를 고찰하면서 조선 시대의 문약이 임진년을 초래했고, 근대 사회에서는 항일 의식을 고취할 수 있는 정신적 국가가 존재하지 않게 되었다고 생각하였다. 그가 만주를 단군, 고구려, 발해의 강역으로 강조한 것은 고토 회복을 위해서가 아니라 민족의 독립과 자유, 생존을 위한 공간을 설정해 민족의 기원과 발전 사례로서의 단군 조선의 역사를 만주에 배치하기 노력하였다.[26] 그의 만주 호명은 "단순한 기억의 재생을 위한 방편이었다. 정작 그가 의도한 것은 힘이 지배하는 국제 정세의 흐름에 맹목인 채 국가의식이나 역사의식이 거세된 민중들을 일깨우는 데 있었고, 이를 통해 당장 국권을 유린하고 있는 일제에 대한 저항 의식을 고취시키는 데 있다. 우리가 과거 만주 지배의 주체였다는 기억의 재생은 민중들로 하여금 패배의식을 극복하고 현실타개 의지"[27] 확보하려는 정치적 전략의 소산이다.

> 러시아의 상황에 대한 메모. 라이히와의 대화 도중에 나는 지금 러시아의 상황이 얼마나 모순에 빠져 있는지 이야기했다. 외부적으로 러시아 정부는 제국주의 국가들과 무역 협정을 맺기 위해 평화를 정착시키려 한다. 내부적으로는 무엇보다 전투적 공산주의를 저지하고 계급적 평화를 관철하며 시민들의 삶을 가능한 한 탈정치화하기 위해 분투하고 있다. 그러나 다른 한편으로 파이어니어 연맹과

26 이명종, 「1910·1920년대 조선 지식인들의 '만주=단군강역' 담론」, 『한국근대현대사연구』 74집, 한국근현대사학회, 2015, 113~114면.

27 표언복, 「신채호의 만주인식과 그 변모」, 『Comparative Korean Studies』 제19권 3호, 국제비교한국학회, 2011, 293~294면.

> 콤소몰에서 젊은이들은 '혁명적으로' 키워지고 있다. 이것이 의미하는 바는, 그 젊은이들에게 혁명적인 것이 경험이 아닌 구로호 다가가고 있다는 것이다. 이는 혁명 과정의 역동성을 국가적 삶속에서는 꺼놓으려는 시도이다. 그들이 원하건 원하지 않건 간에 사람들은 복고(復古)에 돌입했지만 그들은 그것을 의식하지 못한 채 마치 건전지에 전력을 저당하듯 젊은이들에게 혁명적 에너지를 저장하려 한다. 그게 잘 되지 않는다.[28]

발터 벤야민은 독일 공산당 가입을 결정해야하는 상황에서 연인인 아샤 라치스(Asja Lacis)가 살고 있는 모스크바로 여행을 떠났다. 그는 공산주의 혁명 전후의 모스크바에서 연인에 대한 개인적 감정을 표현하기도 하면서, 모스크바 내부의 혁명에 대한 모순을 기록하였다. 그는 모스크바의 프롤레타리아트의 계급의식이 변질하는 과정을 목격하거나, 모스크바 사회가 급격하게 공산주의 이념의 관료화로 변모하는 모습을 부정적으로 인식하였다. 그는 모스크바 사회가 왜 혁명의 열정을 망각한 채 무기력하게 혁명의 열정을 포기했는지를 성찰하였다. 그는 혁명의 열정을 기억하고, 혁명에 대한 기억이 박제화되어가는 상황을 저지하기 위해 혁명의 순수성이 간직한 공간을 면밀하게 추적하였다. 특히 그는 혁명의 생활 세계(Lebenswelt)을 간직한 모스크바 시내를 배회하면서 혁명에 대한 망각과 기억의 세계를 세밀하게 관찰하였다. 그는 혁명과 지식인, 혁명과 국가 등 러시아 혁명이라는 대의적 풍경 이면에 혁명의 순수성을 망각한 채, "신념 변색을 위한 비용(『선집 14』, 77면)"을 지불하는 역사적 모순을 직시하였다. 국가와

28 『선집 14』, 131~132면.

당은 혁명의 정치경제학적 이윤을 회수한 채, 러시아 혁명을 왜 추진했는가에 대한 근원적 목적을 망각하였다.[29]

> 자본주의 아래에서 권력과 돈은 서로 교환이 가능한 양이 되었다. 일정량의 돈은 모두 아주 특정한 권력으로 수렴되며 모든 권력의 판매가가 그로부터 계산될 수 있다. 크게 보자면 이렇다. 다만 이 과정이 너무 생략된 채 적용된 때만 우리는 부패를 이야기할 수 있다. 부패는 언론, 관청, 트러스트 사이의 확실한 결탁관계 속에서 자신의 변속 시스템을 갖고 있으며, 그 경계 안에서는 철저히 합법적이다. 소비에트 국가는 이러한 돈과 권력 사이의 커뮤니케이션을 끊어냈다. 권력은 당의 수중에 넣고 돈은 네프 인들에게 넘겨버렸다. 고위층 당간부의 활동에서는 물론이고 모든 종류의 당 활동들을 수행하는 데 있어 무엇인가를 비축해둔다는 것, 곧 '미래'를 확실하게 해놓는다는 것은 그것이 '아이들'을 위한 일이라 하더라도 전혀 생각할 수 없다. 코뮤니스트 당은 당원들에게 가장 최소한의 생존만을 보장한다.[30]

발터 벤야민은 어린아이들이 장난감을 가지고 놀이를 즐기는 과정에서 인간의 본원적 본능이 작동한다는 점을 주목하면서, 러시아 혁명 전후의 과정에서 프롤레타리아와 어린아이를 유비적 관점에서 매개하려는 모습을 보여주었다.[31] 어린아이들이 장난감 나라에서 벌이는

29 김수환, 「발터 벤야민의 『모스크바 일기』: 메이에르홀드와 브레히트 사이에서」, 『비교문학』 68권, 한국비교문학회, 2016, 10면.

30 『선집 14』, 301~302면.

31 장난감(Spielzeug)은 가내 수공업 전통으로 만들었는데, 근대 산업화 과정을 거치면서 대량 생산 하에서는 수공업에 입각한 장남감의 제작은 무의미해졌다. 발터 벤야민은 혁명 과정에서 혁명이 미래와 진보를 향해 나아가는 과정에서 도태하거나 배제된 것들을 장난감 상징을 통해 수집하려고 하였다. "이제 막 새로 태어

놀이는 "인류의 찌꺼기와도 같은 이 아이들이 제 손에 주어진 낡은 고물들을 갖고서도 얼마든지 잘 논다는 사실, 그리고 이와 같은 방식으로 놀이가 더 이상 존재하지 않는 속된 대상들과 행동방식을 보존한다는 사실을 알게 된다. 모든 낡은 것은, 제아무리 성스러운 근원을 가지는 것이라 해도, 장난감이 될 수 있다. 여기서 더 나아가 이처럼 물건들을 취득해서 놀이 도구로 변화시키는 것"[32]을 환상적으로 재현하기 때문에, 노동에 종속한 획일적 문화의 폭력을 교란할 수 있는 힘을 포함한다.

3. 하늘과 파사주

신채호는 중국 망명 이후 유교적 질서를 상징하는 천(天)의 세계를 새롭게 해석하였다. 특히 그는 『주역』에 나타난 "하늘은 기상 변화를 통해 만물을 생겨나게 하고 또 자라게 한다. 인간은 하늘의 이치를 시간의 원리로 깨달아 이를 역리로 밝혔다. 역도를 통해 인류는 비로소

난 거대한 아이들의 상황, 즉 '대중'이라는 이름의 프롤레타리아"가 혁명의 대의명분을 위해 혁명의 유토피아를 추구하는 태도를 지양하고 혁명의 기원에 내재하던 순수성을 포기하지 않수 있는 지형을 마련하고자 하였다. 즉, "장난감 나라의 법칙은 '있었던 그대로가 아닌' 것, 현재의 인간적 시간의 평면 위로 성스러운 과거의 시간을 마음대로 가져다" 쓸 수 있는 영역을 상징한다. 김수환, 「혁명과 장난감 –발터 벤야민의 『모스끄바 일기』 다시 읽기」, 『안과 밖』 38, 영미문학연구회, 2015, 271~286면.

32 조르조 아감벤, 「장난감 나라: 역사와 나라에 관한 성찰」, 조효원 옮김, 『유아기와 역사』, 새물결, 2010, 135면.

인간다운 삶의 이상을 완성"[33]한다는 하늘의 시간을 공간으로 전환하려고 하였다. 그는 하늘의 형이상학을 전통적으로 파악하지 않고 근대적으로 재해석하는 과정을 거쳐 역사의 공간을 확보하고자 하였다.

> 「쑴하늘」이라는 이 글을 짓고 나니 꼭 讀者에게 할 말씀이 셰 가지가 잇습니다.
> 一. 한놈은 元來 꿈 만흔 놈으로 近日에는 더욱 쑴이 많아 긴 밤에 긴 잠이 들면 쑴도 그와 갓이 길어 잠과 쑴이 서로 終始하며 또 그뿐만 안이라 곧 멀건 대낮에 안저 두 눈을 멀둥멀둥히 쓰고도 쑴같은 디경이 만허 님나라에 들어가 檀君께 절도 하며 번개로 칼을 치며 平生 미워하는 놈의 목도 쓴어보며 飛行機를 안이 타도 한 몸이 헐헐 날너 萬里天空에 돌아도 단이며 놀랑이 검덕이 신동이 불근동이를 한 집에 모아 노코 노래도 하여 보니 한놈은 발서부터 쑴나라의 백셩이니 讀者 여러분이여, 이 글을 쑴꾸고 지은 줄 아시지 마시고 곳 쑴이 지은 줄로 아시압소서.[34]

한놈은 「꿈하늘」의 창작 동기에서 현실에서 충족하지 못한 결핍의 세계를 꿈을 통해 충족하고 했다는 점을 고백한다. 역사적 글쓰기와는 달리, 허구적 글쓰기는 현실적 제약이 부재하기 때문에, 작가의 현실에 대한 불만족을 대리 배설할 수 있는 조건을 구비한다.

> 그러나 이 싸흠은 東洋歷史나 西洋歷史에서 보던 싸흠은 안이더라. 싸우는 사람들이 손에는 아모 연장도 가지지 안코 오직 입을 짝짝 블이면 그 목구멍에서 불도 나오며, 물도 나오며, 칼도 나오며, 화살도 나와 칼이 칼과 싸우며, 활이 활과 싸우며, 불과 물이

33 송재국, 『눈 들어보니 거기 하늘이 있었네』, 솔, 1996, 50면.

34 『전집 7』, 513면.

서로 치다가 내종에는 사람은 마추니 그 맛는 사람은 목이 쩔어지면 팔로 싸우며 팔이 쩔어지면 쏘 다리로 싸우다가 슷슷내 살이 다 쩔어지고 쎠가 하나도 없이 부서저야 고만두는 싸흠이라. 몃 時 몃 分이 못되야 죽음이 千里나 덥히고 비린내 짱에 코를 들 수 업스며, 피를 하도 쏠여 하늘써지 발가케 물들엇도다.[35]

한놈은 단군 기원 1907년에 시간과 공간이 불분명한 무궁화 꽃송이에 앉아 있다. 그는 하늘이 열리면서 역사의 기원이 "宇宙가 잇갓치 慘惡한 마당(『전집 7』, 515면)"이라는 점을 목격한다. 그는 동서양을 막론하고 역사는 생존을 위한 투쟁의 연속이고, 승패를 중심으로 절체절명의 대결을 기반으로 이루어진다고 생각한다. 「꿈하늘」에 나타난 하늘의 이미지는 성과 속의 경계에 위치하면서도, 주인공인 한놈이 비탄의 세계에 빠져 있다가 절망과 공포의 순간을 자각적으로 극복하는 과정을 보여준다.[36]

신채호는 하늘의 상징적 체계를 동원해 망국인의 독립 의지를 표현했다. 그가 꿈과 대비하는 하늘의 세계를 허구적으로 활용하는 전략은 동양인의 하늘에 대한 신념 체계를 근대적으로 재활용하는 행위이다. 그는 천문을 서사적으로 다루면서 하늘에 대한 관념을 총체적으로 활용하고 있다.[37]

35 『전집 7』, 515면.

36 이삼성, 「동서양의 정치전통에서 성속(聖俗)의 연속과 불연속에 관한 일고」, 『현대정치연구』 4집, 서강대학교 현대정치연구소, 2011, 119~120면.

37 동양의 천문(天文)은 천체학의 astronomy외에 astrology라는 점성술학 측면과 cosmology라는 우주론 분야, disater(not = astro)의 의미까지 포괄한다. 동양의 천문은 땅과 인간을 매개로 유기론적 관계를 형성하면서 자연과학적 측면과 인문과학적 측면을 동시에 나타낸다. 전통적 천문 범주는 천문성수학, 천문역법학,

① 별안간 하늘 한복판이 쏵 갈너지며 그 속에 불그레한 光線이 쎄춰 나오더니 半空에 테를 지어 둘우고 그 위에 뭉을뭉을한 고흔 구름으로 갓쓰고 그 光線보다 더 불근 비츠로 두루매기 입은 天官이 앉아 올흔손으로 번개칼을 둘으며 우레 갓흔 소리로 워여 갈오대(『전집 7』, 514면)

② 하거늘 한 놈이 할일업시 두 손으로 눈물을 닥고 눈을 들어 살피니 그 사이에 발서 싸움이 긋난는지 天地가 괴괴하며 風雨도 또한 멀니 간지라.(『전집 7』, 516면)

③ 부서진 뫼조각이 하늘로 날아가며 구름이 되어 비를 퍽퍽 주니 불은 꺼지고 바람이 닐어 구름을 헤치랴고 天地를 뒤집는다.(『전집 7』, 521면)

④-1 님나라에는 이러케 모아서 무삼 일을 하시는가 한놈이 눈을 들어본즉 이샹도 하고 괴졀도 하다. 다른 것 하는 것은 아모 것도 업고 오직 낫낫히 비를 맨들더니 긴 막대에 꿰여드니 그 길이 몃 천 길 몃 만 길인지 몰을너라. 그 비를 일졔히 들더니 하늘에

천문역학, 천문재이학으로 분류할 수 있다. 천문성수학(天文星宿學)은 星, 辰, 曜 宿, 官을 다룬다. 宿는 별들이 모여 하나의 의미 체계를 이룬 별자리(星座, constellation)를 의미했지만, 하늘의 적도 주변에서 발견한 28개의 이정표에 해당하는 별자리를 지칭한다. 官은 하늘 천체 있는 별자리를 지칭할 때 사용하는데, 지금은 星座가 대신하고 있다. 천문역법학(天文曆法學)은 별의 관측을 바탕으로 시간의 문제의 문제를 풀어가는 것이다. 천문역학(天文易學)은 천문과 관련하야 자연과 우주의 변화 원리를 궁구한다. 천문재이학(天文災異學)은 천상의 변화 곧 천변(天變)현상은 독립된 자연 현상이 아니라 하늘이 인간 사회의 선악과 과오를 견책하는 징험이고, 백성을 다스리는 제왕의 정치적 행위에 상응하는 천인감응론의 정치적 활용이다. 동양의 천지인이 유기적 관계와는 달리 서양의 천문학은 별자리를 물질적이고 객관적 대상으로만 파악하면서 신 중심의 주재성과 이념성을 표방한다는 점이 상이하다. 김일권, 『동양 천문 사상 하늘의 역사』, 예문서원, 2007, 22~59면.

대고 썩썩 쓴다.(『전집 7』, 554면)

④-2 「나도 처음 보는 하늘이다. 님 나신지 三千五百年 頃부터 하늘이 날마다 풀은 빗흔 날고 보얀 빗히 시작터니 한 해 지나 두 해 지나 밋 四千二百四十餘年 오늘에」 와서는 거의 풀은 빗흔 다 업서지고 소경눈갓히 보얏케 되얏다. 그런즉 대개 七百年 동안의 난 變이오. 이 압새는 이런 變이 업섯나니라」(『전집 7』, 555면)

④-3 하며 눈물이 비 오듯 하거늘 한 놈이 크게 늑기여
「그러면 한 놈부터 내 責任을 다 하리라」
하고 곧 「비를 줍소서」 하여 하늘에 대고 죽을 판 살판 쓸새 무릇 三七 二十一日을 지나니 손이 부풀어 이리져리 터지고 팔이 압허 들 수 없고 두 눈이 몃칠 굴믄 사람처름 쑥 드러가 힘을 다시 더 쓸 수 업는데 하늘을 쳐다본즉 如前히 보얏터라. 한놈이 이에
내 힘은 더 쓸 수 업스나 또 내 뒤를 니어 이대로 힘쓰는 이 잇스며 슬마 하늘이 푸르러질 날이 잇겟지」 (중략) 막 「자쟈저져」를 읽으랴 하니 보얀 하늘 한가온대서 새팔안 하늘 한쪽이 내다 보이며 그 속에서 소리가 난다. (『전집 7』, 556면) (밑줄은 인용자)

한놈은 조선 민족이 구원받지 못한 채 망국의 상실감에 사로잡혀 있다는 점을 인식한다. 한놈은 불합리한 세계의 모순을 해결하기 위해 노력한다. 그런데 한놈이 주체적으로 세계 모순의 상황을 인식하는 상황이 환상적 기법을 통해 표현되고 있다. 그러나 「꿈하늘」은 현실 세계를 단순하게 모방하거나 묘사하는 우의적 과정을 거치지 않고 매우 긴밀하게 구체적 현실을 담아내고 있다는 점을 주목할 필요가 있다. 「꿈하늘」은 식민지 망국 세계를 실감나게 표출하고 있고, 망국의 모순을 해결하기 위한 다양한 상징체계를 동원하고 있다. ①은 한

놈이 무궁화 나무의 꽃송이에 앉아 천관인 을지문덕을 만나기 직전을 모습을 나타낸다. 하늘이 갈리면서 신성하고 초월적 이미지를 동반하고 있다. 성과 속이 교차하면서 하늘이 열리는 상황은 인간과 신적 세계가 만다는 순간을 의미한다. ②는 한놈이 을지문덕과 만나 세계의 본질이 싸움과 투쟁의 연속이라는 점을 들은 후, 세계의 참혹한 풍경을 직시하지 못해 눈물을 흘리는 대목이다. 인간 세계의 잔인한 투쟁이 종말하면서 천지가 음흉한 기운을 드러내는 대목이다. ③은 한놈이 심신에 이상한 작용이 발생하면서 자기 분열이 일어난 후 부서진 산조각이 하늘로 날아가 비를 내리고 천지를 뒤집는 기이한 모습을 보여준다. 한놈이 통과의례처럼 자기 본연의 모습을 자각하는 순간 이에 반응하는 하늘의 모습이다. ④-1~④-3까지는 한놈이 천국이 하늘에 있고, 지옥이 땅에 있다고 보편적으로 생각하는 것은 미신이라고 여기면서, 천국과 지옥이 고정불변하지 않고 인간의 의지를 통해 변경할 수 있다는 점을 말하고, 한놈이 온갖 고초를 경험한 후 도달한 곳에서 만난 도령들이 비를 들고 하늘을 씻는 모습을 재현하고, 자연 운행과 역사 운행이 교차하면서 새롭게 열리는 세계의 변화 과정을 목도하는 순간이고, 결국 선천 시대를 종료하고 후천 세계를 맞이하는 모습을 보여준다. 이상과 같이 한놈이 하늘을 인식하는 과정은 선험적 운명에 순응하는 모습에서 벗어나 자유의지를 토대로 후천 시대를 맞이하려는 모습이다. 그런데 후천 세계를 맞이하는 한놈은 "대개 처음 이 누리에 나려올 째에 情과 恨의 뭉텅이를 가지고 온 몸이라. 나면 갈 곳이 업스며, 들면 잘 곳이 없고, 울면 미들만한 니가 업스며, 굴면 사랑할 만한 아오가 업시 한놈으로 와 한놈으로 가는 한 놈이라. 사람이 고되면 근본을 생각한다더니 한놈도 그리함인지 하도 의지할 곳이 업스매 생각하는 것은 죠상의 일 섄(『전집 7』, 520면)"이라고 자각하면서, 선천 시대를 끝내고 후천 시대를 맞이하기 위해서 경험해야 할 고통과 정한(情恨)의 울분을 피력한다. "우리 민족이 타자화 시켜내는 하늘은 그 자체로서의 하늘이 아니라 나의 자아성이 투영되어 있는 하늘이다. 이미 그것은 하늘 그 자체가 아니라 '나의 하늘'이기 때문에, 절대적 권능을 갖는 그 하늘은 나의 운명을 좋은 것으로 마련"[38]하려고 하기 때문에, 선천 시대의 고난을 운명적으로 수용하지 않고 주체적으로 하늘의 운명을 극복할 수 있는 토대를 마련한다.

> 그래서 反抗한 境遇에도 反抗을 잘 못합니다. 그런즉 植民地의 民衆처럼 속이기 쉬운 民衆이 없습니다. 鐵道, 鑛山, 漁場, 森林, 良田, 沃畓, 商業, 工業… 모든 權利와 利益을 다 빼앗으며 稅納과 賭租를 자꾸 더 받아 몸서리나는 搾取를 行하면서도 겉으로 「너희들의 生存 安寧을 保障하여 주노라」고 떠들면 속습니다. 革鞭, 鐵椎, 竹針질, 단근질, 電氣뜸질 甚至於 口頭에 올리기도 慘惡한 「×××」 「×××」 같은 刑罰을 行하면서도 軍隊를 出動하여 婦女를 찢어 죽인다, 小兒를 산 채로 묻는다, 全村을 屠戮한다, 穀粟가리에 放火한다… 하는 戰慄한 手段을 行하면서도 한두 新聞社의 設立이나 許可하고 「文化政治의 惠澤을 받으라」고 소리하면 속습니다. 學校를 制限하여 그 知識을 없도록 하면서도 國語와 國文을 禁止하여 그 愛國心을 못나도록 하면서도 彼國의 人民을 移植하여 그 本國의

38 윤천근, 「한국인의 운명적 하늘관」, 『동서철학연구』 제58호, 한국동서철학회, 2010, 254면.

民衆을 살 곳이 없도록 하면서도 惡刑과 虐殺을 行하여 그 種族을 滅亡토록 하면서도 부어터질 同族同文의 情誼를 말하면 속습니다. '建國', '革命', '獨立', '自由' 等은 그 名詞까지도 잊어버리라고 一切 口頭筆頭에 올리지도 못하게 하지만 옴 올라갈 自治參政權 等을 주마하면 속습니다. 보십시오, 저 亡國祭를 지낸 戀愛文壇에 女學生의 단 입술을 빠는 靑年들이 제 世上을 자랑하지 않습니까? 故國을 빼앗기고 驅逐을 當하여 天涯 外國에서 더부살이하는 男子들이 누울 곳만 있으면 第二故國의 安樂을 노래하지 않습니까?—共産黨의 大潮流에 獨立軍이 떠나갑니다. 乞아지 政府의 演劇에 大統領의 자루도 깨집니다. 속이기 쉬운 것은 植民地의 民衆이니 上帝시여, 마음 놓으십시오. 世界民衆들이 다 自覺한다 하여도 植民地 民衆만은 아직 멀었습니다. 우리가 植民地의 民衆만 잡아먹더라도 몇 十年 동안은 아무 걱정 없을 것이올시다.」[39]

선천 시대에는 민중이 혁명성과 반역성을 자각하지 못한 상황에서 민중을 진압하는 상징 제도가 존속한다. 미리는 지상의 민중을 강국의 민중과 식민지의 민중으로 구분한다. 강국의 민중은 국가를 지배계급의 국가로 오인하여 지배계급을 승인하는 과정을 애국심으로 착오한다. 지배계급은 민중에게 참정권과 경제권을 일부 이양하는 과정을 거쳐 민중의 현실에 대한 불만을 충족시켜준다. 그럼에도, 민중은 식민주의를 통해 욕망을 보충하려고 한다. 그래서 강국의 민중이 식민지 민중을 착취하는 구조가 형성된다. 반면 식민지 민중은 선천 시대의 억압을 요행심으로 극복 가능하다고 판단하기 때문에 민중의 선천적 반항심을 분별하지 못한 채 억압받는다. 식민지 민중은 모든 권

39 『전집 7』, 606면.

리를 박탈당한 채 복종과 의무만을 중시한다. 식민지 민중은 선천 시대의 억압적 제도를 비판적으로 인식하지 못한 채 근대 제도에 편입한다. 여하튼 강국의 민중과 식민지 민중은 근대의 상극적 태도를 유지하면서 상호 간에 착취와 억압을 교환하는 구조에 기재하고 있다. 특히 식민지 민중은 선천 시대를 개조할 명분을 확보하지 못하고, 선천 시대의 극악한 〈문화〉의 야만을 이식하기에 급급하기 때문에 현실 개조의 열망을 품지 못한 채 기만적으로 이용당할 뿐이다. 선천 시대의 상징체계는 인간의 아집과 집착 때문에 억압적 폭력 체계를 갖춘다. 선천 시대의 악행이 인간을 배제하고 폭력적 제도를 구축하는 과정은 인간의 고유한 세계를 부정한다. 민중은 생존을 위한 상징적 도구를 생산한다.

> "도심의 불르바르들과 관련해 반복적으로 떠오르는 것은 그곳까지 이어진 아케이드들이다. 산업에 의한 사치가 만들어낸 새로운 발명품인 이들 아케이드는 몇 개의 건물을 이어 만들어진 통로로 벽은 지붕으로 덮여 있으며, 대리석으로 되어 있는데, 건물의 소유주들이 이러한 투기를 위해 힘을 합쳤던 것이다. 천장에서 빛을 받아들이는 이러한 통로 양측에는 극히 우아한 상점들이 늘어서 있는데, 이리하여 이러한 아케이드는 하나의 도시, 아니 축소된 하나의 세계이다. 안에서 구매할 의사가 있는 사람은 필요한 건 모두 손에 넣을 수 있다."(중략) 오늘날 우리가 보는 것은 이러한 아케이드들뿐이다. 그러나 과거의 아케이드들은 전혀 그렇지 않았다. 그것〈아케이드〉들은 제정 시대의 파리에서는 동굴로서 빛을 발했다./1817년 파사주 데 파노라마에 발을 들여놓은 사람에게 한쪽에서는 가스등의 세이렌들이 노래를 부르고, 반대쪽에서는 기름을 살라먹고 타오르는 불꽃의 오달리스크들이 유혹의 눈길을 보내왔다. 전등이

> 밝혀짐에 따라 이러한 통로들의 멋진 빛은 꺼지고 돌연 찾아볼 수 없게 되었다. 통로는 출입구에서 흑마술을 펼치며 어두운 창문 안쪽에서 자신의 내부를 들여다보고 있다. 아케이들들의 몰락이 아니라 급변. 순식간에 아케이드는 '현대'의 이미지가 주조된 주형이 되었다. 여기서 19세기는 자신의 최신의 과거를 자부〈심〉과 함께 반영시켰다. 이곳은 신동들의 양로원이었다.[40]

발터 벤야민은 파리의 아케이드를 통해 자본의 공간이 어떻게 근대 사회에 진입하게 되었는지를 살피면서 자본의 역사적 진행 과정을 면밀하게 살폈다. 파리의 파사주는 주로 대로에 노출된 형태가 아니라 입구가 대로에 접변하고 있더라도 그 긴 내부 통로는 좁은 골목들 사이로 깊숙이 뻗어 있는 경우가 많고, 좁은 미로와 신화적 미궁은 오스만가 등 대로(boulevard)를 위주로 한 도시계획과 더불어 19세기 전반에 유행했던 좁은 길과 파사주들은 대량 철거되면서 아케이드로 용도변경하였다.[41] 발터 벤야민은 파리에서 자본주의적 생산과 소비의 무한 확장을 비판적으로 고찰하면서 파사주의 장소성을 규명하였다.[42] 기념비적 건축물을 배치하는 오스만식 경관은 부르주아의 승리의 역사를 상기하면서 진보하는 역사와 재정의 영원성이라는 판타스마소리를 통행인들에게 지속적으로 주입하는 이데올리기적 기능에 복무하면서 국가적 페스티벌과 대중 집회를 마련하면서 상징적인 국

---

40 『아케이드 프로젝트 Ⅱ』, 1945~1948면.

41 김혜신, 「파리 건축과 시각문화의 모더니티에 대한 역사적 소고 –현대도시 원사(原史)를 포착하는 방법으로서 발터 벤야민의 영화적 이미지와 관련하여」, 『역사와 경계』 79, 부산경남사학회, 2011, 301면.

42 수잔 벅 모스, 김정아 옮김, 『발터 벤야민과 아케이드 프로젝트』, 문학동네, 2004, 63면.

가 영웅의 조상이 설치되었다.[43] 파사주는 근대 자본주의를 상징적으로 보여주는 공간이면서도 꼬뮌의 바리게이트를 형성하는 정치경제학적 거점이었다. 파사주는 아케이드로 전환하는 전 단계로서 부르주아의 경제적 욕망을 충족하기 위해 인위적으로 상품 소비를 촉진하기 위해 설계되었다. 그는 파사주에서 상품물신의 구조를 파악하기도 하지만, 파사주의 정치적 의미가 어떻게 퇴색하였는지를 면밀하게 추론하였다. 파사주는 바리게이트와 정치경제적으로 결합되었는데, 바리게이트의 정치적 위상은 소멸하고 상품 진열을 위한 소비욕의 충족을 위한 경제적 공간으로 변질하였다. 파사주는 자본주의 이행을 거치면서 파사주를 통해 집단의 열망을 압축했던 공간에서 열망의 흔적이 소멸하는 곳으로 변화하였다. 그는 파사주에서 19세기 집단이 추구하였던 열망이 파사주에서 구현되었다가 역설적으로 타락하면서 소멸해 가는 과정을 응시하였다. 그러나 그는 파사주의 생성과 소멸을 부정적으로 인식하지 않고 19세기의 집단적 열망을 회복하고 자본주의의 모순을 해결할 단초를 다시 확보하고자 하였다. "19세기는 우리의 꿈속에 끼어든, 그리하여 깨어나면 해몽해야 할 소음들(『아케이드 프로젝트Ⅱ』, 1856면)"을 다시 인식하는 과정은 자본주의가 애초 생성하는 초기의 순수한 열정이 무엇이었는지를 탐색하고, 어떻게 파사주가 파국을 맞이하게 되었는가를 역사적으로 규명하기 위한 작업의 일환이었다. "아케이드가 몰락한 요인들 – 보도 폭의 확장, 전등, 매춘분의 금지, 야외 활동을 즐기는 문화. (『아케이드 프로젝트Ⅱ』, 1916면)"를

43 이창남, 「오스만과 근대 도시 파리의 경관 –발터 벤야민의 『파사주 작품』을 중심으로」, 『문화와 사회』 8권, 한국문학사회학회, 2010, 21면.

역추적하는 과정은 유럽 근대 사회가 새로운 자본의 동력을 확보해 새로운 세계를 확보하려는 꿈을 꾸었다가 파사주의 꿈 속에 감금당한 채 순수한 세계를 염원하던 태도를 상실을 고찰해야만 해명될 수 있다. 인간은 신화적 세계의 폭력을 극복하기 위해 탈신화의 세계를 마련했지만, 근대 사회는 신화적 세계가 자본과 상품과 결합하면서 물신이라는 신화에 종속된 채 "유기체의 세계와 무기물의 세계, 비참한 궁핍과 뻔뻔스러운 사치가 극히 모순적으로 결합되어 있으며, 상품은 온통 뒤죽박죽된 꿈속에 등장하는 이미지들처럼 온갖 것을 뒤섞어 밀어 넣고 있다. 소비의 원풍경. (『아케이드 프로젝트Ⅱ』, 1848면)"에 무방비상태로 노출되었다. 결국 "상품 자본의 신전으로서의 아케이드. (『아케이드 프로젝트Ⅱ』, 1902면)"만이 쇼윈도우처럼 투명한 상품 진열의 공간으로 재편하고 인간은 단순하게 상품을 소비하는 객체로 전락하였다. 이러한 이유로 말미암아 발터 벤야민은 파사주에 대한 열정과 냉정을 재인식하는 과정을 거쳐 파사주에 대한 집단적 열망을 어떻게 재구축할 것인지를 고민하였다. 그는 파사주에서 인간들이 꿈꾸기를 포기한 채 꿈속에서 유영하는 상태가 지속되고 있다고 간주하였다. 그는 인간이 파사주에서 주체적으로 꿈을 꾸는 것이 아니라 꿈속에서 헤어나오지 못한 채 미로처럼 파사주에서 배회하고 있다는 점을 발견하였다. 결국 인간은 파사주를 통해 구현하려는 열망을 포기한 채 파사주의 물신이라는 신화에서 소외받고 배제받는 상황에 처하게 된 것이다. "아케이드는 영광의 자리에서 몰락의 자리(『아케이드 프로젝트Ⅱ』, 1992면)"에 위치하고, "아케이드에 들러붙어 있는 영광과 비참의 여러 측면들은 꿈의 비전(『아케이드 프로젝트Ⅱ』, 1993면)"을 어떻게 인식하는 가에 따라 파사주의 파멸로 상징하는 세계에서 인간을 구제할 수 있는 방안을 마련할 수 있다.

> 각성의 변증법적 구조 : 상기와 각성은 극히 밀접하게 관련되어 있다. 즉 각성은 애상의 변증법적, 코페르니쿠스적 전환이다. 세부적인 것에 이르기까지 매우 정밀하게 조합해 꿈꾸는 자의 세계를 각성의 세계로 전도시켜야 하는 것이다.[44]

파사주는 구성주의와 초현실주의를 수용하면서 형성하였다. 구성주의적 파사주는 철과 유리를 통해 공간을 기술적 진보로 이끌었다. 구성주의적 파사주는 공간 구성을 기술적으로 새롭게 형성했다는 긍정적 기여에도 불구하고, 공간의 기능적 외양에 치중한 나머지 여전히 고전 양식을 차용했다는 한계에 직면하였다. 이러한 구성주의적 파사주의 한계를 초현실주의적 파사주는 공간의 집단적 신체성을 주목하였다. 초현실주의적 파사주는 구성주의적 파사주가 공간의 외양에 치중했던 것과는 달리, 공간의 생리적 내면성을 주목하였다. 발터 벤야민은 "건축공간의 기능을 지각에 미치는 작용으로까지 파악함으로써, 건축의 의미 자체가 골격을 구축하여 확보한 공간의 구조적 성격만 아니라, 공간의 기능과 활용에 따라 나중에 소공간을 배열·배치하고 조명 및 부속물로 실내를 장식하는 것으로까지 확장"[45]하여 건축의 지각적 성격을 발견하고자 하였다. 그는 초현실주의적 파사주를 초현실주의가 무의식을 탐구를 통해 도취, 꿈, 환각으로 도피하는 과

---

44 『아케이드 프로젝트 Ⅱ』, 1968면.

45 고지현, 「건축모델 '파사주' -지각의 공간」, 『뷔히너와 현대문학』 29집, 한국뷔히너학회, 2007, 250면.

정을 비판적으로 수용하면서 꿈의 상태에서 각성하고 근대 사회에서 맹위를 떨치고 있는 신화를 파괴하려고 하였다.[46] 그는 구성주의적 파사주의 기술적 진보에 대한 열망과 초현실주의적 파사주의 무의식에 대한 갈망이 19세기를 지면서 역설적으로 개인의 욕망을 충족하기 위한 공간으로 변질되는 상황을 구제하려고 하였다. 즉, 그는 파사주의 사적 변용을 집단적 각성의 공간으로 재편하려고 하였다. 그는 파사주에 매몰된 채 지속해서 꿈속에 머문 인간이 다시 새로운 세계를 마련하기 위해서는 일차적으로 꿈에서 깨어나고 꿈 속에 감금당하기 이전에 꿈을 꾸었던 시기를 상기하는 과정이 필요하다고 생각하였다. 그는 "각성은 꿈-의식이라는 명제와 깨어 있는 의식이라는 반명제의 종합 (『아케이드 프로젝트Ⅱ』, 1915면)"을 중심으로 개인주의적 상품 소비에만 탐닉하는 태도에서 벗어나 새로운 세계를 마련하기 위해 집단적으로 꿈을 꾸었던 19세기의 기원으로 돌아가야만 한다고 생각하였다. 파사주는 상품을 중심으로 인간의 감각을 현혹한다. 자본주의 사회의 판타스마고리아적 체계는 인간 지각을 마비하면서 인간이 사물을 직시하고 상품의 본질을 직시하는 과정을 승인하지 않는다. 파사주의 유리 진열장은 여행객과 산책자들에게 일종의 판타스마고리를 제시하는 경관(Landschaft)으로 나타나고, 이에 군중은 환등상적 중심에 위치한다.[47]

> 꿈꾸는 집단은 역사를 모른다. 이 집단에게 있어 사건의 경과는 항

46 고지현, 위의 글, 259~260면.

47 이창남, 「19세기 꿈의 집들: 유리와 철의 '도시건축'에 대한 발터 벤야민의 고찰을 중심으로」, 『헤세연구』 제25집, 한국헤세학회, 2011, 204면.

상 동일하며 또한 항상 최신의 것으로서 흘러간다. 즉 최신의 것, 가장 현대적인 것이 주는 센세이션은 모든 동일한 것의 영겁회귀와 마찬가지로 사건의 몽상적 형식이다. 이러한 시간 지각에 대응하는 공간 지각이 겹침이다. 그런데 이러한 형태들이 계몽된 의식 속에서 해체되면서 정치 신학적 범주들이 등장해 그것의 자리를 차지한다. 그리고 오직 사건의 흐름을 정지시키는 이러한 범주들 안에서만 역사는 이러한 흐름 내부에서 투명한 성좌로 형성될 수 있다. ― 사회의 존재를 규정하는 경제적 조건들은 해당 사회를 물질적 조건에서만이 아니라 이데올로기적 상부구조에서도 규정한다. 동시에 표현되기도 한다. 이것은 잠자고 있는 사람의 경우 가득 찬 위장이 꿈의 내용 속에 이데올로기적 상부구조로 반영되는 것이 아니듯 집단의 삶의 경제적 조건과 관련해서도 마찬가지다. 집단은 그러한 조건들을 해석하며, 설명한다. 그러한 조건들은 꿈속에서 표현되며, 각성 속에서 해몽된다.[48]

파사주는 영겁회귀와 동일하게 새로운 상품을 진열하고 소비하는 과정을 형성하지만 동일한 상품을 유통해 연명할 뿐이다. 결국 파사주를 통한 시간의 흐름은 상품 소비의 공간으로 전환하면서 이데올로기의 상부구조와 하부구조의 전복없이 동일한 이념을 단순하게 변형하는 과정을 거쳐 허위적으로 존재할 뿐이다. 파사주라는 가상이 실체로 수용되면서 인간은 파사주를 둘러싼 모순과 부조리를 새롭게 인식하지 못한 채 이데올로기적으로 방치된다. 그는 파사주라는 매트릭스에 머문 상황에서는 과거의 순수한 열정을 인식할 수 없고, 미래에 대한 새로운 정치경제적 열망을 표출할 수 없다고 생각했기 때문

48 『아케이드 프로젝트 II』, 1906~1907면.

에, 파사주의 과거, 현재, 미래를 응축하는 과정을 거쳐 꿈꾸는 자의 각성을 도출해야 한다고 고찰하였다. 이를 "정지 상태의 변증법 (『아케이드 프로젝트Ⅱ』, 1930면)"로 명명하였다. 그는 19세기 상부구조의 근원 현상들을 맑스의 "상품물신'이라는 카테고리를 중심으로 몽타주 기법을 통해 배열했으나 이를 자본주의적 꿈의 잔해들에서 상품물신이 '표현'된 판타스마고리아만 읽어내는 것이 아니라 인간이 생산력 발전에 투사한 소망의 이미지, 즉 유토피아적 이미지를 함께 읽어내었다.[49]

49 최성만, 「벤야민 횡단하기Ⅰ–모더니티와 신화」, 『문화과학』 통권 44호, 문화과학사, 2005, 260면.

5장

반역자의 정치 서사와 야만인의 문화 정치

5장

반역자의 정치 서사와 야만인의 문화 정치

1. 연개소문의 안시성 전투와 에이젠슈타인의 전함 포템킨

제국 중국은 중화주의를 표방하면서 조선을 소중화의 대상으로 여겼다. 그러나 청일전쟁과 러일전쟁을 거치면서 일본 제국주의는 조선을 식민지로 편입하고 예(禮)에서 피로의 진입을 유발하였다.[1] 제국 일본은 청일·러일 전쟁에서 창출된 전쟁영웅의 군국 미담을 다양한 과목을 통해 반복 교육함으로써, 국민 전체의 적극적 협력 자세를 끌어내기 위한 통합된 이데올로기의 형성을 담당했다.[2] 조선은 중국의

1 윤해동, 「동아시아 식민주의의 근대적 성격 –'예'로부터 '피'로의 이행」, 『아시아문화연구』 22, 가천대학교 아시아문화연구소, 2011, 91~95면.

2 정형, 「근대 일본의 전쟁영웅(戰爭英雄) 창출에 관한 고찰 –메이지기(明治期) 군국주의(軍國主義) 교육사상을 중심으로–」, 『동양학』 53권, 단국대학교 동양학연구소, 2013, 59~60면.

중화주의와 일본의 제국주의를 차례로 거치면서 국제정치적 재편에 속수무책이었다. 일본 군국주의 파시즘은 일본인의 도덕률인 소위 '국체의 명징'을 식민지 한국에 그대로 이식, 군사력에 의한 지배와 피지배라는 힘의 논리를 도덕적 합리화로 포장하여 한국인의 정신 내면까지를 동화시키려고 했고, 이것을 가능하게 하기 위해 통치방침인 '내선 일체'와 '황민화' 정책을 일관되게 추진했다.[3]

독일 파시즘은 근대 문명의 발전이 근대인을 새로운 유토피아로 이끌려고 하였다. 독일 파시즘은 자본의 무한 발전을 토대로 생산과 소비의 유기적 확장을 도모한다. 자본은 소비 과정을 거쳐 상부구조와 하부구조의 매개를 원활하게 무한 증진한다. 그런데 근대 자본은 무한 소비를 통해 축적된 생산물을 소모해야만 한다는 아이러니가 발생한다. 자본의 내부와 외부가 축적한 자본을 총체적으로 소비하는 과정을 거쳐야만 생산은 다시 소비를 위한 물적 토대를 형성할 수 있다. 독일 파시즘은 근대 자본의 존속을 위해 자본의 내부와 외부를 변형하는 과정에서 도출되었다.

일본의 식민주의와 독일의 파시즘은 공통으로 자본의 순환을 위해 전쟁 상황을 극단적으로 추구했다. 일본의 식민주의는 동아시아를 식민주의의 대상으로 간주하면서 타국을 식민 정책의 목적으로 식민지 동화 정책을 시행했다면, 독일의 파시즘은 바이마르 공화국 전후의 정치·경제적 불안정을 타개하기 위한 과정에서 독일 사회 내부의 유대인에 대한 말살 정책을 토대로 유럽 전역을 파국으로 내몰았다.

3 정창석, 「일본 군국주의 파시즘 -그 식민지에의 적용」, 『일본문화학보』 34, 한국일본문화학회, 2007, 672면.

> 전쟁에 관한 일이 륜리의 한 조건으로 됨은 우리나라 고대에 특별히 존재했던 사상이다. 이 사상이 살생을 장려한다 하여 인류 박애 사상에 위반되는 것이라 할지 모르나 결코 그렇지 않다. 우주(宇宙)에 대하여는 신(神)을 위하여 악마를 쳐부수며 나라에 대하얀 나를 위하여 적을 죽임이 동일한 줄이다. 우리 선조들은 가장 이 점에 주의를 돌렸음으로 당시 수많은 전쟁을 하여 나라를 유지하며 위대한 력사를 후대들에게 기쳐 놓았다.[4]

신채호는 「我邦倫理鏡」의 전계(戰戒)를 논하면서 전쟁의 윤리가 조선의 독특한 사상이라고 말하였다. 그는 전쟁의 윤리가 인류의 박애 사상에 위반될지도 모르지만, 우주와 신의 악마를 단죄하여 나라와 나를 구하는 행위는 정당하고, 이를 호국의 행위로 역사의 기록에 남겨 있다고 주장하였다. 그는 고구려와 동부여의 전쟁, 태조대왕의 공적, 명림답부의 전공, 서천대왕과 그의 동생 달고의 숙진에 대한 승리, 고노자의 모용외에 대한 승전, 미천대왕과 영양대왕과 고이대왕과 책계대왕과 근초고대왕, 을지문덕의 살수대첩과 연개소문의 안시성 전투 등 고구려의 대외 전쟁사를 집중적으로 조명하였다. 그는 조선과 중국의 사료를 상호 비교하면서 전쟁사의 객관적 기록을 기록하고자 하였다.

> 只今 我國人이 項羽나 닐슨의 武功은 紙墨으로 歌ᄒᆞ되 東洋 古今에 一大武功英雄 淵蓋蘇文의 事ᄂᆞᆫ 記ᄒᆞ는 者가 殆無ᄒᆞ니 吁라 可悲로다.
>
> 余가 近代 東洋人이 拿破崙이나 華盛頓의 武功은 茶飯같이 誦ᄒᆞ

4 『전집 7』, 695면.

> 되 天下古今에 第一大武功英雄 成吉思의 事는 說ᄒᆞᄂᆞᆫ 者가 幾希함을 甚嘆하였더니 只今 我國人의 項羽님ᄉᆞᆫ 等 崇拜가 亦此의 類라 此實 我國人의 祖國英雄 崇拜心 不足한 所以로다.[5]

신채호는 연개소문을 주목한다. 그는 연개소문과 같은 무인영웅을 재평가하는 전략을 구사했다. 그는 무인영웅의 정치적 지략을 긍정적으로 재평가하였다. 특히 그는 연개소문의 역사적 기록과 역사적 논평을 반박하면서 무인 영웅의 혁명적 가능성을 재해석하고자 하였다. 신채호는 연개소문을 식민지 조선의 망국을 타개할 역사적 인물로 간주하였다. 그런데 그는 연개소문의 역사적 평가를 논증하는 가운데 〈개똥이 이야기〉를 활용했다. 그는 연개소문이 당태종의 대군을 맞아 거둔 고구려의 승리는 뛰어난 영도자의 경험과 지략으로 거둔 필연이었다고 말하였다.[6] 연개소문의 역사적 기록은 자국과 타국에서 공식적으로 유입하지 못하고, 역사서술과 무관한 전승 기록에서 나타나고 있다.[7] 연개소문, 설인귀 고사는 역사적 사실을 바탕으로 만들어졌으나, 고사의 성격으로 말미암아 작가의 의도에 따라 충분히 허구화되어, 중국의 대국주의를 정당화하고, 봉건왕조 전통 사상을 선양한다고 하더라도, 영웅을 찬양하고 간사함을 배척하고 선량함을 찬미하고, 공적을 세워 명예를 얻고 고생 끝에 부귀에 이른다는 점을 지향

---

5 『전집 6』, 548면.

6 유영옥, 「白巖과 丹齋의 연개소문 인식」, 『역사와 경계』 제71집, 부산경남사학회, 2009, 220면.

7 이승수, 「연개소문(淵蓋蘇文) 서사의 형성과 전승 경로 –연개소문의 형상과 관련하여–」, 『동아시아문화연구』 47권, 한양대학교 동아시아문화연구소, 2010, 158면.

한다.[8]

> 唐太宗이 이에 狼狽가 極하야 江夏王 道宗을 命하야 安市城의 東南에 土城을 싸을 새, 壞土로 樹條를 싸서 層層히 싸어 올니고, 中間에 五道를 내어 往來케 하야, 六十日 동안의 품과 五十萬 工錢의 삭을 드리고, 士卒 數萬이 每日 六七次 번을 가라 交戰하야 死傷도 적지 아니 하얏으며, 土山이 이믜 일우매, 山上에서 抛石과 撞車를 굴려 城堞을 묻으더라. 城中에서 문어지난 곳에 木柵을 세워 막으나 當할 수 업거늘, 楊萬春이 이에 決死隊 百名을 쏩아 城이 문어진 곳으로 突出하야 唐兵을 처 물니고, 土山을 쌔아서 山上의 撞車 抛石을 차지하야, 이로써 도리혀 山下 唐兵을 처 물리니, 唐太宗이 이에 計策이 窮하야 回軍을 꾀하더라.
> 淵蓋蘇文이 遼東의 戰事를 楊萬春 鄒定國 二人에게 맥기고, 精兵 三萬으로 赤峰鎭 今 熱河 附近을 쏫차 다시 南進하야, 長城을 넘어 上谷 – 今 河間 等地를 襲破하니, 唐太子 治가 漁陽에 留하다가 大驚하야 告急烽을 드니, 烽火가 一夜에 安市城까지 連하얏더라.[9]

당태종은 강하왕 이도종에게 안시성의 동남에 토성을 건축하도록 명령하였다. 반면 연개소문은 안시성주 양만춘과 오골성주 추정국에게 요동 전쟁에 관한 전권을 위임하였다. 안시성은 "곳(아리티) 혹 丸都城이라 稱하며, 或 北平壤이라 稱하나니, 太祖大王이 일즉 西北을 經營하기 爲하야 設置한 바로서, 發岐의 亂에 이를 支那에 被奪하얏다가, 故國壤王이 이를 恢復한 以來로 이를 海陸의 要衝이라 하여 城

---

8 신경섭, 「연개소문 인물 형상 연구 –중국 고사의 유래와 변천을 중심으로」, 『동양정치사상사』 제7권 1호, 한국동양정치사상사학회, 2008, 243면.

9 『전집 1』, 802면.

堞을 加築하며 精兵을 配置하고 城中에 늘- 累十萬石의 糧米를 積置하야 難攻不落의 要塞(『전집 1』, 802면)"이다. 고구려와 당나라의 군사들이 극박하게 상호 혈전을 벌이는 장면을 전경에 배치하고 있다. 당나라는 안시성을 공략하기 위해 토성을 쌓았지만, 실질적으로 안시성 내부의 양만춘의 결사대가 토성을 역이용하는 대목을 보여주고 있다. 그는 "安市城의 戰役은 또한 東洋 古史上의 大戰爭이라. 비록 數字上에 軍士는 薩水戰役의 兩國에 不及하나, 그러나 彼此 方略의 周到와 軍隊의 精鍊과 資力의 耗費는 薩水戰役보담 超過하며, 戰役의 時日도 그보다 갑절이 되얏다. 이 戰役이 곳 兩 民族의 運命을 내기 한 大戰役(『전집 1』, 803면.)"이라는 역사적 평가를 내렸다. 그는 전쟁을 우승열패의 기로에서 승리와 패배가 교차하는 적자생존의 모습으로 제시한다. 그는 식민지를 종결하기 위해 한민족이 단결해 일본과의 무력투쟁에서 승리해야 한다는 입장이었다. 그는 국권을 상실한 상황에서 조선 민족을 상상의 범주로 포섭하면서 일본에 대항하기 위한 이론적 구심점을 확보하고자 했다. 안시성 전투의 승전 프레임은 당대 조선인들이 국권 회복을 위한 은유적 기능으로 작용한다는 점을 알 수 있다. 전쟁이 "勢力과 勢力이 만나면 서로 衝突되는 것은 公理요 定理다. 古代 東亞細亞에 잇서서 비록 多數한 種族이 對立하얏으나, 다 貿貿未開한 游牧의 蠻族 들이라 或 一時 政治上 勢力을 가진다 할지라도 文化가 업슴으로, 색리 업는 나무와 가티 그 崩壞하는 날에는 다시 繼續할 터싸지 업서질 섄이어니와, 土着의 民族으로 長遠한 歷史와 相當히 發達한 文化를 가진 者는 支那와 朝鮮이니, 支那와 朝鮮은 古代 東亞細亞의 兩大 勢力이니, 만나면 엇지찌 衝突이 업스랴. 만일

衝突이 업는 때라 하면 반듯이 彼此 內部의 破裂과 不安이 잇서, 各히 그 內部의 統一에 밧분 때(『전집 1』, 770면)"을 인지하는 순간, 전쟁의 윤리적 측면은 무의미하다. 신채호는 연개소문의 이미지를 근대 민족주의적 관점에서 재해석하고, 국왕에 대한 반역과 민족에 대한 반역을 구분하면서 왕조의 절대적 권위를 해체하기 위해 정치 서사를 확보하고자 하였다.[10]

발터 벤야민은 예술과 복제, 예술과 기술의 역사철학적 변천 과정을 설명한 후, 예술의 혁명적 가능성을 도모하였다. 그는 예술 작품의 복제와 영화예술의 관계를 고찰하고, 영화를 근대인의 정치적 지각 범위를 확장해 고도의 민주적 세계를 만드는 데 일조할 수 있다는 점을 지적한다. 영화는 전통적 예술의 아우라(Aura)를 파괴하면서 이미지의 몽타쥬를 통해 세계를 재해석하는 공간을 만든다. 영화는 제의 가치(Kultwert)를 부정하고, 전시가치(Ausstellungswert)를 스크린에 반영한다.

> 이 차이는 전자, 즉 제1의 기술은 가능하면 인간을 중점적으로 투입하고, 후자, 즉 제2의 기술은 가능하면 인간을 적게 투입한다는 점에 있다. 제1의 기술은 기술적 위업은 말하자면 제물로 바쳐지는 인간이고, 제2의 기술의 위업은 인간이 승선할 필요가 없는 원격조정 비행체들이 개발되는 선상에 놓여 있다. '이번 한 번만으로'〔일회성·궁극성〕가 제1의 기술에 해당한다. (여기서 중요한 것은 결코 보상할 수 없는 실수거나 영원히 대속代贖하는 희생적 죽음이다). 그에 비해 '한 번은 아무것도 아니다'〔즉 어떠한 경

10 윤성환, 「한국인의 고구려와 수-당전쟁 인식 –고려~근대시기 지식인의 인식을 중심으로」, 『군사연구』 138호, 육군군사연구소, 2014, 88면.

> 우에도 한 번만이란 없다, 반복성)가 제2의 기술에 해당한다. (제2의 기술에서는 실험이 중요하고, 이 실험을 통해 시험적 구성(배치, Versuchsanordnung)을 지칠 줄 모르게 변형해보는 일이 중요하다). 제2의 기술은 인간이 처음으로, 그리고 무의식적인 간계를 가지고 자연으로부터 거리를 취하려고 시도했던 때에서 기원한다. 달리 말해 제2의 기술의 기원은 유희(Spiel)에 있다.[11]

예술은 근대를 기점으로 제1의 기술과 제2의 기술로 분화하였는데, 특히 제2의 기술과 영화는 밀접한 관계를 맺는다. 제1의 기술은 인간을 중점적으로 투입하고, 일회성과 궁극성, 진지함과 엄격성을 중시한다면, 제2의 기술은 인간을 적게 투입하고, 반복성과 시험적 구성(배치, Versuchsanordnung)을 변형하면서 유희와 비구속성을 강조한다. 특히 제1의 기술과 제2의 기술은 자연을 대하는 태도가 다르다. 제1의 기술은 자연 지배를 지향한다면, 제2의 기술은 자연과 인류의 상호작용(Zusammenspiel)을 중시하면서 지각과 반응 양식에 인간을 적용한다. 아울러 영화의 개선능력(Verbesserungsfähigkeit)은 영화 장면의 최종적 완성을 위해 원본에 해당하는 화면을 지속적으로 편집하는 과정이다. 영화는 "예술의 자율성이라는 가상(假像)(『선집 2』, 62면)"을 소멸하였다. "철저하게 기술적 복제에 종속되어 있고 기술적 복제에서 생겨난 영화(『선집 2』, 69면)"는 인간의 자기 소외를 극복한다.

발터 벤야민은 대중 매체사를 제시하면서 독일 나치즘이 동원하는 정치의 미학화를 파괴하고자 했다. 그는 근대 매체가 근대인을 행복하게 만들지 못하고 체제 유지를 위한 소도구로 활용된다는 점을 비판

11 『선집 2』, 62면.

했다. 그는 라디오, 영화, 사진과 같은 대중 매체가 나치즘 체제의 이미지를 긍정적으로 만드는 데 작용한다는 점을 해결하고자 했다. 독일 파시즘은 정치적 이데올로기를 선전하기 위한 일련의 미디어 조작의 과정을 거쳐 전쟁의 파국을 미적으로 승화하였다. 그는 「기술 복제시대의 예술작품」에서 영화 매체의 발전 과정을 유물론적으로 고찰하면서 파시즘과 영화의 길항 관계를 비판적으로 인식한다.

> "전쟁, 오로지 전쟁만이 전승된 소유 관계를 그대로 유지하면서 대규모의 대중 운동에 하나의 목표를 설정할 수가 있다. (중략) 즉 오로지 전쟁만이 소유관계를 그대로 유지하면서 현재의 모든 기술 수단을 통원"하려고 하고, 정치의 심미화를 위한 모든 노력은 한 점에서 그 정점을 이루는데, 전쟁이 바로 그것이다.[12]

발터 벤야민은 파시즘이 전쟁을 통해 사회 구성원의 불만을 분출하는 기회를 제공하려고 한다. 그는 독일 파시즘이 정치의 심미화를 거쳐 궁극적으로 전쟁을 통한 세계의 개조를 지향한다는 점을 명확하게 인식했다. 그는 "파시즘이 행하는 정치의 심미화의 경향(『선집 3』, 93면)"을 냉철하게 인식했다. 파시즘의 정치의 심미화는 전쟁 미학과 동일한 범주에 속한다. 그는 사진과 영화의 민주주의적 활용 가능성을 적극적으로 모색하면서 기술복제시대의 예술 작품이 대중적이고 참여적인 성격을 지향해야 한다고 말하였다.[13] 정치의 심미화와 파시즘 전쟁 미학은 제국주의 전쟁이 그 고도의 냉혹성과 숙명성의 측

12 『선집 3』, 93~94면.

13 정의진, 「발터 벤야민의 역사유물론적 문학예술론이 제기하는 예술과 정치성의 문제」, 『서강인문논총』 40, 서강대학교 인문과학연구소, 2014, 85면.

면에서 한편으로는 거대한 기술적 수단과 다른 한편으로는 그 기술에 대한 보잘것없는 도덕적 해명 사이의 괴리에서 발생한다.[14] 전쟁 숭배와 찬미는 독일 민족이 1차 세계 대전의 패배감을 없애주고, 독일 민족주의에 기반을 둔 파시즘 체제를 영속하기 위한 정치적 전략이었다. 독일 파시즘이 근대 산업화와 기술화의 발전을 인류의 진보를 위한 과정으로 파악하면서 진보 이후에 도래할 파국에 대해서는 비윤리적으로 대응하는 태도는 결국 전쟁의 미학적 태도에 대한 비윤리적 관점의 적용에 불과하다. 파시즘 체제는 전쟁을 미학화하기 위해 대중 매체를 활용하면서 파시즘의 정치적 목적에 도달할 수 있었다.[15]

> 「포툠킨」이 획기적인 영향을 끼친 이유는 바로 위에 말한 점이 이전에는 결코 그처럼 분명하게 인식될 수 없었기 때문이다. 이 영화에서 처음으로 대중의 운동이 전적으로 건축학적인, 그러면서 전혀 (우파 같이)기념비적이지 않은 성격을 갖게 되었고, 이 점이 대중운동이 영화관에 수용될 권리를 입증한다. 다른 어떠한 수단도 이 움직여진 집단을 재현할 수 없을 것이다. 오히려 다른 어떤 수단도 심지어 영화 속 전율과 경악의 움직임의 아름다움까지 전달할 수 없을 것이다. 그와 같은 장면들은 「포툠킨」 이래 러시아 영화예술의

14 발터 벤야민, 「독일 파시즘 이론」, 이덕형 옮김, 구모룡 외 12인, 『파시즘 미학의 본질』, 예옥, 2009, 178면.

15 히틀러와 나치 참모들은 정부 정책의 합법적이고 심리적으로 정당하게 보이기 위한 매체를 활용하였다. 그들은 정치적 정적을 제거하기 위해 온갖 수단을 사용하였지만, 특히 라디오 방송과 같은 매체를 활용해 대중 선동을 위한 선전을 강화하였고, 매체를 정부의 권한 하에 두었다. 매체는 정부의 프로파간다의 역할을 수행하였고, 히틀러의 정책에 정당성을 부여하는 데 일조하였다. 라파엘 젤리히만, 박정희·정지인 옮김, 『집단 애국의 탄생 히틀러』, 생각의 나무, 2008, 190면.

잃어버릴 수 없는 재산이 되었다.[16]

발터 벤야민은 오스카 슈미츠가 「포툠킨과 경향 예술」을 중심으로 속물적 교양인인 부르주아 계급의 탈정치성에 대한 옹호를 반박하는 문화정치론을 전개하였다. 그는 「포툠킨」를 정치적 관점에서 논의하였다. 그는 에이젠슈타인이 「포툠킨」에서 계급의 경향성을 부르주아 사회소설과 견주거나 부르주아 미학의 병기창으로 논박하는 태도를 비판하였다. 그는 "예술의 정치적 탈(脫)귀족화(『선집 2』, 238면)"에 동의하지 않고, "모든 예술작품, 모든 예술 시대에 정치적 경향이 내재다하는 것(『선집 2』, 238면)"을 주장하였다. 특히 그는 영화라는 새로운 기술적 혁명은 예술의 탈정치성을 극복할 수 있다고 생각하였다. 영화는 사람들이 일상을 무자각의 방식으로 살아가는 태도를 비판적으로 인식하게 만들고, 영화 속에 재현된 일상의 모습을 정치적으로 재인식할 수 있게 만든다. 영화는 집단적 꿈을 꾸게 만들고, 영화 관람을 마친 후 집단적 각성을 유발한다. 기술 매체의 발전은 사람들의 지각 능력을 정치적으로 향상하는데 기여한다. 「포툠킨」은 역사적 실제와 재현의 차이보다는, 그것을 가공한 영화의 재현방식과 그것의 창출해내는 의미 작용이 중요한데, 이 영화에서 에이젠슈타인은 몽타주에 의한 새로운 의미형성에 주목하여, 영화 내적 사건의 전개, 내면적인 플롯과 상관 없는 장면들을 병치하면서 영화 외적 의미장, 즉 '비디세시스적(non-digetic)' 공간을 향해 역동적으로 확장되어 가

16 『선집 2』, 241면.

는 의미작용을 보여준다.[17] 그는 「포툠킨」이 정치적 이데올로기를 명확하게 제시했다고 규정하였다. 그는 선상 반란을 주도한 집단의 경향성만을 부정적으로 파악하지 않았다. 그는 집단의 정치성을 간과한 개인성을 강조하는 태도는 제국주의 국가의 이념을 무비판적으로 수용한 것에 불과하다고 생각하였다.

발터 벤야민이 에이젠슈타인의 영화를 대중의 집단적 각성을 위한 예술의 정치적 실천으로 간주하려는 태도는 에이젠슈타인의 영상 미학을 구성하는 몽타주 기법 때문이다. 에이젠슈타인은 어트랙션 몽타주와 충동 몽타주를 초기에 추구하였다. 어트랙션 몽타주는 개별적 몽타주 조각이 특정한 연상을 관객에게 전달하는 과정이고, 충동의 몽타주는 이질적인 장면의 생략과 비약을 근간으로 한다. 아울러 그는 몽타주를 형식에 따라 쇼트의 길이를 조정해 음악적인 박자감을 생성하는 계량적 몽타주와 쇼트의 내용에 따라 길이가 결정되는 율동적 몽타주를 발전시켰다.[18] 그는 몽타주의 형태에 관객이 창조적 참여하는 과정을 확보하기 위해 몽타주의 현식과 내용을 영화속에서 활용하였다. 그는 영화라는 기술 매체를 이용해 인간의 지각 체계를 변모하려고 했다. 유럽의 근대 사회는 자본주의와 결합하면서 개인의 소비 욕망을 충족하는 과정을 거쳐 사회적이고 집단적 가치를 상실하는 위기 상황을 비판적으로 인식하였고, 이를 타개하기 위해서는 관객의

17 이희원, 「바다 영웅 신화의 영화 정치학」, 『슬라브학보』 25권 2호, 한국슬라브유라시아학회, 2010, 91면.

18 윤시향, 「에이젠슈테인의 충돌과 비약의 몽타주 –『전함 포템킨』을 중심으로–」, 『브레히트와 현대연극』 7권, 한국브레히트학회, 1999, 253~260면.

수동적 지각을 적극적 지각 체계로 변모해야만 하였다. 영화는 자본주의 체제의 기술 문명의 진보적 속도에 민첩하게 반응하면서도 대중이 새로운 기술적 성취에 자신의 몸을 적응하는 과정, 기술적-기계적 템포와 리듬이 집단 신체의 신경조직 속으로 흡수되고 동화되는 매체라고 할 수 있다.[19]

> 현재의 생산 조건에서의 예술의 발전 경향들이 보여주는 변증법은 경제 영역에서 못지않게 상부구조에서도 관찰할 수 있다. 그렇기 때문에 그러한 명제들이 갖는 투쟁적 가치를 과소평가하는 것은 옳지 않을 것이다. 그 명제들은 창조성과 천재성, 영원한 가치와 비밀과 같은 일련의 전승된 개념들을 폐기시킨다. 이 개념들은 통제 없이 사용하게 되면 (그리고 현재 통제하기 어려운 것이 사실이다)사실자료를 파시즘적으로 가공하는 결과를 낳게 되는 개념들이다. 아래에서 예술이론에 새로이 도입될 개념들은 이들이 파시즘의 목적을 위해서는 전혀 쓸모가 없다는 점에서 통상적으로 유통되는 개념들과 다르다. 그 대신 그 개념들은 예술의 정치학에서 혁명적 요구들을 표명하는 데 쓸모가 있다.[20]

발터 벤야민은 영화를 파시즘에 대항할 수 있는 인지를 마련하고 시스템에 순응하는 대중을 정치적으로 개조할 수 있다고 생각하였다. 그는 하부구조 못지않게 상부구조의 위상을 재정립하는 과정을 거쳐야만 파시즘의 정치적 선전에 대응할 수 있다고 생각하였다. 파시즘이 낭만주의적 예술 개념을 정치적으로 악용하는 태도에 대항하기 위해

19 하선규, 「영화: 현대의 묵시론적 매체: 크라카우어와 벤야민의 이론을 중심으로」, 『미학』 37권, 한국미학회, 2004, 205면.

20 『선집 2』, 42~43면.

서는 "혁명적 요구"를 내포한 예술의 정치학을 새롭게 규정할 필요가 있다.

> 오늘날 사람들의 점진적인 무산계급화와 대중의 점진적인 형성은 동일한 사건의 양면이다. 파시즘은 새로이 생겨난 무산 계급화된 대중을 이 대중이 폐지하고자 하는 소유관계는 조금도 건드리지 않은 채 조직하려고 하고 있다. 파시즘은 대중으로 하여금 결코 그들의 권리를 찾게 함으로써가 아니라 그들 자신을 표현하게 함으로써 구원책을 찾고자 한다. 대중은 소유관계의 변화를 요구할 권리가 있지만 파시즘은 소유관계를 그대로 보존한 채 그들에게 표현을 제공하려고 한다. 파시즘이 정치적 삶의 심미화(審美化)로 치닫게 되는 것은 당연한 역사적 귀결이다.[21]

발터 벤야민은 파시즘의 정치의 미학화에 동조하는 대중을 이중적으로 고찰한다. 그는 대중이 혁명의 동력을 자각할 주체라는 점을 승인하면서도 자칫 대중이 무비판적으로 파시즘 체제에 편승할 수 있다는 점도 지적한다. 그는 예배 가치와 전시 가치가 분화하고, 근대 사업 사회의 복제 기술이 발달하면서 예술의 전시 가치만이 부상하는 상황을 주목하였다. 복제 기술 시대에서는 예술의 사회적 기능을 축소하고 예술의 자립성만을 강조하는 양상을 보일 수 있다. 무산 계급과 대중은 파시즘이 설정한 정치의 심미화를 비판하지 못한 채 소유관계의 질적 변화를 추구하지 못하였다.[22] 독일 나치즘은 자본주의와

---

21 『선집 2』, 92~93면.

22 발터 벤야민은 공동체의 전통 문화를 존중했다. 그러나 근대의 복제 기술이 발달하면서 공동체 문화는 미분화하면서 예술의 생산 양식에 커다란 변화를 맞이하였다. 그는 예술의 미적 자율성이 변화한다는 점을 중시하는 아도르노와는 의견을 달리하면서 예술의 전통적 아우라(Aura)가 소멸이 질적으로 예술의 생산 기능

전체주의를 중심으로 근대 독일 사회를 재편성하려고 했다. 독일의 나치즘은 인간의 언어를 정치적으로 활용하기 위한 정책을 사용하였다. 독일 파시즘 체제는 외형적으로 반자본주의적 태도를 보이는 것 같지만, 실질적으로 자본주의적 소비 욕망을 정치적으로 자극하고 언어를 대중 동원을 위한 선전과 선동 수단으로 활용한다.[23]

> 대중이 영화에 대해 갖는 원초적이고 정당한 관심, 즉 자기인식과 더불어 계급인식을 얻는 데 대한 관심을 부패한 방식으로 왜곡하는 데 쓰인다. 따라서 파시즘 일반에 통용되는 것이 특히 영화 자본에 대해서 통용된다. 즉 새로운 사회적 상태에 대한 물리칠 수 없는 욕구가 은연중에 소수의 유산계급의 이해관계에 따라 착취된다는 점이 그것이다. 그렇기 때문에 영화 자본의 몰수가 프롤레타리아트의 시급한 요구 중의 하나이다.[24]

무산 계급과 대중의 분화는 파시즘에 대항하는 주체로 발전하는 과정에서 발생한다. 파시즘은 대중들의 욕망을 선별하는 과정을 거쳐 대중이 감각적으로 반응하는 현실의 모순을 해소하지 않은 채 파시즘 체제가 제시하는 정치적 위력을 수용하려는 방편만을 인정하도록 유인한다. 무산계급이 정치적 견해를 획득하지 못한 채 단순하게 현실

을 대중적으로 변모하는 과정을 주목하였다. 그는 예술의 아우라가 소멸하는 지점에 대중이 자리 잡는다고 주장했다. 대중은 복제 기술로 생산된 예술을 무비판적으로 소비하는 주체로 전락한다. 그는 대중이 예술의 아우라를 지각하지 못하는 상황을 비판적으로 고찰하면서 예술과 정치의 연관성을 도모하려고 구상했다. 多木 浩二, 『ベンヤミン「複製技術時代の芸術作品」精読』, 岩波書店, 2000, pp. 87~115.

23 김종영, 『히틀러의 수사학』, 커뮤니케이션북스, 2010, 62면.

24 『선집 2』, 78면.

을 무비판적으로 승인하는 대중으로 전락하도록 파시즘 체제는 정치를 심미적으로 편성하기 위해 노력한다. 파시즘은 무산계급이 대중으로 몰락하는 과정으로 유인한 후 대중이 정치적 무비판성을 보유할 수 있기를 욕망한다.[25] 대중은 기본적으로 새로운 세계를 염원하고 현재를 개선하기 위한 동력을 보유한다. 독일 파시즘 체제는 대중이 자발적으로 현실 모순을 인식하려는 순간을 지속해서 지연한다. 독일 파시즘 체제는 자본의 독점을 지향하면서 대중의 현실 비판력을 마비시키기 위해 노력한다. 대중은 "유산 계급의 이해관계"에 따라 선별적 현실의 모습을 인식할 뿐, 현실 모순의 실제로 구현하는 순간을 직시할 수 없다. 프롤레타리아가 현실의 모순을 구체적으로 파악하기 위해서는 파시즘 체제가 독점한 독점 자본을 몰수하는 과정이 요구된다.

25 히틀러의 나치즘은 대중을 일종의 최면적 무아지경에 이르게 하기 위해 다양한 선전 수단을 동원하였다. 나치즘은 선동, 수사학, 의식, 음악 등을 대중을 비판력을 상쇄하고 나치즘의 정치 이념에 동화하는 정치적 전략을 활용하였다. 선동은 히틀러 개인에게만 이목을 집중하는 방식으로서, 나치의 대중 집회, 행군, 영화, 방송등에 일종의 히틀러주의를 신비주의적으로 형성하는데 기여하였다. 수사학은 사람들의 의식을 마비시키고 퇴행적 구조를 형성하였는데, 히틀러는 연설 시작 시간보다 늦게 등장하여 대중이 히틀러를 기다리는 동안 정신적으로 지친 상황에서 연설하였다. 그는 수사학적으로 기민하게 배치한 연설 전략을 통해 대중의 주의력을 구속하였다. 의식은 "대중들이 경례하면 외치는 지크 하일이나 하일 히틀러같은 문구나 세련된 조명과 음악, 극화한 안무 등을 동반해 화려하게 연출되는 제국 전당 대회와 같은 나치의 의식들 역시 사람들의 의식의 변화(109면)"을 유도하였다. 특히 음악은 합창곡, 행진곡, 단조로운 북소리, 관현악 저음부와 같은 음악적 요소는 인간의 감정과 의식을 장악하는 데 크게 작용하였다. 이와 같이, "퇴행을 조장하는 나치의 프로파간다의 수단들(음악, 의식, 수사학, 대중 집회 등등)은 모든 사람들에게 잠재되어 있는 퇴행의 욕구를 자극함으로써 효과(114면)"를 거두는 데 유효하였다. 슈테판 마르크스, 신종훈 옮김, 『나치즘, 열광과 도취의 심리학』, 책세상, 2009, 107~115면.

2. 일목 대왕의 광기와 찰리 채플린의 몸짓

신채호는 「一目大王의 鐵椎」에서 궁예의 폭정과 광기에 대한 공식 역사의 기록을 해체하였다. 그는 궁예가 반종교적 태도를 견지한 전후 맥락을 중심으로 궁예의 광기에 대한 공과를 허구적으로 표현하였다. 신채호는 삼국사기와 삼국유사에 기록된 궁예의 행적에 대한 공식 기록을 해체하면서 궁예의 반불교적이고 비윤리적 행위 이면을 주체적으로 재해석하였다.[26] 그는 궁예가 광기에 준하는 행동이 공식적 역사 기록이 정치적 권력의 주관적 해석에 따라 재편될 수 있다는 점을 고려하여 허구적으로 표현하였다. 「一目大王의 鐵椎」는 폭군으로서의 궁예의 모습을 조망하면서 역사기록상의 궁예관에 대한 허위적 양상을 서사적으로 보여준다. 궁예는 불교와 유교적 심성 체계를 거역한다. 그는 불교, 유교와 같은 종교적 상징체계가 현실 정치를 억압하는 과정을 부정적으로 인식하였다. 그는 불교와 유교의 경서가 인민의 심성을 지배하면서 본인을 중심으로 한 현실 정치의 구현이 불가능하고 생각했다.

---

26 조현설은 『삼국유사』의 궁예에 대한 문헌 전승의 문제점을 다루고 있다. 『삼국유사』는 두 인물을 대비적으로 이야기하는 방식을 취한다. 그런데 일연은 궁예와 견훤을 다루면서 궁예를 생략하고 견훤에 관한 전승만을 기록하고 있다. 그는 이에 대해 두 가지 가설을 제시한다. 첫째, 일연이 궁예에 관해 『삼국사기』 기록 이상의 새로운 자료를 수집하지 못했다. 둘째, 궁예의 불교와 관련한 행적이다. 특히 불국토 사상을 중시하는 일연의 입장에서는 궁예 같은 반불교적 인물을 기록하지 않았다라고 규정하고 있다. 이러한 과정을 거쳐 『삼국사기』 이후의 궁예 전승은 구비 전승을 수용하지 않고 문헌 전승에만 의존한 채 궁예상이 고정되었다라고 결론을 내리고 있다. 조현설, 「궁예이야기의 전승양상과 의미」, 『구비문학연구』 2호, 한국구비문학회, 1995, 149~153면.

"나는 하늘에서 나려온 미리다. 이 셰상을 위하야 이 글과 이 경문을 반포하노니 너희 백관 만민들은 오늘부터 중국글을 바리고 이 새 글을 배워야 할 것이며 팔만대장경이나 십삼경을 업새야 할 것이다. 너희들이 선렴을 먹던지 악렴을 먹던지 겻눈을 감고 속눈으로 보면 거울속 드리어다보듯하다. 조심하여라. 속마음으로라도 이 글과 이 경문을 반대하는 놈이 잇스면 내가 다 알고 잇다. 나의 마음은 너희 죄를 용서하지만 나의 칼은 용서업는 줄을 알으어라. 이 글 반포한 뒤 석달-디방은 조칙밧는 날부터 계산-이면 공사문자에 이 글로 쓰고 모든 서당은 이 경문을 읽게 하렷다. 모든 직분 가진 벼살아치들은 더욱 착실히 거행하렷다."[27]

궁예는 인민들의 종교에 대한 의존심을 타개하고 현실 정치로 인민을 유인하기 위해『궁예대왕경』을 반포하였다. 그는 하늘이 주재한 '미리'로 자처하면서『궁예대왕경』을 중심으로 현실 정치를 구현하겠다고 선포하면서 기존의 불교와 유교 경전을 해체하여 인민들을 본인의 정치적 지형으로 수용하고자 하였다. 그는『궁예대왕경』을 반포한 후, 인민들이 어떻게 반응하고 있는지 궁금해 했다. 인민들은 여전히 기존 종교 체제에 의존하거나 본인의 권위를 저해하는 언행을 일삼고 있다는 사실을 알게 되었다. 그는 강도회를 열어 불교, 유교, 선교, 국선교를 포함한 일체의 종교인들과 정치적 담판을 벌이고자 하였다. 그는 석총, 학구 선생 이경, 혜오 등을 처벌하였다. 그는 종교인을 처단한 강도회 날에 왕후 강씨와 이야기를 하면서 현실 정치의 다양성을 인정할 수 없다고 말하였다. 왕후는 궁예가 공포 정치를 자행해서는 인민의 신임을 받을 수 없다고 말했다. 그는 나라와 임금의 권력을 분화

27 『전집 7』, 591면.

할 수 없고 필연적으로 대립과 갈등 관계를 유지할 수밖에 없다고 말하면서 특히 종교와 정치의 혼재는 올바른 정치적 공동체를 형성하는 방해가 된다는 점을 명확하게 표명하였다.

> 「이 셰계를 디옥이라 하면 이 디옥을 파괴하여야 할 것이다」 한데 석가는 이 디옥을 파괴하지 못하얏다. 석가다래 물으면 제가 디옥을 파괴하얏노라 하지만 나는 그 말을 밋지 안한다. 밋지 안할 섇안이라 나는 곳 입을 씨즈랴 한다. 소리개 등에 채이여 가는 병아리가 소리개를 찾아 가노라 하며 이 셰계의 디옥에서 나서 늙어서 병들어서 죽은 석가가 이 디옥을 파괴하얏노라 함이 쪽갓흔 거짓말이다. 한대 사람들이 석가의 말을 미듬은 소리개 등의 병아리를 미듬과 쪽갓흔 일이다. 어늬 때든지 참으로 이 셰계를 파괴하야 텬당을 맨드는 사람이나 나거던 우리가 그에게 절함이 가하니라」 하며 또 공자를 미워하야 「공자의 일은바 「중용」은 곳 팔팔 끌는 뜨거운 물도 못 쓴다 함이요, 어름갓히 찬물도 못 쓴다 함이니 그러면 미지근한 물밧게 쓸 것이 업쓸 것이다. 사람이 미지근한 물갓히 되면 이 셰계는 무엇이 되랴? 생긔도 업시 요맹도 없이 걸어다니는 산송장이 되고 말 것이다」 하더라.[28]

궁예는 젊은 시절부터 불교와 유교에 대해 반종교적 태도를 보였다. 그는 석가와 공자가 인간의 현실적 고통을 해결하는 데 한계가 있다고 보았다. 그는 불교가 고통스러운 현실을 개조한다고 하면서 석가 개인조차도 육체적 한계를 완전하게 극복하지 못했다는 점을 비판하였다. 아울러 그는 중용으로 표방하는 유교적 덕목이 인간의 보편적 생기와 욕망의 문제를 간과한 채, 도덕적 이상주의에 매몰하였다는

---

28 『전집 7』, 602면.

점을 비판했다. 왜냐하면 그가 후일 폭군으로서 반종교적 관념을 현실 정치를 통해 구현하는 과정은 그가 원초적으로 종교가 인민의 주체적 삶을 견지하지 못한다고 생각했기 때문이다.

발터 벤야민은 「기술복제 시대의 예술작품」, 「채플린」, 「채플린을 회고하며」, 「「기술복제시대의 예술작품」 관련 노트들」에서 찰리 채플린의 영화 세계를 주목하였다. 그는 찰리 채플린을 보들레르가 주목한 산보객과 유사한 존재로 간주하였다. 그는 찰리 채플린이라는 대중 스타를 주목하면서 근대 사회에서 영화가 관객에게 전달하는 심미적 충격과 대중 영화의 허구적 역사화가 어떻게 연결될 수 있는지를 고민하였다.

> 예술작품의 기술적 복제 가능성은 예술을 대하는 대중의 태도를 변화시켰다. 이를테면 피카소와 같은 회화에 대해서 가졌던 가장 낙후된 태도가 채플린과 같은 영화에 대해 갖는 가장 진보적 태도로 바뀐 것이다. 여기서 진보적 태도의 특징이 있다면 그것은 바라보고 체험하는 데 대한 즐거움이 전문적인 비평가의 태도와 직접적이고 긴밀하게 연결되고 있다는 점이다. 이러한 연결은 매우 중요한 사회적 징후를 나타낸다. 다시 말해 어떤 예술형식의 사회적 중요성이 줄어들면 줄어들수록 수용자의 비평적 태도와 감상적 태도는 점점 더 분리된다. 이러한 면은 회화에서 분명히 드러난다. 관습적인 것이 아무런 비판 없이 수용된다면, 새로운 것은 혐오감을 가지고 비판된다. 그러나 영화관에서는 그렇지 않다. 여기서 결정적인 점은, 어디에서도 관중 개개인의 반응이 – 이 개별 반응들의 총화가 집단 반응을 이루는데 – 영화관에서만큼 처음부터 집단에 의해 직접적으로 제약되어 있는 곳은 없다는 점이다. 그리고 이 개별

적 반응들은 밖으로 표출되면서 서로 컨트롤하게 된다.[29]

그는 예술작품의 기술적 복제 가능성이 증대하는 시대에서 회화와 영화에 대한 대중의 태도가 변화하는 과정을 주목하였다. 피카소의 명화와 채플린의 영화에 대한 대중의 반응은 이중적이다. 대중은 전자에 대해 낙후된 태도를 보이고, 후자에 대해 진보적 태도를 나타낸다. 특히 대중의 영화에 대한 진보적 태도는 영화를 감상하고 향유하는 과정에서 전문적 비평가의 태도와 밀접한 관계를 맺는다. 근대 사회의 영화관에서는 관중 개개인이 집단적으로 무제약의 상황에서 비평적 태도와 감상적 태도를 동시에 인식한다.

① 영화는 다른 어떤 사실보다도, 아무도 관객 위에 그보다 더 높은 심급을 두려는 생각을 하지도 않았고 할 수도 없을 거라는 사실을 통해 그것이 지니는 엄청난 의미를 분명하게 인식시켜준다. 채플린은 그의 영화들을 통해 관중들이 지닌 가장 국제적이면서 혁명적인 정서에 어필하였는데, 그것은 곧 웃음이다.[30]

② 그 시사점이란 바로 채플린의 영화가 모든 영화들 가운데 지금껏 가장 큰 성공을 거두었다는 점이다. 그 이유는 지극히 명백하다. 채플린의 제스처(Gestus)는 본래 연극적 제스처가 아니다. 그의 제스처는 무대 위에서는 맞지 않았을 것이다. 채플린의 제스처가 갖는 독특한 의미는 바로 그가 사람들 그의 제스처에 따라-즉 그의 신체적인 태도와 정신적인 태도에 따라– 영화에 조립해 넣는다는 점에 있다. 채플린의 제스처에서 새로운 점은 이것이다. 즉 그는 인간의 표현 동작을 일련의 작은 신경감응(Innervation)들로 쪼갠

29 『전집 2』, 80~81면.

30 『전집 2』, 254~255면.

다. 그가 보여주는 각각의 동작은 일련의 잘게 부순 동작 파편들로 이루어진다. 사람들이 그가 걷는 모습을 보든, 아니면 그가 지팡이를 다루거나 모자를 벗었다 쓰는 방식을 보든, 그것은 항상 동일한 지극히 미세한 충격적 동작들의 연쇄이다. 이 연쇄가 바로 영화의 영상들이 이어지는 법칙을 인간적 운동학의 법칙으로 고양시킨다. 그렇다면 이러한 태도에서 희극성은 어디서 연유하는 걸까?[31]

발터 벤야민은 ①과 ②에서 "웃음"과 "제스처"를 주목한다. 그가 찰리 채플린의 영화에서 주목한 "웃음"과 "제스처"는 대중 영화의 희극성에 대한 성찰을 동반한다. "웃음"과 "제스처"는 일종의 "인간적 운동학의 법칙"을 표상한다. ①에서는 채플린의 영화에서 웃음이 어떤 의미를 지니는지를 살펴본다. 영화는 관객과의 관계에서 고급 문화로 자리매김하지 않고 대중 문화로 남으려고 한다. 영화가 관중들과 대중적으로 소통하기 위해 고급 문화와 저급 문화의 이분법적 구조를 승인하지 않고 영화 그 자체가 대중적 기호를 생산하려고 한다. 이러한 영화와 관객의 관계를 채플린은 주목하였고, 영화 매체의 국제적 보급과 수용에 잇따르는 혁명적 정서를 웃음을 통해 표현하였다. 발터 벤야민이 채플린의 영화에서 웃음을 주목한 측면을 살펴볼 필요가 있다. ②에서는 찰리 채플린의 몸짓이 연극적 몸짓과 무관하게 영화에서 파편적으로 표현되고 관객에게 충격적 동작으로 전달하는 과정을 논의하고 있다. 찰리 채플린의 구성적 영화의 특징은 복제 기술이 발달하면서 영화에 대한 관습적 태도를 지양하고 비평적 관점에서

31 『전집 2』, 209~210면.

영화를 향유하는 대중의 수용 태도에 일종의 충격을 선사한다.[32] 찰리 채플린의 영화속 몸짓은 근대 사회의 개인이 상실한 몸짓과 동일성을 유발하면서도 실제 현실에서 상실한 개인들의 몸짓을 낯설게 보기를 선사하는 양상을 나타낸다.[33] 발터 벤야민은 찰리 채플린의 몸짓에서 희극성을 발견한다. 신체 움직임의 최소 단위들의 연쇄로 이루어진 그의 몸짓은, 컨베이어 벨트와 영화 필름에 내재한 "비연속적인 것의 연속성"의 기술성을 인간 신체를 통해 전유함으로서 생겨난 것이다.[34] 근

---

32 임석원은 발터 벤야민의 영화관을 구성적 영화로 규정하였다. 구성적 영화는 "'현실의 단순한 재현'이 아니라, 현실의 전혀 새로운 구조, 전혀 알려지지 않은 모티브들을 보여주기 위해 뭔가 인위적인 것을 구성하고, 이를 위해 자동적인 연상 메커니즘을 중단시키는 충격효과라는 영화의 특징을 최대한 활용(132면)"한다. 그는 발터 벤야민이 파악한 찰리 채플린의 영화를 구성적 영화로 간주한 후, 채플린이 영화에서 인위적 몸짓을 나열하는 과정을 거쳐 동작의 몽타주를 선택하는 과정을 거쳐 인간의 몸짓에 대한 새로운 관점을 구성하고 있다고 지적한다. 아울러 채플린 영화를 "쇼트 내의 영화적 시선"을 연결하면서 영화의 충격 효과와 연상작용의 중단이 구성적 영화로 자리매김을 하는 과정을 논의하였다. 임석원, 「발터 벤야민과 구성적 영화」, 『뷔히너와 현대문학』 제39호, 한국뷔히너학회, 2012, 132~146면.

33 아감벤은 영화와 몸짓의 관계에 대한 테제를 다음과 같이 규정한다. ① 자신의 몸짓을 잃어버린 사회는 잃어버린 것을 영화에서 되찾고자 하며, 동시에 영화에 그 상실을 기록하고자 한다. ② 영화의 요소는 몸짓이지 이미지가 아니다. ③영화의 중심은 이미지가 아니라 몸짓에 있기 때문에 영화는 본질적으로 윤리와 정치 분야에 속한다. ④ 정치란 순수 수단의 영역이다. 바꿔 말하면 그것은 인간의 절대적이고 전면적인 몸짓성의 영역이다. ①~④는 근대 사회에서 개인이 본연적 정체성을 재현하는 몸짓이 규범화되어 개인의 고유성을 상실하는 과정을 설명하면서, 영화에 반영된 몸짓을 실체를 재인식하는 과정을 거쳐 상실한 몸짓의 세계를 일종의 소격효과를 유발하는 태도가 필요하다는 점을 언급하고 있다. 조르조 아감벤, 김상운·양창렬 옮김, 「몸짓에 관한 노트」, 『목적없는 수단』, 난장, 2009, 59~72면.

34 김남시, 「발터 벤야민 예술론에서 기술의 의미 –「기술복제 시대의 예술작품」 다시 읽기」, 『미학』 제81권 2호, 한국미학회, 2015, 72~75면.

대 사회에서는 인간의 몸짓조차 규율화하고 규범화를 개인에게 강요한다. 근대 사회가 규정한 특정 모델에서 벗어난 몸짓은 배제당한다. 찰리 채플린의 몸짓은 근대 사회의 개인에 대한 억압적 규율에 대해 저항하는 몸짓에 해당한다. 그의 몸짓은 웃음을 유발하는 유희본능으로서 부조리에 대한 탈출이며 해학이라는 점을 알 수 있다.[35]

3. 이괄의 난과 미키 마우스의 교란

신채호의 「李适」은 머릿말을 포함해 6장으로 구성된 미완성된 유고이다. 1장 인조반정(仁祖反正)의 음모 내막 – 이귀(李貴)의 미인계, 2장 반정의 성공과 이괄의 참훈(參勳), 3장 이괄의 불평 – 공대관소(功大官小)의 망견(妄見), 4장 암매한 고변(告變), 5장 이괄의 거병과 장만 · 이귀 드의 패궤(敗潰), 6장 인조와 조정 백관의 도주로 구성되어 있다. 「李适」은 역사전기소설로서 "내란이나 거사가 모두 역사적으로 정당하게 평가되는 것이 아니라 민족적 차원의 대외항쟁만이 진정한 가치가 있음을 역설적으로 보여주고"[36] 있다. 이괄은 인조반정을 전후로 본인과 아들에 대한 역모죄의 부당함에 대항하여 반란을 일으켰고, 당시 조정의 정치적 혼란을 타개하기 위해 거병을 감행하였다.

---

35 김주희, 「찰리 채플린(Charles Spencer Chaplin)의 신체 움직임과 해학성」, 『대한무용학회논문집』 71권, 대한무용학회, 2013, 43면.

36 성현자, 「역사적 인물의 허구적 서사구조 (1) –신채호의 〈일목대왕의 철퇴〉 〈박상희〉 〈이괄〉을 중심으로–」, 『비교문학』 21권, 한국비교문학회, 1996, 91면.

> 이조 5백 년간에 외읍(外邑)에서 거병(擧兵)하여 한성을 침입하여 본 자를 이괄 일인을 친다 하나 기실은 이괄 평생에 다만 일대의 노정략가(老政畧家)의 수중에서 놀다가 그 최후를 마쳤을 뿐이다. 누백 년래 한문의 좀책 속에서 자라난 전략가들이 비록 외국의 강구(强寇)를 정복하는 전략들은 없었으나 자가의 울 안에서는 무상(無上)의 대권을 가진 제왕의 생살도 감쪽같이 하는 재주가 있었거늘 하물며 일개 추한한 무부(麤悍한 武夫) 나의 쓴 "이괄"을 보면 그 일부분을 짐작할 것이다.[37]

신채호는 이괄이 난을 일으켜 수도까지 침범한 사실을 언급하면서 이괄과 조정의 반민중적 태도를 비판하였다. 그는 이괄이 반란을 도모한 점을 긍정적으로 인식하기도 하지만, 이괄의 반란은 단순하게 당시의 노정략가의 정치적 술수에 놀아났을 뿐이다라고 평가하였다. 반면 당시 조정은 국외적 상황에 대해서는 적극적으로 대처하지 못하면서 국내적 사당의 권력을 위해 몰두하는 태도가 구체적으로 어떤 양상을 보였는지를 진술하고자 하였다. 그는 인조반정을 수행한 정치적 주체들이 결국 본인들의 사익을 위해 정략적으로 행동하는 모습을 비판적으로 인식하였다. 신채호는 이괄이 반역을 도모하는 점을 긍정적으로 간주하기도 했지만, 반역의 목적이 본인에 대한 정치적 대우에 대해 불만족했다는 개인적 태도를 비판적으로 고찰하였다.

그는 "역사의 주변인물들을 전면에 부각하면서 역사적 구성의 자의적 태도에 대해 비판하는 한편, 권력을 둘러싼 내부 분열과, 인물들의 내재적인 한계들로 말미암아 민족적 주체의 탄생이 어려움"[38]을 보

37 『전집 7』, 128면.

38 김현주, 『단재 신채호 소설 연구』, 소명출판, 2015, 120~121면.

여주고 있다. 이러한 평가에도 불구하고, 그는 인조반정과 이괄에 대한 공식 기록의 맥락을 해체하고, 이괄에 대한 공과를 명확하게 제시하고 하였다. 이괄에 대한 공식 기록은 리 괄이 인조반종 후 본인의 반정에 대한 공헌에 미치지 못하는 대우를 받았던 사실에 분개해 난을 일으켰다는 것이다. 인조는 반정을 성공한 후, 광해군과 북인에 대한 처단을 감행하면서 정치적 수습을 위해 노력하였다. 인조와 서인들은 본인의 정치적 이해를 유지하기 위해 반대파를 숙청하는 데 심혈을 기울였다. 인조반정의 정치 세력은 반정 주체에 대한 기찰정사를 감행하였다.

> ① 이상의 사실을 보면 인조 반정의 제 장졸은 기실 표면의 장식이요, 성공의 핵심은 일이 인의 음모이니 홍제원의 집회에 만일 리 괄이 개연히 대장으로 출두한 일이 없을지라도 성공 못 될 일은 없는 것이다.
> 설혹 리 괄이 군오(軍伍)를 분배하며 제장을 지휘한 공이 있다 할지라도 전쟁으로 한 성공이 아니요, 음모로 한 성공인즉 리 괄의 공이 그리 크다 할 것이 없는 것이다.
> 하나 우한한 사람은 매양 자기의 소공을 대공으로 생각하는 것이다. 그러므로 리 괄은 인조 반정 후에 반정 공신의 제 일 등 제 일 인은 못 될지라도 적어도 제 일 등 제 이 인 혹 제삼인은 자기(自期)하였다.[39]
>
> ② 전제(專制) 시대의 역적들이 거의 암매한 고변으로 역적이 되였다. 리 괄은 5백 년간 유일한 거병범궐(擧兵犯闕)한 역적이지만 괄에 대한 고변장은 실로 애매하다. 그 사실을 아래 진술하

39 『전집 7』, 133면.

리라.[40]

> ③ 필자는 안(按)하니 전군이 모두 일 천 팔백여 명이라 함은 모를 말이다. 전자의 장 만이 《부하병 수천》이라 자술(自述)하였고, 또 그 뒤에 렬읍병(列邑兵)의 내원(來援)한 자가 있은즉 어찌하여 줄어서 불만 이천의 병(兵)이 되었느뇨? 대개 이때의 기록은 모두 리귀·장만 등 당파에 속한 사람들의 기록인고로 중과부적으로 패전한 리유를 삼아 그 죄를 가리우려 하여 병수를 줄이고 적음이니 그러면 만(晩)의 병 수 천이라 함도 불가신(不可信)이니라.[41]

①, ②, ③은 신채호가 이괄과 관련한 사실을 논평하는 대목이다. 그는 역사적 사실을 최대한 객관적으로 파악하고, 사실의 진위를 편견에 사로잡히지 않고 인식하고자 하였다. ①은 이괄이 반정 주동 세력으로서 본인에 대한 정치적 성공이 좌절한 바에 대한 신채호의 논평이다. 그는 이괄이 반정에 성공한 이후 그에 준하는 정치적 보상을 받지 못한 것과 본인의 행위를 과신하는 태도에 문제가 있다고 주장하였다. ②는 이괄이 문회의 고변으로 말미암아 정치적 희생양으로 전락하게 된 경위를 다루고 있다. 신채호는 그를 "5백 년간 유일한 거병범궐(擧兵犯闕)한 역적"으로 간주하면서도, 그에 대한 고변이 다소 애매한 측면이 있다는 점을 논파하려고 하였다. 그는 문회와 이우가 작성한 고변장의 내용을 "일월록(日月錄)·공사견문(公私見聞)·하담록(荷潭錄) 등 서와 박홍구(朴弘耈) 옥후묘당통유문(獄後廟堂通諭文)을 참고"하여 재구성하였다. 신채호는 ③에서 정부군을 주도한 장만

40 『전집 7』, 134면.

41 『전집 7』, 140면.

과 반란을 주도한 이괄의 군사수가 객관적이지 않다는 점을 "당파에 속한 사람들의 기록인고로 중과부적으로 패전한 이유를 삼아 그 죄를 가리우려 하여 병수를 줄이고 적음이니 그러면 만(晩)의 병 수 천이라 함도 불가신(不可信)"할 수밖에 없다고 말한다.

이상과 같이 신채호는 이괄의 난이 한달여 동안 진행하면서 인조가 한양을 벗어나 도주할 정도로 반역적인 모습을 보였다는 점을 말하면서도, 이괄이 난을 일으킨 근원적 목적이 개인적 야욕을 충족하기 위한 측면도 존재했다고 말한다. 그러면서도 그는 이괄이 평안부사로 변방을 지켜면서 정치적 중립을 견지하야 할 무인이 개인적 고변을 당하여 반역을 꾀한 이면에는 붕당과 사당으로 인한 정치적 혼란과 이를 체제 유지를 위해 동원하려 한 세력이 있었다는 점을 동시에 비판적으로 고찰하였다. 아울러 "이괄의 설화는 표면적으로는 반역이라는 금기의 대상이므로 부정적인 시각에 맞추어 있다. 그러나 그 이면에는 지향성의 변이 곧 구세주이기를 바라마지 않았으나 墓를 잘못 써서 3일천하로 막을 내린 것에 대한 연민의 情이 스며있다. 다시 말해서 이괄은 민중들이 갈망한 영웅이었지만 오로지 墓를 잘못 쓴 '눈물영웅'이 된 것으로 인식하고 있다. 이것은 역사에 대한 민중의식의 한 모델"[42]의 측면도 지적할 수 있다.

발터 벤야민은 미국 디즈니사의 미키 마우스를 정치경제학적 관점에서 평가하면서 카툰과 애니메이션과 같은 대중 문화를 통해 부르주아 이데올로기의 허구성을 파괴하고자 하였다. "미키 마우스는 피조

42 김의숙, 「李适 傳說 研究」, 『강원민속학』제11권, 강원도민속학회, 1995, 4면.

물이 인간과 유사한 점을 모두 탈각할지라도 건재하리는 점을 표현한다. 미키 마우스는 인간을 중심으로 구상된 피조물의 위계질서를 폭파(『선집 2』, 259~260면)"하는데, 인간과 동물의 혼합은 순수 부르주아 인간학에 위배하는 모습이다. 미키 마우스는 유토피아적 인물, 보충적 이미지, 근대 사회의 악몽에 대한 위안을 주는 소망의 상징으로 간주할 수 있다.[43]

발터 벤야민은 월트 디즈니의 미키 마우스에 대한 단평을 작성하였다. 「미키 마우스에 대해」[44]은 독일 나치가 미키 마우스 영화를 반나치의 세계를 표현했다는 입장을 반박하기 위해 씌어졌다. 그는 글뤼크와 바일과의 대화를 통해 "미키 마우스 영화에서 소유 상황: 여기서 처음으로 사람들리 자신의 팔, 아니 자신의 몸뚱이를 도둑맞을 수 있다는 점(259면)"을 인식할 수 있다고 생각했다. 즉, 미키 마우스가 부르주아 자본주의 체제에서 인간적 신체의 소유 감각을 상실한 채 사적 신체의 소유권을 저당잡힌 존재로 살아간다는 모습을 보여준다. "동화와의 유사점. 동화 이래로 가장 중요하고 생생한 사건들이 그처럼 비(非)상징적이고 분위기 없이 체험된 적이 없다. 마테를링크와 비그만과 엄청난 대조, 모든 미키 마우스 영화들은 두려움을 배우기 위해 떠나느 모티브가 들어 있다. 따라서 여기서 미키 마우스 영화들의 엄청난 성공의 토대가 된 것은 "기계화"나 "형식적인 것", "오해"가 아니라 관객이 자신의 삶을 그 영화들 속에서 재인식(『선집 2』, 260면)을

43 Lselie, Esther, micky mouse, utopia and walter benjamin, Hollywood Flatlands, verso, 2004, p. 102.

44 『선집 2』, 259~260면.

요구한 발터 벤야민은 미키 마우스 애니메이션을 "동화와의 유사점"에 주목하였다. 동화의 세계에서 애니메이션으로 매체가 변모하는 과정에서 그는 아이의 세계를 주목했다. 발터 벤야민은 아이의 세계를 해석하면서 아이들의 마법적 인식을 토대로 인간의 고유성을 복원하려고 했다. 아이들은 놀이를 통해 근대의 문명화 과정을 거치면서 상실한 미메시스의 능력을 유지한 마지막 존재이다.

> "그리고 그들이 죽지 않았다면 그들은 오늘도 어디에선가 살아 있다"라고 동화는 말한다. 일찍이 인류 최초의 조언자였기 때문에 오늘날에도 아이들에게 최초의 예언자 역할을 하는 동화(Märchen)는 이야기 속에서 은밀하게 살아남았다. 최초의 진정한 이야기꾼은 현재 그렇듯이 앞으로도 동화의 이야기꾼일 것이다. 좋은 조언이 떠오르지 않을 때 동화는 언제 조언을 해줄 줄 알았다. 또한 시련이 가장 혹독했을 때 가장 가까이에서 도움을 준 것도 동화였다. 이때 시련은 신화(Mythos)가 만들어낸 시련이다. 동화는, 신화가 우리의 가슴에 가져다준 악몽을 떨쳐버리기 위해 인류가 마련한 가장 오래된 조치들이 무엇이었는지 우리에게 알려준다. 동화는 바보의 형상을 통해 어떻게 인류가 신화에 맞서 "바보인 척했는지"를 보여주고, 막내 동생의 모습을 통해 인류가 신화의 원초적 시간으로부터 점점 멀어짐에 따라 어떻게 그의 기회가 커졌는지를 보여주며, 두려움을 배우기 위해 떠난 사람의 모습을 통해 우리가 두려움을 갖는 사물들의 정체를 꿰뚫어 볼 수 있다는 것을 보여주고, 영리한 사람의 모습을 통해 신화가 던지를 물음들이 마치 스핑크스의 물음처럼 간단히 풀 수 있는 것이라는 것을 보여주며, 동화 속의 어린아이를 돕는 동물들의 모습을 통해 자연은 신화에만 복종하는 것이 아니라 오히려 인간과 어울리기를 더 좋아한다는 사실을 보여준다. 동화가 태곳적에 인류에게 가르쳐주었고 또 오늘날에

도 아이들에게 가르쳐주고 있는 가장 현명한 조언이 있다면 그것은 신화적 세계의 폭력을 꾀(List)와 무모함(übermut)으로 대처하는 것이다. (이처럼 동화는 용기를 양극화하는데, 다시 말해 소극적 용기 Untermut〔즉, 꾀〕와 적극적 용기, 즉 무모함으로 변증법적으로 나눈다.) 동화가 지니는, 사물을 해방시키는 마법은 자연을 신화적 방법으로 활용하고 있는 것이 아니라 자연이 해방된 인간과 공모관계 〔연대관계〕에 있음을 시사한다. 성숙한 인간은 이러한 공모관계를 가끔씩만, 즉 그가 행복할 때에만 느낀다. 그러나 어린아이들은 이러한 공모관계를 동화 속에서 처음 만나게 되고, 이를 통해 또 행복감을 느낀다.[45]

발터 벤야민은 「이야기꾼: 니콜라이 레스코프의 작품에 대한 고찰」의 16장에서 신화와 동화를 비교하고 어린아이가 동화의 세계를 수용하는 과정에서 행복감을 느낀다는 점을 논증하고 있다. 우선. 그는 신화가 근대 사회에서 작동하는 방식을 고찰하였고, 신화적 폭력에 대응하기 위한 전략을 다각도로 고민하였다.[46] 인간이 자연과 대면하

45 『선집 9』, 447~449면.

46 신화는 신과 인간의 관계를 동일성의 유기적이고 총체적 가상의 연관 관계를 형성한다. 신화는 그리스 비극의 죄와 속죄의 연쇄, 비극적 운명의 질곡, 심리학적 반복강박, 전체주의 국가의 신화 활용은 부정적으로 나타났다. 신화의 탈신화화는 신화의 거부가 아니라 신화의 중지를 통해 극복할 수 있다. 즉 물화된 연속의 도식에 포섭된 사유의 주관주의적 요소를 구제하는 방식을 거쳐 신화적 세계의 폭력을 근절할 수 있다. 요컨대, 신화가 강제하는 동일성의 폭력을 비동일성의 영역으로 포섭하기 위해 문자언어, 낭만주의적 반어, 알레고리, 인용, 혁명, 꿈과 깨어남의 변증법, 씌어지지 않은 것을 읽기, 몽타주 기법, 브레히트적 서사극, 파괴적 성격, 정지 속의 변증법과 같이 신화의 연속성과 총체성의 허위적 가상 체계를 폭로해야 한다.
최성만, 「벤야민 횡단하기 Ⅲ －벤야민의 개념들」, 『문화과학』 통권 48호, 문화과학사, 2006, 261~264면.

는 과정에서 인간적 공포와 불안을 극복하기 위해 신화적 세계를 발명했으나 역설적으로 신화는 인간에게 시련과 두려움을 선사했다고 말한다. 그는 "운명은 죄지은 삶에서 막을 수 없이 펼쳐진다. 운명은 살아있는 것의 죄 연관"[47]을 발견하였고, 신화적 세계는 지속해서 인간을 죄와 운명의 노예 상태에서 벗어날 수 없게 한다고 생각하였다. 특히 "죄지은 자들의 속죄를 위한 희생물로 몰락한다. 다시 말해 작가가 불러내는 신화적 세계의 의미에서 속죄는 예전부터 무죄한 자들의 죽음"[48]을 통해 신화적 폭력이 인간을 구원하지 못한 채 신화적 질서를 유지하기 위해 희생양을 도출한다고 보았다. 그는 신화적 폭력의 대안으로 동화적 세계를 설정하였다. 동화는 어린아이들이 이야기의 경험을 교감할 수 있는 공간이다. 동화의 세계는 신화적 세계와 유사하게 신비주의를 내포하지만, 마법적이고 마술적으로 인간이 불행이 처한 상황에서 인간을 구제한다는 점에서 신화와 상이하다.

특히 동화는 자연과 동물에 대한 인간의 원초적 미메시스 능력의 조화로운 관계를 설정하기에 적합하다. 동화는 "꾀(List)와 무모함(übermut)"를 수단으로 인간과 자연 사이에서 발생하는 자연의 공포에 대한 인간의 두려움을 지혜롭게 극복하는 모습을 보여준다. "동화가 지니는, 사물을 해방시키는 마법은 자연을 신화적 방법으로 활용하고 있는 것이 아니라 자연이 해방된 인간과 공모관계 〔연대관계〕"에 있다는 점을 중시하고, 인간의 이성의 간계를 활용해 자연을 파괴하거나 자연의 폭력에 무기력하게 대응하는 데 그치지 않고, 인간이 행복

47 『선집 10』, 74~75면.

48 『선집 10』, 79면.

을 추구하는 과정에서 "바보"와 "동물"로 상징하는 신화적 세계에서 배제한 비동일성을 기반으로 작동한다.

> 나는 지칠 줄 모르고 이 수수께끼 같은 진실을 계속 시험할 수 있었다. 형식과 내용, 껍질과 껍질에 싸인 것, 선물과 주머니는 동일한 것이라는 진실이 그것이었다. 하나이면서 제3의 사물인 그것은 위의 두 가지가 변해서 만들어진 양말이었다. 이러한 기적을 불러내는 데 내가 얼마나 열심이었는지를 생각하다 보면, 그 놀이가 유령과 마술의 세계로 나를 데리고 갔던 동화들의 자매에 해당하는 것 같다는 기분이 강하게 든다. 동화들은 마지막에는 오차 없이 나를 다시 소박한 현실로 되돌려 보냈고 그 현실은 마치 양말이 그런 것처럼 나를 따뜻하게 맞아주었다.[49]

아이들은 타자의 영역을 꿈꾸면서 현실을 교란한다. 아이들은 성인 중심 세계의 통일성, 균질성, 동일성을 주변적 관점에서 교란시키면서, 타자로서 승인받지 못한 존재들의 전복적 잠재력을 내재하고 있다.[50] 아이들은 미성숙과 성숙의 경계에서 대상을 수용한다. 아이들은 감각적 대상이다. 아이들이 주체로서 타인과 공감하는 데 미숙할 수 있지만, 타인의 불행을 행복으로 전환하려고 한다. 그는 근대사회를 유년기에 경험하면서 유년기에 꾸었던 꿈의 세계가 어떻게 근대 사회에서 변형하고 굴절하였는지를 고찰하였다.[51] 그는 순수하게 세계를 동

49 『선집 3』, 119면.

50 전나래, 「발터 벤야민의 유년시절 회상과 도시 경험: 어린아이의 모티프를 중심으로」, 한국외국어대학교 대학원 석사논문, 2008, 46면.

51 독일은 세계 대전 패망 이후 국가주의적 관점에서 민족과 독일문화를 중시하는 시각으로 청소년을 바라보는 태도가 전환하였다. 특히 나치즘은 히틀러 유겐트(Hilter-Jugen)를 설립하여 나치 집권을 위한 정치적 동력으로 활용하였다. 히틀

경하였던 유년기의 꿈이 성인으로 성장하는 과정에서 꿈속에 빠진 채 각성의 시간으로 편입하지 못한 과정을 살펴보았다. 그는 "유년기의 경험의 역사적 형태가 꿈의 형상(『아케이드 프로젝트 2』, 905면)"으로 규정하였다. 아이, 동화, 놀이는 근대 사회에서 소외당한 범주들이다. 근대 사회는 성인, 소설, 노동을 중시하는 시공간이다. 아이는 비합리적 감각 세계이고, 동화는 마법의 공간이다. 근대 사회는 노동을 이성과 합리의 기준으로 분화했다. 그는 어른의 세계인 근대 사회를 구제하기 위해서 아이, 동화, 놀이의 세계를 재발견해야 한다

러 유겐트는 나치의 젠더 이데올로기는 남성 중심 우월주의를 표방 하에 성별, 연령에 따라 조직되었다. 1922년경에 〈니치 청소년동맹〉과 〈청년돌격대 아돌프 히틀러〉가 결성되었다. 해당 조직은 주로 청소년을 모집하고 정비하는 수준에 머물렀다. 이후 1933년경에 히틀러 유겐트는 정치적 위상이 변모하면서 히틀러를 중심으로 한 나치즘의 이념과 수행하고 전파하는 데 일익을 담당하였다. "히틀러가 주장하는 민족국가의 이상적인 인간형은 평화주의적인 탐미주의나 성실한 소시민이 아니라 남성적인 힘을 고집스럽게 체화한 남성이다. 근대의 부르주아 정신을 철저하게 배격하고, 프로이센의 군구주의와 결을 같이하는 민족국가론을 주장하면서 히틀러는 인종적 순수성이 보존되고 보장된 가운데 만들어질 민족국가는 학교를 다니는 시기뿐만 아니라 졸업 후에도 정신적 교육과 육체적 단련을 위한 제도와 시설을 강구하고 제공하여야 한다. 그런 의미에서 민족국가의 국민을 양성하는 최후의 그리고 최고의 학교는 군대이다. 이러한 히틀러의 주장에서 우리는 히틀러 유겐트가 지향하는 목표를 보다 선명하게 알 수 있다. 민족사회주의의 궁극적인 목표가 독일민족의 생활공간(Lebenswelt)를 확보하는 것이고 그 과정에서 공산주의자들이 장악하고 있는 동방을 반드시 정복해야 하기 위해서는 민족과 국가를 위해 희생할 준비가 되어 있는 강인한 전사를 양성해야만 하는 것이다. 히틀러 유겐트에서 소년들은 궁극적으로는 민족사회주의 세계관으로 무장한 병사로서 양육되고 단련"하는 과정을 중시하였다. 요컨대, 독일 나치즘은 유겐트 단원들을 모집했다. 청소년들은 나치즘의 이론을 무비판적으로 수용하고 나치즘의 전파에만 헌신하였다. 이러한 점을 염두에 둔다면, 발터 벤야민이 민족과 국가를 위한 수단으로 전락하는 아이들을 구제하려고 했다고 간주할 수 있다. 권형진, 「나치정권의 소년들에 대한 통제-히틀러 유겐트를 중심으로」, 『대구사학』 89권, 대구사학회, 2007, 280면.

고 말한다.

> 미키 마우스의 삶은 오늘을 살아가는 사람들의 그러한 꿈이다. 이 삶은 기술적 기적들을 능가할 뿐만 아니라 그 기적들을 우스꽝스럽게 만드는 기적들로 가득 차 있다. 즉 그 기적들에서 가장 독특한 것은, 그것들이 모두 기계장치 없이, 즉흥적으로, 미키 마우스와 그의 신봉자들 및 그의 추격자들의 몸에서, 나무나 구름이나 바다에서와 마찬가지로 가장 일상적인 가구들에서 나온다는 점이다. 자연과 기술, 원시성과 안락함은 여기서 완전히 하나가 된다.[52]

발터 벤야민은 미키 마우스 영화에서 "당시 집단적이고 파편적인 대중들의 일상을 반영하며, 혼란한 사회 속에서 정체성을 상실한 대중들에게 보상적인 작용"[53]을 하고 있다는 점을 발견하였다. 미키 마우스는 아이들처럼 기존 시스템에 동화하기를 거부하고, 시스템에 균열을 내기 위해 노력한다. 미키 마우스는 경험이 더 이상 존재하지 않는 근대 사회에서 인간이 체제에 대항하기 위해 다소 폭력적 방식을 동원해 자기 존립을 유지하려고 한다. 근대 사회는 경험의 빈곤을 어떻게 인식하느냐에 따라 인간의 행복에 도달할 수 있다. 즉, 미키 마우스는 체제의 모순을 은폐하지 않은 채 지속해서 시스템 내부를 교란하려는 정치적 행위의 상징으로 간주할 수 있다. 디즈니 영화에 나타난 코믹과 끔찍함, 잔인성과 폭력은 현실의 모습을 재현하고, 미키

52 『선집 5』, 179면.

53 최정윤, 「초기 디즈니 애니메이션의 유토피아적 가능성 -미키 마우스에 관한 벤야민의 사유를 중심으로」, 『한국콘텐츠학회논문지』 10권 7호, 한국콘텐츠학회, 2010, 147면.

마우스는 괴짜로서 현실의 불합리한 억압에 대항하는 존재로서 그려진다.[54]

54 『선집 2』, 85~86면.

3부

종교의 정치적 변용에 대한 글쓰기

6장

대종교의 민족주의와 유대교의 정치신학

6장

대종교의 민족주의와 유대교의 정치신학

1. 천부경과 토라

신채호는 대종교를 수용하였다. 대종교는 선천 시대와 후천 시대를 구분하였다. 선천 시대의 온갖 악행을 해소하기 위해 대종교는 다양한 교리를 확보하였다. 특히 대종교를 신봉한 근대 지식인들은 외적으로 대종교의 종교적 형식을 취하면서 내적으로는 독립 운동을 진행하였다. 그는 대종교의 개벽 논리를 정치적으로 활용하면서 독립 운동의 이론적 지형을 확보하였다. 『천부경』은 배달국, 단군조선, 부여, 고구려를 거쳐 전해지면서 360 개념, 구구단, 음양과 오행, 태극과 64괘, 영생론, 윤회설, 이기론, 무유론, 자유와 평등 개념, 열역학 개념, 2진법과 3진법과 10진법을 활용한 체계적 수학논리 등의 원리가 반영되어 있고, 홍암 나철이 단군을 신봉하고, 조선 민족 정신을 통일하

고, 조선 독립의 정신적 구심점으로 작용하였다.[1]

> ① 歷史를 硏究하려면 史的 材料의 搜集도 必要하거니와 그 材料에 對한 選擇이 더욱 必要한 者라. 古物이 山같이 쌓였더라도 古物에 對한 學識이 없으면 日本의 寬永通寶가 箕子의 遺物도 되며, 十萬 冊의 藏書樓 속에서 坐臥하더라도 書籍의 眞僞와 그 內容의 價値를 判定할 眼目이 없으면 後人 僞造의 天符經 等도 檀君王儉의 聖言이 되는 것이다. 歷來의 朝鮮 史家들의 所謂 史學은 매양 博學으로써 唯一의 條件을 삼으며, 그 所謂 博學은 오직 書籍뿐이요 그 所謂 書籍은 中國 書籍뿐이었다.[2]

> ② 我國은 古代에 珍書를 焚棄한 때[李朝(조선) 太宗의 焚書 같은]는 있었으나 僞書를 造作한 일은 없었다. 近日에 와서 天符經·三一神誥 等이 처음 出現하였으나 누구의 辯駁이 없이 古書로 信認할 이가 없게 된 것이다. 그러므로 我國 書籍은 各氏의 族譜 中 그 祖先의 事를 或 僞造한 것이 있는 以外에는, 그리 眞僞의 辨別에 애쓸 것이 없거니와, 다음 接壤된 隣國인 支那·日本 兩國은 從古로 交際가 頻煩함을 따라서 우리 歷史에 參考될 書籍이 적지 않다. 그러나 僞書 많기로는 支那 같은 나라가 없을 것이다. 僞書를 辨認치 못하면 引證치 않을 記錄을 我史에 引證하는 錯誤가 있다.[3]

①과 ②에서 1920년대와 1930년대에 걸쳐 『천부경』의 위서 가능성을 지적하면서 조선 고대사의 기원에 대한 대종교의 사유를 비판적으

---

1 나정길, 「대종교와 천부경」, 『신종교연구』 제16집, 한국신종교학회, 2007, 81~87면.

2 『전집 2』, 351면.

3 『전집 1』, 619면.

로 수용하였다.[4] ①에서는 객관적 역사 연구를 위해서는 서적 재료의 수집이 필수적이고, 서적의 진위와 내용의 가치를 판단할 안목이 없다면, 위조된 『천부경』도 단군왕검의 역사적 실체를 해명하기 위해 활용된다고 지적하고 있다. ②에서는 조선의 기록은 위서를 조작하는 일이 없었고, 조선을 제외한 중국과 일본이 역사적 실체를 조작하는 태도를 보였다는 점을 지적하고 있다. 그는 『천부경』의 위서 여부를 떠나 조선의 역사 기록은 객관적 사실을 왜곡하거나 조작하지 않았지만, 중국과 일본이 근대를 전후로 역사적 실체를 부정하는 태도를 보이기 때문에, 『천부경』의 진위 여부를 떠나 역사적 판단을 위한 총체적 시각을 겸비할 필요가 있다고 생각하였다.[5]

> ① 이 점은 바로크 시대의 모든 도발적인 현세강조의 기반을 이룬다. 왜냐하면 복고(Restauration)라는 역사이상에 파국의 이념이 대립해 있기 때문이다. 그리고 이로 인한 대립에 맞춰 비상사태의 이론이 생겨났다. 〔중략〕 바로크 시대의 종교적 인간은 세상을 꼭 붙잡는데, 그 이유는 자신이 세상과 함께 폭포 쪽으로 떠밀려간다고 느끼기 때문이다. 바로크적인 종말론은 존재하지 않으며, 바로 그렇기 때문에 지상에 있는 모든 것들을 그것이 종말에 다다르기 전에 쌓아놓고 강하게 흥분시키는 매커니즘이 있다. 조금이라도 속세의 숨결이 남아있는 모든 것들은 피안을 비워내며, 바로크는 이것들에서 통상 형상화의 대상이 되지 않았던 풍부한 사물들을 추출해내어 그것을 자신의 정점에서 대담한 형태로 드러낸다. 이는 마

4 이숙화, 「『天符經』 수용과 근대 지식인들의 이해」, 『남북문화예술연구』 통권 제9호, 2011, 211~215면.

5 김부겸, 「한국의 정치사상과 천부경(天符經) –한국정치사상사 서설을 중심으로」, 『범한철학』 제8권, 범한철학회, 1993, 392면.

지막 하늘을 텅 비워 그 하늘을 진공상태로 만듦으로써 언젠가는 지상을 파국적 폭력으로 소멸하기 위해서이다.[6]

② 사건들을 그것들의 크고 작음을 구별하지 않고 헤아리는 연대기 기술자는 그로써 일찍이 과거에 일어난 그 어떤 것도 역사에서 상실되어서는 안 된다는 입장을 중시한다. 물론 구원된 인류에게 비로소 그들의 과거가 완전히 주어지게 된다. 이 말은 구원된 인류에게 비로소 그들의 과거의 매 순간순간이 인용 가능하게 될 거라는 듯이다. 살았던 순간들 하나하나가 최후의 심판이 될 날의 의사일정에 인용대상이 될 것이다.[7]

①은 바로크 종말론을 언급한다. 발터 벤야민은 유대 신학의 관점에서 세계의 파편과 폐허를 인식하였다.[8] 발터 벤야민은 숄렘의 카발라 이론을 비판적으로 수용하였다. 특히 숄렘이 강조한 계시(die Offenbarung), 전통(die Tradtion), 신비주의적 언어관(die mystische Sprachauffassung), 메시아 이념(die messianische Idee)와 같이 계시록적 메시아 이념에 맥이 닿아 있는 유대교에 대한 이해는 발터 벤야민

---

6 『원천』, 95면.

7 『선집 5』, 332면.

8 김홍중은 발터 벤야민의 파편적 사유와 이삭 루리아의 티쿤(tikkun)을 연관 짓고 있다. "티쿤은 이러한 의미에서 유기적 총체성의 파괴, 폐허에서의 수집 그리고 만화적경 구축으로 구성된 벤야민적 방법의 핵심적 구조와 주목할 만한 상동성을 보여주는 동시에, 굳건한 토대의 감각을 상실하고 '모든 것들이 무너져 내려 허공에 부유하는' 시대이자, 현실이라는 견고했던 구조가 파쇄(破碎)되고 그 총체성이 해체되어 넝마와 누더기로 산포된 상태에서, 이러한 파편들을 다시 구성하는 몽타주의 방법에 철학적 희망을 걸어야 하는 시대였던 20세기 초반 유럽의 지적이고 미학적인 상황과도 매우 실질적인 친화력을 갖고 있다(278면)." 티쿤(tikkun)에 대해서는 김홍중, 「발터 벤야민의 파상력(破像力) 연구」, 『경제와 사회』 제73호, 비판사회학회, 2007, 275~277면 참조.

의 신학적 인식의 토대가 되었다. 신의 문자로 작성된 토라(계시)와 토라에 대한 구비 전승에 입각한 주해인 전통의 입장 차이는 발터 벤야민의 사유를 이해하는 데 단초가 된다. 즉, 신의 문자를 전달한다는 과정은 원천적으로 불가능하기 때문에 이에 대한 지속적 해석의 여지를 강행한다는 입장과 신의 문자를 수용할 수 없다면 구비 전승한 것들을 토대로 신의 목소리에 근접할 수 있다는 입장으로 구분할 수 있다. 왜냐하면 근대 사회는 인간의 언어가 신의 이름을 인간의 이름으로 훼손했기 때문이다. 특히 유대교의 주요한 인식인 복고적인 힘(die restaurative Kraft)은 태곳적 원형으로 보존하고 있는 신의 세계에 대한 복원을 통해 현재의 위기 국면을 해결하려는 전략의 소산이다.[9]

②은 최후의 심판과 인용의 문제를 다룬다. 발터 벤야민은 역사적 위기의식인 종말론을 수용했다. 발터 벤야민은 유대 카발라 전통을 숄렘에게 배웠다. 숄렘은 유대 메시아주의를 파국 이론으로 규정하였다. 파국 이론은 역사적 현재에서 유토피아적 힘이 지향하는 미래로의 이행기에 파묻혀 있는 혁명 전복적인 요소이다.[10] 최후의 심판은 과거의 사건을 인용의 형식으로 취한다. 최후의 심판은 기억의 형식으로 과거가 현재와 매개하고 미래를 접속하는 방식이다. 그는 "진보의 개념을 파국의 이념에 기초한 것으로 설명해야 한다. 사물이 '이

9 김영옥, 「유대교적 −독일 철학의 한 문맥−헤르만 코헨, 프란츠 로젠츠바이크, 게르숌 숄렘 그리고 발터 벤야민을 중심으로−」, 『브레히트와 현대연극』 2권, 한국브레히트학회, 1996, 5~7면.

10 고지현, 「발터 벤야민의 역사 철학에 나타나는 역사의 유대적 측면: 벤야민의 게르숌 숄렘과의 카프카 토론」, 『사회와 철학』 제10호, 사회와 철학연구회, 2005, 8~9면.

렇게 계속' 진행된다는 것, 그것이 바로 파국이다. 파국은 임박한 무엇이 아니라 순간순간마다 주어지는 사물의 상태(『선집 4』, 292면)"[11]로 간주하였다.

2. 단군과 메시아

신채호와 발터 벤야민은 신화적 세계 원리가 근대 사회에서 여전히 작동하고 있다고 생각했다. 신채호는 일본 제국주의가 일본 민족주의를 재구성하기 위해 신화를 차용하면서도 조선에 대한 식민주의를 강화하기 위해 조선의 민족주의적 역사를 부정한다는 점을 비판하였다. 그는 일본 민족주의적 신화와 조선 민족주의 신화의 정치적 성격이 가해자와 피해자라는 구분을 넘어 근대 사회에서 동양이 민족주의를 표방하면서 성립한 이념으로 생각하였다. 예컨대, 일본이 조선의 단군 서사를 단순하게 신화로 가치 평가하는 방식에 대항해 그는 단군의 역사적 실체를 근대 조선에 편입하고자 하였다.[12] 그는 단군 신화를 역사적 언어로 전환하기 위해 단군의 실체를 고증학적으로 탐구하거나 재해석하는 과정을 거쳤다. 반면 발터 벤야민은 서양의 근대 사회는 계몽의 프로젝트에 따라 이성과 합리성을 기반으로 전근대적 세계와 결별했다고 보는 기존의 시각과는 달리 전근대적 세계를 지배한

11 『선집 4』, 292면.

12 하정현, 「근대 단군 담론에서 '신화' 개념의 형성과 파생문제」, 『고조선단군학』 제24호, 고조선단군 학회, 2011, 198면.

신화적 이념들은 여전히 근대 사회에서도 정치적으로 변용하고 있다고 파악하였다. 그는 근대 사회와 전근대 사회가 여전히 신화적 세계를 공유하면서 주체와 타자를 구분하고 타자를 억압하는 방식을 동원한다고 파악하였다.

신채호와 발터 벤야민이 공통으로 신화적 세계를 동서양 근대 사회에서 재인식한 것은 일본 식민주의와 독일 전체주의라는 근대 사회의 정치적 현상에 대한 대응의 일환이었다. 즉, 신채호는 일본 식민주의가 국가와 폭력을 신화적으로 사용하는 방식을 부정하고자 하였고, 발터 벤야민은 독일 전체주의가 국가와 법을 동원하면서 개인의 자율성을 억압하는 양상을 해체하고자 하였다.

일본 식민주의와 독일 파시즘은 정치적 목적을 달성하기 위해 다양한 상징체계를 동원했다. 정치적 상징체계는 지배자와 피지배자간의 동일성을 기반으로 정치적 목적을 위한 연대 조건에 이바지한다. 일본 식민주의는 천황을 중심으로 정치적 목적을 달성하려고 했다. 일본의 근대적 천황제는 천황과 국가의 동일성을 기점으로 천황제의 도덕적, 종교적 정치적 지배 시스템을 견고화하면서 사회 질서의 가치 제체를 승인하는 구조이다.[13] 천황제 중심의 역사 교육은 식민지 구성원의 의식을 개조하였다. 특히 천황제 중심의 역사 교육은 조선사를 박탈하고 일본사를 강요하는 과정으로 식민지 구성원의 의식을 광신적 천황 중심의 역사로 편입하려는 것을 지향하였다.[14] 일본 파시즘은 천황 이

---

13 백진룡, 「일본 천황제의 역사적 변모 과정에 대한 연구 -천황제의 성격 변화와 관련하여」, 『동북아문화연구』 제 13집, 동북아시아문화학회, 2007, 412면.

14 최서영, 「日本에 있어서의「天皇」의 絕對性과 現在」, 원광대학교대학원 박사논문,

데올로기를 신화화된 전통에 근거해 창출하였다. 천황은 "헌법과 주권이라는 유럽의 문명을 도입하는 과정에서 근대 일본이 스스로의 전통을 번역하여 만들어낸 일본적 자기애의 상징과 같은 존재임과 동시에, 유럽에서 발명된 헌법과 주권이 내포하고 있는 아포리아의 상징"이다.[15]

> 사회적 현실에서, 독재자에게 '모든 것을 할' 수 있는 권력을 부여하는 것은 바로 보호를 받으려는 국민 대중들의 이러한 태도와 지도자에 대한 신뢰감이다. 국민 대중들의 이러한 태도는 사회적 자주 관리와, 즉 합리적인 독립성과 협동을 방해한다. 진정한 민주주의는 이러한 대중들의 태도에 그 토대를 둘 수 없으며, 두어서도 안 된다.
>
> 그러나 더 본질적인 것은 대중들 개개인이 '지도자'와 자신을 동일시한다는 것이다. 대중들 개개개인이 무력해지도록 양육되면 지도와의 동일시는 더 뚜렷이 나타나며, 보호에 대한 아이와도 같은 욕구는 지도자와 하나가 된다는 감정의 형태로 더욱 위장된다. 이런 동일시 경향이 민족 나르시시즘, 즉 각 개인들이 '민족의 위대함'에서 빌려온 자존심의 심리적 토대이다.[16]

대중은 히틀러와 같은 지도자와 정서적 혹은 이념적으로 동일성을 추구하면서, 정치경제학적 한계와 제약을 극복한 것처럼 착각한다. 대중은 개인의 고유성을 상실한 채, 민족과 국가와 같은 사회 공동체에 스스로를 승인하는 과정을 거쳐 계급적 모순을 민족의 위대함으로 전

2009, 124면.

15 김항, 「예외적 존재로서의 천황 -근대 일본의 헌법과 주권」, 『대동문화연구』 70권, 성균관대학교 대동문화연구원, 2010, 374면.

16 빌헬름 라이히, 황선길 옮김, 『파시즘의 대중심리』, 도서출판 그린비, 2006, 108면.

환하는 심리적 작용에 몰두한다. 독일 파시즘은 정치적 목적 달성을 위해 정치의 미학화를 실현했다. 특히 독일 파시즘은 정치적 미학화를 수반하기 위해 다양한 상징체계를 형성하고자 했다. 히틀러는 바이마르 공화국 이후의 보수층이나 당시 물질적인 차원에서 어려움을 겪고 있었던 모든 계층의 욕구를 만족하게 할 메시아로서 혹은 현실을 뛰어넘어 이상적이고도 순수한 전체(게르만 민족이라는 인종학적 전체)에 도달하는 길을 열어줄 수 있는 대변자로 자신을 손쉽게 연출해 낼 수 있었다.[17]

일본 파시즘과 독일 파시즘은 공통으로 천황과 영도자를 중심으로 종교 정치적 성격을 강화했지만, 독일 파시즘의 지도자 원리(Führerprinzip)는 히틀러 개인의 카리스마적 지도력에 대한 신뢰를 강화하기 위한 상징체계를 마련하는 데 심혈을 기울였다.[18] 특히 대중들의 자유로운 성격 구조를 반동적 족쇄로 채우기 위해 파시스트들이 사용한 상징은 대중들에게 신비주의적 감정을 조작하였고, 민족사회주의의 혁명적 미사여구를 동원해 개인의 무의식을 지배하는 양상을 보여 주었다.[19]

> 況 日史의 出ᄒᆞᆫ 바를 盲信ᄒᆞᆯ진ᄃᆡ, 卽 彼輩 近日 筆端이 愈出愈怪ᄒᆞ여 檀君이 素잔嗚尊의 弟라 ᄒᆞ며, 高麗ᄂᆞᆫ 元來 日本 屬國이라 ᄒᆞ여, 魔談狐說이 紛紛雪墮ᄒᆞ니, 彼等語를 皆信ᄒᆞ면 卽 我國 四千

---

17 김수용 외 3인, 『유럽의 파시즘 -이데올로기와 문화』, 서울대학교 출판부, 2001, 57면.

18 나인호 외 1인, 「독재와 정치종교: 독일 나치즘과 일본 파시즘의 상징의 정치」, 『대구사학』 제 79집, 대구사학회, 2005, 19~20면.

19 빌헬름 라이히, 위의 책, 153면.

載史는 日本史의 附屬品을 作흘지니, 嗟 彼盲信者여.[20]

신채호는 『讀史新論』의 제6장 〈新羅 百濟와 日本의 關係〉에서 일본 식민사학의 역사 날조를 비판하였다. 그는 일본이 지리적 여건 때문에 신라와 백제 시대에 일본의 잦은 침범이 많았다고 말한다. 백제는 일본의 동맹국이었고, 신라는 일본의 원수 나라였다고 지적하면서 신라의 국권이 커진 후에도 일본이 신라를 자주 침범했던 이유를 설명하였다. 일본은 여러 부락을 하나로 통합하는 과정을 거쳐 신라에 못지 않은 국력을 지닐 수 있었다. 일본의 문화는 조선의 동맹국인 백제 문화를 유입하면서 형성되었다. 이처럼 그는 옛 기록에 근거하여 신라와 백제, 일본의 관계를 설명하는데, 근대 사회에서는 신라와 백제, 일본의 관계를 왜곡하는 사례가 속출하는 이유를 문제시하였다. 그는 일본 여황(女皇) 비미호(卑彌乎)를 사례로 한 신라와 일본과의 역사 왜곡, 임나일본부설의 역사적 날조를 열거하였다. 그는 "日人이 雖妄이나 엇지 史記야 揑造ᄒᆞ리오. 此 必實事가 유ᄒᆞᆫ 것인즉, 不可不 我史에 收入ᄒᆞ리라 ᄒᆞ여, 彼를 妄信ᄒᆞ며 我를 自欺(『전집 3』, 327면)"하는 것이라고 말하면서, 일본의 사관을 맹신하는 역사 편찬자들을 질타하였다. 단군을 소전명존(素戔嗚尊)의 아우[21]라고 규정하고 고려를 일본의 속국이었다고 기술한 일본사의 기록의 맹신한다면, 조선의 4천 년의 역사를 일본사의 부속품이 될 수 있다고 말하였다.

신채호는 단군을 조선 최초의 신앙 체계로 간주하였다. 단군은 종

20 『전집 3』, 327면.

21 장신, 「일제하 日鮮同祖論의 대중적 확산과 素戔嗚尊 신화」, 『역사문제연구』 21, 역사문제연구소, 2009, 373~379면 참조.

교와 정치가 일치한 상황에서 조선의 정신적 구심점으로 작용하였다. 〈수두〉는 신단으로서 종교적 의례를 위한 신성한 장소였다. 그는 단군을 기점으로 우리나라의 역사인식체계를 명확히 하여, 만주와 한반도의 영토를 지배하였다는 점을 지적하였다. 일본 식민주의는 단군의 실체를 신화의 영역으로 종속하면서 단군을 역사적 대상으로 소환하지 않으며 근대 조선의 저항 논리의 구심점으로 단군이 활용할 여지를 애초에 차단하였을 뿐만 아니라 단군의 실체를 일본의 신화로 편입하는 과정을 거쳐 그의 실체를 조작하려고 시도하였다.[22]

신채호는 대종교에 대한 사유를 수용한 전후로 단군의 정치 종교적 표상이 변화하는 모습을 보여주었다.[23] 천·지·인의 화합과 조화를 지향하는 단군의 삼위일체사상은 신인이 혼재되어 있는 신인조화의 극치를 의미하여 이 신인묘합의 극치는 한민족 정신세계의 기조를 이룬다.[24] 신채호는 태고사, 상세사, 중세사, 근세사, 최근세사로 시대

22 조법종, 「丹齋 申采浩의 民族史學研究: 한국고대사관련 저술을 중심으로」, 『한국종교사연구』 제13호, 한국종교사학회, 2005, 50면.

23 신채호는 『독사신론』, 『조선상고문화사』, 『조선상고사』를 집필하면서 단군론을 정치적 지형에 따라 발전시켰다. 1911년 대종교와 관계를 맺은 시기에 『조선상고문화사』를 작성하였고, 대종교와 결별한 이후에 『조선상고사』를 집필하였다. 『독사신론』에서는 정복영웅사로서의 단군인식, 『조선상고문화사』에서는 자주문화의 상징으로서의 단군인식, 『조선상고사』에서는 합리성을 기반으로 한 종교적 존재로서의 단군 인식을 보여주었다. 특히 『조선상고문화사』에서는 자주문화의 상징으로서의 단군인식은 단군 때에 광대한 영토를 소유하였고 광대한 영토를 다스리기 위한 정치조직인 공화정을 수립하였고, 조선 문화의 원천으로서 단군 조 문화를 부각하였고, 상고 시대에 중국 문화를 능가하는 우월 문화로서의 조선 문화에 대한 탁월한 인식을 드러내었다. 이만열, 『단재 신채호의 역사학 연구』, 문학과지성사, 1990, 245~271면.

24 임형진, 「단군학과 한국정치학: 근대 정치사상을 중심으로」, 『고조선 단군학』 제13호, 고조선단군학회, 2005, 398~399면.

를 구분했다. 단군 건국을 조선 역사의 기원으로 간주하면서 한민족의 집단 무의식을 형성하였고, 역사적 흐름의 족보를 마련하고자 하였다. 그는 "連續 不絕ᄒᆞ는 歷史(『전집 3』, 349면)"적 순간의 흐름을 인식한 채, "革命의 棒(『전집 3』, 349면)"을 통해 시대를 구분하였고, 조선민족의 기원을 단군 시대로 간주하였다. 그는 조선의 역사적 기원을 회복하고 근대 사회의 현재와 과거를 매개한 후, 과거의 기원을 기점으로 시대적 사건을 재구축해야 한다고 말한다. 신채호의 단군 인식은 대종교를 수용한 전후로 변화하였다. 대종교는 나철이 단군 신앙을 체계화하였고, 정역(正易)의 개벽관을 수용하여 후천개벽의 기치를 내걸고 새로운 평화의 세계를 예언하고 구현하고자 하였는데, 삼위일체(三位一體) 신앙, 신인합일(神人合一), 홍익인간(弘益人間) 사상을 중심으로 단군 신화를 수용하고 단군 신앙을 체계함으로써 한민족의 역사와 정신문화의 보편적 정체성을 회복하고자 하였다.[25]

> 이 ᄶᅢ에 檀氏王朝는 扶餘로 옴기여 命令이 왼 곳에 行치 못한즉, 箕子의 封爵은 王朝에서 바든 것이 아니며, 平壤은 今 平壤이 아니라 五德地 곧 北平壤의 附近 廣寧縣이며, 廣寧은 當時 卞韓의 管境이니, 箕子가 王될 ᄶᅢ에 반다시 卞韓과 關係가 잇을 것이다. 만일 箕子가 帝王이 되엿다 하면 이도 箕子를 誣辱함이니, 箕子가 이미 姬發(周武王)과 深仇가 잇는데, 朝鮮의 帝王이 되고도 姬發에게 問罪치 못하엿다 하면, 엇지 箕子라 할 수 잇스리오. 그러면 箕子가 諸侯가 되야 姬發에게 問罪하지 못함은 可할까? 그럿타. 그 ᄶᅢ의 諸侯는 한 고을의 郡守니, 箕子는 곳 平壤의 郡守라. 아무리 復讎

25 박광수, 「홍암(弘巖) 나철(羅喆)의 단군신앙운동 연구」, 『종교연구』 제53집, 한국종교학회, 2008, 88~89면.

할 생각이 간한들 平壤郡守가 엇지 支那에 對하야 宣戰할 權利가 잇스리오.

매양 腐儒들이 씨하되, 姬發은 天命을 바든 고로 箕子가 深仇로 볼 수 업다 하나, 그 所謂 天命이란 자가 무엇을 標準함이뇨. 成功하는 자를 天命 받은 자라 하면 이는 强權이 곳 天命이니 是非가 업슬지며, 正義를 가진 자가 天命을 가진 자라 하면 正義란 것이 또 엇던 것인가. 民心을 짜러 行하는 者가 正義라 하면 姬發이 殷을 친 뒤에 人心이 殷을 생각하야 殷京의 人民이 다 叛하엿으니, 姬發의 正義가 어데 잇스며, 暴君을 베힌 자가 正義라 하면 紂가 비록 殘暴하나 賢聖한 임금이 六七代나 되던 王室을 업시함이 무엇이 正義며 前代 六七 聖君의 德政이 紂의 殘暴를 救하지 못함이라 하면 엇지 하야 姬發이 殷室의 大聖 箕子 微子를 세워 聖君의 遺統을 잇게 아니 하엿으며, 民心이 곳 天心이라면 當日에 紂가 速히 죽고 箕子 가티 大聖이 서기를 바람이 民心이니, 엇지 하야 天心은 民心과 달러 紂의 在位한 壽命은 二十年 三十年이나 길게 하야, 기여히 그 惡이 차서 西周 小酋에게 亡하게 하였나뇨.[26]

신채호는 일제 강점기에 단군을 기억하는 방식을 선택했다. 그는 단군에 대한 일본 식민주의의 정치적 전략에 대한 대응의 일환으로 단군을 근대 조선에 호명하려고 하였다. 단군을 한민족의 정신적 구심점으로 작용하면서 근대 조선에서 대종교의 단군민족주의로 발전하였다. 근대 조선의 단군 민족주의는 국수보전설과 결합하는 과정을 거쳐 한민족의 적자생존을 추구하는 양상을 보였다.[27] 특히 근대 조선

26 『전집 3』, 394~395면.

27 정영훈, 「한국사 속에서의 '檀君民族主義'와 그 정치적 성격」, 『한국정치학회보』 28(2), 한국정치학회, 1994, 37~38면.

사회에서 대종교는 단군교를 창설하는 과정을 거쳐 단군을 정치적 거점으로 삼기 위해 종교적 외양을 띠는 모습을 보였다.[28] 근대의 종교와 정치 분리는 외견상으로만 성립하였고, 실제로는 근대 조선과 일본에서 종교와 정치는 상호간에 밀접하게 영향을 주고받으면서 각 영역의 영향력을 확보하고자 했다는 점을 알 수 있다. 임시정부의 주요 요인들이 정치적으로는 민족주의를 표방하면서 대종교를 수용하는 과정을 거쳤다는 점을 고려할 필요가 있다. 일제하 항일운동 배경으로서의 단군의 위상은 단순하게 종교적 수양만을 위한 것이 아니라, 일본 식민주의에 저항하고 자주 독립의 가능성을 정치적으로 변용하기 위한 전략의 일환이었다는 점을 알 수 있다.[29] 특히 신채호는 대종교의 개벽 사상에 입각한 세계 변혁의 논리를 수용하면서 근대 조선의 정치적 지형을 변화하고자 하기도 하였다.[30]

> 前述한 바 가티 朝鮮族이 各『아리라』에 分布하야 各『불』을 開拓하는 同時에 一大 共同의 信仰이 流行하얏나니, 갈온 바 壇君이니라. 原始人民이 宇宙現像을 科學的으로 解釋할 知識이 업슴으로 假想

28 정영훈, 「대종교와 '단군민족주의'」, 『단군학연구』 제10호, 단군학회, 2004, 295~296면.

29 일제하 항일운동 배경으로서의 단군의 위상은 무장투쟁 배경으로서의 단군, 문화투쟁의 배경으로서의 단군, 정치사상투쟁 배경으로서의 단군, 사회주의 투쟁 배경으로서의 단군으로 그 성격이 다양하였다. 나철이 대종교를 창시하면서 종교와 정치의 결합을 도모하였다. 특히 단군구국론은 항일무장투쟁의 정신적 구심력으로 작용하였다. 신채호는 1910년 3월에 발표한 「동국고대선교고」를 발표하면서 과거의 유교정신의 잔재를 청산하고 우리 고유의 사상을 바탕으로 한 역사의식의 변화를 극명하게 보여주었다. 김동환, 「일제하 항일운동 배경으로서의 단군의 위상」, 『선도문화』 제10집, 국학연구원, 2011, 165면.

30 조은주, 「'나'의 기원으로서의 '단군'과 창세기적 문학사상의 의미: 최남선, 신채호를 중심으로」, 『한국현대문학연구』 제29집, 한국현대문학회, 2009, 128면.

> 的으로 宇宙에 神이 잇다 定하고 모든 것을 神의 造作으로 돌니어 神을 崇拜하는 同時에 각기 天然 環境을 쌀아, 或 萬有의 物을 다 神으로 認하야 이를 拜하며 或 萬有의 物의 上에 一神이 잇다 하여 이를 拜하나니, 이것이 일은바 宗教이며 原始時代 各 民族社會에 各기 固有한 宗教를 가진 實在니라.[31]

신채호는 조선 최초의 일반 신앙을 단군에서 발견하였다. 원시시대에는 우주 현상을 과학적으로 파악할 지식이 전무하여 우주에 신이 있다고 여기면서 만물의 권위를 신으로 숭배하였다. 원시시대 각 민족 사회에서는 종교의 이름으로 신적 권위를 인정하였다. 조선족은 태백산을 우주 광명의 대상으로 인식하였고, 이에 인구가 번식하면서 각자의 주거지를 중심으로 '수두'를 형성하였다. 수두는 신단이란 뜻이고, 수두에서 제사를 지냈는데, 제주(祭主)를 한 명 선발해 〈하느님〉, 〈천신(天神)〉에게 제사를 올렸다. 단군은 수두 하느님을 의역한 것이다. 개항과 일제 강점기의 단군 담론은 주자학적 질서의 붕괴, 민족주의 담론의 유통, 근대적 종교 지형의 형성으로 인해 촉발하였고, 특히 민족주의 담론의 유통 과정에서 민족주의 사학자들은 일본의 내선일체에 따른 동화 정책에 대한 반발로 타자성의 산물인 민족 개념과 결부하면서 민족적 정체성을 확보하고자 하였다.[32]

과거를 역사적으로 표현한다는 것은, 그것이 '원래 어떠했는가'를

---

31 『전집 1』, 634면.

32 고병철, 「근대 단군 담론의 이해-종교적 신념체계와 역사적 지식체계로의 형성」, 『종교연구』 21권, 한국종교학회, 2000, 245면.

> 인식하는 일을 뜻하는 것이 아니다. 그것은 위험의 순간에 섬광처럼 스치는 어떤 기억을 붙잡는다는 것을 뜻한다. 역사적 유물론의 중요한 과제는 위험의 순간에 역사적 주체에게 예기치 않게 나타나는 과거의 이미지를 붙드는 일이다. 그 위험은 전통의 존속에 뿐만 아니라 그 전통의 수용자들에게도 닥친다. 둘 모두에게 그 위험은 똑같은 것으로서 지배계급의 도구로 넘어갈 위험이다. 어느 시대에나 전승된 것을 제압하려 획책했던 타협주의로부터 그 전승된 것을 쟁취하려는 시도가 이루어지지 않으면 안 된다. 메시아는 구원자로서만 오는 것이 아니다. 메시아는 적그리스도를 극복하는 자로서 온다. 죽은 자들도 적이 승리한다면 그 적 앞에서 안전하지 못하다는 점을 투철하게 인식하고 있는 역사가에게만 오로지 과거 속에서 희망의 불꽃을 점화할 재능이 주어져 있다. 그리고 이 적은 승리하기를 멈추지 않았다.[33]

발터 벤야민의 메시아주의는 니힐리즘적 무정부주의일 뿐만 아니라 유물론적 시각으로 표현할 수 있다.[34] 그는 역사적 흐름이 미래의 구원을 향해 치닫는 행위를 중단하는 과정에서만이 진정으로 메시아의 구원이 가능하다고 생각했다. 과거는 지나간 시간으로서만 존재하는 것이 아니라 현재에 지속해서 영향을 주면서 현재의 고통을 극복하기 위한 촉매제 역할을 담당한다. 과거는 자칫 지배자의 승리만을 연대기적으로 제시하는 것으로 피지배자의 고통을 은폐할 수도 있다. 피지배자는 과거의 고통을 기억하고 현재의 억압을 극복하기 위해 매 순간 노력해야만 지배계급의 도구로 전락하지 않을 수 있다.

---

33 『선집 5』, 334~335면.

34 김영옥, 위의 글, 23면.

> 그렇다면 우리에게는 우리 이전에 존재했던 모든 세대와 희미한 메시아적 힘이 함께 주어져 있는 것이고, 과거는 이 힘을 요구하고 있는 것이다. 이 요구는 값싸게 처리해버릴 수 없다. 역사적 유물론자는 그것을 알고 있다.[35]

발터 벤야민은 〈희미한 메시아적 힘〉의 가능성을 제시한다.[36] 유대인들은 미래를 연구하지 않고, 과거를 회상하고 기억하는 과정을 거쳐 다가올 시간에 대한 모습을 추론한다. 메시아의 도래가 현세적, 역사적 질서와 철저하게 분리되어 있다는 점에서 유대교의 메시아주의는 기독교와 확연하게 구분된다. 유대교가 역사의 세계에서 살아가는 인간의 구원을 위해 무엇인가를 할 가능성을 배제함으로써, 구원을 초월적 질서에서 오는 것으로 만들었다면, 기독교는 구원을 고독한 개인의 믿음과 기도에 대한 초월적 신의 응답으로 이해한다.[37] 메시아를 현실적 혹은 역사적 최종 목적으로 간주하지 않고 초월적 공백으로 열어두어야만 역설적으로 메시아는 현실의 시간 속으로 틈입할 수 있다.[38] "희미한 메시아적 힘"의 투쟁공간은 메시아적 힘과 함께하는 공간이고, 메시아적 힘은 투쟁하는 가운데 느낄 수밖에 없고, 메시아적 힘은 명확히 설명하기 힘든 희미한 것이지만 신화적 세계를 깰

---

35 『선집 5』, 332면.

36 진태원, 「메시아주의 없는 메시아적인 것 Ⅱ」. http://rikszine.korea.ac.kr/front/article/humanList.minyeon?selectArticle_id=361

37 김남시, 「역사의 기관차. 역사를 보는 발터 벤야민의 시각」, 『비교문학』 제60집, 한국비교문학회, 2013, 203면.

38 김남시, 「벤야민의 메시아주의와 희망의 목적론」, 『창비』 통권 164호, 창비, 2014, 289~290면.

정도로 강력하게 등장한다.[39] "희미한 메시아적 힘"은 일종의 '메시아 없는 메시아주의'로써 '사건을 향해 열려있는 존재의 조건'이라는 중요한 문제의식들을 선취하고, 현재의 조건에서 미래를 상상할 철학적 근거를 마련하고, 유물론적 입장에서 메시아적인 것의 의미를 부정하지 않으면서도 정치적인 관점으로 전유하려는 것으로 이해할 수 있다.[40]

> 메시아 자신이 비로소 모든 역사적 사건을 완성시킨다. 그것도 메시아가 그 역사적 사건이 메시아적인 것에 대해 갖는 관계를 스스로 구원하고 완성하고 만들어낸다는 의미에서이다. 그렇기 때문에 어떤 역사적인 것도 그 자체로부터 메시아적인 것과 연관되기를 바랄 수 없다. 그렇기 때문에 신의 왕국은 역사적 동력(Dynamis)의 목표가 아니다. 신의 왕국은 목표로 설정될 수 없다. 그렇기 때문에 세속적인 것은 신의 왕국에 대한 생각에서 구축(構築)될 수 없으며, 그렇기 때문에 신정정치(神政政治)는 아무런 정치적 의미도 가질 수 없고 오로지 종교적 의미만을 갖는다.[41]

신정정치는 현재를 미래와 연결하는 사고방식이다. 현재는 미래의 낙관주의를 위한 전단계이다. 전통적으로 미래는 가장 이상향에 근접한 시공간이다. 비록 근대사회에서 미래를 이성과 합리를 통해 분석한다고 할지라도, 미래는 여전히 무한 긍정의 대상으로 간주할 수 있다. 그렇다면 현재는 미래를 위한 일시적 수단에 불과하고 현재의 정

39 이효성, 「메시아적 힘에 대한 탐구: 발터 벤야민의 메시아사상을 중심으로」, 감리교 신학대학교 석사논문, 2013, 97면.

40 이택광, 「신성한 유물론: 발터 벤야민의 정치신학에 대하여」, 『비평과 이론』 17권 2호, 한국비평이론학회, 2012, 212~213면.

41 『선집 5』, 129~130면.

치적 국면을 고통스럽게 견디면 조만간 정치적 해방에 올 수 있다는 환상을 품을 수 있다. 그렇다면 신정정치는 종교적으로 현재의 고통을 지속하면서 미래를 맞이할 수 있다고 주장하는 것에 불과하다. 결국 구세주로 자처하는 존재가 미래의 시공간을 독점한다면 현재의 개체는 구세주에게 정치적으로 종속할 수 없게 없다. "세속적인 것은 신의 왕국에 대한 생각에서 구축(構築)될 수 없"다는 점은 신의 종교적 신념으로 세속적인 것을 역사적 혹은 정치적으로 규정하는 행위가 불가능하다는 것을 의미한다. 메시아는 "역사적 사건"을 주체적으로 형성하고 완성하는 영역이기 때문에, 역사는 "메시아적인 것"과 무관하다. 신의 왕국은 역사적 흐름에 따라 미래에 존재하는 것이 아니기 때문에 역사의 목표가 될 수 없다.

> 한 화살의 방향이 세속적인 것의 동력이 작용하는 목표를 나타내고 그 반대 방향이 메시아적 집약성의 방향을 나타낸다면, 자유로운 인류의 행복 추구는 그 메시아적 방향과 멀어지려 한다. 하지만 자신의 길을 가는 어떤 힘이 반대로 향한 길에 있는 다른 힘을 촉진할 수 있는 것처럼 세속적인 것의 세속적 질서 역시 메시아적 왕국의 도래를 촉진할 수 있다. 즉 세속적인 것은 그 왕국의 범주는 아니지만, 하나의 범주이며, 그것도 가장 적확한 범주들 중의 하나로서, 바로 그 왕국의 지극히 조용한 다가옴의 범주이다. 왜냐하면 모든 지상의 존재는 행복 속에서 자신의 몰락을 추구하며, 그러면서 행복 속에서만 그 지상의 존재는 그 몰락을 발견하도록 예정되어 있기 때문이다. 반면에 마음, 즉 내적인 개별적 인간의 직접적인 메시아적 집약성은 고통의 의미에서의 불행을 헤치고 간다. 불멸로 인도하는 종교적 원상 복구에는 몰락의 영원으로 이끄는 속세적인 원상복구가 상응하며, 이처럼 영원히 사멸해가는 속세적인 것, 그

공간적 총체성뿐만 아니라 시간적 총체성까지도 사멸해가는 속세적 인 것의 리듬, 이 메시아적 자연의 리듬이 행복(Glück)이다. 왜냐하면 자연은 그것의 영원하고 총체적인 무상함(Vergängnis, 사멸)으로 인해 메시아적이기 때문이다.[42]

발터 벤야민은 현상을 개념적으로 파악하여 논리적 유기성을 통해 표현하지 않고 이미지를 동반한 형상을 제시하는 글쓰기를 표방하였다. 그는 "몰락을 추구하는 일이 – 자연이라고 칭할 인간의 단계들에 대해서도 – 세계 정치의 과제(『선집 5』, 131면)"로 간주하였고, 이를 구현할 방법으로 "니힐리즘(『선집 5』, 131면)"을 거론하였다. 자연과 인간이 고유한 생명의 리듬을 간직하면서 세속과 신성의 경계를 횡단하는 과정을 확보하는 것이 자연적 인간을 둘러싼 근대 사회의 온갖 시스템의 폭력에서 해방을 맞이할 수 있다. 인간은 행복과 몰락의 순환과정에서 발생할 역경을 딛고 일어설 수 있어야 한다. "메시아적 왕국"과 "세속적 질서"는 상호간에 영향을 끼친다. 인간은 세속적 질서를 향해 나아가면서 행복을 추구한다. "모든 지상의 존재는 행복 속에서 자신의 몰락을 추구하며, 그러면서 행복 속에서만 그 지상의 존재는 그 몰락을 발견하도록 예정"에서 행복과 몰락의 연관성은 인간이 세속적 질서의 몰락 속에서 역설적으로 메시아의 출현을 기대하면서 몰락을 넘어선 상황에서 행복에 도달할 수 있다는 점을 말한다. "내적인 개별적 인간의 직접적인 메시아적 집약성"은 쉽사리 세속적 질서를 추구하면 몰락에 도달한다는 점을 자각하는 과정을 거치면서도 "메시아적 자연의 리듬"과 교감하면서 미래중심주의에 부재하는

42 『선집 5』, 130~131면.

메시아의 교접을 의미한다. 발터 벤야민은 자연과 메시아를 연결하며 자연이 소멸과 생성의 순환을 거치면서 성과 속의 경계를 자생적으로 형성하는 과정처럼 메시아 역시 메시아적인 것과 세속적 질서가 상호간에 긴밀한 관계를 자각해야 한다고 주장한다. 자연 만물의 맹아가 복잡한 세계 질서를 수용하면서 세계로 발아하기 위한 응축력을 보유하고 있는 것처럼, 인간은 과거, 현재, 미래의 매순간 메시아적 집약성을 인간의 내부와 외부에서 고려할 필요가 있다.[43]

3. 상무정신과 신적 폭력

신채호는 화랑의 계보학을 마련했다. 신채호는 화랑의 세계를 발견한 것은 중화 사대주의를 극복하고 조선 민족의 주체성을 확보하기 위한 전략의 소산이었다. 신채호는 조선 민족의 원류를 낭가 사상에서 발견하였다. 그는 보편적 신이나 혼, 혹은 얼 대신에 구체적이고 고유한 사상 체계를 중시했고, 낭가 사상을 민족사로 간주하였다.[44] 화랑은 동아시아의 근대 과정에서 상무 정신을 구현한다. 근대 동아시아는 전근대의 문약이 근대화의 확산을 저해한다는 점을 주목했고, 문약에 대한 대항으로 상무정신(尙武精神)을 고취하기 위해 노력하였

43 白井 亜希子, 『メシアの救出: ヴァルター・ベンヤミンのメシアニズム をめぐる研究への一寄与』, 一橋大学, 2012, pp. 36~41.

44 이동순, 「단재소설에 나타난 낭가사상: 단재 신채호전집[보유] 소수 9편을 대상으로」, 『어문론총』 12, 한국문학언어학회, 1978, 143면.

다.[45] 진흥왕 당시 신라사회에서는 불교의 덕화, 대외 영토 확장, 중국 문물의 수용 및 새롭게 편입한 지역에 대한 통치하고 전투에 임할 수 있는 인재를 발굴하기 위해 화랑을 육성하였다.[46]

> ①「대개 도령은 新羅의 花郞을 일음이라.『三國史記』樂志에 薛原郞이 지엇다는 徒領노래가 곳 花郞의 노래니 徒領은 도령의 音譯이오 花郞은 그 意譯인대 花郞의 처음은 新羅 때에 된 것이 안이라 곳 檀君神祖가 太白山에 나려오실 째에 三郞과 三千徒를 거나림이 花郞의 비롯이오. 天王 卽 解慕漱가 徒者 數百을 거나리고 態心山에 모힘도 쏘한 花郞의 놀음이오 高句麗의 先人은 곧 花郞의 別名인대 東盟은 쏘 先人의 天祭이며, 百濟의 蘇塗도 花郞의 別名인데 天君은 쏘 蘇塗祭의 神名이라. 名號는 時代를 쌀어 變하엿으나 精神은 한가지로 傳하여 冒險이며 尙武며 歌舞며 學識이며 愛情이며 團結이며 熱誠이며 勇敢으로 서로 引導하야 古代에 이로써 宗教的 尙武精神을 일워 직히면 익이고 싸우면 물니처 크게 國光을 發揮한 것이라. 新羅의 眞興大王 더욱 큰 理想과 널흔 排鋪로 弊될 것을 덜고 美와 굳셈을 더 보태어 花郞史의 新紀元을 연고로 永郎 南郞의 教育이 四海에 퍼지고 斯多含 金歆運 等 少年의 피쏫히 歷史에 빗내엿나니 비록 拜華奴의 金富軾으로도 花郞 二百의 芳名美事를 讚嘆함이라. 그 뒤에 文獻이 殘缺됨으로 엇더케 衰하고 엇더케 업서짐을 자셰히 알 수 업스나 그러나 高句麗에 보매 顯宗 때 契丹이 數十萬 大兵으로 우리에게 덤비매 李知白이 써하되 花郞을 막을 精神이 잇스리라 하며, 睿宗이 詔書로

45 김태식, 「동아시아 근대와 尙武精神의 발견: 韓·中·日, 특히 韓國을 중심으로」, 『한국고대사연구』 9권, 한국고대사탐구학회, 2011, 287~292면.

46 박남수, 「新羅 眞興王代 政治社會와 花郞徒 制定」, 『사학연구』 제92호, 한국사학회, 2008, 14면.

南郞 永郞 等 모든 花郞의 자취를 보견하라 하며, 毅宗도 八關會의 花郞을 쏍아 古風을 쓰칠 뜻을 가젓섯나니 이때써지도 도령군 곳 花郞의 道가 中國에 한 자리 가젓던 일을 볼지나 이 뒤로난 엇더케 되엿나」[47]

② (一) 郞은 곳 新羅의 花郞이니, 花郞은 本來 上古 蘇塗 祭壇의 武士 곳 그때 「선비」라 稱하던 者인데, 高句麗에서는 皁衣를 입어 皁衣仙人이라 하고, 新羅에서는 美貌를 取하여 花郞이라 하얏다. 花郞을 國仙, 仙郞, 風流徒, 風月徒 等으로도 稱하얏다. 『三國史記』는 그 著者 金富軾이, 花郞을 仇視排斥하는 儒敎徒 中에도 가장 狹隘嚴酷한 人物임으로 本國 傳來의 仙史, 花郞記 가튼 것은 모다 抹殺하고, 다만 外國에까지 傳播된 花郞의 一二 事實과 『花郞世記』의 一二句 곳 唐人의 지은 『新羅國記』, 『大中遺事』 等에 쓰인 花郞에 關한 文句를 抄錄하여 그 源流를 混亂하며 年代를 顚倒하고 許多한 花郞의 美事를 埋沒하얏으니, 이 얼마나 可惜한 일인가? 이에 關한 曲折은 他日에 專書로 詳論하려 하니 여기에는 略하거니와, 花郞은 곳 新羅 以來 國風派의 重鎭이 되어 社會思想界의 一位를 占領하든 者이다.[48]

③ 國仙 花郞은 眞興大王이 곳 高句麗의 선배 制度를 닮아온 者라. 선배를 吏讀字로 「先人」 或 「仙人」이라 쓴 것은 이미 第三編에 述하얏거니와, 선배를 신수두 壇前의 競技會에서 쏍아 學問을 힘쓰며 手搏, 擊劍, 射藝, 騎馬, 덕견이, 깨금질, 씰흠 等 各種 技藝를 하며, 遠近 山水에 探險하며, 詩歌와 音樂을 익히며, 共同으로 一處에 宿食하며, 平時에는 患難救濟, 城郭道路 等 修築 等을 自任하고, 亂時에는 戰場에 나아가아 죽음을 光榮으로 알어 公益을

47 『전집 7』, 558면.

48 『전집 2』, 396면.

爲하여 一身을 犧牲하는 것이 선배와 가트니, 國仙이라 함은 高句麗의 仙人과 區別하기 爲하여 上에 「國」字를 더 너허어 지은 名詞며, 花郎이라 함은 高句麗의 선배가 皁帛을 입어 皁衣라 稱하듯이, 新羅의 선배는 花粧을 시킴으로 花郎이라 稱함이니, 또한 皁衣와 區別한 名詞며 源花는 마치 歐洲 中古 예수敎 武士團의 女敎師 같이 男子의 情性을 調和하기 爲하여 둔 女敎師며, 昭齋謾筆에 가로되, 「花郎의 說에 사람이 戰爭에 죽은 뒤에 天堂의 第一位를 차지하고, 老人으로 죽으면 죽은 뒤의 魂도 老人이 되고, 少年으로 죽으면 죽은 뒤의 魂도 少年이 된다 하야, 花郎들이 少年으로 戰爭에 죽음을 질기엇다 하얏슨즉, 다만 國仙의 「仙」字로 因하야 長生不死를 求하는 支那의 仙道로 알면 大誤다. 崔致遠이 「處無爲之事 行不言之敎 周柱史之宗也」라 함은, 다만 國仙의 敎가 儒·佛·老 三敎의 特長을 가추어 가짐을 讚歎한 말이니, 國仙은 鬪爭에서 生活하야 「無爲」와 「不信」과는 사이가 아조 千萬里나 떨어지는 敎다.[49]

①~③은 신채호의 화랑 담론의 변이 양상을 보여준다. ①은 「꿈하늘」의 한 대목이다. 작중 화자인 한놈이 님이 설치한 도령군으로 가서 구경하라는 천명을 들은 직후, 도령의 기원을 생각한다. 도령은 단군이 태백산에 강림 후 삼랑과 산천도를 거느렸다는 사실에서 시작한다. 천왕랑 해모수, 웅심산, 고구려의 선인, 동맹, 백제의 소도, 천군 등 단군의 정신을 이어받아 이름만 시대에 따라 변하였을 뿐이다. 엄연히 역사적 실제로서 존재했던 화랑이 사대주의 노예였던 김부식이 기록에 남기지 않아, 그는 화랑의 정신이 단절되었다고 보았다. ②는 「朝鮮 歷史上 一千 年 最大 事件」에서 서경 전쟁의 원인을 랑유불

49 『전집 1』, 747면.

(郎儒佛)의 세력 양상을 살피는 대목의 한 부분이다. 랑(郎)은 신라의 화랑으로서, 상고 시대의 소도제단의 무사인 선비, 고구려의 조의선인이던 명칭이 신라에서 화랑으로 불리었다. ①에서처럼, 그는 김부식의 〈삼국사기〉에서 자국의 기록을 배제하고, 외국의 기록에 의존해 화랑의 기원이 혼란스럽고, 연대와 화랑 서사가 삭제되었다고 말한다. 그는 화랑은 국풍파로써 사회사상계의 중요한 부분을 차지한다고 말하였다. ③은 신라의 발흥을 다루면서 진흥대왕의 화랑 설치의 전후 과정을 살피는 대목의 한 부분이다. 그는 화랑을 신라 발흥의 원인일 뿐만 아니라 조선의 정체성을 주체적으로 보여준다고 생각하였다. 그는 "花郎의 歷史를 모르고 朝鮮史를 말하랴 하면 골을 빼고 그 사람의 精神을 차짐과 한 가지인 愚策(『전집 1』, 745면)"이라고 지적하면서, 화랑의 역사를 조선 역사의 원류로 여기는 태도를 보였다. 그는 『삼국사기』와 『삼국유사』를 토대로 화랑에 대한 기록의 사실 관계를 먼저 살폈다. 『삼국사기』의 진흥대왕 본기를 언급하면서, 화랑에 대한 기록의 착오와 오류를 지적하였다. 진흥대왕이 국선과 화랑을 고구려의 선배 제도를 모방해 만들었다는 사실을 언급하였다. 특히 화랑을 고구려의 선인(仙人)과 구별하기 위해 국선(國仙)으로 이름 붙였다는 사실을 증명하였다. 이상과 같이, 신채호는 1910년대에서 1920년대로 화랑 담론을 이행하면서 화랑의 종교적 정치적 성격을 심화시켰다. 신채호는 상고사의 기원을 추적하면서 민족주의의 구심점으로 작용할 낭가 사상을 독점적으로 제시했다. 낭가 사상은 수두 시대의 한민족의 집단적 무의식을 규정하는 상상의 범주이다. 그가 낭가 사상을 발견하면서 국수적 태도를 보인 점은 일본 식민주의에 저항하기 위한 정치

적 의식의 발로였다.[50] 신채호는 화랑의 세계를 발견하면서 국수의 태도를 보였다. 그는 일본 식민주의가 무사도를 기점으로 폭력적 행위를 가상적으로 설정하는 방식과 유사하게 조선의 화랑이 계보학적으로 형성하는 과정을 보여주면서 일본의 식민주의에 대항하려고 했다.

> ① 신적 폭력은 법 파괴적이고, (중략) 신적 폭력은 경계가 없으며, (중략) 신적 폭력은 죄를 면해주고(entsühnend), (중략) 신적 폭력은 내리치는 폭력이고, (중략) 신적 폭력은 피를 흘리지 않은 채 죽음을 가져온다.[51]
>
> ②신화적 폭력은 그 폭력 자체를 위해 단순한 삶에 가해지는 피의 폭력이고, 신적 폭력은 살아 있는 자를 위해 모든 생명 위에 가해지는 순수한 폭력이다. 전자는 희생을 요구하고 후자는 그 희생을 받아들인다.[52]

발터 벤야민은 근대 사회의 순기능과 역기능을 일체 인정하지 않고 근대 사회 자체를 파괴하기 위한 세계를 마련하고자 하였다. 특히 그는 나치즘 상징체계를 파괴하려고 했다. 바로크 알레고리에 대한 벤야

---

50 박찬승은 신채호의 화랑도 기원을 선교에서 발견하고 조선 무사도의 연원으로 파악했다고 말한다. 즉 1910년대의 「동국고대선교」에서는 국조신앙으로서의 선교, 1916년의 「꿈하늘」에서는 무사혼인 상무정신으로서의 신라의 화랑, 고구려의 선인, 백제의 소도, 1920년대 「조선상고문화사」에서는 이전의 논의를 결합해 선교는 화랑, 선인, 소도와 같이 조선 무사혼의 연원으로 언급했다. 1924년의 「조선사 연구초」에서는 화랑도를 낭가로 표현하면서 신채호는 화랑의 범주를 민족의 구심점으로 작용하는 계보를 작성하려고 했다. 박찬승, 「근대 일본·중국의 '武士道'론과 신채호의 '花郞'론」, 『충청문화연구』 제5집, 한남대학교 충청문화연구소, 2010, 94~95면.

51 『선집 5』, 111면.

52 『선집 5』, 111~112면.

민의 신학적 해석이 낭만주의적 비평과 다른 점이 있다면, 바로크 작품은 스스로 전개되어 나가도록 예정된 것이 아니라 몰락해 갈 운명에 처해있는 것으로 파악한다는 점이다.[53] ①은 〈구약〉의 〈민수기〉 편에 나오는 고라의 무리에 대한 신적 폭력(die göttliche gewalt)을 비유적으로 묘사하고 있는 대목이다. 고라의 무리는 모세를 타도하기 위해 정치적 모반을 시도하였다. 신은 신적 권위에 대한 도전으로 이해한 후 고라의 무리를 처단한다. 신이 고라의 무리를 응징한 방식은 땅이 갈라지면서 고라의 무리 일체가 지하로 파묻혀 절멸하는 것이었다. 고라의 무리가 정치적 선동으로 신적 권위를 악용하는 행위에 대한 보복으로 신은 고라의 무리를 일절 용서하지 않고 분노를 직접적으로 표시하였다. 발터 벤야민은 고라의 무리에 대한 신적 응징을 신적 폭력으로 활용하면서, 신적 폭력은 법 파괴적이고, 무경계이고, 면죄해주고, 응징하고, 죽음을 선사한다고 말한다. 고라의 무리는 유사 메시아이고, 허위적 혁명에 대한 예외적 사례일 뿐만 아니라, 메시아적 무대와 다가올 세계의 계시자를 자처했다.[54] ②에서는 신적 폭력이 순수한 폭력이라는 점을 정의하고 있다. 신화적 폭력이 생물학적 인간 조건에 국한된 단순한 삶에 부여하는 생존권을 보유한 폭력이라면, 신적 폭력은 반혁명에 따르는 무리 일체를 근대법과는 무관하게 진정한 신의 이름으로 심판하는 폭력이라고 설명하고 있다. 신화적 폭력은 죄

53 최성만, 「벤야민에서 중단의 미학과 정치학」, 『문예미학』 8권, 문예미학회, 2001, 111면.

54 Bojanić, Petar, God tHe Revolutionist on Radical violence over the first Ultra-leftist, Filozofski Vestnik, the Institute of Philosophy at the Scientific Research Centre of the Slovenian Academy of Sciences and Arts, 2008, p. 203.

의 희생을 요구하고 신적 폭력은 죄인이 희생을 수락해야 한다.

신적 폭력은 인간의 외적 조건을 구분하지 않고 일체를 소멸시킨다. 그런데 역설적으로 인간은 갱신을 위해 윤리적 인간으로 변모하기도 한다. 인간의 연대는 인간이 윤리적 조건을 만들어 형성할 수 없다. 벤야민은 인간의 이성과 판단은 역설적으로 인간을 억압하기 위한 조건에 불과하다고 생각했다. 신적 폭력은 무산 계급 폭력일 수 있다. 신적 폭력은 인간화된 신화적 폭력과 법적 폭력을 전멸한다. 그런데 신적 폭력은 순수 폭력이다. 그는 근대 유럽 사회의 폭력 담론이 이성을 중심으로 전개하기 때문에, 폭력, 법, 권력의 이율배반에서 벗어날 수 없다고 생각했다. 근대인은 신적 권위의 폭력을 활용하면서 법과 제도의 이름으로 폭력을 일삼아왔다. 이에 대한 대항 폭력 역시 인간의 이름으로 진행한다면 신화적 폭력과 같은 오류를 범하게 된다.[55] 결국 인간화된 폭력을 구사하는 신화적 폭력과 법적 폭력이 세속적 집행의 권력을 동원하는 방식과 달리, 신적 폭력을 발현하는 프롤레타리아 계급 투쟁이 온전히 혁명적 폭력을 확보하기 위해서 탈인간화된 신적 폭력과의 접속을 지속해야 한다. "성스러운 집행의 옥새와 인장(『선집 5』, 116~117면)"은 신적 폭력은 직접적으로 성스러운 간섭을 통해서가 아니라 순수 폭력의 세속성에 대해 간접적으로 신의 인장을 통해 베풀어지는데, 베풀어진 폭력은 서명 없는 옥새이고

55 小林哲也, 「ベンヤミンの「政治論」と形而上学: 1920年前後の形而 上学的思考の連関」, 『文明構造論: 京都大学大学院人間·環境学研究科現代文明論講座文明構造論分野論集』, 京都大学大学院人間·環境学研究科現代文明論講座文明構造論分野道籏泰三研究室, 2006, p. 24.

무(無)로서의 인장을 나타낸다.[56] 아울러 신적 폭력은 하나의 "표시"로 나타나는 것으로 해석할 수 있다. 매질(媒介)의 역사는 개인이나 개체로 구성된다. 신적 폭력은 현세의 법 질서를 깨는 파괴적 폭력으로 나타날 수밖에 없다.[57] 이러한 과정을 거쳐야 프롤레타리아의 총파업은 무정부주의적 파괴 과정을 거쳐 혁명적 폭력으로 순수하게 구현할 수 있다. 그는 무산 계급이 단순한 생명의 폭력으로 변질할 가능성을 차단하기 위해 '신적 폭력'을 설정하였다. 신적 폭력은 인간학적 폭력의 모순을 배제하면서 혁명과 폭력의 가능성을 동시에 수용하려는 정치적 전략의 결과물이다.

56 Khatib, S ami R., Teleologie ohne Endzweck: Walter Benjamins Ent-stellung des Messianischen, Tectum, 2013, S.399.

57 白井 亜希子,「メシアの救出 ——ヴァルター·ベンヤミンのメシアニズムをめぐる 研究への一寄与——」, 一橋大学大学院社会学研究科 博士論文, 2012, pp. 25~26.

7장

기독교 말살론과
기독교의 세속화

7장

기독교 말살론과 기독교의 세속화

1. 천국의 파괴와 자본의 종말

「龍과 龍의 大激戰」은 민중의 심적 구조를 이중적으로 보여준다. 민중은 세계의 모순을 인간학적으로 자각한 존재이다. 반면 인민은 세계의 모순을 무자각한 존재에 불과하다. 인민은 상제로 대변되는 천국의 허위성을 간파하지 못한 채 상제의 권위와 권력에 의탁하면서 일신의 안위를 위한 염원을 나타낼 뿐이다. 그러나 민중은 인민의 개별성을 넘어 천국을 상징하는 형이상학적 체계가 허구적이라는 점을 자각하고 천국을 지국으로 변화하기 위해 심적으로 염원한다. 인민이 미리의 도래를 긍정적으로 자각하는 만큼 천국의 억압은 위력적이다.

나리신다, 나리신다, 미리(龍)님이 나리신다. 新年이 왔다고, 新年

戊辰이 왔다고, 미리님이 東方 亞細亞(아시아)에 나리신다.[1]

「드래곤이 왓다, 드래곤이 왓다, 인제는 天國의 末日이다.」[2]

민중은 미리의 출현을 기원한다. 민중은 미리를 일상적 고통을 없애 줄 대상으로 생각했다. 그러나 미리는 민중의 기대와 희망을 배반한다. 미리의 강림과 드래곤의 출현은 민중이 현실 세계의 모순을 인식하는 과정에서 나타나는 현상에 불과하다. 그러므로 민중이 체제 유지와 억압을 무비판적으로 수용한다면 미리의 상징 폭력이 등장하고, 반체제적 시각을 견지하고 새로운 세계를 창조하고자 한다면 드래곤의 대항 폭력이 나타난다. 민중이 드래곤의 반체제적 반역성을 기억하는 과정을 거치는 순간 "天國의 末日"은 출현할 수 있다. 「드래곤이 왓다, 드래곤이 왓다, 인제는 天國의 末日이다.」라는 천국의 종말론을 염원하는 저주의 주문은 4장(부활할 수 업도록 참사한 야소), 5장(미리와 드래곤의 동생이성), 8장(천국의 대란, 상제의 비겁), 10장에서 반복적으로 나타난다. 4장에서는 상제의 외아들인 야소의 죽음을 사전 예고하는 주문이다. 5장에서는 드래곤의 정체는 보이지 않은 채 상제가 야소를 죽인 주범을 찾기 위해 분노하는 장면에서 나타난다. 8장에서는 천궁의 선녀를 포함한 천국의 울음에서 종말의 주문이 울려 퍼진다. 10장에서는 토우상이 되어 버린 미리와 천사의 만남에서 천국의 종말이 도래하고 있다는 점을 알린다. 저주의 주문은 천국의 종말을 점진적으로 예언하면서 드래곤의 반역성을 민중이 자각하는

1 『전집 7』, 603면.

2 『전집 7』, 607면.

순간을 유지하는 데 이바지한다. 미리의 출현에서 드래곤의 도래로 이어지는 종말론의 서사는 천국의 억압성을 파괴하고, 지국의 구성원인 민중이 혁명의 동력을 확보하는 과정을 보여준다. 후천 시대를 맞이하는 주체는 실체를 드러내지 않고, 드래곤의 주술을 호출하고 있을 뿐이다. "「왔다, 왔다, 드래곤이 왔다, 인제는 쥐의 末日이다」"는 주술은 드래곤이 혁명의 자각을 상실한 순간 언제든지 미리로 변질할 가능성을 배제하기 위한 서사 장치다. 왜냐하면, 미리와 드래곤은 민중의 자각성 유무에 따라 언제든지 상호 간에 변화할 수 있기 때문이다. 신채호는 고토쿠 슈스이(幸德秋水)의 무정부주의를 수용하였다. 야소 기독의 참사는 인간 정신의 반역성을 마비시키는 정신세계를 아나키즘의 관점에서 부정하는 태도이다.[3]

---

3 권문경은 신채호가 고토쿠 슈스이의 『기독말살론』을 사상적으로 수용했다는 전제하에 「용과 용의 대격전」 전후에 나타난 기독교관을 검토하고 있다. 고토쿠 슈스이는 기독교가 진화론적 관점에서 성서가 진화의 과정을 거쳐 성립했고, 기독교에는 독창성이 결여되어 있어 모두 고대 종교들을 모방했다는 점을 지적하면서, 특히 기독교에서 말하듯이 성서가 '신의 언어'이거나 '신의 영감을 받은 사람의 기술'일 수가 없으므로 모두 후대의 사람들이 조작한 것으로 간주했다. 「三國以後의 韓國은 其國姓이」(1909년), 「꿈하늘」(1916년), 「차라리 괴물을 취하리라」(1924년), 「낭객의 신년만필」(1925년)에 나타난 기독교관은 기독교, 불교, 유교 등 기타 종교에 입장을 표출하거나, 자국의 성현을 알지도 못하면서 무비판적으로 종교를 믿는 행위를 계몽하거나, 자국의 역사와 성현이 종교보다 우위에 있다는 점을 언급한다. 그러나 「용과 용의 대격전」 이후의 기독교관은 "거짓말로 천국을 꿈꾸게 하여 지배자에게 편의를 주는, 말하자면 종교는 피지배계급의 고통을 무마시키는 마취약이라는 비판의 칼은 (중략) 지배계급/피지배계급이라는 대립적 구도 속에서 분명하게 날이 서 있(143면)"고, "「용과 용의 대격전」 이전의 종교관이 사회진화론과 맹아적 아나키즘 위에 서 있었다면, 이제 신채호가 분명한 아나키즘적 계급관을 가지고 기독교를 바라보고(143면)" 있다. 권문경, 「고토쿠 슈스이의 『기독말살론』과 신채호의 아나키즘-기독교관을 중심으로」, 『일본어문학』 제58집, 일본어문학회, 2012.

「耶蘇 基督은 그 聖父인 上帝를 쎄쏘듯한 奸譎險惡한 性質을 골고루 가지신 聖子이었었다. 그 出生 後에 「聖父의 道」를 펴랴다가 겨오 三十이 넘어 예루살렘에서 猶太人의 凶手에 걸니엇섯다. 그러나 그때의 猶太人은 너무 얼뗀 百姓이엿던 때문에 다 잡히엿던 耶蘇를 다시 놋쳐 十字架를 진 채로 逃亡하여 「復活」하다 自稱하고 歐洲 人民을 쇠기시사 모다 그 校旗下에 들게 하싯다. 十字軍 그 뒤에 「十字軍東征」, 「三十年戰爭」 갓흔 大戰爭을 誘發하야ㅁ 一般民衆에게 사람이 사람 잡는 術法을 가르쳐 주었으며 늘 「苦痛者가 福 받는다. 逼迫者가 福 받는다.」는 거짓말로 亡國民衆과 無産民衆을 거룩하게 속이사 實際의 敵을 잊고 虛妄한 天國을 꿈꾸게 하여 모든 强權者와 支配者의 便宜를 주었으니 그 聖德神功은 萬古歷史에 쓰고도 남을 것이다.

그러나 이번에는 너무 慘暴하게 被殺하였을 뿐 아니라 오늘 自覺의 民衆들과 非基督同盟의 靑年들이 相應하여 붓과 칼로써 죽은 基督을 더 죽이니 從今 以後의 基督은 다시 復活할 수 없도록 아주 永永慘死한 基督이라. 基督이 永永慘死하였은즉 老境에 慘滅을 본 上帝의 身世도 可憐하거니와 저 基督敎人이 다시 누구의 이름으로 上帝께 祈禱하랴…」[4]

〈천국 신문〉호의 기사의 일부이다. 자각한 민중과 비기독교동맹청년들이 기독교의 문제를 인식함에 따라 종교로서의 기독교를 부정하고 야소 기독을 무참하게 살해한다. 야소 기독은 부활과 구원의 이름으로 인간을 구제할 듯 보이지만, 실상은 종교적 깃발을 중심으로 망국민중과 무산민중을 일시적으로 속여 천국에 대한 허망한 기복 신앙만을 강조하고 현실의 모순을 자각하지 못하게 하는 데 일조한다.

4 『전집 7』, 608면.

결국 기독교 정신은 강권자와 지배자의 편의를 보호하기 위한 이념의 일환인 셈이다. 서양의 근대사회에서 정교분리의 원칙에 따라 배제된 기독교는 식민주의와 결합하면서 식민주의 이념을 전파하기 위한 선봉장을 역임하였다. 특히 상제의 아들로 설정된 야소의 참사를 통해 기독교가 인간의 무의식을 억압하는 상징 장치를 극단적으로 부정하는 양상을 보인다. 기독교 부정도 자주나 민족주의적 입장에서 비판한 것이 아니라는 점에서 신채호는 국가주의의 틀을 넘어 세계주의적 입장에 있다는 점을 알 수 있다.[5]

드래곤에 대한 호명은 작품에서 연속적으로 나타난다. 4장, 5장, 8장, 10장에서 지속해서 야소의 죽음을 사전 예고하거나, 상제는 드래곤이 본인의 외아들인 야소를 죽인 드래곤에 대해 분노하거나, 천국이 파괴되거나, 천사 토우상이 되어버린 미리를 만나는 장면 등에서 드래곤의 주문은 울려 퍼진다. 미리와 드래곤은 동양적 상징의 전통에서 긍정적 가치를 부여받던 선룡에 부정적 의미를 투영하고, 대신 서구적 전통에서 부정적 이미지를 부여받던 악룡에 저항과 혁명의 이미지를 부여함으로써, 양자를 모두 전복시키는 가치론적 전도를 감행하는 것이다.[6]

> 자본주의는 순전히 제의로만 이루어진, 교리도 없는 종교이다. 자본주의는 –칼뱅주의에서 뿐만 아니라 나머지 정통 기독교 교파들

5 김현주, 「신채호 소설에 나타난 영웅의 변모양상 연구–아나키즘 사상의 심화 과정을 중심으로–」, 『어문학』 제105집, 한국어문학회, 2005, 330면.

6 이정석, 「신채호 소설의 전도적 상상력과 그 서사적 효과 –「백세노승의 미인담」과 「용과 용의 대격전」을 중심으로」, 『한국문학이론과 비평』 제46집, 한국문학이론과 비평학회, 2010, 184~185면.

> 에서도 입증되어야 할 테지만- 서구에서 기독교에서 기생하여, 종교국에는 기독교의 역사가 그것의 기생충인 자본주의의 역사가 되는 형태로 발전해왔다.[7]

발터 벤야민은 자본주의가 작동하는 방식이 기독교의 체계와 유사하다고 말한다. 그는 서양의 자본주의가 종교를 재마법화하는 방식을 통해 자본주의의 역사가 형성되었다는 점을 주목하였다. 그는 근대 자본주의가 물질적 생산 양식을 변화하면서 소비 패턴을 형성하였지만, 물질적 진보를 작동하는 동력이 종교적 심성 체계와 유사하다고 생각하였다.[8] 그는 자본주의의 종교적 구조를 세 가지 측면에서 고찰하였다. 첫째, 자본주의는 순수한 제의종교이다. 둘째, 자본주의는 특정한 교리도 신학도 없이 제의 영원한 지속을 추구한다. 셋째, 자본주의는 개인에게 부채를 지운다. 넷째, 자본주의에서는 신이 은둔하고 있다. 자본주의의 제의, 제의 지속, 부채, 신의 은둔은 개인을 원천적으로 죄의식에 사로잡히게 만드는 기독교 교리처럼 자본주의를 경배와 원죄의 순환 고리에서 자유롭게 벗어나지 못하게 만든다. 자본주

7 『선집 5』, 124면.

8 폴 라파르그(Paul Lafargue)의 자본주의에 대한 시각에서 발터 벤야민의 종교로서의 자본주의과 유사한 관점을 발견할 수 있다. 폴 라파르크는 「자본이라는 종교」에서 자본 그 자체가 종교라는 입장을 제시하였다. 그는 자본-교를 중심으로 자본이 신격화되는 양상을 「자본이라는 종교」에서 풍자적으로 비판하였다. 스펜서류의 진화론자, 윤리론자, 신학자들은 사회주의가 노동자의 정치성을 자극한다는 점을 주목한 후, 노동자의 무정치성을 확보하려고 고심하였다. 통계학자 말록의 연설은 노동자의 정치성을 마비하기 위해서는 종교가 여전히 필요한다는 점을 역설하였고, 신의 자리에 자본을 배치할 필요가 있다고 주장하였다. "자본이 신(46면)"으로 등극하고, "자본은 국경선도 경계도 피부색도 인종도 나이도 남녀도 모른다. 그는 국제적 신, 우리 모두의 신(46~47면)"으로 자본의 신성화를 언급하였다. 폴 라파르그, 조형준 옮김, 『자본이라는 종교』, 새물결, 2014.

의는 종교처럼 지속해서 인간에게 "걱정, 고통, 불안"을 부여한다. 자본주의는 개인에게 자본을 부여하면서 기본적 경제 행위를 수행할 수 있도록 한다. 자본은 소비와 연결하면서 자본 증식을 위한 과정에 개인을 종속하면서도 소외한다. 자본의 소유 유무는 개인이 정신적 불만족과 만족을 해결하는 데 기여한다. 그는 자본주의라는 종교가 기독교의 교리를 활용해 작동한다는 점을 명시하였다. 기독교 자체는 기생자로서의 자본주의의 역사에 변질되어, 빚과 죄의 채무 상태를 영속하면서 생활 세계의 황폐화를 유도하는 과정을 거쳐 자본과 신의 공모를 더욱 견고히 하는 메커니즘을 만들어 자본주의의 구성원들이 허위적 질서를 무비판적으로 승인한 데 일조한다.[9]

2. 천국의 천사와 역사의 천사

「龍과 龍의 大激戰」과 「역사의 개념에 대하여」에는 생경한 이미지를 동반한 천사[10]가 공통으로 등장한다. 「龍과 龍의 大激戰」에 나타난

9 문광훈, 「돈과 빚과 죄: 기생자본주의」, 『가면들의 병기창 -발터 벤야민의 문제의식』, 한길사, 2015, 341~344면.

10 천사는 천국과 지국을 매개하는 존재이다. 천사들은 제일 먼저 그것도 다양한 방식으로 하나님에게 속하는 것(神性)을 가장 많이 분유(分有)하고 있으며, 신성의 근원의 비밀을 계시한다. 그래서 신성의 근원의 조명은 그들에게 최초로 행해지는 것이며, 우리를 초월하고 있는 계시는, 그들을 통하여 우리에게 전해진 것이므로, 그들은 무엇보다도 특히 '천사(angel or messenger)'라는 이름을 받는 것이다. 천사학은 철학적 천사학, 신학적 천사학, 미학적 천사학으로 발전하면서도 공통적으로 하느님께서 창조하신 세계에는 보이지 않는 영역도 있다고 하는 믿음을 보유하면서 인간의 구원을 의무로 삼는다. 김산춘, 「천사학과 단테의 천사

천국의 천사는 상제와 천국의 존속과 파멸의 과정을 목격하면서 지국의 건설을 확인한다. 상제[11]와 천사는 선천 시대를 상징한다. 반면 「역사의 개념에 대하여」에 나타난 역사의 천사는 발터 벤야민이 파울 클레(Paul Klee)가 그린 「새로운 천사」(Angelus Novus)를 성찰한 대상으로, 근대 사회가 진보관 때문에 폐허로 변해가는 과정을 응시하면서 파국과 구원의 가능성에 주저하는 존재이다.

> 天使가 上帝를 救하랴다가 바람이 너무 셈으로 엇지하지 못하야 「인제는 天國의 末日이로고나.」 불우짓는다. 그러나 天使는 上帝의 忠臣이라 엇지 時勢를 쌀아 方向을 벅술소냐—興하나 亡하나 上帝를 쌀으리라. 天上에서 또 天上, 地下에서 또 地下를 갈지라도 내가 긔어히 上帝를 차즈리라 하고 이에 朝鮮의 行客갓히 짚신감발을 차

상」, 『한국미학예술학회지』 제25호, 한국미학예술학회, 2007, 270면.

11 갑골을 통해 상대의 종교는 墳墓와 宗廟에서의 제사의식으로 나타났는데 거대한 분묘에서 장대한 '묘제'를 지냈을 뿐만 아니라 종묘를 지어 복잡한 순서에 의한 '조상제'가 거행되었음을 알 수 있다. 조상신이나 자연신 외에도 제상의 중요한 대상이 되었던 것은 '上帝'였다. 은대 갑골문은 上帝의 전능함에 대한 무한 신뢰를 보여준다. 帝는 비, 우레, 바람 등의 자연신을 거느리며 인간의 길흉화복을 주재한다. 예컨대 卜辭로는 다음과 같이 등장한다. 丙寅卜, 爭, 貞今十一月帝令雨(丙寅에 거북점을 친다. 爭은 점을 쳐서 묻는다. 이번 11월에 상제(帝)가 비를 내리게 할 것인가) '上帝 '의 개념은 한 대 허신에게도 그대로 전승되었다. 비록 허신의 帝에 대한 해석이 '一'(하나, 주재자, 원리)과 연관되는 개념으로 '上'자를 들고 그 아래 帝자를 귀속시켜 풀이함으로써 자형에 대한 의도적인 풀이가 드러나긴 하지만 그것은 商代 갑골문에 등장하는 '帝'의 중요성과 권능을 계승하고 있다. 이러한 점을 염두에 둔다면, 신채호는 근대를 상이한 방식으로 이해라고 있다는 점을 알 수 있다. 근대가 과학과 이성으로 근대 이전을 부정하고 있는 것처럼 보이지만, 근대적 제도의 이면에는 전근대적 요소가 여전히 작용하고 있다. 종교로서의 근대주의는 과학과 기술과 접목하면서 전근대의 기표를 활용하면서 근대적 기의를 생성하려고 했다. 염정삼, 「점복(占卜)과 제사(祭祀)에 관한 문자 연구 – 중국 문화의 종교적 기원과 그 연속성에 대하여」, 『서강인문논총』 제26집, 서강대학교인문과학연구소, 2009, 227~228면.

리며 支那의 苦力같이 勞動服을 입고 上下八方으로 돌아단이며 上帝의 계신 곳을 探問한다.[12]

천국의 천사는 드래곤이 상제의 아들인 야소를 무참하게 살해한 사실을 보도한 〈천국 신문〉의 별호를 상제에게 알리거나, 천국의 숭고한 가치를 존속하기 위해 미리의 출전을 상제에게 고하거나, 천궁 전체가 불지옥이 되어 파멸할 때 상제가 사라지자, 상제를 찾기 위해 수소문하는 과정 등은 천국을 유지하기 위한 것으로 이해할 수 있다. 하지만 상제가 천사가 말한 천국의 폐허에 대한 공지를 비판적으로 수용했다면 천국은 파괴되지 않았을 수도 있다. 천국의 천사는 천국의 파괴와 지국의 건설을 목격했다. 천사는 천국의 파괴가 예정되었다는 점을 알고 있었기 때문에 천국의 파국을 유예하기 위한 각고의 노력을 한 것으로 이해할 수 있다. 천사는 "朝鮮의 行客"과 "支那의 苦力같이 勞動服"과 같이 인간학적으로 변화되어 상제를 찾기 위해 고심한다. 상제는 사라지고, 미리는 토우상이 되어 파괴되고, 드래곤은 실체가 없는 주문으로만 존재하는 상황을 고려한다면, 천사는 천국 파괴의 정당성과 합법성을 승인하는 존재이다.

파울 클레(Paul Klee)가 그린 「새로운 천사」(Angelus Novus)라는 그림이 있다. 이 그림의 천사는 마치 자기가 응시하고 있는 어떤 것으로부터 금방이라도 멀어지려고 하는 것처럼 묘사되어 있다. 그 천사는 눈을 크게 뜨고 있고, 입은 벌어져 있으며 또 날개는 펼쳐져 있다. 역사의 천사는 바로 이렇게 보일 것임에 틀림없다. 우리들 앞에서 일련의 사건들이 전개되고 있는 바로 그곳에서 그는, 잔해 위

12 『전집 7』, 615면.

> 에 또 잔해를 쉼 없이 쌓이게 하고 또 이 잔해를 우리를 발 앞에 내팽겨쳐지는 단 하나의 파국만을 본다. 천사는 머물고 싶어 하고 죽은 자들을 불러일으키고 또 산산이 부서진 것을 모아서 다시 결합하고 싶어 한다. 그러나 천국에서 폭풍이 불어오고 있고 이 폭풍은 그의 날개를 꼼짝달싹 못하게 할 정도로 세차게 불어오기 때문에 천사는 날개를 접을 수도 없다. 이 폭풍은, 그가 등을 돌리고 있는 미래 쪽을 향하여 간단없이 그를 떠밀고 있으며, 반면 그의 앞에 쌓이는 잔해의 더미는 하늘까지 치솟고 있다. 우리가 진보하고 일컫는 것은 바로 이러한 폭풍을 두고 하는 말이다.[13]

역사의 천사는 근대 사회가 생산과 진보를 무한적으로 신뢰하기 때문에 파국으로 치닫는다고 생각한다. 역사의 천사는 현재의 파국을 놀랍게 응시한다. 역사의 천사는 파국으로 치닫는 현재에서 소외당하는 존재들을 구제하기 위해 노력한다. 그런데 천국에서 폭풍이 불어와 역사의 천사가 바라보는 과거와 현재를 구제하려는 행동을 방해한다. 폭풍은 일종의 폭력으로서 천사의 의도와 그 실천에 대한 부정이고 더 나아가 폭풍은 낙원에서 쫓겨난 인간들에 대한 형벌을 연상시키기도 한다.[14] 그러는 순간 현재의 파국은 잔해를 축적하기만 한다. 역사의 천사는 파국과 진보의 경계에 위치한다. 역사의 천사는 무한생산과 무한 소비가 종국에는 "파국"을 초래하기 때문에, 미래에 대한 진보적 시각을 중지하려고 하지만, 현재의 생산과 소비 과정은 진보의 퇴행을 읽지 못하는 무비판적 역사적 연속성에 대한 믿음 때문에 과

13 『선집 5』, 339면.

14 김유동, 「파괴, 구성, 그리고 복원 —발터 벤야민의 역사관과 그 현재성」, 『문학과 사회』 74호, 문학과지성사, 2006, 434면.

거를 망각하고 현재를 상실하면서 진보로 규정한 시간을 향해 현재와 과거를 파괴하는 악순환이 발생한다.[15] 왜냐하면, 미래를 향한 진보가 천사가 파편들을 수집해 복원하려는 노력을 방해하기 때문이다. 과거와 현재가 미래를 향한 진보의 물결에 휩쓸려 파편 더미가 무한정으로 축적됨에도 불구하고 천사의 파국을 구원하는 노력은 시간의 흐름에 저당 잡힌 채 멜랑콜리한 응시만을 할 뿐이다.

3. 역사의 지옥과 물신의 지옥

한놈은 본인의 분신들인 일곱 명의 분신들과 인간 세상에 내려와 고진감래하며 떠돌아다니다가 지옥의 나락으로 빠지게 된다. 한놈은 지옥에서 순옥 사자인 강감찬을 만난다. 한놈은 본인의 죄를 인식하지 못한 채, 지옥에 빠진 죄를 곰곰이 생각한다. 강감찬은 한놈이 지옥에 빠진 이유를 모르는 것 같아, 나라에 대한 죄에 대해서는 지옥에 빠진다고 말해 준다. 강감찬은 한 놈에게 國賊의 地獄과 亡國奴의 地獄을 설명한다. 겹겹지옥은 매국역적을 처지하기 위한 곳이고, 줄줄지옥은 국민을 핍박해 보신만을 일삼는 위정자를 처단하는 곳이고, 개야지지옥은 지식인이 허명을 일삼아 자국의 국민에게 피해를 끼치는 행위를 처단하는 곳이고, 도야지지옥은 개인적 사욕을 충족하기 위해 의인을 적국에 팔아넘기는 정탐질을 일삼는 족속을 처단

15 이창남, 「역사의 천사 –벤야민의 역사와 탈역사의 개념에 대하여」, 『문학과 사회』 18, 문학과 지성사, 2005, 234면.

하는 곳이고, 야릇지옥은 겉으로는 지사인 척하면서도 속으로 적국의 심부름을 하는 소행을 벌하는 곳이고, 나나리지옥은 본국의 정체성을 상실한 채 적국의 문화를 비주체적으로 수용하는 무리를 응징하는 곳이고, 반신지옥은 적국과 결혼을 일삼는 남녀를 처벌하는 곳이다. 반면 똥물지옥은 망국의 상황을 인식하지 못한 채 개인적 안위를 위해 종교적 세계에만 의지하는 족속을 벌하는 곳이고, 맷돌지옥은 대의를 위한 분파가 아니라 소의를 위해 당파를 일삼는 무리를 분쇄하는 곳이고, 댕댕이지옥은 비주체적으로 타국의 종교, 문화, 역사만을 흠모하려는 집단의 혼을 없애려는 곳이고, 엉금지옥은 외교적 관점에서 동서양의 강국과 관계를 도모하려는 족속을 처단하는 곳이고, 어둥지옥은 적국과의 직접 투쟁을 하지 않고 문화 계몽의 관점에서만 일관하려는 자들을 벌하는 곳이고, 단지지옥은 물질과 색정에 빠져 대의를 저버리는 족속을 버리는 곳이고, 지짐지옥은 허위적 세계에 빠져 허우적거리는 집단을 응징하는 곳이고, 잔나비지옥은 본국의 문화 정치적 조건을 면밀하게 고려하지 않은 채 타국의 문화를 무비판적으로 번역하거나 출판하는 족속을 벌하는 곳이고, 가마지옥은 상황판단이 빨라 사익을 위한 경우에만 힘을 쓰는 족속들을 벌하는 곳이고, 쇠솥지옥은 비관주의에 빠져 현실적 조건을 개선하려는 데 무기력한 집단을 응징하는 곳이고, 아귀지옥은 도덕 없는 사회를 만드는 데 혈안이 된 자들을 처단하는 곳이고, 종아리지옥은 본국의 성현 영웅을 알지도 못한 채 타국의 위인들에게만 몰두하는 자들이 도달하는 곳이다. 국적과 망국에 구체적으로 대응하지 못한 채 상황 논리에 빠져, 독립과 혁명의 의지를 보유하지 못한 존재들을 일거에 소멸해하기 위해 존재하는 곳이 지옥이다.

> 님 나라(天國)는 하늘 위에 잇고 地獄은 땅 밋헤 잇어 그 샹거가 千里나 萬里인 줄 알은 人間의 생각이라. 實際는 그러치 안하여 짱도 한 짱이오, 쌔도 한 쌔인데, 재치면 님나라며 업지면 地獄이오, 실우 쒸면 地獄이오 날면 님나라며, 갈우 쒸면 地獄이오 날면 님나라며, 기면 地獄이오 잡으면 님나라며, 놋치면 地獄이니 님나라와 地獄의 샹거가 요쌘이더라.[16]

그런데 지옥의 상징은 현실에서 위력을 발휘하지 못하지만, 현실에서 미충족한 욕망을 충족하는 데 이바지한다. 지옥의 형이상학은 별도로 존재하지 않고 인간이 역사와 시간의 흐름에서 자생적으로 만든 환상이다. "「너의들이 죄를 짓지 안으면 地獄이란 일흠이 업스리니 그럼으로 地獄은 님이 지은 것이 안이라. 곳 너의들이 지은 地獄」(547~548면)"에 불과하다. 「꿈하늘」은 연옥-지옥-천국으로 재배열되어있다. 특히 신채호가 설정한 지옥은 고통, 시련, 재물, 새암, 실망, 적막, 애욕과 같은 사욕의 세계를 극복하지 못한 국적과 망국노가 떨어지는 곳으로, 침략자와 타협하거나 투쟁 정신을 상실한 존재들에 대한 울분을 표현하는 것으로 간주하기 위해 단테의 『신곡』을 변용한 것으로 이해할 수 있다.[17] 한 놈은 지옥의 나락에 떨어진다. 그는 지옥감옥을 민족에 의해 만들어진 공간이거나 일제에 의해서 만들어진 감

16 『전집 7』, 552면.

17 박상진, 『단테 신곡 연구: 고전의 보편성과 타자의 감수성』, 아카넷, 2011, 492~493면.

옥인 식민지 상황으로 간주하였다.[18] 자각한 민중들과 비기독교동맹의 청년들이 야소를 극악무도하게 죽이는 행위는 서구 제국주의의 이면에 기독교의 원리가 작용하고 있다는 점을 민중이 인식했기 때문이고, 민중의 자각성과 폭력성이 결부되어 기독교로 대변하는 제국주의 논리를 타파하는 모습을 보인다.

> 지옥의 시간인 '현대.' 이 지옥의 형벌이란 언제나 이 일대에 존재하는 최신의 것이다. '언제나 동일한 것이 반복적으로' 발생하는 것이 문제가 아닐뿐더러 나아가 영겁회귀 또한 문제가 아니다. 오히려 중요한 것은 최선의 것 속에서도 세계의 양상은 결코 변하지 않으며, 이 최신의 것이 모든 측면에서 동일한 것으로 남아 있는 것이다. ― 이것이 바로 지옥의 영원성을 구성한다. '현대'를 생생하게 나타내는 특징들 전체를 규정한다는 것은 이 지옥을 그려내는 것이 될 것이다.[19]

발터 벤야민은 근대 사회가 상품 생산과 소비를 영겁회귀의 관점으로 파악할 뿐만 아니라 그 대상 자체가 자기 파괴적 속성을 지니고 있다는 점을 지적하였다. 외견상으로는 물질과 진보의 발전이 인간을 구원할 것처럼 보이지만, 역설적으로 근대성은 유행처럼 지속해서 동일한 구조를 유사한 방식으로 변형하기에 급급할 뿐이다. 그렇기 때문에 근대성에 대한 탐구는 인간의 삶을 행복으로 귀결하지 못하고 순환 회로에 저당 잡힌 인간의 불행을 보여줄 뿐이다.

---

18 김양호, 「신채호의 "꿈하늘" 연구」, 『어문연구』 70·71합집, 한국어문교육연구회, 1991, 251면.

19 『아케이드 프로젝트 Ⅱ』, 2006, 1288면.

> 자본주의는 추측건대 죄를 씻지 않고 오히려 죄를 지우는 제의의 첫 케이스이다. 이 점에서 이 종교체제는 엄청난 운동의 추락 과정 속에 있다. 죄를 씻을 줄 모르는 엄청난 죄의식은 제의를 찾아 그 제의 속에서 그 죄를 씻기보다 오히려 죄를 보편화하려고 하며, 의식(意識)에 그 죄를 두들겨 박고 결국에는 무엇보다 신 자신을 이 죄 속에 끌어들임으로써 신 자신도 속죄에 관심을 갖도록 만든다. 이 속죄는 제의 자체 속에서 기대할 수 없고 이 종교의 개혁, 즉 그 종교 속의 뭔가 확실한 것에 의지하려는 개혁에서도 기대할 수 없으며, 그 종교에 대한 거부에서도 기대할 수 없다.[20]

자본주의는 죄의 영속화를 지향한다. 자본주의의 구성원은 사유의 독립성을 추구하지 못한다. 자본주의적 경제 시스템에 따라, 구성원들은 자본의 획득을 위해 무비판적으로 경쟁할 뿐이다. 자본주의적 구원은 존재하지 않고 자본의 무한 증식을 통한 자본 축적만이 인간이 정신적으로 만족감을 획득할 수 있는 유일한 순간이다. 구성원이 빚을 짓고, 원금에 대한 이자를 갚으려고 하지만, 역설적으로 빚 자체는 존속하고 이자를 갚기에 급급한 구조만이 작동한다. 자본주의의 구성원은 빚과 죄의 이중 구조에서 탈피할 수 없다.

> 프로이트의 이론도 이 제의를 주관하는 지배적 성직자의 반열에 속한다. 그의 이론은 전적으로 자본주의적으로 고안되었다. 억압된 것, 죄스러운 생각은 아직 해명되어야할 깊은 유비관계에서 보자면 바로 무의식의 지옥이 이 이자를 지불하는 자본이다.[21]

발터 벤야민은 프로이트의 "무의식의 지옥"을 "이자를 지불하는 자

20 『선집 5』, 122면.

21 『선집 5』, 123면.

본"으로 유비적 관점에서 고찰하였다. 인간은 의식적으로 합리와 이성의 규율에 따라 생활한다. 프로이트의 관점에서 보자면, 합리적 인간의 이면에 무의식이 작동하고, 합리적 인간은 무의식의 지배를 받을 수밖에 없다. 그는 프로이트의 "억압된 것, 죄스런 것'이라는 무의식의 범주를 자본주의와 결합해 논의하면서, 자본 획득의 욕망을 억압하고 죄의 영역으로 방치하면 자본에 대한 욕망은 소멸하지 않고 무의식에 잔존해 인간이 자본 획득을 위한 시스템에 은밀하게 작동하고 있다고 말한다. 즉, 지옥이라는 은유는 『신곡』의 지옥 순례가 지속적으로 정신세계의 은유로 작동한 것처럼, 정신적 재생을 도모하는 개인적 경험을 우의적으로 표현한 것이다.[22] 아울러 억압과 죄의 연관 관계에서 탈피할 유일한 도피처는 "이자를 지불하는 자본"에 대한 향유이다. 인간은 자본을 통해 억압된 욕망을 해소하고 정신적으로 만족한다.

22 앨리스 K. 터너, 이찬수 옮김, 『지옥의 역사 Ⅱ』, 도서출판 동연, 1998, 325~326면.

4부

주권의 정치적 변용에 대한 글쓰기

8장
낭객과 넝마주이

8장

낭객과 넝마주이

1. 수집

신채호와 발터 벤야민은 공통으로 글쓰기를 위한 자료 수집에 열중했다. 그들은 식민주의와 자본주의 사회가 배제한 부산물을 수집가의 취사선택 과정을 거쳐 수집하고자 하였다. 그들은 근대 사회의 폐기물을 기억의 대상으로 간주하면서 근대 사회의 망각 시스템이 불어 일으키는 폭력과 억압의 환경을 변경하고자 했다.

신채호는 중국 망명 전후 올바른 조선사의 정립을 위해 사료의 중요성을 간파하였다.[1] 조선사의 실제를 마련하기 위해서는 조선 역사에

1 신채호는 중국 망명 시절에 "문학과 예술에 대한 제국의 언어 규약을 만들어내는 담론장의 구심력으로부터 상대적으로 자유(89면)"로울 수 있었기 때문에, 낭객으로서 아(我)의 사상을 정립할 수 있었다. 즉 그는 근대 문학의 미적 근대성과 프로 문학에서 탈피하여 낭객의 관점에서 근대성의 문제점을 파악하고 이를 글쓰기에 반영할 수 있었다. 구장률, 「낭객 신채호와 정명의 문학 —디아스포라적 위치성을 중심으로」, 『민족문학사연구』 44권, 민족문학사연구소, 2010.

대한 기록이 온전하게 유래해야 하는데, 전란이라는 외적 요인과 유가 사대주의라는 내적 요인이 작용하면서, 조선사에 대한 객관적 서술이 불가능해졌다. 그는 조선사의 실제 모습을 구현하기 위해서 사료 수집의 필요성을 거듭해서 강조하였다. 그는 「舊書蒐集의 必要」, 「舊書刊行論」에서 중국과 일본 중심의 조선 기록과 조선 기록 자체의 중국에 대한 의존 등을 비판하면서 조선사의 일부를 차지하는 구서를 수집해야 하는 당위성을 강조하였다.

신채호는 『朝鮮上古史』의 「史料의 蒐集과 選擇에 對한 商権」에서 〈古碑의參照〉, 〈各書의互證〉, 〈各種各詞의 解釋〉, 〈僞書의 辨別과 選擇〉, 〈蒙 滿土 諸族의 言語와 風俗의 研〉를 논증했다.

〈古碑의參照〉는 한민족 고대사 연구의 어려움을 지적하고 있고, 역사적 기록이 소략한 고대사의 흔적을 발견하기 위해 파편 더미와 같은 비석을 발견하는 과정을 다루고 있다. 특히 광개토대왕의 비문이 폐허로 방치된 것을 보고, 금석학의 추론적 과정을 거쳐 객관적 파국과 주관적 추론의 형식을 통해 비문의 의미를 해석하는 과정을 보여준다.

〈各書의 互證〉은 역사 서술의 주관적 가치 판단에 따라 역사적 사실의 왜곡과 오류가 발생하는 과정을 실증하기 위해서 사실의 단수성을 복수의 서적을 통해 상호 검증하는 단계를 거쳐야 한다는 점을 지적한다. "史學이란 것은 個別을 搜集하며 誤傳을 校正하야, 過去 人類의 行動을 活畫하야 後人에게 끼치는 것(『전집 1』, 617면)"으로 간주하는 태도는 신채호 글쓰기 한 특징을 보여주는 대목이다.

〈各種各詞의 解釋〉은 이두문의 형성과정과 해석 방법에 대한 논증이고, "細한考證이 무삼 歷史上의 大事가 되느뇨? 이것은 細한 듯 하나 地誌의 誤도 이로서 校正할 수 잇으며, 史料의 疑도 이로서 添補할 수 있으며, 古代의 文學부터 一切 生活狀態까지 硏究하는(『전집 1』, 618면)" 과정은 역사적 사실의 근원을 성찰하고 탐구하는 과정을 의미한다.

〈僞書의 辨別과 選擇〉은 조선의 역사를 정확하게 인식하기 위해서 타국의 역사 기술을 참고해야 하는데, 타국의 역사 기술이 자칫 "僞書를 辨認치 못하면 引證치 안흘 記錄을 我史에 引證하는 錯誤가 잇다. 그러치만은 그 僞가 分量이 잇나니, 一中은 僞中의 僞(『전집 1』, 619면)"를 지적한다.

〈蒙滿土 諸族의 言語와 風俗의 硏〉는 "朝鮮史를 硏究하자면 朝鮮의 古語뿐 아니라 滿蒙等語를 硏究하여, 古代의 地名官名의 意義를 깨닷는 同時에 移住 交通의 跡이며, 攻戰侵奪의 墟이며, 風俗同異의 差며, 文野高下의 因이며, 其他許多한 事蹟의 探究와 誤錄의 校正에도 利益(『전집 1』, 622면)"을 주장한다.

발터 벤야민 역시 신채호와 마찬가지로 「나의 서재 —수집에 관한 한 강연」, 「보들레르의 작품에 나타난 제2제정기의 파리」, 「수집가이자 역사가 에두아르트 푹스」, 파사쥬론의 「수집가」 등에서 그의 글쓰기 원리의 한 부분을 차지하는 수집광적인 태도를 명징하게 표명하였다.

> 시인들은 거리에서 사회의 쓰레기를 그리고 바로 그러한 쓰레기에서 자신들의 영웅적 주제를 발견한다. 이로써 시인의 뛰어난 유형은 천한 인간의 유형을 재현하는 것처럼, 거기에는 보들레르를 그토록 사로잡았던 넝마주이의 모습이 어려 있다. 「넝마주이와 술」(Le

> Vin des chiffonniers)보다 1년 먼저 이 인물에 대한 산문 묘사가 발표된다. "여기 대도시의 하루 치 쓰레기를 그러모으는 일을 맡은 사람이 있다. 대도시가 던져버린 모든 것, 잃어버린 모든 것, 무시해버린 모든 것, 깨뜨려버린 모든 것, 그는 목록을 만들고 그것을 수집한다. 그는 방탕의 문서고, 폐품의 난장판을 열람한다. 그는 영리하게 고르고 추린다. 그는 구두쇠가 보물을 그러모으듯 오물을 그러모으며, 그것은 산업의 신에 의해 다시 바스러져 유용하거나 향락적인 물건이 될 것이다." 이 묘사는 시인의 방식을 보들레르의 심정에 따라 표현하는 유일한 긴 은유이다. 넝마주이건 시인이건 폐물은 그들 모두에게 중요하다. 두 사람 모두 부르주아들이 잠에 빠져 있는 시간에 자신들의 고독한 작업에 몰두한다. 그들은 태도, 걸음걸이마저 동일하다.[2]

발터 벤야민은 보들레르론을 전개하면서 "파리의 일상생활에서 끌어낸 사회적 주체(『선집 4』, 56면)"를 발견하였다. 그는 넝마주이자를 발견하면서 유럽의 근대 사회가 생산과 소비의 순환 고리에서 벗어나지 못한 채 경제적 부산물을 지속해서 생산하는 과정을 외면하지 않는다. 그는 생산과 상품의 "파리 생활의 마술환등(phantasmagorie)(『선집 4』, 83면)"에 현혹한 대중들의 시각에서 소외된 세계를 주목하였다. 그는 유럽의 근대 사회가 배제한 부산물의 세계에서 도래할 파국을 예방하고 망각한 기원의 세계를 구제하기 위해 노력하였다. 그는 보들레르가 파리의 넝마주이와 감각적으로 동일시하는 태도를 주목하였다. 보들레르는 근대 사회의 진보적 낙관주의를 악마주의의 관점에서 고찰하였다. 보들레르는 근대 사회에서 부산물로 주어지는 상품

2 『선집 4』, 141~142면.

과 폐품의 순환 고리를 시적으로 활용하면서 넝마주이가 사회적 주변인으로서 산업의 신에 의해 폐기한 세계의 가치를 역설적으로 수용하고자 하였다. 특히 발터 벤야민은 넝마주이의 태도가 시인의 시적 창조 행위와 유사하다는 점을 주목하면서, 보들레르 시의 운율이 넝마주이의 걸음걸이와 일치하면서 창조되었다고 말하였다. 그가 넝마주이로 표상하는 수집의 세계를 수용하면서 사회의 주변인에 속하는 영역의 가치를 글쓰기의 방식으로 차용하였다.

> 수집에 있어 결정적인 것은 사물이 본래의 모든 기능에서 벗어나 그것과 동일한 사물들과 생각할 수 있는 한 가장 긴밀하게 관련을 갖도록 하는 것이다. 그러한 관계는 유용성과는 정반대되는 것이며, 완전성이라는 주목할 만한 범주에 속하게 된다. 이러한 '완전성'은 어떠한 것이어야 하는가? 그것은 단순한 현존이라는 사물의 완전히 비합리적인 성격을 새로운, 독자적으로 만들어낸 역사적 체계 속에 배치시킴으로써, 즉 수집을 통해 극복하려는 장대한 시도이다. 그리고 진정한 수집가에게 있어 이 체계 속에 들어 있는 하나하나의 사물은 어떤 시대, 지역, 산업이나 원래의 소유자에 관한 만학의 백과사전이 된다. 마지막 전율(취득되는 데 대한 전율)이 한 사물의 빠져나가는 가운데 사물이 응고되는 순간 특정한 물건을 하나의 마법의 원 안에 봉해버리는 것이야말로 수집가가 가장 깊숙이 마술에 홀리는 순간이다./ 〔중략〕 수집은 실천적인 상기Erinnen의 한 형식이며 '가까이 있는 것'의 온갖 세속적인 현현 중에서 가장 구속력이 강한 현현이다. 그렇다면 어떤 의미에서 정치적인 고찰은 아무리 사소한 종류의 것이라도 골동품 거래에서 신기원을 여는 것이 된다. 우리는 이 책에서 전 세기의 키치를 눈뜨게 해 '집합Versammlung'시킬 수 있는

일종의 자명종을 설계해 볼 생각이다.[3]

「나의 서재 —수집에 관한 한 강연」[4]은 책 수집을 둘러싼 벤야민의 관점을 보여준다. 그는 수집 행위가 구체적으로 무엇인지를 고찰하면서 "수집가의 삶에는 무질서와 질서의 변증법적 긴장관계(『문예』, 31면)"가 있다고 언급한다. 왜냐하면 책 수집가는 마력적 위력을 지니고 있는데, 개별 책의 운명을 본인이 소유하는 과정을 거치기 때문이다. 그는 수집가를 "사물세계의 인상학자(『문예』, 32면)"로 규정하면서 책과 수집가가 만나는 과정은 시공간을 초월하여 인간과 사물이 마력적 순간을 형성할 수 있다고 생각했다. 수집가는 자본주의적 상품순환과는 별개로 본인의 감식안에 따라 주체적으로 사물과 교감한다.

발터 벤야민은 근대 사회에서 상실한 기억의 흔적을 복원하고자 했다. 그는 프랑스 국립 도서관에서 근대사회를 전후로 인간의 삶을 불행으로 귀결한 폭력적 기억을 해체하고 근원적으로 행복한 삶을 추구했던 망각한 시대의 기억을 구제하고자 했다. 그는 근대 자본주의의 내부에 숨겨진 욕망의 세계를 수집한다. 그는 수집가로서 심미적 관심에서 대상을 수집하지만, 수집한 사물과 대상을 역사적 대상으로 고찰한다는 점을 주목해야 한다. 수집가의 욕망은 사물을 분류하면서 개별 사물의 시간성을 유지하는데, 수집가는 수집 행위를 통해 지배문화에 감염된 기억의 역사주의를 극도로 불신하는 충동을 내포한다.[5] 반면 수집가는 "유용성의 가치가 지배하는 현실에 저항하고 특

3 『아케이드 프로젝트 2』, 532~533면.

4 『문예』, 31면.

5 고지현, 「발터 벤야민의 문화예술론에 나타나는 역사주의 비판: 박물의 세계와 역

히 전통적 질서가 붕괴된 모더니티의 공간에서 혼란과 산만함에 대항하는 싸움을 벌이면서 사물을 그러모으지만, 결국 사물과 인간을 점점 더 가혹하게 옭아매는 소외된 노동의 메커니즘을 인식하고 극복하지 못하는 한, 수집품들로 가득 찬 실내에서 자신의 우주를 구축하여 그 판타스마고리아적 공간 안에 거주하면서 그러한 소외에서 탈피하고 소외를 보상하는 데 만족"[6]할 수 있다.

2. 인용

신채호는 「前後三韓考」에서 역사 서술을 위해 인용서를 선택할 때의 문제점을 지적했다. 그는 (一) 引用書의 眞僞 辨別, (二) 朝鮮 古史의 殘缺, (三) 中華 史家의 朝鮮에 關한 記錄, (四) 朝鮮人의 記錄으로 中華 史册에 抄錄된 『三國志』의 朝鮮 事實, (五) 『三國志』 朝鮮에 關한 記錄 全部를 信用할 수 없는 條件, (六) 三韓에 關한 記錄을 논의하였다. 이를 구체적으로 살펴보면 다음과 같다. 신채호는 발굴, 탐사, 고문 연구 수준이 부족한 상황에서, 고사(古史)를 연구하기 위해서 옛 사람들의 서적을 연구 자료로 삼을 수밖에 없다고 말하면서, 인용서의 선택을 신중해야 한다고 말했다. 그는 이웃나라의 서적뿐만 아니라 자국의 정사(正史)와 신화, 소설, 요괴담, 잡서까지도 수용해

사주의의 세속화」, 『한국사학사학보』 제24집, 한국사학사학회, 2011, 217~219면.

6 최성만, 「벤야민 횡단하기Ⅳ ―벤야민의 개념들」, 『문화/과학』 통권 49호, 문화과학사, 2009, 247면.

역사적 사실의 진실을 추구하고자 하였다. 그는 역사적 사실의 객관적 진실에 도달하기 위해서 객관적 자료에 대한 주관적 가치 판단 과정을 거쳐야 한다는 점을 주목했다.

〈引用書의 眞僞 辨別〉에서는 고사(古史)를 논증하기 위해서 사료로서 인용서의 가치를 논해야 한다고 주장하였다. 그런데 조선의 고사(古史)를 작성하기 위해서 조선의 고사를 다룬 서적을 다루어야 함에도 불구하고, 조선의 상고사를 기록한 문헌이 존재하지 않는다는 점을 지적하였다.

〈朝鮮 古史의 殘缺〉에서는 『신지(神誌)』의 유래와 의미를 간략하게 거론된 후, 고구려, 백제 신라의 기록물이 잔존하지 않고 있다는 점이 언급되고 있다. 조선 본국의 기록이 부재하다면, 타국이 조선을 대상으로 기록한 것을 인용서로 참고할 수 있다. 특히 중국의 조선에 대한 기록을 살펴보면 조선의 상고사에 대한 양상을 고찰할 수 있다.

〈中華 史家의 朝鮮에 關한 記錄〉에서 중국의 역사가인 사마천은 춘추필법으로 존화양이(尊華攘夷), 상내략외(詳內略外), 위국휘치(爲國諱恥)의 중국 중심주의를 표방하는 유학자기 때문에, 조선에 대한 기록을 온전하게 조선의 것으로 간주할 수 없다고 지적했다. "朝鮮史의 材料될 價値가 잇는 者를 구하(『전집 2』, 371면)"기 위해서는 타국 역사 기록의 진위를 선별해야 한다는 점을 지적했다.

〈朝鮮人의 記錄으로 中華 史册에 抄錄된 『三國志』의 朝鮮 事實〉에서는 〈삼국지〉에 기록된 조선용어들이 삼국 시대의 이두문이라는 점을 증명하고, 위나라 장수 관구검이 고구려의 기록과 전설을 가져간 후 전유된 것들로, "朝鮮 本位의 朝鮮史(『전집 2』, 372면)"을 작성하지 않고 중국사의 사이전(四夷傳)의 부록으로 삼아 조선사를 서술하고 있다는 점을 지적하고 있다.

〈『三國志』 朝鮮에 關한 記錄 全部를 信用할 수 없는 條件〉에서는 〈삼국지〉의 기록 전체를 부정하고 있다. 〈삼국지〉의 기록 주체가 중화인이기 때문에, 중화인은 "他國에 對한 病的 心理(『전집 2』, 372면)"가 있기 때문에 비사실의 기록이 있을 수 있고, 당태종이 고구려 침략에 대한 자국의 신민들에게 고구려에 대한 적개심을 고취하기 위해 중국 고서에 나오는 조선에 대한 기록을 도개(塗改)한 의심이 있기 때문에 당태종의 고서에 나온 조선의 기록을 신뢰할 수 없다고 말했다. 도자(倒字), 오자(誤字), 탈자(漏字) 첩자(疊字)와 같이 역사적 기록의 객관성을 파악하기 힘든 사료를 인용하면 조선사 연구가 장애에 처할 수 있다고 지적했다.

> 이름의 언어권으로부터, 그리고 오로지 그로부터만, 크라우스적 논쟁의 기본 양태가 해명된다. 그것은 바로 인용하기이다. 한 낱말을 인용한다는 것은 그것의 이름을 불러준다는 것을 뜻한다. 그리하여 크라우스의 업적은 그 최고 단계에 이르면 신문조차도 인용가능하게 만드는 데 있다. 그는 신문을 자신의 공간으로 옮겨 오는데, 일순간 상투어가 깨닫지 않을 수 없는 것이 된다. 즉 제아무리 신문들의 가장 깊숙한 침전물 속에 있는 상투어라 해도 그 상투어를 그것의 밤에서 끌어내려고 말[언어]의 날개를 펼치며 하강하는 목소리와 격돌했을 때 안전하지 않다는 것을, 그 목소리가 처벌하려고 다가오지 않고 구제하려고 다가온다면 놀라울 따름이다.[7]

7 『선집 9』, 340면.

발터 벤야민은 근대 사회의 저널리즘 언어의 타락과 수다를 강도 높게 비판하였다. 근대 저널리즘 언어는 상투어의 세계를 표현하면서 세계의 폭력과 접속하거나 세계의 권위를 존속하는 데 기여하였다. 상투어는 특정 집단의 이해관계를 자의적으로 생산하고, 체제의 모순성을 비판하는 의식을 무력화하고, 도식적 사고의 존속에 이바지한다.[8] 저널리즘의 정치적 언어의 상징인 상투어의 지형을 해체하는 과정은 비판적 태도를 견지하기 위한 글쓰기의 대응 전략이 필요하였다.

인용(Zitat)은 "대상을 그것이 속해 있던 연관에서 빼내어 새로운 연관에 집어넣는 방식이다. 여기서 파괴와 구제가 동시에 일어"[9]나는 과정이다. 인용은 역사적 사실에 대한 객관성과 주관성을 상호 간에 소통하는 방식을 통해서 진리의 절대성과 총체성이 강요하는 억압의 방식을 원천적으로 유예하는 과정이다. 그는 수집한 자료를 객관적으로 인용하였다. 그러나 그는 인용의 글쓰기 전략을 통해 수집한 자료의 객관성과 주관성을 동시에 배격하면서 글쓰기 과정에 주관을 고도로 집약하였다. 그는 칼 크라우스(Karl Klaus)의 글쓰기 방법인 인용을 언급하면서 인용의 정치적 맥락을 주목하고 있다. 그는 브레히트 서사극이론의 소격효과와 유사하게 텍스트에 대한 동일성을 중지하고 텍스트에 은폐한 정치적 맥락을 해석할 숙고의 순간이 칼 크라우스의 인용이 지닌 의미라고 간파하고 있다.[10] 그는 자료의 사실 판단

8 인성기, 「칼 크라우스의 언어 및 문화 비판」, 『뷔히너와 현대문학』 제20호, 한국뷔히너학회, 2003, 321~322면.

9 최성만, 위의 글 256면.

10 조효원, 『부서진 이름(들) -발터 벤야민의 글상자』, 문학동네, 2013, 257~258면.

과 가치 판단을 중립적으로 상호 소통하는 방식을 추구했다. 그는 논증과 명제의 논리성을 파괴하는 아포리즘(aphorism)의 형식을 선택하고 있다. 그는 글쓰기의 아포리즘을 통해 주체의 총체성을 글에 반영하는 태도를 배격하였다.[11]

> 구제하고 처벌하는 인용에서 언어는 정의의 모체임이 입증된다. 인용은 낱말을 그 이름대로 호명하며, 맥락에서 파괴적으로 떼어 낸다. 그러나 바로 그로써 인용은 낱말을 그것의 원천으로 불러온다. 인용은 새로운 텍스트의 직조 속에서 어울리지 못한〔운이 맞지 않을, ungereimt〕 것도 없으며, 낭랑하게 울리고 또 조화를 이룬다. 운으로서 인용은 자신의 아우라 속에서 유사한 것들을 끌어 모은다. 이름으로서 인용은 고독하고 표현할 수 없다. 언어의 면전에서 원천과 파괴라는 이 두 영역이 인용 속에서 자신을 입증한다.[12]

인용은 저널리즘의 상투적 언어 운용을 파괴한다. 인용은 정치적 의도를 포함하고 있는 맥락을 해체하면서 정치적 전략을 새롭게 인식할 기회를 형성한다. 인용은 "절망하는 자가 비로소 인용 속에서 힘

---

11 발터 벤야민은 파편적 글쓰기를 지향했다. 그는 글쓰기 대상을 통합하고 총체적으로 파악하는 유기적 글쓰기를 지향하고 글쓰기 대상을 파편으로 간주하면서 글쓰기 주체의 내면과 감응하는 글쓰기를 지향하였다. 파편주의(Fragmentarismus)와 아포리즘(Aphoristik)과 유사하다. 발터 벤야민의 파편관은 초기 낭만주의의 아포리즘 전통에 근거한다. 그는 선험적으로 갱신한 아포리즘의 전통에서 문필가, 문학사가, 예술이론가를 자임하였다. 그는 프리드리히 슐레겔(Friedrich Schlegel)과 노발리스(Novalis)의 파편론을 수용하면서, 무한한 진보과정으로서 파악하고, 이상적 문학의 형식으로서이 파편을 사용하는 성찰의 초기 낭만주의적 이념을 재구성(Rekonstruktion)을 지향하였다.
Schöttker, Detlev, Konstruktiver Fragmentarismus: Form und Rezeption der Schriften Walter Benjamins, Suhrkamp Verlag, 1999, S.35~36.

12 『선집 9』, 341면.

을 발견한 것이다. 그것은 보존하는 힘이 아니라 정화하는 힘이고, 맥락에서 떼어내고 파괴하는 힘이다. 그것은 몇 가지가 이 시대에서 – 그것을 이 시대에서 뜯어냈기 때문에-살아남으리라는 희망이 놓여 있는 유일한 힘(『선집 9』, 344면)"을 보유할 수 있게 한다.

3. 논설과 비평

신채호는 "국내에서의 언론활동을 통한 애국계몽운동을 전개하면서 제국주의에 대항하는 민족주의를 강조했고, 국권을 빼앗긴 사실을 강조하는 동시에 국권회복을 위해 국민들이 애국심을 가지고 전력을 기울여 실력을 갖추면 국권회복의 목적이 이루어진다고"[13] 생각하였다. 아울러 그는 1910년 4월에 중국으로 망명한 이후에도 『권업신문』, 『중화보』, 『신대한』, 『천고』, 『독립신문』 등에서 독립 운동을 위한 언론 활동에 매진하였다.[14] 이처럼 그는 중국 망명 전후로도 국내외의 제국주의와 식민주의의 폭력에 대응하기 위해 신문 매체를 통해 지식인으로서의 논설 작성을 포기하지 않았다. "논설(論說)은 물론 한자문화권에서 전통적인 기술(記述) 방법으로 자리 잡고 있었던 '논(論)'과 '설(說)'이 결합하여 생긴 말이다. 자기의 의견을 직접적으로 주장하여 서

13 김강녕, 「언론인이 본 단재 신채호」, 대전대학교 지역협력연구원 엮음, 『단재 신채호이 현대적 조명』, 도서출판 다운샘, 2003, 311면.

14 김주현, 「일제감점기의 문필활동」, 『계몽과 혁명–신채호의 삶과 문학』, 소명출판, 2014, 231~370면 참조.

술하는 '논(論)'과, 사물에 대한 의견을 진술하거나 의미를 우회적으로 표현하는 '설(說)'이 개화기의 근대적 신문에 '논설(論說)'이라는 이름으로 계몽의 담론을 이끄는 강력한 수단으로 사용되었"[15]다는 점을 염두에 둔다면, 신채호는 논설에서 논의 성격이 강한 글쓰기를 지향하였다는 점을 알 수 있다. 이처럼 논설적 글쓰기는 그의 역사기술방법론과 매개되면서 지식인의 계몽적 비판정신을 전개하는 데 일조하였다.

신채호의 글쓰기 태도는 『朝鮮上古史』에서 기존 역사서의 서술 방식을 개조하기 위해 본인만의 독특한 역사기술방법론을 제시했다. 그는 역사 기술을 위해 계통(系統), 회통(會通), 심습(心習), 본색(本色)의 단계를 거쳐야 한다는 점을 지적했다. 系統, 會通, 心習, 本色의 과정은 역사적 자료를 인식하고 글쓰기로 나아가기 위한 과정이다. 『朝鮮上古史』에서 개진한 역사 서술과 관련한 방식은 신채호가 글을 작성할 때 하나의 준칙으로 삼았다.

계통(系統)은 역사적 사료의 인과관계를 둘러싼 전후 과정을 면밀하게 구성하는 일이다. 계통은 "歷史는 因果關係로 請求하자는 것인데, 만일 이와 갓흔 因果 以外에 일이 잇다 하면 歷史는 하여 무엇하랴만은, 그러나 이는 지은 사람의 不注意요 本實이 그런 것은 아니다. 故로 舊史에는 그 系統을 말하지 안엇다(『전집 1』, 623면)"는 점을 해명하는 과정이다. 그는 〈國仙〉의 사례를 거론하면서 특정 개념의 역사적 생성 전후를 분석해야 한다는 점을 지적한다.

회통(會通)은 계통의 단계를 거쳐 성립한 결과물이 상호간에 논리

15 정선태, 『개화기 신문 논설의 서사 수용 양상』, 소명출판, 1999, 43~44면.

적 구성을 성립하는 단계이다. 會通은 "前後彼此의 關係를 類聚(『전집 1』, 624면)"하는 과정이다. 역사의 系統을 수립하고 발견하는 과정을 거쳐 특정 사건이 발생한 종합적 판단을 위한 과정이 會通이다.

심습(心習)의 제거는 글을 쓰는 주체의 주관을 반영하여 객관적 실체를 왜곡하거나 변용하는 태도를 지양한다. 신채호는 이순신의 거북선을 둘러싼 논쟁을 거론하면서, "우리가 信用치 못할 것은 欺할수 업슴으로서 그럴 뿐 아니라, 곧 自欺함도 不可한 까닭(『전집 1』, 625면)"을 언급한다. 그는 사실을 둘러싼 상호주체가 소통하기 위해서 사실에 대한 왜곡과 조작을 배격해야 한다는 점을 말한다.

본색(本色)은 系統, 會通, 心習의 거쳐 사실의 자명성을 확보할 수 있는 本色의 단계에 도달할 수 있다. 本色은 사실의 진리에 도달하기 위해 주관성과 객관성을 상호간에 검토하고 비판하는 과정을 거쳐 획득할 수 있다.

아울러 신채호는 『朝鮮上古文化史』에서 조선의 문헌이 폐허에 있다는 자각하에 과거 사실을 온전하게 복원하는 과정이 힘들다고 토로한다. 그가 중국 망명 전후로 파악한 문헌의 세계는 "文化나 政治에 적을 歷史가 적지 않을 것이나, 그러나 다만 울안의 싸홈이나 外敵의 덤빔 가튼 無妄의 災와 暴君의 불슬음이나 愚夫의 작난 가튼 不時의 厄(『전집 3』, 365면)"때문에 과거 사실의 의미를 온전하게 파악할 수 없었다. "古記를 刪削한 心理(『전집 3』, 367면)"의 한계를 김부식의 사례를 들어 논증한다. "獨立의 朝鮮史로 지은 것이 아니라 支那(중국)歷代史가운데 『東夷列傳』의 註釋으로 自處"하거나 "嗟乎라, 千百卷 先賢의 文集이 만타하나 朱子大全의 註解며, 五百年 文明의 典型은 全部

가 支那思想의 飜譯이라 朝鮮史의 쓸 만한 價値(『전집 3』, 368면)"를 반문하면서 글쓰기의 주체성을 발견하고자 했다. 그는 "朝鮮의 故績과 記錄의 消滅 或 變改(『전집 3』, 368면)"를 통탄한다. 그는 소멸한 문헌은 복원할 수 없기 때문에 후대에서 역사적 사실의 조작 혹은 왜곡을 의문시하였다. 그는 "四千年 동안의 闕失을 채오며 訛誤를 발우잡고, 이에 그가 운대서 精하게 因果를 차즈며 公하게 是非를 가리면, 朝鮮의 價値 잇는 歷史를 萬의 一 或 千의 一이라도 多勿(恢復하는 뜻)할가 하노라. 이박게 天下의 書籍을 搜集하며 地中의 遺物을 撥屈하여 參考의 材料를 삼(『전집 3』, 370면)"아야 한다는 점을 지적했다.

> 삶을 구성하는 힘은 현재에는 확인(Uberzeugungen)보다는 '사실'(fakten, 事實)에 훨씬 더 가까이 있다. 한 번도, 그 어느 곳에서도 어떤 확신을 뒷받침한 적이 없었던 '사실'말이다. 이러한 상황에서는 진정한 문학적 활동을 위해 문학의 테두리 안에만 머물라는 요구를 할 수 없다. 그러한 요구야말로 문학적 활동이 생산적이지 못함을 보여주는 흔한 표현이다. 문학이 중요한 효과를 거둘 수 있는 것은 오직 실천과 글쓰기가 정확히 일치하는 경우뿐이다. 그러기 위해서는 포괄적 지식을 자처하는 까다로운 책보다, 공동체 안에서 영향력을 행사하기에 더 적합한 형식들, 예컨대 전단, 팸플릿, 잡지 기사, 포스터 등과 같은 형식들이 개발되어야 한다. 그와 같은 신속한 언어만이 순간 포착 능력을 보여준다. 사람들의 견해란 사회생활이라는 거대한 기구에서 윤활유와 같다. 우리가 할 일은 엔진에 다가가서 그 위에 윤활유를 쏟아 붓는 것이 아니다. 숨겨져 있는, 그러나 반드시 그 자리를 알아내야 할 대갈못과 이음새에 기름

을 약간 뿌리는 것이다.[16]

발터 벤야민은 좋은 산문을 작성하기 위한 단계를 제시했다.[17] 구성을 생각하는 음악적 단계, 조립하는 건축적 단계, 짜 맞추는 직물적 단계이다. 산문을 구성, 조립, 직조의 단계를 거쳐 완성해야 한다고 말한다. 그는 글쓰기를 인간의 사유를 반영하기 위한 과정으로 파악하면서도 글쓰기가 자칫 현상과 세계를 조화의 원리로 귀결하는 과정을 거부하고 지속해서 현상을 개념으로만 파악하지 않고, 하나의 유동적 이미지를 동반한 감각적 세계를 재현하는 과정으로 인식하고 있다. 그는 주해와 비평의 관계를 논하면서 객관 세계의 사실관계와 주관적 세계의 비평이 상호 간에 긴밀한 관계를 유지해야만 비평의 영역이 확장한다고 말한다. 주해는 대상의 사실적 연관을 해석하는 작업이고, 비평은 주해한 영역에 대한 의미 맥락을 새롭게 규정하는 과정을 의미한다.[18]

발터 벤야민은 대중의 무감각성과 아카데미즘의 비현실성을 동시에 비판하였다. 그는 비평이라는 형식의 글쓰기를 통해 대중과 아카데미즘이 감각적 세계의 전복을 외면하는 태도를 부정하였다.[19] 특히

---

16 『선집 1』, 69~70면.

17 『선집 1』, 93면.

18 『선집 10』, 49~51면.

19 나치즘의 문화는 철저하게 대중이 현실 문제를 비판적으로 인식하는 태도를 지양하는 데 있었다. 특히 괴벨스는 각종 매체를 통해 대중의 비판력을 없애기 위해 노력하였다. "나치 정권은 《에아 펠라아크》라는 이름의 새로운 출판 트러스트를 설립하였다. 《에아 펠라아크》는 150사에 달하는 출판사를 산하에 두고, 종업원 3만 5천 명을 거느렸다. 괴벨스는 괴링과 다툰 끝에 결국 라디오에 대한 지배권을 수중에 넣었다. 괴벨스는 즉각 문학프로 안에서 「비판(Kritik)」이라는 말의

그는 비평적 글쓰기를 통해 현실을 개조할 가능성을 염두에 두었다. 대중이 속물 취미에 입각해 책을 포함한 대상을 관객으로 관람할 뿐, 대상과 현상을 무비판적으로 고찰하는 태도는 결국 "정직한 비판(『선집 9』, 544면)" 때문에 발생하였다. 그러므로 그는 독자층이 관객과 서클의 형식으로 구분하는 과정에 대해 "비판적 계몽 작업(『선집 9』, 544면)"의 일환으로 비평의 가치를 재해석하고자 하였다. 관객으로서의 독자는 독서 과정 전후의 기분 전환을 위한 오락거리로 책을 고찰하였고, 서클로서의 독자는 현실과 무관하게 고상한 이념과 진리만을 고수하는 태도를 의미한다. 이처럼, 그는 유럽 근대 사회에서 부상하기 시작한 대중의 감각적 태도를 부정적으로 인식하였고, 대중의 몰취미적 태도를 계몽해야 한다고 생각하였다. 그는 고도의 "정치적 전략과 비평적 전략(『선집 9』, 544면)"을 봉합하기 위해 노력하였다. 그는 비평이 현실과 역사를 도외시한 채 순수 미학을 고수하는 과정에서 "새롭고 역동적인 변증법적 미학(『선집 9』, 554면)"을 상실하면서 "비평의 원자화 현상(『선집 9』, 544면)"을 가속화했다는 점을 분석하였다. 그는 전쟁 소설의 유행을 거론하면서, 전쟁 소설이 평화주의적 태도를 견지하면서 자본주의적 질서에 역설적으로 복무한다는 점을 고려

사용을 금지시키고, 그 대신 「고찰(Betrachtung)」이라는 말을 사용하도록 명령하였다. 나치의 선전은 문서 보다는 구두로 하는 편이 적합하다는 것을 알게 된 후부터는 라디오방송에서는 집회에서의 연설을 중계하는 프로가 무척 많아졌다." 나치즘이 체제 비판적 태도를 분쇄하기 위해 언어조작을 시행했다면, 발터 벤야민은 나치즘의 언어 정책을 패러디하는 정치적 전략을 통해 독일 나치즘의 언어 운용에 대응하였다. 즉, 그가 나치즘의 탈정치적 기호를 정치적 기호로 코드 전환하고, 정치적 기의를 새롭게 형성하였다고 간주할 수 있다.
앙리 미셸, 유기정 옮김, 『세계의 파시즘』, 도서출판 청사, 1979, 101면.

하였다. 특히 그는 오락 문학이 아방가르드 문학과의 차별성을 없앨 만큼 대중에 대한 파급력이 클 수 있다는 점을 기존의 비평이 간과했다고 지적하였다. 요컨대 그는 독일의 근대 사회가 자본주의적 소비에 기반해 세속화의 과정에서 자유롭지 못하다고 간주하였다.

> 사람들은 어떤 경우든 직접적으로 정치적 이념들을 따른다는 것이 비평에 본질적이라거나 적어도 도움이라도 된다고 주장하지 않는다. 그러나 이것은 논쟁적 비평에게는 절대적으로 요구된다. 여기서 개인적인 것이 전면에 부각되는 내용이 상세하면 상세할수록, 그 개인적인 것이 부각되는 배경인 시대의 이미지가 비평가와 그의 관객 사이에서 그만큼 더 정확하게 합의를 이룰 수밖에 없다. 그러나 모든 진정한 시대 이미지는 정치적이다, 정치적 전략이 공산주의라는 극단적 경우에서조차 문학적 전략과 합치되지 못하는 것이 독일이 처한 위급한 지경에 이른 궁색한 상황이다. 이것은 비판적 사유의 불행이자 아마도 정치적 사유의 불행이기도 하다.[20]

발터 벤야민은 가치중립적 태도 혹은 객관성을 가장한 현실 도피적 태도를 비판하였다. 그는 부르주아가 분명하게 본인들의 계급적 입장을 주관적으로 표현하고 현실적으로 관철한다고 생각하였다. 반면 프롤레타리아 계급은 현실에 대한 불만족을 표출할 경우, 기존 시스템은 주관적 입장 표명이라고 부정하였다. 즉 부르주아 계급은 정치적 입장 표명을 하지만, 프롤레타리아는 정치적 입장을 표출하지 못하는 상황이 대두하였다. 비평가는 계급간의 정치적 입장 표명이 객관성을 중시해야 하지만, 계급에 따른 정파적 입장이 상이하게 표현된다

20 『선집 9』, 571면.

는 점도 인식해야 한다. 그는 표현주의 운동과 신즉물주의가 표현의 과도한 표출을 중시한 나머지 표현 주체가 결여되고 있다는 점을 거론하면서 프랑스 다다이즘의 현실 변혁 가능성을 혁명적으로 간주하였다. 그는 독일 근대 사회에서 대중, 작가, 평단이 현실에 부상하고 있는 특정 사안을 무관심으로 공모하면서 비정치적 태도를 견지하는 것만이 합리적이라고 판단했다. 그는 현실의 부조리에 대한 비판적 사유가 작동하지 않는 것은 정치적 사유의 불행으로 귀결한다고 간주하였다.

> 왜냐하면 부르주아 계급은 교육이라는 형태로 어린 시절부터 그에게 교육의 특권을 바탕으로 그를 그 계급과 연대하게 하고 어쩌면 그보다 더 그 계급을 그와 연대하게 만드는 생산수단을 함께 주었기 때문이다. 이 연대는 전면에서는 지워지고 심지어 해체될 수는 있다. 그러나 그 연대는 그 지식인을 무산계급에 의해 정치화된 자의 부단한 경계 태세, 전선에서의 삶으로부터 배제할 만큼 충분히 강력한 것으로, 그로써 그가 글로 쓰는 모든 것에 대해 자신의 몸으로 경험한 전투적인 실천에서 유래한 힘들을 그에게서 빼앗아 갈 만큼 충분히 강력한 것으로 남아 있다. 전투적 실천만이 줄지 않고 제공해주는 이 힘들이란 바로 이론과 인식을 가리킨다.[21]

지식인은 계급적 상황을 타개하기 위해 이론과 실천을 도모하기 위해서 기존 부르주아 시스템에 편입하지 않으려는 자의식이 필요하다. 그러나 지식인이 계급적 자의식을 견지하는 순간 부르주아 시스템은 교육과 같은 제도를 통해 기존 시스템을 유지하는데 지식인을 활용한다. 지식인은 정치적 실천을 감행하기 위해서 "이론과 인식"의 견고

---

21 『선집 9』, 578면.

한 자의식을 포기해서는 안 된다. 발터 벤야민은 지식인의 "무산계급에 의해 정치화된 자의 부단한 경계 태세"를 지식인이 스스로 포기하지 않기 위해서는 부르주아 계급의 유인책에 대한 명증한 인식이 중요하다고 말한다. 그는 지식인이 현실적 사안에 개입하고 정치적 논쟁을 유발하는 과정이 비평적 태도와 결부해야 한다고 주장한다.

발터 벤야민은 베르톨트 브레히트(Bertolt Brecht)와의 만남을 통해 언어와 세계에 대한 형이상학적 사유에서 유물론적 사유의 정치적 가능성을 비판적으로 수용하였다. 게르숌 게르하르트 숄렘(Gershom Gerhard Scholem)과 아도르노는 벤야민이 브레히트의 유물론적 사유를 수용하는 과정을 부정적으로 인식했다. 왜냐하면 그들은 벤야민이 유물론적 사유에 경도하여 이념의 정치성에 빠질 위험을 경계하였기 때문이다. 그렇지만 그는 브레히트의 사상을 무비판적으로 수용하지 않고 신학과 유물론의 경계를 횡단하는 균형 잡힌 사유를 확보하기 위해 노력하였다. 그럼에도 그는 브레히트와의 대화를 통해 "정신 활동 및 예술 활동의 방법론적 근본문제와 지식인의 역할"을 심도 깊게 논의하였다. 발터 벤야민과 브레히트는 잡지 『크리제 운트 크리티크』를 간행하면서 이론적 사유의 현실 개입에 대한 논의를 마련하고자 하였다. 그들은 현실적 사안에 적극적으로 개입하여 기존 시스템에 균열을 내는 위기 사항을 형성하는 비평의 가능성을 도모하였다. 발터 벤야민은 신학적 방법론과 유물론적 방법론을 상호 보완하면서 특정한 방법론적 원칙을 교조적으로 고정하는 태도를 경계하였다.[22] 이러한

22 에르트무트 비치슬라, 윤미애 옮김, 『벤야민과 브레히트 –예술과 정치의 실험실』, 문학동네, 2015, 196~209면.

비평의 정치적 가능성은 지식인이 프롤레타리아와 맺는 관계를 어떻게 설정할 지에 대한 질문을 제기한다.

> 생산자로서의 작가는 프롤레타리아트와의 연대감을 체험하면서부터, 이전에는 그에게 별 상관이 없어 보였던 다른 생산자와의 연대감을 동시에 체험하게 된다.[23]

「생산자로서의 작가」는 지식인의 정치의식과 예술 의식의 간극을 어떻게 조율해야 하는 지에 질문을 제기하고 있다. 지식인이 정치 현안을 어떻게 인식하고 이를 감각적으로 자각해야 하는 지를 발터 벤야민은 다양한 관점을 적용해 논증하였다. 우선, 그는 지식인이 당면한 현실적 토대가 변화하였다는 점을 거론하면서, 지식인이 계급간의 연대성에 대한 인식을 강압적으로 결정하기를 유보하면서, "정신적 생산수단의 사회화(『문예』, 271면)"와 "혁명적 사용가치(『문예』, 263면)"를 활용한 "기술의 진보(『문예』, 263면)" 가능성을 고민하였다. 그는 표현주의, 신즉물주의와 같이 진보적 표현 세계가 진정으로 계급간의 연대를 형성하지 못하고 표현 수단의 다양한 변화에 능동적으로 대처하지 못한 채, 지식인의 경계를 스스로 허물어뜨리는 양상을 비판하였다. 그렇다면, 그는 "기능 전환 Umfunktionierung(『문예』, 261면)"을 통한 전통적 표현 수단과 근대적 표현 매체의 결합을 통해 브레히트의 서사극처럼 객체가 주체에 대한 무비판적 동일성을 거부하고, 사태의 객관적 판단을 토대로 현실의 문제를 이성적으로 고찰할 기회를 마련해야 한다고 말했다. 이러한 과정을 거쳐 그는 "계급투쟁 속에서

---

23 『문예』, 263면.

의 지식인의 위치는 생산과정 속에서 그가 차지하는 위치에 의거해서 규정 내지 선택(『문예』, 261면)"한다고 주장하였다. 지식인은 본인의 생산물을 지배 계급의 이해관계에 종속하지 않고 지속해서 소외하는 과정을 거쳐 체제의 패러다임에 대해 비판적 거리두기를 하면서도 프롤레타리아에 대한 정신적 연대감을 표출할 표현 수단의 질적 확장을 강화해야 한다.

9장

조선 시대 영웅의 비극과 바로크 시대 군주의 비애

9장

조선 시대 영웅의 비극과 바로크 시대 군주의 비애

1. 임금의 부재와 군주의 우유부단

신채호와 발터 벤야민은 근대 사회를 고찰하면서 각각 조선과 바로크 시대를 주목하였다. 그들은 각각 16세기 임진왜란과 17세기 30년 전쟁을 주목하였다. 그들이 주목한 전쟁을 단순하게 역사적 사실로써만 간주할 필요는 없다. 그들은 당대의 현실과 임진왜란과 30년 전쟁 시간 동안 발생한 사건들이 정치적으로 유사하다는 점을 염두에 두었다. 신채호는 조선의 임진왜란 시기를 일제 강점기 시대와 정치적 지형이 유사하다고 생각하였다. 반면 발터 벤야민은 30년 전쟁 전후의 바로크 시기를 독일의 근대 사회와 정치적으로 비슷하다고 간주하였다. 신채호와 발터 벤야민은 지식인 개인의 주권을 도모했다. 신채호는 구한말 계몽 지식인으로서 식민주의를 척결하기 위해 계몽 담론을 작성하였다. 반면 발터 벤야민은 지식인의 언어 수행을 통해 허위적 가상을 파괴하기 위해 노력하였다. 그들은 지식인 개인으로서 실천의 동력을 확보하기 어렵다는 판단하에, 대중을 실천의 무대로 동원하기 위한 정치적 글쓰기를 보여주었다. 신채호는 대중들이 역사적 모순을 자각할 수 있도록 대중이 동일시 할 수 있는 대상을 서사적으로 보여주었다면, 발터 벤야민은 역사적 모순을 망각하고 대중이 권력과 동일시하는 과정을 비판했다.

> 嗚呼라, 壬辰으로 戊戌에 至ᄒᆞ기 凡 首尾七年間 歷史를 考ᄒᆞ건대, 我大東民族의 耻辱과 苦痛이 果然 何如ᄒᆞ얏던가. 老弱은 溝壑의 轉ᄒᆞ며, 壯丁은 鋒刃에 罹ᄒᆞ고, 飢호대 其食을 不得ᄒᆞ며, 寒흐대 其衣를 不得ᄒᆞ고, 朝에 團聚ᄒᆞ얏던 父母妻子가 夕에 相失ᄒᆞ며, 夕에 欣握ᄒᆞ던 兄弟朋友가 朝에 相訣ᄒᆞ야 死者ᄂᆞᆫ 勿論ᄒᆞ고도, 即 壹般生者도 其死가 已ᄒᆞᆫ 쥴로 可認이더니,[1]

신채호는 임진년에서 무술년까지의 전후 임진왜란 7년간의 역사를 고찰하면서, 우리 민족의 치욕과 고통의 실상을 직시하고자 하였다. 노약자와 장정들은 죽음을 맞이하거나, 전쟁에 나아가고, 부모와 처자는 전쟁 기간 동안 생이별을 하고 있다. 조선의 백성들은 의식주를 비롯해 전쟁의 비극적 참상에 무방비 상태로 노출되었다.

> 是以로 彼 平秀吉 者가 無名之師를 壹擧ᄒᆞ여 我境을 壹侵ᄒᆞ매, 將士가 瓦解ᄒᆞ고 人民이 獸竄ᄒᆞ여 彼가 出兵ᄒᆞᆫ지 不過 十數日間에 京성을 奄迫ᄒᆞ여 無人之境 같이 驅入ᄒᆞ얏스니, 嗚呼라, 禍亂의 作을 其又誰咎아.(『전집 4』, 493~494면)

---

1 『전집 4』, 525면.

신채호는 일제 강점기 시대와 임진왜란은 일본과 왜국의 침략이라는 점을 유사하게 간주하였고, 일제 강점기의 정치적 해법을 확보하기 위해 임진왜란의 전후 맥락을 해석하고자 하였다. 그는 임진왜란의 국권 상실을 "檀君子孫의 遺耻(『전집 4』, 493면)"로 간주하였다. 특히 히데요시의 군사주의와 신국사상을 일본 특유의 가치구조로 상대를 이질화하고 교화, 통합, 정복의 대상으로 인식하였고, 조선의 문화주의는 유교적 이념을 중심으로 화이사상을 이분법적 구도를 중심으로 일본과 명나라에 외교적으로 대응하는 논리였다.[2] 선조는 임진왜란이라는 전쟁의 와중에 민심을 통제하고 정치적으로 해결해야 하지만, 전쟁의 중심에서 벗어나 정치적으로 무책임한 모습을 보인다. 선조의 정치적 결단은 보이지 않고 교시의 형식으로 전쟁 국면을 이순신이 해결해야 한다는 점에 대해 어명을 내리고 있다. 선조는 임진왜란을 전후로 일본과 명나라에 대해 외교적 권한을 지니고 국내적으로 절대 권력을 보유한 왕에서 의주로 피신하는 과정에서 절대 권력을 상실한 무기력한 존재로 전락하였다.[3]

① 銳氣가 方盛ᄒᆞᄃᆡ 慘信이 突來로다.

五月 八日에 固성 月明浦에 至ᄒᆞ야 結陣休兵ᄒᆞ며 諸將과 破賊方

2 허남인, 「임진왜란의 문명사적 맥락: 조선의 문화주의와 일본의 군사주의」, 『경남학』 33호, 경상대학교 경남문화연구소, 2012, 18~24면.

3 임진왜란을 전후로 〈관동별곡〉, 〈태평사〉, 〈선상탄〉에 나타난 선조의 모습은 중국 황제를 의식할 필요가 없는 절대적 권한을 행사하고 시혜자로서의 왕, 왜병에 쫓기는 무력한 존재이자 중국의 천자와 공존하는 존재, 눈물과 보호의 대상으로 전락하였다. 이금희, 「한국고전문학작품에 나타난 王(宣祖)의 위상 –임진왜란 전, 후의 가사를 중심으로」, 『東北亞細亞文化學會 第20次 國際學術大會』, 동북아시아문화학회, 2010, 59면.

策을 商議ᄒᆞᄂᆞᆫ 中 本道都事 崔鐵堅이 牒文으로 來報ᄒᆞ기를 賊兵이 京성을 已陷ᄒᆞ고 大駕가 平壤에 播遷ᄒᆞ얏다 ᄒᆞᄂᆞᆫ지라[4]

② 龍灣壹隅에 地維가 已盡ᄒᆞ니 予將何歸오 ᄒᆞ고 君臣이 相扶痛哭ᄒᆞ다가 幸者 內地兵民의 血과 恩隣援助의 力으로 舊都에 還ᄒᆞ던 第二日인데, 昨日에는 何辱을 當ᄒᆞ얏던지 今日에 且樂ᄒᆞ리라 ᄒᆞ야, 明日에는 何禍가 來ᄒᆞ던지, 今日에 且睡ᄒᆞ리라 ᄒᆞ야 兄弟의 干戈로 門닋에 閑是非를 理ᄒᆞ고, 天地不共의 大讐를 忘ᄒᆞ니[5]

①은 이순신이 임진왜란 당시 5월 8일에 고성 월명포에서 결전 후 전열을 정비하는 동안, 전라도 도사(都事) 최철견은 선조 임금이 전쟁의 혼란기를 틈타 평양으로 피난을 갔다고 전달한 사실을 서술한 대목이다. ②는 선조를 포함한 신하들이 평안북도 의주(義州)에 도달한 전후 과정의 "朝廷狀態(『전집 4』, 509면)"를 언급한 대목이다. 그들은 군사와 군량 확보에 혼신을 다해야 할 시점에, 자신들의 부귀영화를 누리기에 급급한 나머지, 백성들의 노력으로 구사일생한 사실과 일본이라는 적의 존재를 망각하였다. "禁獄에 在ᄒᆞᆫ 지 凡 二十六日에 赦命이 未下ᄒᆞᆯ 섄더러(『전집 4』, 513면)"에서도 나타나는 것처럼, 선조는 이순신이 일본의 계략에 넘어가지 않고 승세를 잡기 위해 악전고투한 점을 수용하지 않고, 조정의 정치적 계산에 따라 이순신에 대한 정치적 엄단을 유예할 뿐이었다. 신채호는 임금이 전쟁과 같은 비상사태에서 정치적 결단을 내리지 못한 채 정치적 사안에서 회피하는 자세를 부정하였다.

4 『전집 4』, 502면.

5 『전집 4』, 509면.

嗚呼라, 國家所倚以爲保障者는 惟在於舟師어늘, 乃著天未悔禍에 凶鋒이 再熾하야 遂使三道水軍으로 仆於壹戰之下하니, 燒眉之急이 迫於朝夕이라. 目下之策은 惟當召聚散亡ᄒᆞ고, 收合船艦ᄒᆞ여 急據要害然後에야 流逋之衆이 知有所歸하고, 方張之賊을 庶幾式遏인대, 而膺是責者ㅣ 非有威惠智幹 素見服於닉外면 曷能勝斯任哉야, 惟卿은 聲名이 早著於超授閫寄之日하고 功業이 壬辰大捷之後라. 邊上軍情이 恃爲장성之固어ᄂᆞᆫ 乃頃者 遞卿之職ᄒᆞ고 俾從戴罪之律타가, 人謀不臧 而致今日敗衄之辱也허니 尙何言哉며, 尙何言哉야 今特起卿于墨衰허고, 拔卿于白衣ᄒᆞ여 授以忠淸全羅慶尙 等 三道水軍統制使ᄒᆞ노니, 卿其至之日에 先行招撫ᄒᆞ야 搜訪流散ᄒᆞ고 團作海營ᄒᆞ야 進扼形勢ᄒᆞ라. 若卿忘身殉國 相機進退는 在於已試之能ᄒᆞ니 予曷敢多誥이리오 ᄒᆞ셧더라」[6]

선조는 한산도의 패보를 통보받았다. 그가 조정 신하들에게 대책을 마련하라고 말하자. 신하들은 원균의 죄를 벌하고, 이순신을 통제사로 임명하라는 교서를 내릴 것을 청하였다. 하물며 선조는 "故로 朝廷이 此를 憂ᄒᆞ야 主上이 陳璘을 厚待ᄒᆞ라고 旨諭를 下ᄒᆞ시며 領相이 陳璘을 善交ᄒᆞ라고 親簡(『전집 4』, 520면)"를 이순신에게 내린다. 이처럼 선조는 국가 권력을 통제하고, 국가 구성원에 대한 생사여탈권을 독점함으로써 정치권력을 유지하려고 한다.[7]

6 『전집 4』, 516면.

7 헤겔(Hegel)은 개인과 사회의 이성적 상호 작용을 통한 절대 정신에 도달하기 위한 변증법적 과정이 역사로 규정하였다. 그는 국가를 절대 정신의 구현으로 간주하였다. 개인과 개인의 상호 투쟁의 과정을 거쳐 온존하게 국가를 형성할 수 있다. 국가는 개인뿐만 아니라 개인의 행위를 존속하기 위한 제도를 확보해야 한다. 중국의 국가 체제를 행정, 법률, 학문 등의 관점에서 파악하였다. 그는 중국 국가 체계가 가부장제에 따라서 황제가 권력을 독점한다는 점을 언급하였다. 황제는 공동체의 구성원의 내면과 외면을 장악할 뿐만 아니라 제도적 가치 판단의

발터 벤야민은 독일 바로크 비극에서 군주의 형상을 주목하였다. 그는 비애극을 비극과 비교하였다. 비극은 신화를 지향하고 등장인물의 비극성은 과거 영웅의 행위를 통해 부여된다. 반면 비애극은 각 시대에 재현된 역사적인 삶을 내용으로 다루고, "군주의 덕의 확증, 군주의 악덕의 재현, 외교적인 활동의 본질에 대한 통찰, 모든 정치적인 간계들의 실행(『원천』, 89면)"을 다루고, "현실 세계사 진행에 대한 관심(『원천』, 89면)"을 표명한다. 독일 비애극의 군주는 "역사의 첫 번째 대표자로서 거의 역사의 구현체(『원천』, 89면)"일 수밖에 없다. 이처럼 독일 바로크 비애극은 형제살해, 근친상간, 사랑의 배반, 아내 살해 등 궁정에서 벌어지는 정치적 암투와 음모를 무대 위에서 표현한다. 군주는 "역사를 대표한다. 그는 역사적인 사건을 마치 왕홀(王笏)을 쥐고 있는 것처럼 손에 쥐고(『원천』, 92면)" 있다.

① 근대적인 주권개념이 군주가 가지고 있는 최고의 행정력에 귀결

기준이다. 황제의 정치적 권한은 개인과 사회의 생사여탈권을 장악하고 있다. 국가의 구성원인 백성이 주체적으로 인륜성의 세계를 형성하지 못하고 황제의 권력에 종속한 채 노예의 운명에 순응하는 삶을 유지하려고 한다. 중국을 포함한 동양의 국가 정치 체제는 "동양 세계의 원리는 공동정신이 권위로 등장한다는 데 있다. 공동의 관념은 법률의 형태로 나타나지만, 주관의 의사에게 법률은 외부로부터 지배력을 휘두르는 권력이고, 심정, 양심, 형식적 자유 같은 모든 내면적인 것이 아직 존재하지 않는다. 때문에 법률은 전적으로 외부로부터 힘을 가해 오는 강제법이 된다. 〔중략〕 중국에선 군주가 족장으로서 인민 위에 선다. 국가 규율은 법률적인 조항뿐만 아니라 도덕적인 조항까지도 포함하기 때문에 주관이 자기 의사의 내용을 안다는 내면적인 사항마저도 외면적인 법령으로 강제된다. 중국에서는 내면의 영역이 성숙의 영역에 도달하는 경우가 없는데 그것은 도덕률이 국가법처럼 취급되어, 법률이 도덕을 규정하는 것으로 받아들여지기 때문이다. 우리가 주관의 영역이라고 부르는 모든 것을 국가 원수가 장악하고 있고, 원수는 전체의 평안과 이익을 고려하여 자기 사명(117~118면)"에 복무할 뿐이다. 헤겔, 권기철 옮김, 『역사철학강의』, 동서문화사, 2008, 117~142면.

되는 반면, 바로크 시대의 주권개념은 비상사태(Ausnahmezustand)에 대한 논의에서 전개되었으며, 비상사태를 차단하는 일을 군주의 가장 중요한 일로 만들었다. 지배하는 자는 처음부터 전쟁이나 반란 또는 그 밖의 파국으로 인한 비상사태 발발 시 독재적인 지배권이 소유가 되도록 정해져 있다. 이러한 설정은 반종교개혁적인 것이다. 완전한 안정상태의 이상, 즉 교회와 국가에 의한 질서회복의 이상을 철저하게 펼치기 위해 르네상스의 풍부한 삶의 감정으로부터 세속적이고 전제정치적인 것이 해방된 것이다. 그 결과 가운데 하나가 군주권의 요구인데, 그 군주권이 지니는 공법적인 위치는 군사, 학문, 예술 그리고 교회에서 번창하는 공동체의 지속성을 보장한다.[8]

② 군주의 일이란 비상사태 시 질서를 복원하는 것이다. 다시 말해 독재를 행하는 것인데, 이 독재가 지향하는 유토피아는 요동치는 역사적 사건의 자리에 불굴의 자연법 체제를 정립하는 것이다. 영혼의 비상사태에 대한 스토아적인 기술(技術) 역시 이와 비슷한 고정화, 즉 격정의 지배를 이루고자 한다. 이러한 기술도 반역사적인 신(新) 창조를 – 작품 주인공이 여자인 경우에는 순결의 주장을– 추구하며, 이러한 신창조는 폭군의 독재적인 법체제 못지않게 해약 없는 최초의 창조상태와 동떨어져 있다. 한편에서는 시민의 복종이, 다른 한편에서는 육체의 금욕이 현저한 특징이다.[9]

①은 바로크 시대의 주권과 비상사태와의 관계를 설명하는 대목이다. 비상사태는 전쟁, 반란과 같이 국가 체제가 파괴를 직면한 상황이다. 바로크 시대 이전 신학이 구원의 이념으로 인간을 구제하는 임

8 『원천』, 94~95면.

9 『원천』, 107~108면.

무를 맡았다면, 바로크 시대의 국가가 교회의 질서 회복을 위한 장치를 동원하는 것과 유사하게 공동체의 질서 유지를 위해 군주권을 행사할 수 있는 명분을 확보할 수 있다. 바로크 시대의 주권은 비상사태에 대한 군주의 독재적인 지배권을 승인하였다. 그렇다면 근대적인 주권 개념이 행정력을 통해 형성된다는 점을 고려한다면, 바로크 시대의 주권은 행정권과는 무관하게 군주의 정무적 판단을 인정하는 토대에서 공동체의 지속을 보장한다는 점을 알 수 있다. ②에서는 군주의 정치적 임무가 비상사태의 카오스를 질서로 변경하는 것이고, 이를 위한 이념적 요소로 독재의 자연법 측면을 설명하는 대목이다. 아울러 군주가 독재를 실현하기 위해서는 자연의 비상상태 뿐만 아니라 "영혼의 비상사태"조차 지배할 필요가 있다는 점을 지적하고 있다. "인물의 무력함과 타락상이 그의 역할이 신성 불가침한 권력을 지니고 있다는 그 시대의 확산과 모순관계(『원천』, 104면)"를 폭군의 몰락에서 발견할 수 있다. 독일 바로크 비애극에서 군주의 주권은 법학과 신학의 경계에서 위태롭게 위치하고 있었다. 그는 바이마르 공화국이라는 프리즘을 통해 유럽의 위기를 감지하였다. 유럽은 기술 합리화와 진보의 구성을 거쳐 세속화의 길을 추구하면서 시스템의 존속을 파괴하는데 질주하였다. 유럽 문명이 정치경제의 세속화를 적극적으로 추진하는 과정에 대해 벤야민과 슈미트는 상이한 입장을 나타내었다. 슈미트는 유럽 문명의 세속화를 하나의 예외 상태로 규정했고, 세속화를 중지하기 위한 정치적 결정을 법적으로 승인하고자 했다. 그는 예외상태를 신학적으로 승인하고 정치적으로 보증하기 위해 독재의 주권을 주장하였다. 이에 반해 발터 벤야민은 세속화 과정을 수용하면서 정치적으로 비결정의 조건을 제시하면서 파국의 국면을 우울하게 직시해야만 한다고 말했다. 발터 벤야민은 칼 슈미트의 주권론을 비판적으로 수용하면서도 칼 슈미트의 주권론이 당대 삶의 역사적 과정을 왜곡할 수 있다는 점을 인식했다. 칼 슈미트가 주권의 형식을 철저하게 법학적 형식에서 사유했던 데 반해, 발터 벤야민은 바로크 비애극에서 주권의 형식을 바라보았고, 이 무대 위에서 주권자는 우울이나 광기에 빠져버리고 마는데, 슈미트의 주권은 신의 형상과 중첩되며 결정을 내리는 자인 데 반해, 발터 벤야민의 주권자는 권능이 주어졌음에도 결정을 내릴 수 없는 자이다.[10] 그는 군주의 결정 불가능성을 토대로 군주가 정치적으로 일체의 권력을 보유해 예외상태를 극복할 수 있다고 보는 관점을 수용하지 않는다.[11]

---

10 김항, 「독재와 우울, '최후의 인간'을 위한 결정 혹은 각성」, 『말하는 입과 먹는 입–'종언의 시대'의 종언과 새로운 사유의 모색』, 새물결, 2009, 82~83면.

11 조르조 아감벤(Giorgio Agamben)은 발터 벤야민과 칼 슈미트(Carl Schmitt)의 영향 관계를 전복적으로 재해석하였다. 그는 발터 벤야민이 칼 슈미트의 주권론을 수용했다는 기존의 관점과는 달리, 그는 발터 벤야민과 칼 슈미트가 시차적으로 상호간에 각자의 텍스트를 비판적으로 수용했다는 점을 논증하였다. 예컨대, 칼 슈미트의 주권론은 발터 벤야민의 폭력론에 대한 대응이었고, 발터 벤야민의 비애극론은 칼 슈미트의 주권론에 이론적 대응이었다는 점을 고찰하였다. 그들은 근대 사회의 법과 예외에 대한 이론적 차이점을 기준으로 그들의 정치적 입장이 표명했다. 칼 슈미트는 근대 사회에서 정치적 안정을 위해서는 법적 예외를 설정하여 통치자의 주권을 강화해야 한다고 주장한 반면, 발터 벤야민은 근대 사회의 법적 예외가 존재한다는 점을 거론하면서 법적 적용의 무력화를 지향해야 한다고 말하였다. 발터 벤야민은 칼 슈미트의 법과 로고스를 아노미 상황으로 유인하고, 이를 토대로 법의 내부와 외부를 전복할 수 있다고 생각하였다. 조르조 아감벤은 "정치의 궁극적 대상으로서의 순수한 폭력, 즉 정치의 고유한 대상은 순수 존재, 즉 형이상학의 궁극적 피난처인 순수 존재에 대응하고 있다. 또한 순수 존재를 로고스의 그물망 안에 포섭하려는 존재〔론〕적·신학적·논리〔학〕적 전략에 아노미적 폭력과 법 사이의 관계를 보증해야 하는 예외의 전략(116면)"이 부상한다고 지적하였다. 조르조 아감벤, 김항 옮김, 「공백을 둘러싼 거인족의 싸움」, 『예

> 지배자의 권력과 지배능력 사이의 대립은 비애극에 고유한, 단지 외관상으로만 장르적인 특성을 낳았다. 이 특성은 오직 주권론의 토대 위에서만 해명될 수 있다. 문제는 결단하는 데에서 나타나는 폭군의 무능력이다. 비상상태에서 어떤 결정을 내려야 하는 군주는 사태를 처음 맞이한 상황에서 어떤 결단을 내리는 것이 거의 불가능하다는 점을 보여준다. 매너리즘 시대 작가가 그린 회화에 평온한 빛을 받고 있는 구성이 나타나지 않듯이, 이 시기의 극중 인물들은 계속 변화하는 결심의 현란한 빛 속에 서 있다. 극중 인물들 속에서 분명하게 나타나는 것은 스토이즘적인 화술이 보여주는 군주의 권한이 아니라, 항상 급변하는 격정의 폭풍, 급작스럽게 분출되는 자의성이다.[12]

비애극의 군주는 "지배자의 권력과 지배 능력"이 일치하지 않는다는 원초적 대립 상황에 처해 있다. 군주는 법과 법적 상황을 초월하여 본인의 의지에 따라 "비상사태"에 대한 특정 결정을 내려야 함에도 불구하고, 어떤 결단을 내리는 것이 불가능하다. 군주는 비상사태를 종료하기 위해 질서 회복권을 지니고 있다. 발터 벤야민과 칼 슈미트는 국가에 대한 관점이 상이했다. 발터 벤야민은 근대 국가가 인간을 행복으로 귀결하지 않고 폭력을 독점하면서 인간을 억압하는 다양한 시스템을 창출한다고 보았다. 반면 칼 슈미트는 근대 사회가 신학에서 정치로 전환하면서 근대 국가의 정치적 위상을 보존하는 일이 급선무라고 간주하였다. 발터 벤야민은 주권을 배제하려고 했고, 칼 슈미트는 주권을 결정하려고 하였다. 그들이 군주의 결정 가능성인 주

외상태』, 새물결, 2009.

12 『원천』, 102~103면.

권에 대한 상이한 입장을 드러낸 점은 근대 국가에 대한 관점이 상이하기 때문이다.

> 비애극이 전개되는 지반인 창조상태의 층위는 명백하게 군주의 위치도 규정한다. 그가 아무리 신하와 국가보다 높은 권좌에 앉는다 할지라도 그의 지위는 창조의 세계에 제한되어 있다. 그는 피조물의 지배자이지만 피조물로 남아 있다.[13]

그런데 군주가 권력에 도취하여 권력의 공정한 활용을 거부하는 순간, "신이 그에게 부여한 무제한적이고 위계적인 위엄이 불러들인 알력의 희생자로서 가련한 인간 상태로 추락(『원천』, 102면)"한다. 군주는 실정법 이전에 자연법에 근거하여 권위와 권력을 행사하려고 하지만, 군주 역시 한갓 피조물에 불과하다는 사실을 망각해서는 안 된다.[14] 군주는 폭군과 순교자의 역할을 이중적으로 자임한다. 비애극이 역사를 대상으로 형성한다는 점을 고려한다면, 군주는 역사의 운행이 이성적으로 진행되는 과정이 아니라 역사의 흐름을 무기력하게 고찰할 뿐이고, "비애극에서 궁정은 역사진행을 꾸미는 영원하고 자연

13 『원천』, 123면.

14 김유동은 안드레아스 그뤼피우스의 『레오 아르메니우스』를 발터 벤야민의 『독일 비애극의 기원』과의 연관성을 분석하면서, 드라마의 루터주의적 차원이 작품에 내재하는 우울과 관련있다고 지적하였다. "인간이 모든 정치적인 행동으로 빚어지는 일련의 운명적인 사태를 감수해야만 한다면, 국가 정치 영역에서 깊은 공허함이 생겨나는 것은 불가피해 보인다. (중략) 신의 의지와 정의를 파악할 수 없음을 보여주고 있으며, 다른 한 편으로 정치영역에서 첨예하게 드러나는 바, 오직 믿음 통해 sola fide 신앙의 확신을 확보하려는 루터주의적 신앙과 멜랑콜리 간의 긴장과 내적인 연관(101면)"에 주목하였다. 아울러 그는 "알레고리적 유희는 신학적, 초월적인 가치체계와 그것에 기반을 둔 정치위계(101면)"의 혼란에서 초래한다는 점을 지적하였다. 김유동, 「비동일성의 드라마 –안드레아스 그뤼피우스의 『레오 아르메니우스』」, 『독일문학』 45권, 한국독어독문학회, 2004.

적인 무대장식(『원천』, 136면)이다.

> 비애극에서 역사가 무대 속으로 이동해간다면, 이때 역사는 문자로서 그렇게 된다. 자연의 얼굴 위에 '역사'는 무상함의 기호문자로 씌어져 있다. 무대 위에 비애극이 연출하는 자연-사(Natur-Geschichte)의 알레고리적 모습은 현실에 폐허(Ruine, 잔해)의 형태로 주어져 있다. 폐허와 함께 역사는 감각화되어 무대 속으로 이동한다. 게다가 역사는 이러한 모습을 띠면서 어떤 영원한 생명의 과정으로서가 아니라 오히려 저지할 수 없는 몰락의 과정으로 부각된다. 이로써 알레고리는 아름다움을 넘어서 자신을 드러낸다. 사물의 세계에서 폐허가 의미하는 것을 알레고리는 사상의 세계에서 의미한다. 그렇기 때문에 바로크는 폐허를 숭배했다.[15]

발터 벤야민은 독일 바로크 비극의 세속성을 극단적으로 보여주는 시체의 세계를 주목했다. 그는 비애극의 알레고리적 구조를 해명하기 위해서 "바로크 드라마에서 넘쳐나는 잔혹한 장면과 고문장면(『원천』, 324면)"을 어떻게 이해해야 하는지 고민했다. 그는 비애극의 세속적 무대는 신학적 세계를 역설적으로 반영하는 구조라고 여기고, 이를 통해 "보증된 구원의 전체 질서(『원천』, 324면)"를 확인하고자 한다. 특히 비애극에 나타난 신체의 잔혹상은 "알레고리적 고향(『원천』, 326면)"으로 진입하기 위한 장치이다. 그는 역사의 흐름을 이중적으로 고찰한다. 그는 역사의 운행을 생성과 몰락의 이중적 관점에서 파악하면서 미래를 향한 진보의 발전을 부정적으로 인식했다. 그는 근대 사회의 진보에 대한 낙관주의적 전망이 초래할 무비판적 호응을 비판하

15 『원천』, 264면.

면서 역설적으로 진보가 근대 사회를 폐허로 전환한다는 점을 언급한다. 독일 바로크 비애극이 무대에 전경화하는 폐허는 현실적으로 부정적 전망을 재현하지 않고 폐허를 새롭게 인식하는 과정을 거쳐 폐허 속에서 생성의 가능성도 도출할 수 있다는 점을 지적한다. 아울러 독일 사회에서 생성 중인 진보적 세계관의 이면에는 몰락과 파국만이 자리 잡고 있다는 점을 예리하게 나타낸다. "역사진행의 이미지가 새겨진 자연은 몰락한 자연(『원천』, 267면)"의 운행이 실질적으로 인간을 또 다른 세계를 염원하게 만드는 속성을 포함한다.

> 잔해더미에 무너져 있는 것, 의미심장한 단편, 그 파편은 바로크적 창조의 가장 고귀한 재료이다. 왜냐하면 이 시대의 문학에서는 어떤 목표에 대한 엄격한 관념도 없이 파편들을 쉬지 않고 쌓아 올리고 기적에 대한 부단한 기대 속에서 고양(高揚, Stergerung, 상승)을 위해 천편일률적인 표현들을 취한다는 공통된 특징이기 때문이다(265면).

발터 벤야민은 나치즘의 상징체계에 대한 대항 이미지를 동반하기 위해 알레고리의 세계를 상징의 가상적 총체성과 알레고리의 파괴로 간주했다. 바로크 알레고리에 대한 벤야민의 신학적 해석이 낭만주의적 비평과 다른 점이 있다면, 바로크 작품은 스스로 전개되어 나가도록 예정된 것이 아니라 몰락해 갈 운명에 처해있는 것으로 파악한다는 점이다. 독일 바로크 비애극은 잔해더미, 단편, 파편과 같이 바로크적 창조의 세계는 세계의 총체성, 절대성을 기반으로 하는 상징적 체계의 허위적 가상에 불과하다는 점을 인식하게 해준다. 그러므로 독일 근대 사회에서 생성 중인 총체적 가상의 재현이 궁극적으로는 근대 사회를 부패하게 만들고 세계를 억압하는 작동 체제를 인식하지 못하게 만들 수 있다. 독일 근대 사회의 허위적 구조를 파괴하기 위해서는 총체적 상징 시스템을 붕괴하고 악몽의 세계를 재편하는 과정이 필수적으로 요구되어진다.

> 알레고리는 그 본성에 당혹스럽게 하는 것이 들어 있기 때문에 노쇠해진다. 대상이 멜랑콜리의 시선 아래에서 알레고리적인 것이 되고, 멜랑콜리가 그 대상에서 생명이 흘러 나가도록 하면, 그리하여 그 대상이 죽어버렸으면서도 영원히 확보된 대상이 되어 잔류하면, 그 대상은 알레고리 작가 앞에서 그의 처분에 절대적으로 맡겨진 채 놓여 있게 된다.[16]

발터 벤야민은 폐허의 세계를 주목하고 상징체계를 파괴하면서 이에 대한 대안으로 알레고리적 사유를 전개한다. 알레고리는 "서정시를 비인간화시키는 도구이다. 벤야민은 모든 삶과 지식이 파편화된 현대 사회에서 그 파편들의 짝을 맞추어 새로운 의미를 읽어내는 것이 시인의 임무라고 생각한다. 각각의 파편조각들은 여러 가지 의미를 갖고 있지만 그 자체로는 불완전하며, 하나의 조각은 해답을 갖고 있지 않지만 여러 조각을 맞추면 의미가 생성되는 퍼즐이나 수수께끼"[17]이다. 비애극의 가상은 알레고리적 세계와 만나면서 폐허 속에 낙몽과 악몽을 이중적으로 사유한다.[18] 구체적 현실의 모습이 무대에서 알레고리

---

16 『원천』, 273면.

17 박기현, 「보들레르: 파리의 시인에서 알레고리 시인으로: 벤야민의 독서를 중심으로」, 『프랑스문화예술연구』 33, 프랑스문화예술학회, 2010, 150~151면.

18 18세기 이후의 근대적 작가에게나 철학자의 미학 이론에서 대체로 부정적으로 인식되었던 알레고리를 긍정적으로 뒤집는 벤야민의 분석에서 각별한 점은, 상

로 재편되는 과정은 파편적 형식과 내용을 토대로 세계의 진실한 국면을 드러내는 것에 일조한다. "알레고리적 장면의 무질서(『원천』, 280면)"는 독일 사회가 점진적으로 질서와 조화를 추구하면서 현실의 모순을 은폐하는 과정을 폭로하기 위한 장치이다.

알레고리의 의미론적 형식은 주체의 특수성을 통해서만 형성되는 의미론적 총체이며, 이때 이 총체성은 주체의 특수한 보편적 '지향'이지 초월적 보편 그 자체는 아니다. 벤야민의 알레고리가 넘어서는 또 다른 이분법은 바로 개인 대 사회, 특수성 대 보편성의 이분법이다. 사실 스스로를 보편이라고 주장하는 모든 가치나 도덕, 사회제도는 실은 역사적인 특정국면이나 시기에 형성된 특수한 보편성일 뿐이다. 근본적으로 역사적인 관점에 입각할 때, 존재하는 것은 항상 어떤 보편성을 지향하는 특수한 주체들, 그 복수적인 주체들의 관계망 속에서 형성되는 특정한 보편적 경향들뿐이다. 주체와 공동체 사이의 이러한 상호 미완성 관계, 이 관계들의 틈새가 곧 알레고리적인 몽타주가 개입하게 되는 지점들, 즉 역사가 작동하는 계기들이다.[19]

징과 알레고리의 차이를 단순히 예술적 표현 방식의 차이로만 파악하는 것이 아니라 이데올로기적 세계관 및 역사관의 차원에서 해석하였다는 것이다. 즉 전자는 총체성 및 조화를 강조하는 보수적인 범주로, 후자는 파편성과 부조화를 강조하는 급진적인 범주로 부각된다. 최문규, 『파편과 형세 –발터 벤야민의 미학』, 서강대학교출판부, 2012, 174면.

19 정의진, 「발터 벤야민의 알레고리론의 역사 시학적 함의」, 『비평문학』 제 41호, 한국비평학회, 2011, 402면.

2. 신하의 사당(私黨)과 궁신의 계략

「水軍第一偉人 李舜臣傳」의 신하들과 독일 비애극의 궁신들은 임금과 군주의 판단을 흐리게 만들고 사익을 추구하는 집단들이다. 신하들과 궁신들은 이성과 합리로 무장하여 관료 사회를 형성하면서 공동체의 붕괴를 유발하고 본인들의 정치적 입장을 고도로 수행한다. 신채호와 발터 벤야민은 신하와 궁신의 이성적 관료제가 체제 붕괴의 주요 원인으로 작용하면서도 정치적 갈등을 해소하기 위해 무책임하게 본인들의 지식을 활용한다고 간주하였다. 관료 집단이 임금과 군주라는 정치적 상징을 전면에 앞세우면서 본인들은 정치적 배후에 위치한 후 정치의 사유화를 도모한다.

> 壬辰之事를 尙可忍言가, 黨論이 朝野에 熾ᄒᆞ며 上下가 私意에 汨ᄒᆞ여 排擠比附에 汲汲ᄒᆞᆫ 小人들이 墻내에 干戈로 殺戮을 日惹ᄒᆞᄆᆡ, 奚暇에 政務를 是問이며 奚暇에 國危를 是慮며 奚暇에 外交를 是講이며 軍備를 是修리오. 曰公 曰卿 曰將 曰相이 不過是 一修羅場에 立ᄒᆞ여 各其 自家私鬪事로 瞋目嫉視하며 扼腕大叫ᄒᆞᄂᆞᆫ 時라.[20]

임진왜란은 일본이 정치적 목적을 달성하기 위해 자행한 전쟁이다. 풍신수길(豊臣秀吉)은 일본 내부의 정치적 불만을 해소하고 정치권력을 독점적으로 유지하려고 하였다. 조선과 일본의 정치적 갈등을 해소하기 위해 조선은 대외 경쟁력을 확보해야 할 시기에, 조정의 신한

---

20 『전집 4』, 493면.

들은 조선 내부의 권력을 유지하기에 급급하였고, 일본의 침략에 대비하는 데 소홀하였다. 특히 조선 조정은 사당과 붕당에 빠져 정무와 외교적 해결책을 마련하지 않고 오로지 당리당략의 관점에서만 국내 정치의 권력을 유지하기 위한 정략적 행위에만 몰두하였다.[21] 조선은 결국 "如此腐敗한 國政과 如此渙散한 人心에 何를 藉하여 國家를 興復(『전집 4』, 494면)"할 수 없는 단계로 도달하였다. "彼 長袖緩步하며 其 百年 修齊治平을 講하던 者는 皆是夢中에 譫語하던 人物(『전집 4』, 494면)"들은 민족 간의 유혈 사태에 준하는 전쟁 시기에 도덕 윤리의 현실적 모색만을 일삼은 채, 적자생존과 약육강식의 비정한 현실 원칙을 간과하였다.

> 當時 赫赫宦族의 乳臭兒들은 一藝가 初無ᄒᆞ여도, 今日 承旨 明日 參判에 乘馬衣구ᄒᆞ고 東西橫馳ᄒᆞ며 곤곤權門의 吮癰輩들은 一能이 都乏ᄒᆞ여도, 今日 節度使 明日 統制使에 持梁齧肥ᄒᆞ고 左右顧眄ᄒᆞ며, 甚至於 二家村裏에 都都平丈의 盲학究가 數年만 跪膝ᄒᆞ여도 白衣 吏曹判書로 乘일 上來ᄒᆞᄂᆞᆫᄃᆡ[22]

조선 내부의 권력 투쟁은 배제의 원리를 작동하였다. 조선의 신하들은 유교 덕목을 강조하고, 유교 이념을 중심으로 정치권력의 존속화와 영속화를 도모하였다. 조선의 신하들은 신흥 권력이 부상하는 과정을 원천적으로 막으면서 가계 중심의 권력을 확장하려고 하였다. 조선의 신하는 신분 구분을 명확하게 규정하였고, 계급간의 신분 이

21 박노자, 「신채호의 『을지문덕』과 『수군제일위인이순신』: 외경을 통한 "우리 민족" 만들기」, 『이순신연구논총』 15호, 순천향대학교 이순신연구소, 2011, 50~51면.

22 『전집 4』, 496면.

동을 제도적으로 불가능하게 만들었다.

> 是時를 當ᄒᆞ여, 豊臣秀吉이 該國內 각藩을 壹鞭으로 統合ᄒᆞ고 勃勃한 野心으로 西雲을 睥睨ᄒᆞ며 使臣을 遣ᄒᆞ여 我國의 내情을 窺ᄒᆞ고 國書로 侮辱을 頻加ᄒᆞ니 兩國의 兵機가 眉睫에 迫ᄒᆞ얏거ᄂᆞᆯ, 無謀ᄒᆞᆫ 朝廷臣隣들은 蚩蚩安坐ᄒᆞ여 倭不來를 主唱ᄒᆞ며, 倭寇將動이라고 言ᄒᆞ는 者도 不過是 淸談의 資柄을 作ᄒᆞ여 彼의 信使나 斬ᄒᆞᄌᆞ 하며 明朝에나 聞ᄒᆞ자 ᄒᆞ고 自守自立을 求ᄒᆞ는 者가 絶無ᄒᆞᆫᄃᆡ,[23]

조정은 일본의 침략 야욕을 파악하기 위해 일본으로 통신사를 보냈다. 일본으로 파견되었던 사신들은 일본의 침략 실상을 조정에 보고하였다. 조정의 신하들은 일본이 침략하지 않을 것이라는 본인들의 생각을 고수하려고 하였다. 일본의 침략을 기정사실로 간주하여 보고한 행위를 엄벌하려고 하였다. 아울러 일본의 전쟁 침략에 대해 자주적으로 대응하지 않고 명나라의 원조가 필요하다는 입장을 드러내었다. 조정은 왜국의 침략에 대해 대응할 수군 설치 문제를 대수롭지 않게 여겼을 뿐이었다. "五月 四日 鷄壹鳴에 ᄇᆡ船急行ᄒᆞ더니 往往 所經沿路에 雙轎一馬로 妻前夫後ᄒᆞ여 凄凉啓行ᄒᆞᄂᆞᆫ 者가 道途에 相繼ᄒᆞ얏스니, 彼 皆何人고. 皆平時 厚祿에 飽食暖衣ᄒᆞ고 金圈玉貫으로 稱太守 稱營將ᄒᆞᄂᆞᆫ 人物들의 避亂難行次(『전집 4』, 500면)처럼, 정작 일본의 침략이 시작되자, 조정의 신하들은 본인들의 안위와 신분을 유지하기 위해 피난가기 위해 노력하였을 뿐이다. 조정은 이순신이 해전에서 연승하였기 때문에 이순신을 삼도 수군통제사로 임명하였다. 그

23 『전집 4』, 498면.

런데 조정이 이순신에게 통제사 자리를 부여한 점은 이순신을 정치적으로 이용하기 위해서였다.

> 리忠武의 被拿가 行장의 罪도 아니며 元均의 罪도 아니라 ᄒᆞ니, 然即 其誰의 罪인가 余敢壹言으로 斷하여 曰 此는 朝廷臣隣 私黨者의 罪라 ᄒᆞ노니,
> 宣廟 登極 年來로 朝臣의 黨派가 分ᄒᆞ여 公義는 排ᄒᆞ고 私見만 張홀 ᄉᆡ, 此黨이 勢를 得ᄒᆞ면 彼黨의 所爲를 不問是非ᄒᆞ고 悉斥ᄒᆞ며 彼黨이 勢를 得ᄒᆞ면 此黨의 所爲를 不問是非ᄒᆞ고 悉斥ᄒᆞᄂᆞᆫ 故로[24]

신채호는 "今此 李忠武의 被拿는 朝廷의 壹私字(『전집 4』, 510면)"에서 비롯되었다고 주장한다. 그는 단호하게 이순신에게 죄를 씌운 것은 "朝廷臣隣 私黨者"라고 규정하였다. 그는 선조가 임금이 되자마자 조정 신하들이 당파를 나누어 "公義"를 부정하고 "私見"만을 중시하는 태도가 발생했기 때문에 정치권력의 획득과 유지에만 몰두했다고 비판하였다. 예컨대, 왜적의 파병 유무를 확인하기 위해 황윤길(黃允吉)과 김성일(金誠一)을 일본에 파견하였는데, 이들이 일본 파병에 대해 정파적 이해관계만을 표출하였다. 이순신은 조선 조정의 정치적 이익을 위한 희생양이었다. 신채호는 일본과의 절체절명의 전쟁 상황에서조차 정치적 정파를 관철하기 위해 이순신을 정치적으로 악용하는 기존 정치 세력을 비판하였다. 이러한 상황에서 원균은 이순신이 정치적으로 부상하는 과정을 경계하기 위해 조정의 권력을 활용해 이순신을 중상 모략하였다. 특히 "상무정신의 청년기 이후로 점차 훼손된 역사와 타락한 풍속의 병통을 그는 국민적 영웅으로서의 이순신/조정의

---

24 『전집 4』, 510면.

사당(私黨)을 대조"하는 과정을 보여주었다. 이는 이순신과 조정의 대비가 독자의 주의를 불러일으키는 작용을 하였을 뿐만 아니라 근본적으로 신채호가 국권 상실의 원인이 어디에 있었는지를 구체적으로 제시하기 위해서였다.[25]

> 雖然이나 後人이 李忠武를 爲ᄒᆞ여 壹哭ᄒᆞᆯ 바 有ᄒᆞ니, 蓋 李忠武의 發身ᄒᆞ던 初에 許多黨私의 輩와 文弱의 徒가 英雄을 蹋縮케 ᄒᆞ야 早用치 못ᄒᆞᆷ으로 其功이 僅此에 止ᄒᆞ얏스며, 中間에 又 幾個讒妬의 臣이 魔才를 戯ᄒᆞ여 數年拮据의 戰備를 蕩盡ᄒᆞ므로 其功이 又 僅此에 止ᄒᆞ얏스며, 天이 偉人을 生ᄒᆞ사 我國民의 武士的 精神을 如此鼓發ᄒᆞ얏거늘 又 彼民賊懦夫가 毒을 隨煽ᄒᆞ여 公死後 數百年間에 國恥民辱의 至ᄒᆞᆷ이 頻煩ᄒᆞ얏스니, 此가 後人의 李忠武를 爲ᄒᆞ여 壹哭ᄒᆞᆯ 바로다. 然이나 又豈 但 後人의 哭할 바 될 而已리오. 抑亦 地下 李忠武의 目이 不瞑ᄒᆞᆯ진저.[26]

신채호는 이순신이 죽음을 맞이한 원인을 "許多黨私의 輩와 文弱의 徒"에게 있다고 생각하였다. 그들이 이순신을 정치적으로 "蹋縮케 ᄒᆞ야", 이순신이 정계에 입문하는 과정을 막았고, "彼民賊懦夫"가 결국 이순신 사후에 "國恥民辱의 至"하였다고 말한다.

> 비애극에서 분규를 조장하는 자, 발레안무가의 선임자는 바로 음모꾼(Intrgnat, 모사꾼)이다. 음모꾼은 폭군과 순교자 곁에 세 번째 유형으로 등장한다. 그의 사악한 계산들은 국가대사극의 관객들의 관심을 사로잡는데, 관객들이 이러한 계산들에서 비단 정치판의 지

25 공임순, 「역사소설의 양식과 이순신의 형성 문법」, 『한국근대문학연구』 제4권 1호, 한국근대문학회, 2003, 195~196면.

26 『전집 4』, 526면.

> 배양상뿐만 아니라 자신을 열광시켰던 인간학적이고 심지어 생리학적인 지식을 인식할 때 그 관심은 더욱 커진다. 노련한 음모꾼은 전적으로 지력과 의지 그 자체이다.[27]

신채호가 조선 시대의 병폐를 논하는 자리에서 신하의 붕당 정치를 비판한 점과 유사하게, 발터 벤야민은 바로크 비애극의 궁정 무대에서 폭군과 순교자를 자처하는 군주의 관계에 위치하는 궁신의 세계를 주목하였다. 궁신은 "노련한 음모꾼은 전적으로 지력과 의지 그 자체"이고, "권력, 지식, 욕망이 악마적인 경지에까지 다다른 궁정관리나 추밀고문관(『원천』, 143면)"이 등장한다. 음모꾼인 궁신은 정치적으로 이성을 통한 국가 시스템을 운용하려는 전략을 구사하면서도, 지속해서 주권자인 군주의 권한을 빼앗기 위해 정치적 음모를 마련하고자 한다.[28]

> 정치적 사건이 진행될 때 음모꾼은 그 사건을 제어하고 고정시키는 초침의 박자를 두드린다. -궁신의 냉철한 통찰은 그가 그 통찰을 언제든지 이용할 줄 알기 때문에 다른 사람들에게 위험한 것이 될 수 있으며, 그와 같은 정도로 그 자신에게도 슬픔의 깊은 원천이 되기도 한다. 이러한 특징 때문에 음모꾼의 이미지는 가장 음울한 모습을 띤다. 궁신의 삶을 꿰뚫어보는 사람은 왜 궁정이 비애극의 비할 데 없는 무대장면인지를 비로서 깨닫는다.[29]

궁신은 정치적 사건을 제어하고 고정하는 이성적 판단을 정치적으로 구사한다. 궁신이 이성적 판단을 거쳐 온전하게 정치적 구

---

27 『원천』, 140면.

28 고지현, 「바로크 비애극에서 나타나나는 권력론과 벌거벗은 '생명'」, 『브레히트와 현대연극』 제28집, 2013, 173면.

29 『원천』, 142면.

상을 실현하는 방안은 군주를 중심으로 성립한다. 그런데 궁신은 본인의 정치적 사유를 구현하기 위해서 역설적으로 군주를 거쳐야만 한다. "폭군의 편을 드는 악인인 음모꾼이 하나이고, 죄 없는 왕의 고난을 함께하는 자인 충신(『원천』, 144~145면)"의 면모를 나타내는 궁신은 "비애극들의 정치적 인간학과 유형학(『원천』, 146면)"을 여지없이 보여준다. 궁신은 내면적으로 규율을 준수하고, 내면의 정념에 기반한 정신의 독재를 외적으로 표현하고자 한다. "음모꾼의 공허한 활동은, 바로크 시대에 오직 정치만을 의미했던 역사의 흉악한 올가미에서 지위가 높은 자를 벗어나게 하는 능력만을 지닌 열정적인 숙고에 대한 위엄 없는 대립물(『원천』, 213면)"을 지향한다는 점을 염두에 둔다면, 궁신의 정치적 입장은 아첨과 무정견의 행동을 보인다.

3. 이순신의 운명과 햄릿의 성격

신채호는 이순신를 호출하면서 일제 강점기의 억압적 정치 구조를 해소할 수 있다고 판단하였고, 인민들이 이순신과의 동일성을 확보하면서 정치적 변혁의 기회를 확보하고자 하였다. 신채호는 고구려, 고려, 조선의 무인 영웅을 호출했다. 그는 특히 이순신을 영웅적으로 서사화하면서 일제 강점기 주권을 상실한 조선인에게 자주독립의 염원을 세우고자 하였다. 그는 이순신을 "檀祖神靈이 靑邱의 無人을 悲歎ᄒᆞ사 대敵 對抗ᄒᆞᆯ 干성良才를 下送(『전집 4』, 494면)" 선사한 인물로 간주하고, "李忠武는 天送흔 神人(『전집 4』, 514면)으로 숭고하게 규정하였다. 조선 시대 이순신의 행적에 대한 기록은 주로 '임진왜란'과 연계도니 공적 기록의 범주였지만, 조선 후기의 민간 설화, 소설, 야담 역시 이순신에 관한 역사적 맥락을 온전하게 표현하지 못했다. 애국계몽기에 접어들어 이순신은 역사전기물이라는 서사 양식과 접속하면서 임란이라는 역사적 사실과 이순신의 초기 인생을 소상하게 표현하면서 "英雄의 頭角(『전집 4』, 494면)"을 드러내었다. 이순신의 유년기, 청년기, 노년기의 일대기는 국난에 처한 조선을 구제하기 위해 선험적으로 영웅의 면모를 지니고 있었다.[30]

이순신은 유년기에 지략과 체력을 겸비했고, "此 雖小事나 大奮鬪 大忍耐ᄒᆞ는 英雄의 人格(『전집 4』, 495면)"을 드러내었다. "人民의 外競思想을 如此摧折ᄒᆞ던 時節이니 英雄의 困蹇(『전집 4권』, 496면)"하는 상황에서, 이순신은 자력으로 망국과 망국 인민을 구제하기 위해 자력으로 동분서주하였다. 이순신은 애시 당초 조선의 조정에서 배제한 인물이었지만, 일본과의 전쟁이 진행되면서 조선 조정은 이순신을 정치적으로 활용하기 위해 고심하였다. 그렇지만 당대 지배 계층은 이순신을 정치적 음모에 빠뜨려 이순신의 정치적 이득을 본인들의 것으로 바꾸려고 하였다. 조정, 신하는 영웅 이순신의 아(我)를 부정하고, 외부의 비아(非我)가 아니라 내부적 비아(非我)인데, 이들은 이순신의 무신으로서의 성장을 방해하거나, 임진왜란 기간 이순신을 파면하

30 이유진, 『'李舜臣' 문학의 역사적 轉機와 그 意味: 愛國啓蒙期 〈李舜臣傳〉을 중심으로』 「민족문화」 제40집, 한국고전번역원, 2012, 229면.

고 하옥시키거나, 이순신 사후 문약 사상을 주입하기에 급급하였다.[31] 이순신은 여진족 니탕개(尼湯介)의 침입 때부터 조선의 국방을 강화해야 한다고 주장하였다. 그러나 그는 본인이 오랑캐의 침략을 대비하자고 주장하고, 오랑캐와의 전쟁에서 승리하자, 김우서의 모함에 빠져 조정으로부터 백의종군하기도 하였다.

> 本營 及 屬鎭을 指揮ᄒᆞ야 糧餉을 儲ᄒᆞ며 戰具를 修ᄒᆞ며 軍卒을 練ᄒᆞ고 海路를 詳察ᄒᆞ야 行軍往來의 地步를 默定ᄒᆞ니, 鳴呼라, 리舜臣의 此職에 莅ᄒᆞᆫ 지 一年만에 倭寇가 作ᄒᆞ얏ᄂᆞᆫ대, 如此 短日月間의 收拾으로 大功을 成ᄒᆞ얏스며, 又 奇智를 運ᄒᆞ여 大船을 創ᄒᆞ니 前에 龍頭口를 設ᄒᆞ고, 背에 鐵尖을 植ᄒᆞ고 船內에셔ᄂᆞᆫ 外를 窺ᄒᆞ나 船外에셔ᄂᆞᆫ 내를 窺치 못ᄒᆞ야, 數百 賊船中에도 往來無恙케 製造ᄒᆞ얏ᄂᆞᆫ데 其狀이 龜形과 彷彿ᄒᆞᆫ 故로 龜船이라 名ᄒᆞ니, 此로 寇賊을 討平ᄒᆞ여 壹時 大功을 成ᄒᆞᆯ ᄲᅮᆫ 아니라, 即 世界 鐵甲船의 鼻祖가 되야 西國 海軍記에 往往 其名을 記ᄒᆞ니라.[32]

이순신은 옥포 해전(제7장), 당포 해전(제8장), 견내량 해전(제9장), 부산 해전(제10장), 명량 해전(제14장), 노량 해전(제16장)에서 승전하였다. 그는 일본과의 전투력 열세에 임하면서도 고도의 이성적 판단과 전략을 구사하였다.[33] 그는 옥포 해전과 부산 해전에서 승전을 거

---

31 노관범, 「대한제국기 신채호의 "아(我)" 개념의 재검토」, 『개념과 소통』 14권, 한림과학원, 2014, 27면.

32 『전집 4』, 498면.

33 김강녕은 이순신이 해전에서 승리한 요인으로 전선과 무기 체계의 우수성, 주 지휘관인 이순신의 적절한 전략전술 구사, 이순신의 전황에 부합한 리더십의 발휘를 거론하고 있다. 특히 이순신의 전략전술은 이순신이 항상 정보수집체계를 효율적으로 사용하였고, 적절한 기동과 진의 형성으로 화포의 명중률을 제고시켰고, 학인진과 같은 함포 포격전에 유리한 진형과 전술을 개발하고 활용하면서도

쳐 경상, 정라, 충청 삼도 수군통제사로 임명되었다. 그는 전쟁의 와중에 생업의 곤란을 겪은 백성들의 피폐한 삶을 걱정하거나, 명나라의 군대가 원조를 명분으로 조선에 들어와 온갖 악행을 벌이는 과정을 보았다. 그는 일본과의 전쟁 대비를 위해 군수물자를 완벽하게 준비하였다. 그는 조정의 온갖 비난과 비방을 당하면서도 조선의 국권을 탈환하고 보호하기 위해 헌신하였다. 그러나 그는 나라에 충성을 바쳤으나 죄인이 되었다.

> 李忠武의 境遇에 較ᄒᆞ면 天上人이 아닌가. 母死에 不得訣ᄒᆞ며 子死에 不得聞(見下)ᄒᆞ고, 壹身이 又 如此坎軻에 陷ᄒᆞ니, 嗚呼라, 自古 救國救民ᄒᆞ는 大英雄은 逆境이 何其多ᄒᆞᆫ가.[34]

그는 본인뿐만 아니라 "大抵 國家의 巨厄을 遭하여 衆生救濟(『전집 4권』, 513면)"해야만 했다. 그는 공적 영역과 사적 영역을 구분하지 않고 조선과 일본의 정치적 대립을 해결하기 위해 노력하였다. 그가 옥에 들어갔다 나오는 사이에, 그는 어머니의 죽음을 맞이한다. "李舜臣이 圓門에 出ᄒᆞ여 白衣로 元帥幕下에 立功贖罪ᄒᆞ란 令을 奉ᄒᆞ고 海上에 赴ᄒᆞᆯ ᄉᆡ, 病親과 壹面ᄒᆞᆯ 願이 豈無ᄒᆞ리오만은 朝法의 不許(『전집 4』, 514면)"하는 상황에서, 그는 "救國救民ᄒᆞᄂᆞᆫ 大英雄은 逆境(『전집 4』, 514면)"을 감내해야만 하였다. 그가 백의종군하는 상황에서 전란의 피폐함을 확인하고, 일본과 싸울 전력이 구비되지 못했다는 점

적선을 침몰하는 데 유용한 화공전을 체계적으로 수용하였다고 지적한다. 김강녕, 「이순신의 해전: 주요 승전사례와 전쟁사적 의의」, 『군사논단』 통권 2069호, 한국군사학회, 2012, 170면.

34 『전집 4』, 514면.

을 알게 되었다. 특히 백성들이 이순신의 백의종군한다는 사실을 알게 되자, 그들은 "苦痛에 陷흔 者가 救主의 福音(『전집 4』, 515면)"을 들은 것처럼, 이순신의 행보에 동참하였다. 신채호는 이순신을 국민적 영웅으로 그렸으며, 그를 통해 강직하고 근신함은 물론 앞을 내다볼 수 있는 현안을 가진데다 건장하며 민족자강사상과 애국심을 가진 한국인을 창출하였고, 한국인이 유교적 전통 요소인 충을 계승함으로써 민족국가의 고유성과 독립성을 지속적으로 유지해 가기를 작품을 통해 역설하였다.[35]

> 비애극에서는 오직 햄릿만이 신의 은총의 구경꾼이다. 그러나 은총이 그에게 유희적으로 행하는 바가 아니라 오직 자신의 고유한 운명만이 그를 만족시킬 수 있다. 그의 삶은 본보기로 놓인 비애의 대상으로서 사멸되기 전에 기독교적인 섭리를 지시한다. 이 품 안에서 그의 슬픈 이미지들은 은총을 받은 존재로 변한다. 이 군주적인 삶과 같은 삶에서만 멜랑콜리는 자신을 만남으로써 자신을 되찾는다. 나머지는 침묵이다. 왜냐하면 살아본 적이 없는 모든 것은 구원받지 못한 채 지혜의 말이 오직 기만적으로 유령처럼 떠도는 공간 속에서 쇠퇴해가기 때문이다. (중략) 그런데 이러한 통찰은 스스로 자신의 최고의 대상을 빼앗기지 않으려면, 이 드라마를 그러한 특징들을 기독교 정신 속에서 극복한 유일한 드라마로 파악할 것이다. 오직 이 왕자의 모습 속에서 극복한 멜랑콜리적인 침잠이 기독교 정신을 향해 간다.[36]

35 신선희, 「이순신 소재 역사소설에 나타난 전통의 전유방식과 타자 인식 −신채호와 이광수를 중심으로」, 『한민족어문학』 제71집, 한민족어문학회, 2015, 272~273면.

36 『원천』, 235~236면.

발터 벤야민은『햄릿』과 운명극과 연계하여 햄릿의 운명을 논하였다. 그는 독일 비애극이 반종교개혁적인 반작용으로 중세적인 교육 이미지를 동반한다고 지적하였다. 그는 독일 비애극의 한계를 극복한 유형으로 햄릿을 거론하였다. 햄릿은 "마치 그의 운명의 비밀이 그의 관점에서 볼 때는 전적으로 동질적인 사건 속에 담겨 있듯이, 개인으로서의 그의 비밀은 의도를 담고 있는 공간의 모든 국면들을 통과해가는 유희적이며 그렇기 때문에 잘 계산된 과정(『원천』, 235면)"이 담겨 있다고 간주하였다. 햄릿은 유일하게 비애극에서 "신의 은총의 구경꾼"으로 자리매김하고, "군주적인 삶과 같은 멜랑콜리"와 만난다. 햄릿은 자신의 운명을 감지하는 과정을 거쳐 스스로 "기독교적 섭리"를 재현한다.[37] 햄릿의 멜랑콜리는 "사투르누스의 지배력(『원천』, 236면)"과 교감하는 과정을 거친다. 사투르누스는 "영혼에 한편으로 나태함과 둔감함을 다른 한편으로는 지성과 명상을 부여한다. 멜랑콜리와 마찬가지로 사투르누스도 자신에게 복속되어 있는 자들을 그들이 저명한 자들이라 할지라도 우울함과 광적인 황홀감으로 항상 위협(『원천』,

37 발터 벤야민이 죽은 지 16년이 지난 후, 칼 슈미트는『햄릿, 또는 헤쿠바』(Hamlet or Hecuba)에서 발터 벤야민이『독일 비애극의 원천』에서 논한 햄릿론에 대한 본인의 입장을 개진하였다. "군주의 피조물적인 입지에 대한 설명에서 지적한 것처럼 바로크 세계는 철저하게 내재적이고 현세적이다. 중세적 의미의 구원이나 은총은 바로크 세계에서 더 이상 의미를 갖지 않고 오직 세속적 질서의 암담함에 천착하고 있을 뿐이다. 그가『햄릿』의 기독교에 대해서 언급할 때 중세적 의미의 기독교성, 즉 초월적 이상향으로부터 오는 구원이나 은총을 의미하지 않는(359면)"다는 지적처럼, 발터 벤야민은 햄릿이 스스로의 운명을 거부하지 않고 파국적 현실을 직시하려는 태도를 보인다고 생각하였다.
장선영,「발터 벤야민, 칼 슈미트,『햄릿』-"주권"사상을 중심으로」,『현대영어영문학』59권 1호, 한국현대영어영문학회, 2015.

224면)"한다. 햄릿은 사투르누스의 슬픔에 젖은 자의 멜랑콜리를 구현한다.

10장
아(我)의 저주와 꼽추 난쟁이의 분노

10장

아(我)의 저주와 꼽추 난쟁이의 분노

1. 계집종의 자살과 하인의 위장

신채호와 발터 벤야민은 망국민중과 무산대중을 근대 사회의 억압을 극복할 수 있는 주체로 간주하였다. 신채호는 지식인과 무인 영웅대망론을 거치면서 일본 제국주의와 대항하기 위한 주체로 비영웅의 세계를 발견하였다. 발터 벤야민은 부르주아 문화를 극복하기 위해 부르주아 문화의 내부를 꿰뚫고 있는 하인들의 세계를 주목하였다. 신채호는 중국 망명 이후 비영웅의 세계를 허구적으로 상상하면서 민중을 발견하기 위한 선제 작업을 진행하였다.[1] 발터 벤야민 역시 민중

1 김현주는 신채호가 중국 망명 이후 작성한 허구 서사의 등장인물들을 각각 비영웅과 민중영웅으로 구분하였다. "이들은 반(反)영웅적이며 자기 도착적(倒着的)인 비(非)영웅들이라 할 수 있다. 따라서 모두 비범함을 꿈꾸지만 내재적인 결함들로 그 꿈은 좌절될 수밖에 없다. 이러한 비영웅들과 대척점에 있는 인물들이 자각한 민중영웅들이다. 이들은 서로 반복과 충동을 하지만 결국 어느 누구도 승리하지 못하고 실패하거나 표연히 사라지는 여운을 남긴다." 김현주, 『단재 신채

의 정치적 폭발력을 발견하기 이전에 혁명적 주체로 간주하지 않았던 비주류의 세계를 정치적으로 부각하고자 하였다.

신채호는 영웅 상징만으로는 민중 혁명을 유도할 수 없다고 자각하고 역사적 혹은 허구적 비영웅들을 호명하였다. 「百歲老僧의 美人談」은 화자인 노승의 과거 이야기를 통해 계집종인 예쁜이의 행적을 서사적으로 보여준다. 노승은 문관과 무관이 권력 싸움을 벌이던 시절에 장군으로 활동하였다. 그는 내란의 와중에 재상 황모의 딸과 결혼하였다. 그가 귀중 수정장이 되어 관리 생활을 하던 중에 몽고의 침입을 당하여 그의 아내인 황씨를 몽고군에 빼앗기게 되었다. 아내 황씨와 계집종 예쁜이가 몽고로 가게 되어, 그는 몽고를 방문하고 그들을 찾기 위해 수소문하였다. 그는 몽고 거리에서 우연히 계집종이었던 예쁜이와 재회하였다. 그녀는 그가 아내 황씨를 찾으려는 행동을 비판하였다. 그녀는 나라를 빼앗긴 와중에 아내를 찾기 위해 사방팔방으로 돌아다니는 그의 행동이 사나이답지 못하다고 꾸짖었다. 그러면서 그녀는 그에게 자살을 권유하였다. 그는 그녀의 권유를 수락하지 않고 그의 아내를 찾기 위해 아내가 머물고 있는 차손다다 장군의 집으로 잠입하였다. 그는 차손다다의 집에서 고려 고국으로 돌아가지 않고 변절한 아내의 속마음을 확인하였다. 결국, 그는 그의 아내가 차손다다에게 자신을 밀고하는 바람에 붙잡히게 되었다. 그러던 중에 계집종 예쁜이의 도움으로 구사일생하였다. 그러면서 그는 예쁜이가 건네 준 칼로 차손다다와 아내 황씨를 살해하였다. 그녀는 그가 동

호 소설 연구』, 소명출판, 2015, 73면.

반도주하자는 제안을 거절한 채, 그의 칼로 자결하였다. 이상과 같이, 「百歲老僧의 美人談」은 고려 장군에서 승려로 변신한 한 인물을 통해, 망국의 와중에도 아내 찾기와 같은 개인적 욕망에만 몰두한 채, 망국의 현실적 조건을 변혁하지 못하는 인물의 한계를 보여준다. 고려시대 기존 지배층이 각자의 안위에만 머문 채, 기층 계급의 현실적 난국을 해결하지 못한 상황을 서사적으로 보여주면서 계집종과 같은 하층 계급의 역사의식을 작품의 전면에 드러내고 있다.

> 일만 명의 고려로써 백만 명의 몽고를 대적하게됨으로 매양 「과불적중」의 한탄이 생기는 것입니다. 근일에 각도의 장수들이 몽고와 사울때에 노예문서(奴隸文書)를 불살으고 몽고만 텨 물니치면 노예도 량반의 동등으로 대우한다 선언하야 싸움을 니기고는 노예문서를 다시 수미게 됨으로 상놈과 노예들은 다 랑망하야 나라일에 죽으랴 안함으로 싸우는 군사가 날로 저잔하니 오늘에 전국에 노예문서를 업시하야 노예라도 공만 일우거던 놉흔 벼살을 줄것이 제 (一) 급무임니다. 세가대족들이 아모 재조와 공로도 업시 선대의 바든 사파짱을 가지고 그것도 부족하야 남의 짱을 쌔아서 안저 놀며 게집과 술로 세월을 보내다가 몽고가 들어온다면 먼저 달아나니 이 짜위 귀인의 토지를 쌔아서 백셩에게 난우어주고 몽고의 방어의 힘을 쓰라면 전국백성이 춤을 추며 달니어 올 것이니 이것이 제 (二) 급무입니다. 우리 나라는 바다로 둘은고로 종고로 해군을 두어 태조문셩대왕도 해군 대장으로 왕이 되지 안하얏슴닛가. 근세에 서북의 방어에만 전력하야 해군이 아조 폐지되다 십히 되얏으니 참말 가석한 일입니다. 직히는 놈 열이 도적놈 한아를 못막는다고 進攻을 피하고 방어만 하랴면 방어도 못됨니다. 오늘에 연해 각디에 군함을 지어 해군을 설하고 바다를 건너 중국의 남방으로 들어가 송(宋)나라의 후예를 세워 몽고를 쫏는다면 중국반폭이 모다

향응할것이니 해군부흥이 제 (三) 급무입니다. 북방에 녀진이 원래 우리 나라에 복종하다가 금나라가 망하야 스사로 대국이 되야 돌이어 우리 나라를 멸하더니 이제 금나라가 망하여 몽고에게 복속하얏스니 그중에 호걸들이 불복하야 매양 반긔를 드니 군사로 녀진을 원조하야 금나라의 일흠을 회복하게 하면 녀진이 쏘한 응종할것이니 북방의 경영이 제 (四) 급무입니다. 몽고가 무섭다하나 몽고의 사람이 무서운것이 아니라 몽고의 말이 무섭습니다. 군사 한아가 말을 십여필씩 몰고 가다가 배가 곱흐면 말을 잡아먹고 나분고기는 다른 말에 실음으로 만리를 횡행하여도 량식을 걱정 안하니 이것이 쌀밥 먹는 고려 사람의 배우지 못할 일이니 이것이 걱정입니다. 그러나 중국은 평원광야가 만흠으로 말의 유린을 당하건이와 고려는 산이 만하야 몽고의 말을 막기에 매오 편의하니 먼저 노예잡색 등 명목을 폐지하며 놀며먹는 게급을 업시하며 국경을 정리하야 백셩에게 위신을 세운 뒤에 북방에 산셩을 만히 싸하 몽고마병의 출몰을 막으며 남방에 해군을 두어 중국연해의 중요한 요새를 웅거하야 몽고의 병력을 막우면 몽고의 말도 피폐할 날이 잇서 마침내 사람에게 항복할것입니다.[2]

계집종이었던 예쁜이의 과거 내력은 다음과 같다. 노승의 아버지가 고려의 평장사(平章事)로서 복무 중에 흉년이 든 어느 해 길가에 버려진 여자 시체를 보았는데, 송장에 매달려 우는 여자 아이를 데려다가 키우게 되었다. 그의 아버지는 그 아이의 얼굴 생김이 절묘하여 그녀의 이름을 〈옙쁜〉으로 지어주었다. 그녀는 성장하면서 그의 아비와의 대화를 통해 주체적이고 혁명적인 생각을 자주 표현하였다. 특히 그녀는 그의 아비가 고려의 군사력으로 몽고에 대항하는 일이 중과부

2 『전집 7』, 572~573면.

적이라고 말하자, 그의 주장이 타당하지 않다고 말하였다. 그녀는 네 가지 급무를 언급하며 그것만 처리하면 고려는 군사적 열세를 모면할 수 있다고 주장하였다. 첫째, 몽고와 대항하기 위해서는 고려의 신분제를 해방해야 한다고 말하였다. 그녀는 전국의 노예 문서를 소지하며 상놈과 노예, 양반과 신분 차별을 해소하는 일만이 몽고 침입에 방어할 수 있다고 말하였다. 둘째, 권세 있는 문벌 세력들이 경제적 이익을 독점하는 것을 과감하게 방지하여 그들의 재산을 백성들에게 분할하는 정책을 발휘해 백성들이 경제적 불평등에 대한 불만을 가지지 않고 몽고에 대한 저항심을 지닐 수 있도록 해야 한다고 주장하였다. 셋째, 고려가 지형적인 조건을 두루 살피지 못한 채 서북 방어에만 몰두한다고 하면서 해군의 전열을 가다듬고 부흥해야 한다는 점을 강조하였다. 넷째, 여진과 몽고 간의 정치적 지형을 고려하여 고려의 외교적 수완을 확보해야 한다고 주장하였다. 여진은 한때 우리나라의 속국이다가 몽고에게 복속하였으니, 여진 내부에 몽고에 대해 반감을 가진 세력을 활용하여 몽고의 군사력을 위축할 북방 경영을 설파하였다. 그녀는 본인이 네 가지 급무를 해결할 적임자라고 말하였다 노승의 아비는 예쁜이를 "여개소문(女蓋蘇文)"으로 간주하였다. 그녀는 정치, 경제, 사회, 외교와 같은 각 분야를 혁명적으로 개조해야 한다고 생각하였다. 그녀는 계급의 모순과 자각을 통해 망국의 조건을 해결하려고 하였다.

> 토네르 영주 부인의 글에 매우 시사적인 다음의 구절이 나온다. "마지막으로 우리가 숨길 수 없는 사실이 있다. 프루스트는 하인들을 연구하는 일에 탐닉했다. 그것은 그가 결코 어디서도 만날 수 없는

어떤 요소가 그의 감각을 자극했기 때문일까, 아니면 그 하인들이 그의 관심을 불러 일으킨 사물들에 대한 내밀한 세부 내용들을 더 잘 관찰할 줄 아는 것을 부러워했던 것일까. 어쨌거나 여러 상이한 특성과 유형의 하인들이 그의 열정적 관심의 대상이었다." 쥐피앙, 에메 씨, 셀레스트 알바레와 같은 사람들이 풍기는 낯선 뉘앙스들 속에서 그 하인들의 계열은 실제로 기도서에서 육화되어 튀어나왔음직한, 성 마르타와 같은 거칠고 날카로운 특성을 지닌 프랑수아즈에서 시작하여, 일하는 데 대해서가 아니라 빈둥거리는 데 대해 보수가 주어지는 시종과 급사들에까지 이른다. 그리고 어쩌면 가장 밑바닥 직급에 있는 이들의 모습이 바로 의례를 잘 알고 있던 프루스트의 관심을 다른 무엇보다 더 끌었을 것이다. 하인들이 지닌 것과 같은 호기심이 프루스트의 아첨 떨기에 얼마나 많이 스며들었고, 하인들이 하는 것과 같은 아첨 떨기가 그의 호기심에 얼마나 많이 스며들었는지, 그리고 하인들의 역할을 노련하게 본뜨는(모사하는) 일이 사회생활의 위계 속 어디에서 그 한계를 드러내는지를 누가 가늠할 수 있을까? 프루스트는 하인들의 역할에 대한 모사를 제시했으며 또 그렇게 할 수밖에 없었다.[3]

발터 벤야민은 프루스트가 상류 계급의 삶에 기생해 살아가는 계급을 주의 깊게 고찰하였다는 점을 주목하였다. 그는 하인, 가정부, 호텔 벨보이와 같은 하위 계층이 살아가는 방식에 내재한 정치적 의미를 표현하려고 하였다. 하인들은 "살롱의 밀어(密語)(『선집 3』, 246면)"를 내밀하게 파악하고, "포만한 사회(부르주아)(『선집 3』, 244면)"의 허위성을 간파하기 위해서 "아첨 떨기(Schmeichelei)(『선집 3』, 247면)"와 "호기심에 가득 찬 자의 흉내 내기(Mimiky)(『선집 3』, 247면)"

3 『선집 9』, 248~249면.

를 해야만 했다.[4]

> 그의 가장 정확하고 명징한 인식들은 그 인식의 대상들에 마치 나뭇잎이나 꽃이나 가지 위에 앉아 있는 벌레들처럼 자리 잡고 있다. 이 벌레들은 불현듯 뛰어오르거나 날개짓을 하거나 하여 관찰자를 놀라게 할 때까지, 그래서 여기에 미처 예측하지 못한 어떤 고유한 생명체가 눈에 띄지 않게 낯선 세계에 잠입했었다는 사실을 깨닫게 할 때까지, 자신의 몸을 드러내지 않고 숨어 있는 것이다.[5]

발터 벤야민은 프루스트가 프롤레타리아 계급의 혁명성을 부각하지 않으면서 기존 체계의 모순과 부조리를 해체할 수 있다는 점을 하인들의 세계에 발견했다고 지적하였다. 하인들은 특유의 위장술을 활용하면서 자본주의 사회 부르주아 계급의 속물주의를 내파할 가능성을 확보할 수 있다고 생각했다. 그의 관점에서 보면, 프루스트의 하인들은 상류 계층을 교란에 빠뜨릴 열쇠를 쥐고 있는 것이다. 왜냐하면 하인들은 자신들이 머문 상류 계층의 소문과 추문 등을 인지하고 있기 때문이다. 프루스트의 "미메시스적 태도는 미메시스의 대상을 언

---

4 "귀족들의 사교적 관례는 부르주아지의 관습에 영향을 미치게 된다. 상호 인간 교류는 대화에 의해 이루어지는데, 대화와 의사소통이 곧 자신들의 성공, 정치·경제적인 지위 향상, 감정, 쾌락의 표현 수단이 되는 쌀롱가에서는, 언어는 마치 광고의 구조처럼 상대방을 매혹시키려는 교환 가치의 수단을(462면)" 소유한 부르주아들의 언어 표현에서 프루스트는 정신적 공허함을 체험하였다. 그는 상류 계층의 허위적 언어 세계를 부정적으로 관찰한 반면, 하위 계층의 언어 세계를 주목하였다. 그는 프랑스 사회가 급격하게 정치 경제적으로 변화하는 과정에 적응하려는 하위 계층의 대화, 발음, 언어학적 일탈 등을 고려하였다. 최순목, 「프랑스 제3 공화국 하에서의 언어에 대한 사회언어학적 고찰」, 『불어불문학연구』 25권, 한국불어불문학회, 1990, 462~464면.

5 『선집 3』, 248면.

어에 근접시킴으로서 탈마법화시키고 폭로하는 전복적 기능을 수행하게 된다. 전복이 일어나는 것은 대상에 대한 작가의 호기심이나 아첨이 그 대상에 대한 무의식적 패러디"[6]로 전환하는 과정을 거쳐 형성한다. 하인들은 "속물주의(Snobismus)(『선집 3』, 250면)"의 매커니즘을 파악하면서 기존 시스템의 붕괴를 감지한다. 부르주아의 속물주의는 생산과 소비의 순환 과정에서 소비만을 일삼는다. 그들은 소비만을 중요시하기 때문에 생산을 하지 않는다. 그들은 타인의 노동과 자본에서 파생한 잉여를 착취할 뿐이다. 반면 하인들은 시스템의 각 부분에서 철저하게 존재감을 드러내지 않고 위장하면서 부르주아 사회의 모순이 극단적 파국으로 치닫는 과정을 사전에 감지하기도 한다. 그들은 "정신의 생존을 위한 투쟁(『선집 3』, 248면)"을 할 수 없기 때문에, "전복적(subversive)(『선집 3』, 244면)" 정치 행위를 수행한다. 시종, 급사, 하인들은 사회 구조의 모순을 자각하지 않으면서 기존 체제에 편승하는 삶의 방식을 수용하면서도 기존 체제의 모순을 교란하려고 하였다. 그들의 생존에 입각한 위장술은 철저하게 본인들의 계급성을 드러내지 않는다는 점에 정치적 요인이 있다.

2. 비영웅과 현대 영웅

신채호와 발터 벤야민은 사대주의 문화와 부르주아 문화를 각각

6 최성만, 「벤야민의 프루스트와 카프카 해석에 나타난 경험이론」, 『독일문학』 74권, 한국독어독문학회, 2004, 240면.

비판했다. 신채호는 중화주의를 주체적으로 수용하지 않고 주종 관계의 영속성만을 중시하는 전근대적 시각을 교정하고자 했으며 유교적 관념과 가치는 서구의 근대적 관념과 관련되면서 현실적합성을 지니고 있는 새로운 사상을 형성하고자 하였다.[7] 발터 벤야민은 부르주아가 사회 경제적 위상에 걸맞은 태도를 보이지 않고 허위적 태도를 보이는 이중성을 질타했다. 식민지 조선은 기존에 중국을 이념의 중심지로 간주했다. 중국의 시스템은 조선의 지배적 이념으로 작동하면서 정치경제를 포함한 모든 영역에서 모방의 대상으로 자리 잡고 있었다. 중화주의는 조선의 생존과 실존의 구심으로 작용했다. 그러나 식민지 조선은 일본의 식민주의에 대항하기 위한 정치적 좌표가 필요했다. 신채호는 중화주의를 단일 민족의 주체성을 말살하는 요인으로 인식하면서 비주체적 부분을 유발하는 중화 사대주의를 비판적으로 고찰했다. 근대 독일에서는 자본주의의 산업화 과정을 거치면서 새로운 계급이 형성되었다. 부르주아 계급은 자본의 산물을 독점하면서 문화와 교양을 자본의 영역으로 집중하는 데 급급했다. 부르주아 계급은 자본의 아비투스를 형성하면서 전통의 가치를 말살하고 문화의 야만을 형성하려고 했다. 식민지 조선과 근대 독일 사회는 공통으로 중화주의와 전근대 전통의 가치를 새롭게 인식했다. 식민지 조선 사회에서는 중화주의를 사대주의와 결부하면서 비판적으로 인식했고, 근대 독일 사회는 전근대 전통을 무가치하게 간주하는 부르주아 문화를 새롭게 인식하는 모습을 보여주었다.

---

7 김기승, 「丹齋의 思想的 變化와 儒敎; 丹齋思想 形成의 儒敎的 基礎」, 『대동문화연구』 29, 성균관대학교대동문화연구원, 1994, 300~301면.

신채호는 중화 사대주의를 비판했다. 그는 중화주의를 비판하면서 중화주의 자체를 부정하기보다 중화주의를 절대적으로 승인하기만 하는 조선의 중화주의적 노예성에 대한 태도를 부정적으로 인식하였다.[8] 그는 「朝鮮歷史上一千年來第一大事件」에서 유가의 중화주의적 사대주의가 근대 조선 사회에 끼친 부정적 파급 효과를 비판했다. 특히 그는 김부식의 유교 사대주의가 조선의 주체성을 말살했다고 간주하여, 『三國史記』의 역사적 담론을 부정적으로 비판했다.[9]

신채호는 김부식의 『三國史記』를 중화 사대주의의 상징으로 간주하고, 유가 사대주의의 이념적 지향을 해체하고자 했다. 그는 "民族의 盛衰는 매양 그 思想의 趨向 如何에 달린 것이며, 思想의 趨向 或左或右는 매양 某種 事件의 影響을 받는다는(『전집 2』, 395면)" 점을 전제하면서 "무슨 事件이 前述한 宗敎, 學術, 政治, 風俗 各 方面에 奴隷性을 産出하였는가?(『전집 2』, 395면)"를 자문한다. 그는 고려 인종 13년 서경 전쟁에서 묘청이 김부식에게 패했다는 점에서 발견하고 있다. 서경전쟁에서 김부식이 승리함으로써 조선은 잔약, 쇠퇴, 부자유의 길에 진입하였다고 말한다. 그는 묘청을 화랑, 불가, 국풍파, 독립당, 진취적 집단으로 규정하고, 김부식을 유가, 한학파, 사대당, 보수사상으로 분류했다. 묘청의 패배와 김부식의 승리는 단순하게 이념적 승패를 구분하는 것에 그치지 않고, 식민지 조선을 전후한 시대의 세계에 대

8 박정심, 「申采浩의 儒敎認識에 관한 硏究: 近代的 主體 問題와 관련하여」, 『한국사상사학』 제22집, 한국사상사학회, 2004, 422~425면.

9 진덕재, 「민족주의 사학자의 『삼국사기』 인식」, 『역사와 현실』 62, 한국역사연구회, 2006, 180면.

한 인식을 후자의 방향으로 귀결하게 만들었다는 점이 문제이다.

> 稱帝北伐論의 領袖는 一曰 尹彦頤니, 尹彦頤는 곧 尹瓘의 子로 唯一한 郎家의 系統이라. 本論의 領袖됨이 必然코 當然한 일이나 尹彦頤가 稱帝北伐論을 主張할 쌔의 上疏와 建議는 高麗史 本傳에 모다 削除를 當하고, 오즉 西京戰役 後 自明疏만 揭載되어 後人으로 하야금 尹彦頤가 稱帝北伐論者의 一人임만 알고 그 詳細는 아지 못 하니 어씨 可惜치 안흔가? 二曰 妙淸)이니, 妙淸은 西京 僧徒로 圖讖의 說을 傅會하야 西京에 遷都하고 帝號와 年號를 稱한 後 北으로 金을 伐하는 者이며, 三曰 鄭知常)이니 鄭知常은 七歲에 「何人把新筆乙字寫江波」의 江鳧詩를 咏하던 神童으로 當時에 擅名하던 詩人이요 近世 林白湖와 갈이 疆土의 擴大를 夢想하던 人物이다.
>
> 此 三人이 稱帝北伐에 對한 意見은 同一 하나, 다만 妙淸과 鄭知常은 西京 遷都까지를 主張하얏고, 尹彦頤는 그것에 不同意하던 바이다.[10]

신채호는 역사 저술과 허구 서사에서 기존 체제의 시스템에 종속하지 않고 혁명을 도모했던 "革命性을 가진 人物(『선집 3』, 631면)"을 중시하였다. 묘청, 정여립, 궁예와 같은 인물들은 한결 같이 체제의 모순을 자각하고 현실을 타개하기 위한 반역을 도모한 인물들이다. 그는 「朝鮮歷史上一千年來第一大事件」에서 고려 인종(仁宗) 13년 서경전쟁에서 묘청이 김부식에게 패한 점을 분통해했다. 그는 묘청을 화랑, 불가, 국풍파, 독립, 진취사상의 상징으로 간주하였고, 김부식을 유가, 한학파, 사대당, 보수사상의 상징으로 파악하였다.

10 『전집 2』, 401~402면.

화랑, 유교, 불교는 삼국 시대를 거쳐 고려 시대에 진입하면서 정치적 투쟁을 벌였다. 고려 시대에는 유교를 숭상하면서 화랑과 불교를 배척하였다. 유교도들은 중화주의를 중시하면서 화랑의 자주적 대외관을 부정하였다. 그런데 예종과 윤관은 화랑의 정신을 기반으로 중국과의 대외 정책을 펼쳤다. 예종이 죽고 인종이 즉위하자 칭제북벌론이 대두하였다. 윤언이, 묘청, 정지상이 칭제북벌론을 주장하였다. 묘청과 정지상은 서경 천도를 주장하였지만, 윤언이는 그들과 뜻을 달리 하였다.

> 그러나 秘訣과 風水說로 平壤 遷都를 主함은 妙淸으로서 始함이 안이니, 이로써 妙淸을 妖賊이라 함은 너무 抑屈한 判決이다. 妙淸이 風伯과 雨師를 能히 指揮한다 이르며, 大同江底에 油餠을 沈하고 神龍의 吐涎이라 하여 百宮의 表賀를 請함이 어찌 妖賊의 일이 아닐가? 그러나 이러한 일은 高麗 以前 常有한 일이니, 古代에 宗敎上, 政治上 人物들이 매양 茫然한 天神을 託하여 群衆을 籠絡하든 것이라. 이것으로 妙淸을 罪함도 또한 公言이 아닐 것이다.[11]

신채호는 〈고려사〉에서 묘청을 음양가의 풍수설로 평양 천도를 주장한 인물로서 요망한 도적으로 기술한 점이 타당하지 않다고 생각했다. 승려인 도참이 풍수지리설을 설파하였고, 고려 태조에까지 풍수지리설에 따라서 정치적 난제를 해결하였다. 특히 서경천도론은 고려 인종대에 이르러서 국내외의 복잡한 정치적 문제를 해결하기 위해 활용되었다. 인종대에는 국내적으로 이자겸의 난이 발생하였고, 국외적으로는 여진족의 외교적 압박이 시작하였다. 인종은 국내외 정치적 혼

11 『전집 2』, 402~403면.

란을 개선하기 위해서 수도를 옮기는 계획을 세웠다. 이러한 정치적 지형에서 묘청이 풍수지리설에 따라 서경 천도를 주장하였다. 묘청의 서경 천도론은 도선의 풍수지리설과 태조의 유훈에 힘입은 바가 크고, 당시 민중의 지지를 받았다. 그런데 "묘청의 서경천도론은 반란으로 귀결되었으나 진압되고 말았다. 묘청의 시도는 대화세의 논리로 천도지의 풍수적 조건을 제시하고 팔성론으로 전국의 국토재편안을 제시하였다는 점, 나아가 칭제건원과 금국정벌론을 통해 자주성을 확립하고자 한 점"[12]을 긍정적으로 간주할 수 있다. 그러므로 묘청이 처음으로 비결과 풍수설을 이용해 평양 천도를 주장하지 않았고, 고려 이전 고대에는 종교적으로 천신에 가탁해 군중을 정치적으로 활용했다고 신채호는 지적하였다. 묘청은 군사를 일으키고, 국호와 연호를 정치적으로 정해 인종에게 수락하기를 요구했기 때문에 유교적 윤리에 위배하는 것으로 간주될 수 있다. "妙淸은 실상 陰謀를 싸하 온 것이 아니고, 다만 그 狂妄한 생각에 西京을 據하고 擧兵하야 仁宗의 遷都를 促하면 金富軾等 事大主義者는 自然 驚散하고 仁宗은 할 일 업시 來臨하리라 한 것이 意外로 討伐軍이 니르매, 그 徒黨이 妙淸에 對한 信望이 突落하야 드듸어 妙淸을 斬하여 乞降함이니, 이는 事實의 明證(『전집 2』, 404면)"라고 그는 묘청에 대한 객관적 사실을 기술하였다. 신채호는 묘청이 본인의 정치적 목적을 달성하는 과정에서 이해할 수 없는 정치적 실천을 감행했다는 사실을 수용하였다. 그런데 그는 묘청이 서경 천도를 주장하는 정치적 맥락을 간과한 채 묘청의 정치

12 조현걸, 「고려 시대 풍수지리설과 정치: 천도 논의를 중심으로」, 『대한정치학회보』 17권, 대한정치학회, 2010, 11~12면.

적 행위 전체를 부정하는 태도가 더욱 더 정치적이라고 생각하였다. "妙淸이 비록 그 行動이 狂妄하얏스나 그 主義上 不朽의 價値는 金富軾類에 比할 者가 아니어늘, 前史 에 貶辭만 잇고 살린 말은 全無하니 이는 公論(『전집 2』, 405면)"이 아니라고 주장하였다. 묘청의 패배와 김부식의 승리는 단순하게 이념적 승패를 구분하는 것에 그치지 않고, 식민지 조선을 전후한 시대의 세계에 대한 인식을 김부식의 사대주의와 존화주의의 영향하에 조선 민족의 노예성을 강화하는 데 기여했다고 말하였다. 김부식이 서경청도와 관련한 인물들을 처단하고 역사적 기록의 주체로서 묘청에 대한 기록을 정치적으로 삭제하거나 왜곡했을 수 있다. 이러한 점에 근거하여, 신채호는 묘청의 서경 천도에 대한 김부식의 기록을 전적으로 객관적으로 수용하지 않고 비판적 입장에서 고찰해야 한다고 생각하였다. 이자겸의 난을 제어하는 국내의 정치적 불안과 이를 타개하기 위해 풍수지리설에 입각해 서경천도의 계획이 추진하는 과정에서 여진족의 금국 건국과 관련해 고려의 대외 정세 변화를 고려할 필요가 있다.

「一耳僧」은 일이승이 병자호란의 명장 정봉수의 서자인 정을진과 만나면서 정을진이 홍경래와 조우하는 과정을 보여준다. 정을진은 서자 출신이라는 신분적 한계에 대해 울분을 드러낸다. 그는 서자로서 경험하였던 고통을 해결하기 위해 고려의 임금이 되겠다고 다짐하였다. 그러던 중에 그가 머물고 있던 안변 석왕사에 일이승에 오게 되어, 일이승과 함께 길을 떠나면 본인의 열망을 성취할 수 있다는 함허 스님의 말을 들었다. 특히 그는 궁예와 최영의 실패담을 정을진에게 전해주었다. 정을진은 일이승이 자신을 대왕으로 만들어주겠다는 약속을 지키지 않았다는 점에 분개하였다. 그러던 중에 일이승은 홍경래를 정을진에게 소개해주었다. 정을진은 홍경래의 다복동에 가서 주전소를 살펴보았다. 그는 다복동에서 용사 강모의 도주를 처단하기 위해 추적하다가 백마산에 적군이 잠복하고 있다고 지레짐작한 소심함 때문에 회군한 후, 이를 홍경래에게 말하였다. 홍경래는 정을진의 회군 사실에 분노하여 그의 한쪽 귀를 잘라내어 일이승이 되었다.

홍경래는 정주에 머물면서 토적원수 이문원이 서울의 군대를 거느리고 진입하려고 하자 서울 병졸 일명을 잡아 목을 베었다. 이에 정을진이 여전히 망상적으로 본인이 대왕을 자처하는 발언을 하자, 그 자리에서 홍경래는 정을진의 목을 베었다. 홍경래는 정을진이 지속해서 개인적 안위와 울분을 해결하는데 급급한 태도를 인정하기 않았기 때문에, 정을진을 처단할 수밖에 없었다.

> 그러나 如何한 者가 革命이냐 하면 반듯이 歷史上 進化의 義를 가진 變化가 그것이다. 歷史란 것이 어느 날 어느 쌔에 變化의 道程으로 나아가지 안는 때가 업슨즉, 쏘한 어느 날 어느 때에 革命 업는 쌔가 업슬 것이다. 그러면 全部 歷史를 가저 革命史라 稱함이 可하나, 歷史家들이 特히 革命이란 名詞를 貴重視하여 文化上 或 政治上 顯然히 時代를 區劃할 만한 進化의 義意를 가진 人爲的 大變革을 가리처 革命이라 稱한 것이니, 이런 意味로써 政治史上의 革命을 求하자면 우리 朝鮮 數千年의 歷史에 멧멧히 못 될 것이다. 漢陽의 李氏로 松都의 王氏를 代한 것이나 李施愛·李适 等의 叛亂이 그 成敗는 다르나 其實은 다 政權攘奪의 行動에 不過한즉, 內亂이나 易代라 稱함은 可하나 革命이라 稱함은 不可하다.[13]

13 『전집 1』, 813면.

신채호는 역사는 혁명을 요구한다고 말한다. 혁명은 역사적 진화와 변화를 거치는 과정이다. 혁명은 역사적 흐름을 단절하면서 역설적으로 계속하여 흘러갈 수 있는 상황을 만든다. 혁명의 역사는 정치적으로 대변혁을 유발한다. 그는 기존 역사 서술에서 배제되거나 왜곡된 인물들을 재조명하면서 혁명의 단절을 복원하려고 한다. 그는 반역과 혁명을 실천하는 무인 영웅을 호출하는 과정을 거쳐 식민지 조선이 처한 망국의 울분을 해결할 방안을 모색한다.

신채호는 홍경래를 통해 잔혹한 폭군의 모습을 보여주면서도 그들이 잔혹성을 발휘할 수밖에 없었던 상황을 조망하고자 하였다. 특히 그는 공동체의 규율을 준수하지 않고 개인적 욕망에만 몰두하는 태도를 철저하게 응징하였다. 그런데 홍경래는 본인들이 설정한 정치적 목적을 달성하는 데 실패한 인물들이라는 점에서 유사하다. 신채호가 홍경래를 서사적으로 호명하는 과정은 그들의 반역적 태도가 공식 역사 기술에서 배제되었다는 사실을 주목한 후, 그들의 정치적 행위에 대한 공과를 객관적으로 인식하려고 했기 때문이다. 「一耳僧」의 홍경래와 같은 역사적 비영웅들을 호명하는 과정은 영웅의 상징을 통해서 민중 혁명을 유도할 수 없다는 자각에서 비롯되었다. 신채호는 비영웅의 세계를 적극적으로 발견하는 과정을 거쳐 온전하게 혁명의 주체를 형성할 수 있다고 생각하였다. 그는 기존 역사적 서술에서 배제된 인물들인 홍경래와 같이 혁명을 도모한 반역자를 호출하였다. 그는 혁명적 반역자들이 결국에는 민중 영웅으로 변모하면서 체제 변혁을 도모할 수 있다고 생각하였다.

발터 벤야민은 부르주아 문화의 속물성을 비판하고 본인의 부르주아 근성의 기원조차 성찰한다. 부르주아 문화는 대도시의 생산과 소비 과정을 거치며 지속해서 계급 분화를 주목하면서 부르주아만의 문화를 독점하려고 한다. 그런데 부르주아는 자본 순환을 기반으로 스놉에 가까운 문화 향유를 표출한다. 스놉은 위계적 신분질서가 파괴되고 자유경쟁과 평등의 원리로 재구성되는 시민사회에서, 인정투쟁을 왜곡된 방식으로 이해하고 이를 실천하는 존재이다.[14] 그들은 경제적 조건이 지속할 것이라고 간주하였다. 부르주아 문화는 이국적 문화 상품을 파생하면서 문화를 소비의 대상으로 인식하였다. 부르주아 문화는 현존하는 지배 시스템의 존속을 유지하기 위해 국가, 학교와 같은 작동 체계를 형성하면서 근대 사회의 부산물을 부르주아 이외의 계층에게 전파하며 상징적 문화 체계를 고수하려고 한다. 그는 부르주아의 문화를 비판하면서도 프롤레타리아 계급에 대한 계급적 갈등을 느끼기도 했다. 부자와 빈자를 구분하는 물질적 소유 여부에 상관없이, 근대 사회는 인간 계급의 분화를 도모하였다. 그런데 부르주아는 노동과 생산의 과정을 비가시적으로 은폐하며 경제적 모순 관계를 인식하지 못하게 만든다.

> 진지한 역설 : 사람들은 행동할 때 가장 편협한 개인적 관심만을 추구할 뿐이지만 그 어느 때보다도 오늘날 그들의 태도는 대중적 본능에 의해 규정된다. 대중적 본능은 그 어느 때보다도 종잡을 수 없게 되었고 삶에 낯선 것이 되었다. 수많은 일화에서 보듯이, 아직 보이지는 않지만 가까이 도사린 위험으로부터 벗어날 길을 동물들은 불가사의한 본능으로 파악한다. 그러나 오로지 자신의 얄팍한

14 김홍중, 「스노비즘과 윤리」, 『마음의 사회학』, 문학동네, 2009, 83면.

> 안위만을 염두에 두는 구성원들이 모인 인간 사회는 동물적 우둔함을 보여주면서 그나만 우둔한 동물만큼도 상황 파악을 하지 못한 채 모든 위험에, 그것도 바로 눈앞의 위험 속에 빠져드는 맹목적 대중이 된다. 개개인이 추구하는 목표가 다르다고 해도 그것은 전체를 규정하는 동질적인 힘에 비해 하찮은 것이 된다. 언제나 드러나듯이 그들은 자신들에게 익숙한 삶, 그러나 이미 오래전에 잃어버린 삶에 너무 집착한 나머지 심지어 절실한 위험의 순간에서조차 지성의 인간다운 사용법, 즉 예견의 능력을 발휘하는 데 실패한다. 이렇게 해서 이 사회 안에는 우둔함의 상이 완성된다 : 불확실성, 그렇다 삶에 필요한 본능의 전도 현상과 지성의 무기력과 몰락, 이것이 독일 부르주아 전체의 상황이다.[15]

발터 벤야민은 학교가 부르주아의 특징을 단적으로 보여준다고 생각했다. 그는 학교라는 공간을 개인의 자율성과 고유성을 억압하는 곳으로 생각했다. 학교의 부르주아적 성격은 무가치한 집단을 형성하면서 군중 심리를 표출하고, 개인의 자유를 원천적으로 인정하지 않는다. 사회는 위험과 불안이 다양하게 공존한다. 인간과 유사하게 동물의 세계는 자신들의 안전을 위협하는 세계의 습격을 즉각적으로 반응하면서 동물 집단의 안위를 보존한다. 그러나 인간은 동물적 감각과는 무관하게 사적 욕망을 보존하려는 열망에 사로잡혀 삶에 닥쳐올 위험과 몰락의 순간을 대비하는 능력이 부재한다. 그는 독일 사회의 경제적 풍요로움과 사회적 불안전성에 예민하게 반응하면서 당대 부르주아가 보이는 현실 추수적 태도가 불러일으킬 결과를 예견하였다. 그는 부르주아 문화가 사회적 조건을 간과한 채 개인의 교양과 문

15 『선집 3』, 84~85면.

화만을 자족적으로 여기는 태도의 이면에 있는 기존 시스템이 가진 무언의 방조와 방임의 태도를 비판했다.

발터 벤야민은 「보들레르의 작품에 나타난 제2 제정기의 파리」에서 현대 영웅을 거론하였다. 그는 보헤미안, 거리 산보자, 넝마주이, 레즈비언, 아파치, 늙은 노파와 같이 근대 사회에서 배제당한 주체들을 보들레르의 시에서 주목하였다. 그는 보들레르가 발견한 현대 영웅들의 정치적 가능성을 확장하고자 하였다. 근대 사회는 생산과 진보의 테크놀로지를 무한 긍정하면서 정치, 경제, 문화의 권력을 탈집중앙하면서도 권력을 지속적으로 방기하는 방식을 통해 권력을 작동하였다. 근대 사회는 생산과 진보에 대한 맹신을 초래하면서 전근대의 모순을 해소하기 위해 애초에 설정한 근대적 합리성을 포기하였다. 근대 사회는 소수의 권력을 독점하고 다수의 권리를 인정하지 않는 방식을 통해 근대 사회의 구성원을 이분법적으로 분리하였다. 보들레르의 현대적 영웅들은 근대 사회에서 유용성을 상실하였다. 근대 사회는 생리학(physiogie)의 작동 방식을 토대로 근대인을 단순한 생물학적 대상으로만 간주하였다. 보들레르의 현대적 영웅들은 프랑스 제2제정기의 정치적 혼란기에 정치적으로 소외받았고 경제적으로 곤경에 처하게 되었다. 보헤미안은 기존 정치 세력과 대항 세력이 무책임하게 정치적 입장을 표방하는 구조를 상징적으로 보여준다. 그는 보들레르를 블랑키(Blanqui)와 유사하게 정치적 보헤미안을 자처하게 된 상황은 이른바 레종레타(Raison d'État)의 타락 때문이었다. 프랑스 제2 제정기 기간 동안 국가는 정치적 음모가들이 사적 욕망을 충족하기 위해 정치 시스템을 왜곡하였다. 블랑키와 같은 정치적 활동가들이 대항

세력으로 존재했던 것처럼, 보들레르는 정치적 감각을 견지하고 있었지만, 온전하게 당대 현실의 정치적 모순을 간파하지 못했다. 특히 당대 지식인들은 프롤레타리아를 비롯한 사회 주변인에 대한 인종적 비난을 퍼붓는 무책임한 태도를 보였다. 아울러 정치 체제의 모순과 부조리를 고발해야 할 신문 매체는 대중의 욕망을 충족하고 자본을 획득하기 위한 단순한 정보 제공자로 전락하였다. 이러한 상황에서 정치적 보헤미안은 근대 사회가 정치적으로 타락한 이유가 근본적으로 무엇인가를 발견하기 위해서 도시 거리를 관찰하기 위해 도시 산보자를 자처하였다. 근대 사회는 사회 구성원을 억압하기 위해 "기술적 수단들이 나타나 감시 행정의 발전(『선집 4』, 96면)"을 동원하였다. 근대 사회는 사회 구성원의 정치적 행위를 규제하기 위해 감시 작동 체제를 마련하거나 주세 정책을 마련해 억압받은 계층이 정치적 불만을 해소할 기회를 제공하였다. 도시 산보자는 도시의 미로를 걸어가면서 군중 사이에 편입되기도 하고, 배제당하기도 하면서 주체로서의 개별성을 견지할 수 있었다.

> ① 루이 필리프의 시대 이래로 부르주아 계급에서는 대도시에서 흔적 없이 사라지는 사생활의 흔적을 벌충하려는 노력을 볼 수 있다. 부르주아 계급은 이 벌충을 가지 집의 네 벽 안에서 찾는다. 이는 마치 부르주아 계급이 이 지상에서의 생존은 아니더라도, 적어도 그 일상용품과 액세서리들만이라도 무궁한 세월 속으로 소멸해가지 않도록 구하는 데 명예를 걸었던 것이나 같다. 부르주아 계급은 지칠 줄 모르고 수많은 물건들의 본을 뜬다.[16]

16 『선집 4』, 94면.

> ② 현대 세계에서 인간의 자연스러운 생산 열정을 가로막는 저항은 이 열정의 힘과 불균형을 이룬다. 이 열정이 마비되고 죽음 속으로 피신하는 것은 당연한 일이다. 현대는 자살의 기표를 통해 유지될 수밖에 없다. 자살은 적대적 정신 상태에 추호도 굴하지 않는 어떤 영웅적 의지의 근저에서 그 자신의 존재를 증명한다. 이러한 자살은 포기가 아니라 일종의 영웅적 정념이다. 그것이 바로 정념의 영역에서 이룩되는 근대성의 그 업적이다.[17]

①에 나타난 것처럼, 현대 영웅이 자기 권리를 승인받지 못하면서도 부르주아 "통제에의 저항(『선집 4』, 95면)"을 시도하였다. 도시 산보자는 도시 거리를 배회하면서 근대 사회의 문명과 진보가 배제한 영역을 발견하였다. 도시 산보자는 넝마주이, 창녀, 아파치, 늙은 노파를 응시하였다. 근대 사회가 생산과 자본의 순환을 무한정으로 확장하는 동안, 생산 활동에 참여한 노동자들은 소외받는다. 임금 노동자는 본인의 노동에 준하는 경제적 대가를 받지 못하고 단순하게 육체적 힘을 지닌 존재에 불과하다고 자각해 자살한다. "쇠약한 대중(『선집 3』, 133면)"은 작업장에서 솜털을 마시고, 백연, 수은으로 인해 육체적으로 손상되면서 본인의 노동 행위 가치를 인정하지 못할 뿐만 아니라 사회적으로 보호받지 못한다. 여성은 레즈비언을 지향하면서 생산 과정에서 에로스의 분출을 거절하면서 자본의 확장에 기여하였다. 이처럼 임금 노동자, 넝마주이, 여성, 노파들은 존재에 대한 권리를 승인받지 못하기 때문에 역설적으로 존재 가치를 인정받기 위해 자살을 선택하였다. 현대 영웅들의 자살과 같은 죽음에 대한 갈망만

17 『선집 4』, 135~136면.

이 정치적 연대를 도모할 수 있다. 넝마주이는 급격하게 자본의 순환이 발생하는 과정에서 폐품으로 전락한 것을 단순하게 모으고 있을 뿐이다.

> 현대의 영웅에게는 몰락이 예정되어 있으며 이 몰락의 필연성을 밝히기 위해 반드시 비극시인이 나타날 필요는 없다. 그러나 근대성의 시대는 그 권리가 이미 지나갔다. 이제 근대성은 시험을 받게 되리라. 현대가 끝났을 때, 현대 스스로가 고대가 될 수 있을지 알게 되리라.[18]

발터 벤야민은 근대 사회에서 쓰레기처럼 배제된 존재들의 정치적 의미를 각인하였다. 그는 보들레르가 "울화와 초조감, 분노의 힘과 증오의 힘이다. 두 사람이 공유하는 무기력함도 있(『선집 4』, 175면)"다는 점을 거론하면서 근대 사회의 몰락을 예견하였다. 근대성이 고대성(Antik)처럼 하나의 모범으로 자리 매김하려면 몰락의 순간을 방기하지 않고 몰락을 초래한 상황을 전면적으로 재검토해야만 한다. 근대성은 사회적 모순을 해결하고 개인의 권리를 보장하기 위한 프로세스였지만, 자본과 정치와 결탁하면서 타락하였다. 타락한 근대성이 파국으로 귀결되지 않으려면 근대성에 내재되었던 고유성을 끄집어내어야만 하였다.

18 『선집 4』, 144면.

3. 드래곤의 혁명적 파괴와 프롤레타리아트의 총파업

신채호는 망국 민중이 일본 제국의 식민주의를 자각해야 한다고 생각했다. 발터 벤야민은 무산대중이 독일 제국의 전체주의를 각성해야 한다고 생각했다. 그들은 망국 민중과 무산대중이 현실의 부조리를 개선하기 위해 정치적으로 혁명을 실천해야 한다는 점을 주장했다. 신채호는 망국 민중을 드래곤으로 표상하면서 동양의 용으로 대변하는 보수적 질서를 파괴해야 한다는 점을 보여주었다. 반면 발터 벤야민은 무산대중을 꼽추 난쟁이 이미지로 변주하면서 독일 근대 사회에서 소외받은 계급의 정치적 실천 가능성을 도모하였다. 특히 발터 벤야민은 프롤레타리아의 정치적 실천을 비판적으로 수용하고자 하였다.

미리[19]와 드래곤[20]은 인간의 주관적 심상을 객관 세계에 반영한 상징이다. 인간은 상징체계를 통해 현실의 고통에서 탈피할 수 있지만,

19 미리는 물의 고어인 '밀'에서 나온 미르와 같지만, "미리 알리다/ 미리 준비하다"에서처럼 길흉사를 사전에 알려주는 신령한 존재를 의미한다. 이혜화, 『미르-용에 관한 모든 것』, 북바이북, 2012, 13~14면.

20 동양의 용은 군주의 위엄과 권능, 혹은 하늘의 대리자로서 상징적 의미가 있었지만, 서양의 드래곤은 그저 자연에 사는 강력한 괴물에 불과하다. 서양 신화에서 드래곤은 커다란 뱀의 모습을 하고 있다. 일부 유럽 지역에서는 신적인 존재로 추앙받던 드래곤은 기독교가 전파되면서 〈뱀=악〉이란 공식이 성립하였고, 뱀과 관련이 깊은 드래곤은 악마의 힘을 지닌 마물로 격하되어 수많은 설화에서 타도 대상이 되었다. 채영숙, 「문화 콘텐츠에 나타난 상징 동물 용(龍)의 고찰: 게임 콘텐츠를 중심으로」, 『동북아문화연구』 제21집, 동북아시아문화학회, 2009, 201~202면.

역설적으로 상징체계가 인간을 억압할 수도 있다. 특히 미리와 드래곤의 이중적 상징은 무아 주체의 체제 순응과 체제 전복의 가능성을 나타낸다. 즉 미리는 무아 주체를 인정하지 않고 체제 순응적 기만성을 나타내고, 드래곤은 무아 주체를 인정하고 체제 전복 가능성을 의미한다.

> 그러나 「드래곤의 眞影」이란 一張에는 다만 多數한 「0」을 그릴 뿐이오, 그 左方에 五號小字로 說明을 加하얏다. 그 說明은 左와 갓흐니— 天國이 全滅되기 前에는 드래곤의 正體가 오직 「0」으로 表現될 뿐이다. 그러나 드래곤의 「0」은 數學上의 「0」과는 달으다.
> 數學上의 「0」은 자리만 잇고 實物은 업지만 드래곤의 「0」은 一도 二도 三도 四도 乃至 十 百 千 萬 等 모든 數字로 될 수 잇다.
> 數學上의 「0」은 자리만 잇고 實物은 업지만 드래곤의 「0」은 총도, 칼도, 불도, 베락도, 其他 모든 「테로」가 될 수 잇다. 今日에는 드래곤이 「0」으로 表現되지만 明日에는 드래곤의 對象의 敵이 「0」으로 消滅되야 帝國도 「0」, 天國도 「0」, 其他 모든 支配勢力이 「0」될 것이다. 모든 支配勢力이 「0」되는 때에는 드래곤이 正體的 建設이 우리의 눈에 보일 것이다-하고 「드래곤의 歷史」란 題下에 이러케 썻다.[21]

드래곤은 상제의 외아들인 야소 기독을 처참하게 살해한다. 상제는 드래곤의 만행에 분노하면서 천국의 경찰대와 정탐대를 동원해 드래곤을 수배하려고 명령한다. 그러나 천국의 수사 활동에도 불구하고 드래곤의 정체를 알 수 없었으나, 〈地國民新聞〉에는 드래곤의 정체를 파악할 단서와 관련된 기사가 게재된다. 「드래곤의 眞影」은 드래곤의 정체를 "0"으로 표시하고, "數學上의 「0」"과는 다르다고 보도한다. 드

21 『전집 7』, 610면.

래곤의 0[22]은 무(無)의 단계를 벗어나 생성의 조건이다. 그런데 드래곤의 기표 0은 민중이 무아 주체의 연대 가능성을 모색하고, 적에 대항하는 폭력을 구사하고 적을 전멸하기 위한 조건이다. 사회적 평등이 상호 악연 때문에 존재하지 않는다면, 무아 주체가 사회적 불평등을 파괴하기 위해 인연을 맺는 과정을 거쳐야만 윤회의 과정을 해탈할 수 있다는 논리가 성립한다. 드래곤의 정체는 소멸과 건설의 변증법을 통해 나타난다. 드래곤의 존재는 고정적이지 않고 민중의 세계 모순에 대한 자각 여부에 따라 소멸과 건설의 가치를 상호간에 수용하는 과정에서 생성한다. 민중이 세계 모순을 해체하려는 의식을 수반함에 따라 드래곤의 실체는 나타나지만, 민중이 체제의 모순에 침묵하고 수용하는 태도를 보일 때에는 드래곤의 실체는 보이지 않거나 미리로 변형될 가능성이 있다.

> —드래곤은 무엇이냐? 上帝가 太古人民들의 迷信的 奉戴를 받아 帝位에 오르던 第五年에 虛空中에서 誕生한 一胎雙生의 怪物이 잇섯던 바 (一)은 드래곤 곧 그것이오, 又 (一)은 곧 現今 天宮의 侍衛大將으로 東洋總督을 兼한 有名한 미리니, 미리나 드래곤이 漢字

22 류동일은 〈0〉의 의미를 "0으로 표현되는 드래곤을 무산자와 연결시킴으로써 현행하는 제국주의 및 자본주의 체제를 전복하는 소수자의 힘에 주목하는 것이고, 다른 하나는 0이라는 무한한 변주 방식을 문학 형식과 연결시킴으로써 특정한 형태의 글쓰기를 문학으로 귀결시키는 미적 자율성의 틀을 벗어난 것(48면)"으로 규정한다. 그는 소수자의 힘을 강조하기 위해 들뢰즈의 〈기관없는 신체〉론을 논거로 삼고 있다. 들뢰즈의 〈기관없는 신체〉론을 이론적으로 활용하는 것은 타당할 수 있지만, 신채호의 1920년대 후반의 내면 풍경을 분석하기에는 미흡하다. 신채호는 중국 망명 이후 근대 폭력의 실상을 성찰하는 동시에 좌절감을 느꼈다. 즉 근대 폭력에 대항하는 방법이 확보할 수 없다는 자괴감 역시 존재했다. 류동일, 「1920년대 신채호 문학 연구: '0'의 의미를 중심으로」, 『현대소설연구』 제48호, 현대소설학회, 2011.

로는 다 「龍」이라 譯한다. 그 뒤에 미리는 늘 朝鮮.印度.中華 等國에서 長成하여 드대여 東洋의 龍이 되야 釋迦.孔子 等의 消極的 教育을 바더 上帝의 忠臣이 되야 늘 服從을 天職으로 알므로 支配階級의 走狗인 宗教家.倫理家들이 모다 미리를 人生模範의 神으로 尊奉하여 왓으므로 朝鮮의 神話에나 中華의 儒經에나 印度의 佛經에다 龍을 非常히 讚美하여 上帝에 配하였다. 그래서 上帝께서 미리를 拔擢하여 東洋鎭守의 大任을 준 것이오. 드래곤은 늘 希臘.羅馬(그리스.로마) 等地에 滯在하여 드디어 西洋의 龍이 되어 늘 叛逆者.革命者들과 交流하여 革命.破壞 等 惡戲를 즐겨 宗敎나 道德의 굴레를 밧지 안는 고로 西洋史에 매양 叛黨과 亂賊들을 드래곤이라 別命하여 왓섯다. 근세에 와서는 드래곤이 또 虛無主義에 深感하여 더욱 激烈한 革命行爲를 가지더니 마참내 耶蘇 基督을 慘殺할 凶犯이 된 것이다— 하였다. 이 新聞을 받은 天國의 君臣들이 비로소 미리와 드래곤의 本來 兄弟임을 알고 놀래지 안는 이 업섯다.[23]

〈地國民新聞〉은 '드래곤의 정체'를 밝히고 '드래곤의 역사'를 보도한다. 미리와 드래곤은 민중의 미신적 기대에 기반한 상징적 괴물이다. 드래곤과 미리는 〈龍〉의 한자에 준하는 어휘이다. 미리는 동양의 복종 정신을 고수하고 체제 유지에 맞는 상징체계로서 동양의 종교와 윤리적 무의식을 지배하는 세계이다. 반면 드래곤은 서양의 정신적 상징체계를 이루면서, 반역과 혁명의 세계를 추동하는 동력이다. 그런데 신문은 미리와 드래곤이 각각 동양과 서양에서 다른 상징체계를 성립하지만 "一胎雙生"의 형제지간이라는 사실을 보도하고 있다. 미리와 드래곤은 민중이 세계 모순에 대한 인식 여부에 따라 유동적으로 변

23 『전집 7』, 610면.

화할 수 있다는 점을 나타낸다. 민중이 미리의 복종을 지양하고 드래곤의 반역 정신을 지향하기 위해서는 세계의 부조리를 자각하고 모순을 해체해야 한다.

「이것은 미리가 가장 合當합니다. 臣이 昨日에 確信을 들은즉 民衆들은 아직 그러게 天國을 排斥하지 안는데 원수놈의 드래곤이 民衆의 머릿속으로 돌아단이며 上帝와 上帝 以下 乃至 人世의 支配階級의 勢力은 모다 民衆의 是認으로 存在한 것인즉 民衆이 만일 徹底히 否認만 하면 모든 勢力이 秋風의 落葉이 되리라고 자꾸 民衆들을 꾀와 民衆이 이갓히 叛起하얏다 합니다. 그래서 民衆들이 今日의 드래곤을 前日의 上帝보다 더 믿는다 합니다. 만일 드래곤을 同意이면 民衆들이 우리에게 박아지 하나씩을 줄 듯합니다. 미리는 드래곤의 親兄인즉 미리를 보내면 아마 드래곤의 同意를 엇기가 쉬울가 합니다.」[24]

천사는 천국과 지국의 소통이 단절되고, 민중이 지국을 건설할 주체성을 확보하면서 천국의 억압 체제를 부정하는 태도를 보이자, 민중과 소통하기 위해 미리가 출전해야 한다고 말한다. 상제는 미리가 드래곤과 동생이성이라는 점을 고려해 미리를 하옥시켰다. 천사는 지배세력과 피지배세력은 민중의 선택과 판단에 따라 운명이 결정된다고 말한다. 민중은 시인(是認)과 부인(否認)의 경계에서 객관 세계를 변화시킬 수 있다. 미리는 강국 민중과 식민지 민중을 이간질하고, 식민지 민중이 반역성과 혁명성을 마비하기 위한 허위적 대책을 마련한다. 그러자 상제는 자각한 민중이 자신들의 유인책을 수용하지 않을 수

24 『전집 7』, 612~613면.

있다고 말한다.

> 「미리야 이놈— 上帝는 어대다 두고 너 홀로 여긔에 와잇느냐? 나는 上帝를 닛지 못하야 이러케 차저단이는 길이다…」
> 고 天使가 미리를 大責한다. 미리는 冷笑한다.
> 「天使야, 이놈— 上帝는 차저 무엇하느냐? 天宮에 잇던 때에 上帝이지, 天宮이 깨어진 뒤에도 上帝가 잇느냐? 上帝가 잇다면 죽은 上帝이다. 죽은 上帝는 산 쥐새끼만도 못하다. 말하자면 上帝도 滅亡하여야 올치— 其實 내나 네나 上帝가 모다 上古 民衆의 一時 迷信의 造作이 아이엿더냐.
> 民衆의 造作으로서 얼마나 민중의 害를 끼처왔느냐? 上帝 自身만 호강하얏을 뿐 안이라 上帝의 祭物貢物이라 핑게하고 民衆의 돈을 挾雜한 놈이 업섯더냐? 上帝의 命을 奉承하얏다 하며 世界皇帝로 行惡한 놈이 업섯더냐?[25]

천상의 세계가 종말을 맞이하면서, 천사는 드래곤에 대적할 미리의 소재를 수소문하던 끝에 미리의 형상이 파괴된 형국을 발견한다. 미리는 민중의 이중성을 언급한다. 애초에 미리와 드래곤은 존재하지 않았다. 민중이 개별 자아에 묻힌다면 억압적 상징이 탄생하고, 무아 주체의 세계를 지향한다면 새로운 세계를 창조할 수 있다. 민중이 세계의 모순을 과학적이고 합리적으로 파악하지 못한 상황에서 본인들을 억압하는 구조를 만들고 그에 집착하는 태도는 자멸에 처할 수 있다. 반면 무아 주체는 공적 태도를 자각하고, 일체의 세계를 전복할 토대를 만들 수 있다. 미리는 선천 시대의 무자각한 민중과 자각한 민중의 성격에 따라 선천시대를 파괴하는 과정을 거쳐 역설적으로 드래

25 『전집 7』, 618면.

곤으로 변화할 수 있다. 미리를 포함한 억압적 천국은 민중이 일시에 세계의 모습을 자각하지 못한 상황의 결과이다. 무자각한 민중은 폭력적 구조를 승인하면서 상호 간에 억압적 국면을 활성화한다. 무자각한 민중은 상제의 이름으로 모든 악행을 승인하려고 했다. 이를 절대적인 것으로 간주하고 변경하지 않으려는 태도가 유지하는 순간, 민중은 억압적 상징 체제의 폭력을 견뎌야만 한다.

> 「地國民衆들이 耶蘇를 죽인 뒤 未久에 孔子·釋迦·마호메트… 等 宗敎·道德家 等을 다 때려 죽이고 政治·法律·學校·敎科書 等 모든 支配者의 權利擁護한 書籍을 불 지르고 敎堂·政府·官廳·公廨·銀行·社會… 等 建物을 破壞하고 過去의 社會制度를 一切 否認하고 地上의 萬物은 民衆의 公有임을 宣言하였다. 〔중략〕 支配階級이 이미 滅亡하매 民衆들은 이에 全地球를 總稱하여 地國이라 하고 天國과의 交通斷絶을 宣言하였다.」[26]

드래곤으로 상징되는 자각한 민중의 폭력[27]은 선천 시대를 상징하

26 『전집 7』, 611면.

27 "게발트는 영어의 violence, 한자로 暴力이라는 의미와 단순히 등치한다고는 볼 수 없다. 게발트는 이를테면 violence와 force를 모두 포함하는 단어라고 할 수 있다. violence나 게발트 모두 라틴어 vir 혹은 vis를 어원으로 한다. 전자는 남자, 남편, 용사, 병사, 후자는 힘, 무력, 폭력 등을 뜻하는데 게발트는 violence와 달리 어떤 모순까지 내포하는 함축적 의미를 지닌다. '지배하다, 관리, 감독하다'의 뜻을 지닌 walten이란 동사에서 파생한 게발트는 지배 혹은 통치의 유지, 정당한 강제라는 의미를 가진다. 따라서 독일어에서는 국가권력, 권력분립이라고 할 때의 '권력'에 Gewalt를 쓰며, 'gestzgebende Gewalt'를 번역하면 '입법권'이 된다. 한편 영어의 violence는 외부로부터의 침해나 파괴라는 느낌이 강하다. 라틴어의 violentia에는 '난폭'이라는 의미가 있다. 지배의 유지나 정당한 강제력이라는 표현에는 오히려 force가 적당할 것이다." 사카이 다카시, 『폭력의 철학』, 김은주 옮김, 산눈, 2007, 7~8면.

는 상제의 천국을 파괴하면서 지국 세계를 건설하는 과정에서 나타난다. 일체의 제도를 민중이 타파하려는 행위는 인간의 자유를 억눌러 온 상제를 타파하겠다는 행위이고, 상제는 기성의 제도의 의인화된 형태이다. 미리와 드래곤은 각각 폭력을 구사한다. 미리는 체제를 수호하기 위해 폭력을 동원한다면, 드래곤은 대항 폭력을 구사한다. 드래곤은 혁명성을 자각한 민중의 마음 상태를 상징한다. 드래곤은 노예 사상을 타파하기 위한 폭력을 구사한다. 드래곤은 선천 시대의 악연과 악업을 해결하기 위해서 일체의 객관 세계와 주관 세계를 전면적으로 부정한다. 드래곤은 민중의 자각한 마음의 영역에 속하기 때문에 드래곤의 실체는 불투명하다. 드래곤은 상제의 아들인 야소를 전멸한다. 천사가 민중을 진압하려고 길을 나선 순간, 천국 통신관이 지상통신을 상제에게 알린다. 지상 통신의 내용은 민중이 야소를 처단한 후, 지배자의 권리를 옹호한 모든 서적, 건물을 파괴하고, 지상의 모든 것을 민중의 공유로 선언한다는 내용을 담고 있다. 하늘과 땅이 전도하는 상황에서 천국은 소멸하고, 지국이 생성한다.

> ① 꼽추 난쟁이는 그렇게 자주 나타났다. 다만 나는 그를 한 번도 보지 못했다. 언제나 그가 나를 관찰했다. 내가 자신을 돌아보지 않으면 않을수록 더욱 더 그는 나를 날카롭게 관찰했다. 사람들은 임종을 앞둔 사람 눈에는 '전 생애'가 스쳐 지나간다고 이야기하지만, 그것은 바로 꼽추 난쟁이가 우리들 모두에 대해서 간직하고 있는 상들로 이루어져 있다고 생각한다.[28]

> ② 여기서 잠을 자고 있다는 것이 망각, 즉 잠자는 사람의 망각과

28 『선집 3』, 150~151면.

일치된다는 것은 너무나도 명백하다. 이와 동일한 상징이 〈작은 꼽추〉라는 민요에서도 나타나고 있다. 이 꼽추는 일그러진 생활 속에서 삶을 영위하는 자이다. 그는 메시아가 오면 사라질 것이다. 어느 위대한 랍비가 말했던 것처럼, 폭력으로서 세계를 변경시키려고 하지 않고, 다만 세계를 조금 바로 잡게 될 그런 메시아가 오면 꼽추는 사라지게 될 것이다.[29]

③ 한 자동기계가 있었다고 알려져 있는데, 이 기계는 사람과 장기를 둘 때 이 사람이 어떤 수를 두는 반대 수로 응수하여 언제나 그 판을 이기게끔 고안되었다. 터키 복장을 하고 입에는 수연통(水煙筒)을 문 한 인형이 넓은 책상 위에 놓인 장기판 앞에 앉아 있었다. 거울 장치를 통해 이 책상은 사방에서 훤히 들여다볼 수 있다는 환상을 불러 일으켰다. 실제로는 장기의 명수인 꼽추 난쟁이가 그 속에 들어앉아 그 인형의 손을 끈으로 조종하고 있었다. 사람들은 이 장치에 상응하는 짝을 철학에서 표상해 볼 수 있다. '역사적 유물론'으로 불리는 인형이 늘 이기도록 되어 있다. 그 인형은 오늘날 주지하다시피 왜소하고 흉측해졌으며 어차피 모습을 드러내어서는 안 되는 신하를 자기편으로 고용한다면 어떤 상대와도 겨뤄볼 수 있다.[30]

①에서 발터 벤야민은 게오르크 세러의 『독일 어린이를 위한 책』과 아르님과 브렌타노가 편찬한 『독일 민요집』에 수록된 『소년의 마적(魔笛)』을 인용하면서 꼽추 난쟁이(das bucklicht Männlein)의 이미지를 나타내고 있다. "뾰족한 모자를 쓴 난쟁이들 Gnomen mit spitzen Mu¨tzen(149면)"이 화자의 무의식에서 기습적으로 나타나 화자의 일

29 『문예』, 89면.

30 『선집 5』, 329~330면.

상에 균열을 낸다. 발터 벤야민은 난쟁이에 대비하는 기존 거인 세계에서 억압받는 이미지로 규정하면서, 일상에서는 난쟁이가 본인의 존재감을 표출하지 못한다고 하더라도, 궁극적으로 난쟁이는 현실에 대한 도발을 언제든지 감행할 수 있다고 파악하였다. 즉, 그는 난쟁이의 이미지에 꼽추 이미지를 병치하면서 난쟁이의 내면에 억압된 현실에 대한 불만과 분노가 내재하고 있다는 점을 말하고 있다. 그가 꼽추 난쟁이의 대상을 개념상 구체적으로 표명하지 않았지만, 현실에서 소외받은 계급을 상징한다.

②는 프란츠 카프카론의 〈작은 꼽추(das bucklicht Männlein)〉의 한 부문이다. 발터 벤야민은 〈작은 꼽추〉라는 민요를 언급하기 전에, 프란츠 카프카의 작품들을 분석하면서 "수수께끼같은 죄의 암호(『발터 벤야민의 문예이론』, 87면)"를 해독하였다. 특히 동물들은 전세적 삶에 대한 기억을 망각하지 않는다는 점을 언급하였다. 그는 카프카의 작품에 "기형의 원형(88면)"인 꼽추 이미지를 동반한다는 점을 말했다. 카프카의 작품에는 고개 숙인 제스처를 취하면서 마치 꼽추처럼 등에 부담을 진 인물들이 등장한다. 법관, 호텔의 수위, 미술관 관람객, 「유형지」에서의 죄인들은 수직으로 직립하지 못한 채 꼽추처럼 보행하거나 등에 고문의 흔적을 받는다. 이러한 점을 거론하면서 발터 벤야민은 ②를 언급하였다. 그의 카프카론 전후 맥락을 고려하건대, 작은 꼽추를 최소한으로 사회적 약자 등으로 규정한다면, 사회적 약자를 구원할 메시아가 이들을 구제할 수 있는 것으로 설명할 수 있다. "꼽추 난쟁이는 일그러진 생활 속에서 삶을 영위하는 자다. '일그러진 생활'은 법과 진보의 이름으로 시대와 역사가 만들어 온 것이며,

꼽추 난쟁이는 그 속에서 '억눌린 사람들'에 대한 일종의 비유"[31]이다.

③은 「역사의 개념에 대하여」의 첫 번째 테제이다. 발터 벤야민은 자동기계 – 인형 – 꼽추 난쟁이(Der bucklige Zwerg)로 이어지는 복잡한 관계를 통해 역사의 진행 과정에서 과거를 망각하지 않고 현재와 미래의 가교를 형성할 수 있는 유물론과 신학의 상호 작용을 언급하였다. 역사 유물론과 신학이 별도로 각개전을 전개해서는 안 되고, 유물론이 전선의 선두에 나아가더라도 신학이라는 후방 지원을 받아야만 온전하게 역사의 승리를 획득할 수 있다고 말한다. ①~③에서 발터 벤야민은 꼽추 난쟁이 이미지를 반복적으로 사용하였다. 꼽추 난쟁이는 신학적 이미지를 동반하기도 하고, 무산계급의 이미지를 동반하기도 한다, 난쟁이는 정치와 경제라는 거인의 세계에서 소외받아 주목받지 못한다. 그런데 그는 난쟁이만을 주목하지 않고 난쟁이의 등에 혹이 달린 꼽추 이미지를 병치하였다. 꼽추 난쟁이는 사회경제적 발전 과정에 소외받은 존재를 상징한다. 꼽추 난쟁이는 자신의 욕망을 표출하지 못한 채 무의식적으로 억압하는 과정을 지속적으로 감행하면서 더 이상 온전하게 주체성을 승인받지 못해 등에 혹이 난 꼽추가 되어버렸다.[32]

> 역사적 인식의 주체는 투쟁하는, 억압받은 계급 자신이다. 마르크스에서 그 계급은 해방의 과업을 과거에 때려 눕혀진 자들의 세대

31 권용선, 『발터 벤야민의 공부법 –사소한 것들에 대한 사유』, 역사비평사, 2014, 207면.

32 김영옥, 「발터 벤야민에 있어서의 "곱사등이 난장이"연구 –메시아적 유토피아를 위한 상징 복합체」, 『독어독문학의 성찰과 전망: 이귀경 교수 환갑 기념 논문집』, 1993, 421면.

의 이름으로 완수하는, 최후의 억압받고 복수하는 계급으로 등장한다. 짧은 기간 스파르타쿠스(Spartakus)에서 다시 한 번 위세를 보였던 이 의식을 사회 민주주의는 예전부터 못마땅하게 여겼다. 30여 년이 경과하는 동안 사회민주주의는 그 쩌렁쩌렁한 목소리가 지난 19세기를 뒤흔들었던 블랑키라는 이름을 거의 말살하는 데 성공했다. 그들은 노동자 계급에서 미래 세대의 구원자 역할을 부여하는 것을 좋아했다. 그들은 그로써 노동자 계급이 지닌 가장 강력한 힘에서 힘줄을 잘라버리고 있다. 노동자 계급은 이 훈련 과정에서 증오와 희생정신을 모두 망각하였다. 왜냐하면 그 둘은 해방된 자손의 이상에서가 아니라 억압받은 선조의 이미지에서 그 자양을 취하기 때문이다.[33]

발터 벤야민이 꼽추 난쟁이의 이미지를 동반해 역사적 주체로 설정하고자 했던 바는 무엇인가? 그는 언어, 종교, 역사 범주를 넘나들면서 본인의 계급적 한계를 극복하고 꼽추 난쟁이에 속할 수 있는 개체에 대한 연민을 동반하였다. 그는 노동자계급의 혁명 가능성을 무조건적으로 긍정하지 않고 노동자 계급이 혁명 주체의 당위성을 내포할 수 있다는 점을 중시하였다. 그런데 노동자가 현실에 대한 비판 의식을 상실하는 과정도 문제이지만, 노동자의 계급성을 소멸하기 위해 기존의 정치 제도가 일조하고 있다는 점을 비판하였다. 계몽의 프로젝트는 사회와 제도의 불합리성을 해소하기 위해 발생하였다. 근대 사회는 사회 발전의 과정을 거치면서 계몽의 프로젝트를 변질하였다. 그렇다면 계몽의 프로젝트를 성찰하는 과정을 거쳐 온전한 근대성을 다시 확보하는 과정도 중요하다. 그는 “역사의 주체는 억압받는 자들이지

33 『선집 5』, 343~34면, 삼영사, 1993, 401면.

인류가 아니다(『선집 5』, 376면).”라는 점을 인식하면서 자본과 권력이 지속해서 꼽추 난쟁이를 배제하고 소외하는 과정을 해체하고자 하였다.

> 그리고 이런 의미에서, 국가의 관점과 대립해 있는 노동자들의 관점에 따라 보면, 파업권은 일정한 목적을 관철하기 위해 폭력을 사용할 권리를 이룬다. 두 견해에서의 대립은 혁명적인 총파업(Generalstreik)이 대두했을 때 날카롭게 드러난다. 총파업에서 노동자들은 매번 자신들의 파업권을 주장할 것이지만, 국가는 파업권이 '그런' 뜻에서 주어진 것이 아니라는 이유를 들어 이러한 주장을 남용이라고 부르면서 비상조치법을 반포할 것이다. 왜냐하면 입법자들에 의해 전제된 파업의 특수한 계기가 모든 기업체에 주어져 있는 것이 아닌데도 모든 기업체에서 파업을 동시적으로 벌이는 것을 불법이라고 선언하는 것은 국가의 재량에 맡겨져 있기 때문이다. 이러한 해석상의 차이 속에 법적 상황의 객관적 모순이 표현되는데, 그 법적 상황에 따르면 국가는 그것의 목적을 이따금 자연적 목적들로 무관심하게 대하다가 (혁명적 총파업 같은) 심각한 경우에는 적대적으로 대하는 어떤 폭력을 인정하고 있는 것이다. 얼핏 보면 역설처럼 보일지라도, 어떤 법을 수행하면서 취하는 태도 역시 특정한 조건에서는 폭력으로 불릴 수 있다.[34]

발터 벤야민은 소렐(Sorel)의 폭력론을 수용하면서 프롤레타리아의 정치적 혁명을 긍정적으로 고찰하였다. “사람을 두고 보자면 예를 들어 분노는 사람을 극명하게 드러나는 폭력의 폭발, 목전의 목적에 대해 수단으로서 관련되지 않는 그러한 폭발로 이끈다. 폭력은 수단이 아니라 발현(Manifestation, 현현)(『선집 5』, 106면)”으로서, 꼽추 난쟁

---

34 『선집 5』, 87~88면.

이 혹은 무산 계급을 포함한 사회적 루저의 현 시스템에 대한 분노를 표출한다. 그는 근대 사회의 모순을 해결하기 위해서 노동자 계급이 중요하다고 생각하였다. 그런데 그는 노동자들이 자신들의 계급의식을 애초 노동자 계급의 순수성을 상실한 채 기존 체제에 편입하는 과정을 보여준다고 감지하였다. 그는 법과 국가의 폭력에 대항하기 위해 잠정적으로 무산계급의 주체성을 인정하였다. 그는 신채호가 민중의 자각을 절대적으로 승인한 것과 달리, 무산계급의 혁명적 의지를 승인하면서도 다분히 유보하는 태도를 취하였다.

결론

결론

정치적 글쓰기의 몫
– 멜랑콜리한 인간의 고백

현대 사회에서는 감정과 정치, 일상과 정치, 법과 정치, 자유와 평등, 정치와 수사와 같은 정치적 과제가 대두하고 있다.[1] 현대 정치는 정치 제도와 정치 주체의 분리가 영속화하면서 인민의 정치 주권을 정치적으로 배제하는 과정을 어떻게 인식할 것인지를 고민하고 있다. 즉 국가 행정 통치와 경제 권력은 인민 주권을 거부할 뿐만 아니라 인민 스스로도 인민 주권을 회의적 시선으로 간주하게 만들고 있다. 이러한 정치경제적 배제 상황에서 인민은 스스로 정치적 주체가 되기 위해 정치경제적 지배충동의 파괴적 속성을 제어할 방안을 모색할 필요가 있다.[2]

특히 현대 사회에서는 정치와 경제, 정치와 종교가 정치적으로 결

1 곽준혁, 『정치철학 2–르네상스와 근현대』, 민음사, 2016, 353~401면.

2 곽준혁, 위의 책, 338면.

부되면서 인민 주권의 회복을 지속해서 지연시키고 있다. 정치경제적 정치화는 신자유주의의 전 세계적 확산과 경제적 가치의 절대화를 거치면서 인간의 삶의 방식을 경제적으로 훼손하고 있다. 신자유주의는 삶의 경제적 조건을 절대적으로 승인하는 과정을 전 세계적으로 전파하는 이념이다. 신자유주의가 자본주의적 삶의 방식을 교묘하게 은폐하면서 현대인들이 자본주의 시스템에 균열을 낼 정치력을 심리적으로 억압한다. 정치와 신학의 관계는 정치와 경제로 수렴되는 과정을 거쳐 경제신학이 일상 생활뿐만 아니라 삶의 모든 영역에 영향을 끼치고 있다.[3] 이러한 점을 염두에 둔다면, 신채호와 발터 벤야민은 동서양 근대 사회의 폭력을 감각적으로 감지했다고 볼 수 있다. 그들은 현실 변혁의 논리를 확보하면서도 실천의 당위성과 정당성을 확보하기 위해 글쓰기를 수행하였다. 신채호와 발터 벤야민의 정치적 글쓰기는 신자유주의의 부정적 결과를 선험적으로 고찰하고 그에 대한 대안을 제시하고 있다는 점을 알 수 있었다. 그들의 정치적 글쓰기는 동서양 근대의 주류 사회에 편입하지 못했던 비주류의 영역에 속하였다.

3 조르조 아감벤은 현대 사회는 정치신학에서 경제신학으로 이행하고 있다고 주장한다. 그는 신학과 경제가 동일한 지배 원리를 구상하고 있다는 점을 주목하면서, 오이코노미아(oikonomia)의 통치 형태를 분석하였다. 그는 신학적 통치 원리–영광송, 전례적 환호성, 사제직, 천사 찬미가–가 신적 권위를 형성하는 데 기여했다고 말한다. 근현대가 신학적 통치 질서를 배제했다고 보는 기존 관점과는 달리, 그는 신학적 통치 방식은 근현대에서도 정치적 변용되면서 존속하고 있다고 주장한다. 경제 신학은 오이코노미아의 신학적 변용을 거치면서 경제 통치의 폭력성을 자각하지 못하게 만들고 있다. 즉 스펙터클한 경제 신학은 경제적 차별과 모순을 직시하지 못하게 만들기 위해 신학적 통치 원리를 정치적으로 악용하고 있다고 볼 수 있다. 조르조 아감벤, 박진우·정문영 옮김, 『왕국과 영광』, 새물결, 2016, 25~30면.

근대 사회는 문명과 사회의 진보를 통해 인간이 계몽의 주체로서 세계의 중심에 위치하면서 자연과 세계를 타자화하는 방식을 거쳐 인간 중심주의를 추진하는 과정이었다. 근대 사회는 이성과 과학과 합리로 중무장한 채 비이성, 비과학성, 비합리성의 영역을 타자로 인식하면서 객체의 영역을 부인하였다. 근대 사회는 근대적 사유 방식을 위배하는 영역을 배제하고 방식을 근대화 프로젝트를 위한 제도로 승인했다. 근대 사회는 자본주의와 식민주의를 동시에 잉태하면서 반자본주의와 반식민주의를 무의식적으로 억압했고, 인간의 보편적 주권을 향한 노력을 무의미한 영역으로 간주했다. 신채호는 일본 제국의 식민주의를 종식하기 위해, 발터 벤야민 역시 유럽 제국의 자본주의를 파괴하기 위해 근대 사회의 시스템을 해체하기 위한 이론적 구성을 완성하고자 했다. 그들은 동서양 근대 사회의 폭력 구조를 소거하기 위한 정치적 모색을 글쓰기를 통해 보여주고자 했다.

신채호와 발터 벤야민의 정치적 글쓰기는 정치의 소멸과 종식이 거론되는 현대 정치의 위기[4]를 정의의 문제와 결부하여 해결하고자 하였다. 그들은 근대 사회의 정치적 현안으로 가장 시급한 사안을 정의

4 샹탈 무페(Chantal Mouffe)는 정치적인 것이 부재하기 때문에 현대 사회가 위기에 처하게 되었다고 진단한다. 그녀는 다원주의적 민주주의를 실현하기 위해서는 갈등과 적대의 정치적인 것을 재인식해야 한다고 주장한다. 즉 "다원주의적 민주주의는 정치적인 것의 존재를 부인할 것이 아니라 정치적인 것의 본성을 인정(18면)"해야만 한다. 자유주의적 민주주의가 무갈등의 이상을 지향하는 동안, 실제 삶을 추동하는 정치적 동력은 상실되어 합의와 만장일치가 가능하다는 반정치의 풍토를 형성한다. 결국 현대 사회의 정치적 위기를 극복하기 위해서는 갈등과 적대의 정치적 대립을 상호 인정하면서 정치적 주변인을 정치적 공간으로 유인해야 한다고 말한다. 샹탈 무페, 이보경 옮김, 『정치적인 것의 귀환』, 후마니타스, 2007.

실현에서 발견하고자 하였다. 신채호는 유교적 정의관에서 근대 사회의 모순을 파악하였지만 식민주의 상황에서는 근대적 정의가 실현 불가능하다고 생각하였다.[5] 특히 그는 권리 문제를 국가적 차원으로 끌어 올림으로써 국제 사회에서 자유와 평등에 관련된 국권 회복의 장을 만들고자 하였다.[6] 그는 사회 진화론과 영웅구국론으로는 식민주의를 극복할 수 없다고 생각했고, 민족주의와 무정부주의를 비판적으로 매개하는 과정을 거쳐 조선 민족의 독립을 갈망하였다. "동아시아에 있어서 무정부주의는 일제의 동아시아침략과 문화패권을 반대하는 강력한 무기였을 뿐만 아니라 자유와 평등을 목적으로 하는 미래 사회를 기획하는 이론근거로 작용하기도 했다. 작가는 한민족의 행방을 동아시아 식민지 무산민중의 해방과 직결시킨 점은 당시의 역사적 맥락에 있어서는 그 나름의 가능성과 타당성이 있다고 할 수가 있다. 그의 동아시아상상 내지 세계상상은 일제의 '동아시아담론(동아공영권)'이 바야흐로 전개될 즈음에 있어서 하나의 사상적, 문학적 대응"[7]의 일환이었다.

발터 벤야민은 "과거에 존재했던 것에 접근하는 것은 이제까지처럼 그것을 역사학적인 방식으로 다루는 것이 아니라 정치적인 방식, 즉

5 박병철 외 1인, 「단재 신채호의 정의관에 관한 연구」, 『민족사상』 제7권 제3호, 한국민족사상학회, 2013, 103면.

6 정경운, 「근대 '正義'를 이해하는 두 가지 방식: 이광수와 신채호를 중심으로」, 『현대문학이론연구』 제38집, 현대문학이론학회, 2011, 304면.

7 김병민, 「대화와 상상: 단재 신채호의 동아시아 인식과 근대상상」, 『국어국문학』 제174호, 국어국문학회, 2016, 215면.

정치적 범주로 다루는"[8] 과정을 거쳐 변증법적인 방법과 진보 이데올로기의 한계를 지적하면서 과거, 현재, 미래를 하나의 이미지로 수용하는 정치적 시간을 형성하고자 하였다. 그는 "폭력 비판이라는 과제는 그 폭력이 법과 정의와 맺는 관계(『선집 5』, 79면)"이기 때문에, 정치적으로 법적 타락을 구제하려고 하였다. 근대법과 근대국가의 폭력, 무산계급의 폭력은 인간중심주의적 폭력이라는 점에서는 공통이다. 인간중심주의적 폭력은 선과 악, 목적과 수단 등 인간이 허위적 신의 역할을 대리하면서 신의 이름으로 폭력을 구사한다. 인간중심주의적 폭력은 인간의 범주에 포섭하기 때문에 정의롭지 못하다. "정의는 모든 신적인 목적 설정의 원리이고, 권력은 모든 신화적 법 정립의 원리(『선집 5』, 108~109면)"라는 점을 수용한다면, 정의 구현은 신만이 가능하다. 그는 자연법과 실정법, 목적과 수단 등 인간중심주의적 폭력은 윤리적 상황과는 별개로, 수단의 영역에서만 국한해 논의를 전개하기 때문에, 정의의 목적을 실현할 수 있다고 생각했다.

신채호와 발터 벤야민이 정의의 문제를 고심한 이면에는 르상티망(ressentiment)이 자리잡고 있었다. 르상티망은 "단지 연민에 그치는 것이 아니라 변혁코자 하는 전략적 인식이며, 막연한 동정심에 머무는 것이 아니라 본질적으로 억압이, 따라서 이에 대한 르상티망을 공유함을 전제한다. 정의감은 전염성이 있기 때문에 단지 개인적 수준에 머물지 않는다. 이러한 르상티망은 단순한 '반동'이 아니라 세상이 아무리 긴장과 불화로 점철되어 있다 하더라도 그 구성원을 하나로 묶

8 『아케이드 프로젝트 2』, 913면.

어주는 부정의와 정의에 대한 예리한 감각"[9]이다.

> ① 歷史란 무엇이뇨. 人類社會의 『我와 非我』의 鬪爭이 時間부터 發展하며 空間부터 擴大하는 心的 活動의 狀態의 記錄이니 世界史라 하면 世界人類가 그리 되여 온 狀態의 記錄이며 朝鮮史라면 朝鮮民族이 그리 되어 온 狀態의 記錄이니라.
> 무엇을 『我』라 하며 무엇을 『非我』라 하느뇨? 깁히 팔 것 업시 얏치 말하자면 무릇 主觀的 位置에 슨 者를 我라 하고 그 外에는 非我라 하느니, 일을테면 朝鮮人은 朝鮮을 我라 하고 英·露·法·美…… 等을 非我라 하지만 英·美·法·露…… 等은 각기 제 나라를 我라 하고 朝鮮은 非我라 하며, 無產階級은 無產階級을 我라 하고 地主나 資本家 …… 等을 非我라 하지만, 地主나 資本家 …… 等은 각기 제 붓치를 我라 하고 無產階級을 非我라 하며 이뿐 아니라 學問에나 技術에나 職業에나 意見에나 그밧게 무엇에던지 반드시 本位인 我가 잇스면 딸아서 我와 對峙한 非我가 잇고 我의 中에 我와 非我가 잇스면 非我 中에도 또 我와 非我가 잇서 그리하야 我에 對한 非我의 接觸이 煩劇할사록 非我에 對한 我의 奮鬪가 더욱 猛烈하야 人類社會의 活動이 休息될 사이가 업스며 歷史의 前途가 完結될 날이 업나니. 그럼으로 歷史는 我와 非我의 鬪爭의 記錄이니라.[10]

> ② 과거를 역사적으로 표현한다는 것은 그것이 '원래 어떠했는가'를 인식하는 일을 뜻하는 것이 아니다. 그것은 위험의 순간에 섬광처럼 스치는 어떤 기억을 붙잡는다는 것을 뜻한다. 역사적 유물론의 중요한 과제는 위험의 순간에 역사적 주체에게 예기치 않게 나타나

9 권정기, 「르상티망」, 『철학과 현상학 연구』 제61집, 한국현상학회, 2014, 76면.
10 『전집 1』, 601면.

는 과거의 이미지를 붙드는 일이다.[11]

신채호와 발터 벤야민의 정치적 글쓰기는 정치 주체의 문제를 다각도로 살피고 있다는 점을 알 수 있었다. 그들은 공통으로 현실적 사안에 대한 지식인으로서 거리 두기를 확보하였다. 그들이 정치적 글쓰기를 수행하면서도 현실 참여에 대한 태도는 다소 상이하다. ①은 신채호가 역사 개념을 아와 비아의 투쟁으로 정의한 대목이다. 그는 정치적 갈등을 직시하는 과정을 거치면서 시공간의 변화에서 주관적 심적 활동을 기록하는 태도를 역사로 규정하였다. 그는 아와 비아의 구분을 명확하게 규정하고 정치적 투쟁의 박탈 가능성을 긍정적으로 고찰하였다. 그는 자기 내부의 박탈 과정을 거치는 과정을 통해 정치 윤리적 입장에 도달했다고 볼 수 있다. 신채호와 발터 벤야민은 근대 사회의 정치적 모순에 대해 즉각적으로 반응하는 분개의 차원을 넘어 분노를 내적으로 축적하는 과정을 거쳐 정의를 정립하려고 하였다.[12] 신채호는 무정부주의를 수용하면서 무장직접투쟁을 실천하고자 했다면, 발터 벤야민은 현실에 대한 구체적 실천을 유보하면서 현실 개조의 가능성을 지속해서 표명하였다. 특히 신채호는 민중을 재인식하는 과정을 거쳐 민중직접혁명의 가능성을 정

11 『선집 5』, 334면.

12 주디스 버틀러(Judith Butler)와 아테나 아타나시오우(Athena Athanasiou)는 박탈이 물리적 착취를 연상하는 기존 입장과는 달리 주체와 타자가 관계 맺음을 통해 주체가 자아에만 머물러 타인의 고통을 외면하는 태도를 함몰시킬 수 있는 상황을 박탈로 규정하고 있다. 즉 탈취적 형태의 박탈에서 관계적 형태의 박탈로 전이해야 한다고 주장한다.
주디스 버틀러·아테나 아타나시오우, 김응산 옮김, 『박탈 – 정치적인 것에 있어서의 수행성에 관한 대화』, 자음과 모음, 2016, 21~22면.

치적으로 도모하고자 하였다. 그는 민중을 "민족적 대아의식을 자기의식〔아됨〕으로 전유(專有)하여 보편타자에 포획당하지 않은 주체이며, 동시에 자각된 주체성과 도덕성을 보유함으로써 비로소 타자와 동일하게 마주 서 연대할 수 있는 열린 주체"[13]로 간주하였다.

②는 발터 벤야민이 역사적 사건을 하나의 표시로 인식하고 이를 응시할 수 있는 주체의 자각을 주장하는 대목이다. 그는 예외 상태의 영속화가 매순간 발생하는 상황에서 역사적 주체는 이를 외면하지 않고 실제적 사건으로 감각적으로 인식하는 과정을 중요시하였다. 그는 역사적 위기를 사전에 감각하는 태도를 중심으로 예감해야 한다고 말한다. 이는 "역사적 대상은 결코 중립적으로 주어지지 않는다. 그것은 그것을 이미지로 구성하며 그것의 독해 가능성을 시간적으로 결정하고 조건 짓는 색인이나 표시를 항상 수반한다. 역사가는 생기 없고 끝없는 문서고 더미에서 우연히 또는 자의적으로 자신의 사료를 선택하는 것이 아니다. 역사가는 지금 여기서 독해를 요구하는 표시들의 아주 가느다랗고 거의 보이지 않는 실을 추적한다. 벤야민에 따르면 연구자의 급은 바로 본성상 하루살이 같은 이 표시들을 읽을 수 있는 능력"[14]에 의해 결정된다. 그는 "직접적인 현실참여에 대해 언제나 부정적이었다. 그 대신 현실로부터 거리를 취했던 그가 청년기부터 진지하게 생각했던 종교운동·정신운동은 언제나 정치적 함의를 갖는 것이었고 그렇기 때문에 그는 처음부터 자신 글

13 박정심, 『한국 근대사상사 – 서양의 근대, 동아시아 근대, 한국의 근대를 어떻게 보아야 하는가』, 천년의 상상, 2016, 325면.

14 조르조 아감벤, 양창렬 옮김, 『사물의 표시 : 방법에 관하여』, 난장, 2014, 109면.

쓰기 작업을 고도의 정치적 의미를 갖는 활동"[15]으로 간주하였다. 그는 "제가 구상하는 사실적이면서 동시에 고도로 정치적인 문체와 글쓰기란 곧 말로 표현되지 못한 곳에로 인도하는 일(『선집 6』, 272면)"을 추구하고자 하였다.

신채호와 발터 벤야민은 타자의 멜랑콜리를 지향한다는 점을 알 수 있었다. 신채호는 서양과 일본의 제국주의와 식민주의 폭력에서 배제한 타자를 전면적으로 수용하면서 민족주의를 구성하는 과정에서 현실적 실패와 좌절을 체험하는 순간 멜랑콜리의 정서에 빠져들었다. 반면 발터 벤야민은 서양의 이성 중심적 폭력에 대해 대응하고, 주체와 이성에 대해 대응하기 위해 타자와 감성의 영역을 전복적으로 수용하면서 멜랑콜리의 세계를 재해석하였다.

신채호의 정치적 글쓰기의 멜랑콜리는 외로움이었다. 그는 사상적, 정치적, 역사적 글쓰기와 정치 지향 및 반제 반봉건의 투쟁 노선의 과정에서 지적 혹은 사상적 연민에 가까운 외로움을 체험하였고, 나약한 개인에 대한 자기 부정과 자기 응시가 교차하는 부정의 서사 혹은 자기 부정의 논법을 글쓰기의 속성으로 생성하고자 하였다.[16] 신채호는 서양의 자본주의와 식민주의 방식이 일본 제국을 거쳐 악용하

15 최성만, 「벤야민에서 중단의 미학과 정치학」, 『문예미학』 8권, 문예미학회, 2001, 115면.

16 서형범은 신채호의 글쓰기 특징을 전통 학문 체계 수학 경험과 같은 지적 여정과 망명 생활에서 비롯되는 '외로움'같은 정서적 환경에서 찾고 있다. 그가 말하는 신채호의 '외로움'은 사상적, 철학적, 학술적 단독자로서의 외로움과 자신의 성취를 이어줄 지적 계승자가 부재한다는 사실에 대한 두려움을 의미한다. 서형범, 「傳統 知識人 丹齋 申采浩의 省察的 主體로서의 글쓰기의식」, 『대동한문학』 33집, 대동한문학회, 2010, 91면.

는 과정을 인식하면서 일본 제국을 통한 근대화는 종국에는 식민주의로 귀결한다고 판단했다. 그는 일본 제국의 식민주의가 근대화 과정을 변용하는 과정에서 조선 민족의 고유성이 상실한다는 점을 자각했다. 그런데 그가 정치적 글쓰기를 감행했지만, 현실적으로는 실패하였다. 그는 일본 제국주의 폭력과 식민주의의 억압을 동시에 비판하면서 현실적 위력 앞에서 공포를 느꼈다. 신채호는 실패를 존재론적 개념으로 간주하였고, 조선이라는 민족 공동체의 정치적 독립만이 아니라 신채호라는 개별 인간의 존재론적 전환과 의미를 위한 영원한 운동을 추동하였다.[17]

발터 벤야민의 정치적 글쓰기의 멜랑콜리는 체념(Entsagung)이었다. 괴테의 후기 작품에 나타난 체념의 문제는 금욕주의처럼 단순히 삶의 열정에 대한 부정과 소멸이 아니라 변화된 삶의 조건 안에서 개인과 집단의 문제를 추구한다는 점에서 시대와 사회에 대한 현실 인식과 긍정적 요인을 내포한다.[18] 발터 벤야민은 유럽의 문명화 과정은 인간의 보편적 정신이 상실한 타락의 시간으로 인식했다. 그는 유럽 문명의 진보는 인간을 행복으로 이끌지 못한 채 파국과 종말을 향해 치닫는다고 생각했다. 그는 독일 바로크 비애극과 보들레르의 세계를 세계의 비극과 영웅적 멜랑콜리의 관점으로 파악하였는데, 영웅적 멜랑콜리는 세계의 몰락을 경험하면서도 무의미의 심연으로 돌진한 후

17 신정근, 「신채호의 투쟁적 자아관」, 『철학』 제 109집, 한국철학회, 2011, 93면.

18 이연희, 「『빌헬름 마이스터의 편력시대』에 나타난 '체념'의 실천이성적 의미」, 『괴테연구』 7권, 한국괴테학회, 1997, 85면.

절대적인 무의미를 향해 나아간다.[19]

신채호와 발터 벤야민의 동서양 근대 사회에 대한 멜랑콜리한 시선의 이면에는 현실 개조와 혁명 가능성이 불투명하게만 보이는 암울한 현실에 대한 지식인의 정직한 시선을 안타깝게 노출하고 있다. 그들이 울분과 우울의 몽상을 급진적으로 탈피하면서 도달하고자 했던 꿈의 세계는 현대 사회에서도 유의 깊게 고찰해야만 하는 대목이다. 근현대 사회를 막론하고, 개인의 자율성을 억압하는 정치적 폭력의 은폐 가능성을 지속해서 정치적으로 변용하는 과정을 거쳐야만 인간은 온전하게 정치적 행복에 도달할 수 있다.

신채호는 전통과 근대의 이행 과정에서 글쓰기의 지평을 새롭게 확보하고자 했고, 발터 벤야민은 부분과 전체를 개별적으로 유지하면서 주체의 총체적 입장을 지속해서 유예하는 태도를 보여준다. 그들은 식민주의와 자본주의의 총체성을 가상과 허위의 세계로 인정했다. 신채호는 탈식민주의적 글쓰기를 수행하면서 망국 민중이 주체적으로 근대의 폭력을 파악하기를 갈망했다.[20] 발터 벤야민은 탈근대적 글쓰

---

19 김동훈, 「세계의 몰락과 영웅적 멜랑콜리: 독일 바로크 비극, 보들레르, 그리고 발터 벤야민」, 『서울시립대학교 도시인문학연구』 제2권 1호, 서울시립대학교 도시인문학연구소, 2010, 20~21면.

20 하정일은 신채호를 탈식민문학과 예술의 정치화의 기원으로 간주하였다. 그는 신채호가 반제국주의적 실천의 탈식민 문학과 서구중심주의의 미적 자율성의 한계를 극복하였다고 보았다. 신채호는 계몽의 전통을 변용하였다. 신채호는 아(我)의 주체성을 피식민지의 민족과 민중으로 확장하면서 식민주의에 대한 저항의식을 고취하였다. 아울러 예술의 정치화는 예술 자체에 정치와 계몽이 내포한다는 것이다.
하정일, 「급진적 근대기획과 예술의 정치화 – 신채호의 탈식민 사상과 문학론」, 『탈식민의 미학』, 소명출판, 2008, 176~178면.

기 방식을 선택하면서 무산대중이 주체적으로 근대 자본의 역습 과정에서 자존할 방법을 모색하였다.[21] 신채호와 발터 벤야민은 탈식민주의와 탈근대의 사유를 선취하였다는 점을 알 수 있었다. 신채호가 무정부주의를 수용하면서 식민주의의 모순을 외파하려고 했다면, 발터 벤야민은 낭만주의적 무정부주의를 일시적으로 수용하면서도 자본주의의 문제점을 내파하려고 했다. 그들은 각각 식민주의와 자본주의의 모순을 몸소 체험하면서 이에 대한 대응 논리를 정치적 글쓰기를 통해 해결하고자 했다.

21 나카타다시 마카시(仲正昌樹)는 발터 벤야민의 글쓰기를 포스트모던의 관점에서 파악한다. 발터 벤야민은 근대 도시의 아케이드 속을 통과해 지나쳐가는 것들의 다양한 이미지를 표상(représentation)하거나 단편적(fragment) 글쓰기를 통해 스케치하였다. 특히 성좌(Konstellation)는 근대 도시의 다양한 이미지를 포섭하고 연관짓는 방식이다. 발터 벤야민은 다양한 분야에서 에세이에 준하는 글쓰기를 통해 각 분야의 사안을 크로스오버하였다. 발터 벤야민은 철학의 비평적 의미를 상호간에 교차하는 글쓰기 탐구 방식을 보여주었다. 자끄 데리다를 위시한 포스트모던 사상가들은 발터 벤야민의 탈근대적 글쓰기를 수용했다고 볼 수 있다.
仲正昌樹, 『ヴァルター・ベンヤミン—「危機」の時代の思想家を読む』, 作品社, 2011, pp.13~14.

참고 문헌

1. 1차 문헌

신채호, 『단재 신채호 전집 1~9』, 독립기념관 한국독립운동사연구소, 2007.
발터 벤야민, 김영옥 외 2인 옮김,『발터 벤야민 선집 1권』, 도서출판 길, 2007.
__________, 최성만 옮김, 『발터 벤야민 선집 2권』, 도서출판 길, 2007.
__________, 윤미애 옮김, 『발터 벤야민 선집 3권』, 도서출판 길, 2007.
__________, 김영옥 · 황현산 옮김, 『발터 벤야민 선집 4권』, 도서출판 길, 2010.
__________, 최성만 옮김, 『발터 벤야민 선집 5권』, 도서출판 길, 2008.
__________, 최성만 옮김, 『발터 벤야민 선집 6권』, 도서출판 길, 2008.
__________, 최성만 옮김, 『발터 벤야민 선집 9권』, 도서출판 길, 2012.
__________, 최성만 옮김, 『발터 벤야민 선집 10권』, 도서출판 길, 2012.
__________, 김남시 옮김, 『발터 벤야민 선집 14권』, 도서출판 길, 2014.
__________, 반성완 옮김, 『발터 벤야민의 문예이론』, 민음사, 1992.
__________, 최성만 · 김유동 옮김, 『독일 비애극의 원천』, 한길사, 2009.
__________, 조형준 옮김, 『아케이드 프로젝트 1』, 새물결, 2005.
__________, 조형준 옮김, 『아케이드 프로젝트 2』, 새물결, 2005.
__________, 조형준 옮김, 『아케이드 프로젝트 Ⅱ』, 새물결, 2006.

Benjamin, Walter, Gesammelte Schriften – Band IV–1, Suhrkamp, 1991.

2. 2차 문헌

고병철, 「근대 단군 담론의 이해 –종교적 신념체계와 역사적 지식체계로의 형성」, 『종교연구』 21권, 한국종교학회, 2000.
김유동, 「비동일성의 드라마 –안드레아스 그뤼피우스의 『레오 아르메니우스』, 『독일문학』 45권, 한국독어독문학회, 2004.
가스야 게이스케, 「언어 헤게모니 -'자발적 동의'를 조직하는 권력」, 미우라 노부타카 · 가스야 게이스케 엮음, 이연숙 · 고영진 · 조태린 옮김, 『언어제국주의란 무엇인가』, 돌베개, 2005.
강만길 편, 『신채호』, 고려대학교 출판부, 1990.
강수미, 『아이스테시스 -발터 벤야민과 사유하는 미학』, 글항아리, 2011.
고지현, 「발터 벤야민의 역사 철학에 나타나는 역사의 유대적 측면: 벤야민의 게르숌 숄렘과의 카프카 토론」, 『사회와 철학』 제 10호, 사회와 철학연구회, 2005.
______, 『꿈과 깨어나기』, 유로서적, 2007.
______, 「건축모델 '파사주' -지각의 공간」, 『뷔히너와 현대문학』 29집, 한국 뷔히너학회, 2007.
______, 「발터 벤야민의 문화예술론에 나타나는 역사주의 비판: 박물의 세계와 역사주의의 세속화」, 『한국사학사학보』 제24집, 한국사학사학회, 2011.
______, 「바로크 비애극에서 나타나는 권력론과 벌거벗은 '생명'」, 『브레히트와 현대연극』 제28집, 2013.
공임순, 「역사소설의 양식과 이순신의 형성 문법」, 『한국근대문학연구』 제4권 1호, 한국근대문학회, 2003.
곽준혁, 『정치철학 2- 르네상스와 근현대』, 민음사, 2016.
구모룡 외 12인, 『파시즘 미학의 본질』, 예옥, 2009.
구연정, 「상상과 실재 사이: 헤테로토피아로서 베를린 -발터 벤야민의 1900년경 베를린의 유년시절에 나타난 도시 공간을 중심으로」, 『카프카연구』 제29집, 한국카프카학회, 2013.
구장률, 「낭객 신채호와 정명의 문학-디아스포라적 위치성을 중심으로」, 『민족문학사연구』 44권, 민족문학사연구소, 2010.
군터 게바우어 · 크리스토프 불프, 최성만 옮김, 『미메시스』, 글항아리, 2015.
권문경, 「고토쿠 슈스이의 『기독말살론』과 신채호의 아나키즘 -기독교관을 중심으로」, 『일본어문학』 제58집, 일본어문학회, 2012.
권용선, 『발터 벤야민의 공부법 -사소한 것들에 대한 사유』, 역사비평사, 2014.

권정기, 「르상티망」, 『철학과 현상학 연구』 제61집, 한국현상학회, 2014.
권형진, 「나치정권의 소년들에 대한 통제 –히틀러 유겐트를 중심으로」, 『대구사학』 89권, 대구사학회, 2007.
그램 질로크, 노명우 옮김, 『발터 벤야민과 메트로폴리스』, 효형출판, 2005.
김강녕, 「언론인이 본 단재 신채호」, 대전대학교 지역협력연구원 엮음, 『단재 신채호의 현대적 조명』, 도서출판 다운샘, 2003.
______, 「이순신의 해전: 주요 승전사례와 전쟁사적 의의」, 『군사논단』 통권 2069호, 한국군사학회, 2012.
김권정, 「동화와 저항의 기억」, 손준식 외 2인, 『식민주의와 언어 –대만 · 인도 · 한국에서의 동화와 저항』, 도서출판 아름나무, 2007.
김기봉, 「한국 고대사의 계보학」, 『한국고대사연구』 52, 한국고대사학회, 2008.
김기승, 「丹齋의 思想的 變化와 儒教; 丹齋思想 形成의 儒教的 基礎」, 『대동문화연구』 29, 성균관대학교대동문화연구원, 1994.
김기훈, 「단재 신채호의 정치사상 연구: 국가관과 민족독립사상을 중심으로」, 경북대학교대학원 석사논문, 2002.
김남시, 「역사의 기관차. 역사를 보는 발터 벤야민의 시각」, 『비교문학』 제60집, 한국비교문학회, 2013.
______, 「벤야민의 메시아주의와 희망의 목적론」, 『창비』 통권 164호, 창비, 2014.
______, 「발터 벤야민 예술론에서 기술의 의미 –「기술복제 시대의 예술작품」 다시 읽기 」, 『미학』 제81권 2호, 한국미학회, 2015.
김동규, 『멜랑콜리아』, 문학동네, 2014.
김동환, 「일제하 항일운동 배경으로서의 단군의 위상」, 『선도문화』 제10집, 국학연구원, 2011.
김동훈, 「세계의 몰락과 영웅적 멜랑콜리: 독일 바로크 비극, 보들레르, 그리고 발터 벤야민」, 『서울시립대학교 도시인문학연구』 제2권 1호, 서울시립대학교 도시인문학연구소, 2010.
김문길, 「신대문자에 관한 한일 양국간의 논쟁과 그 실태」, 『일본학보』 1권, 경상대학교 일본문화연소,1994.
김병민, 『신채호 문학 연구』, 아침, 1989.
______, 「대화와 상상: 단재 신채호의 동아시아 인식과 근대상상」, 『국어국

문학』 제174호, 국어국문학회, 2016.

김부겸, 「한국의 정치사상과 천부경(天符經) –한국정치사상사 서설을 중심으로」, 『범한철학』 제8권, 범한철학회, 1993.

김산춘, 「천사학과 단테의 천사상」, 『한국미학예술학회지』 제25호, 한국미학예술학회, 2007.

김삼웅, 『단재 신채호 평전』, 시대의 창, 2005.

김석근, 「신라와 고구려를 바라보는 두 시선」, 『양명학』 35호, 한국양명학회, 2013.

김수용 외 3인, 『유럽의 파시즘 –이데올로기와 문화』, 서울대학교 출판부, 2001.

김수자, 「신채호의 『이태리건국삼걸전』 번역 목적과 '영웅상'」, 『한국민족운동사연구』 통권 80권, 한국민족운동사학회, 2014.

김수환, 「혁명과 장난감 –발터 벤야민의 『모스끄바 일기』 다시 읽기」, 『안과 밖』 38, 영미문학연구회, 2015.

______, 「발터 벤야민의 『모스크바 일기』: 메이에르홀드와 브레히트 사이에서」, 『비교문학』 68권, 한국비교문학회, 2016.

김순배, 「비판적–정치적 지명 연구의 형성과 전개」, 『지명학』 제18집, 한국지명학회, 2012.

김양호, 「신채호의 "꿈하늘" 연구」, 『어문연구』 70 · 71합집, 한국어문교육연구회, 1991.

김영룡, 「기억의 토포스와 도시의 토폴로지 –발터 벤야민의 「베를린의 유년 시절」과 자아의 기억공간에 관하여–」, 『독어교육』 48권, 한국독어독문학교육학회, 2010.

______, 「'지금 이때'와 '남은 시간' – 발터 벤야민의 「역사의 개념에 관하여」에 나타난 성스러운 구원의 시간 연구 」, 『카프카연구』 34, 한국카프카학회, 2015.

김영옥, 「발터 벤야민에 있어서의 "곱사등이 난장이" 연구–메시아적 유토피아를 위한 상징 복합체」, 『독어독문학의 성찰과 전망: 이귀경 교수 환갑 기념 논문집』, 1993.

______, 「유대교적 – 독일 철학의 한 문맥 –헤르만 코헨, 프란츠 로젠츠바이크, 게르숌숄렘 그리고 발터 벤야민을 중심으로–」, 『브레히트와 현대연극』 2권, 한국브레히트학회, 1996.

_____, 「시계는 '너무 늦었음'에 멈추어 서 있다?: 벤야민의 멜랑콜리적 역사인식」, 『브레히트와 현대 연극』 제8집, 한국브레히트학회, 2001.
김용하, 「신채호의 「용과 용의 대격전」과 발터 벤야민의 「역사의 개념에 대하여」에 나타난 종교와 정치의 관계에 대한 연구」, 『인문학연구』 제47집, 조선대학교 인문학연구원, 2014.
김유동, 「파괴, 구성, 그리고 복원-발터 벤야민의 역사관과 그 현재성」, 『문학과 사회』 74호, 문학과지성사, 2006.
김의숙, 「李适 傳說 硏究」, 『강원민속학』 제11권, 강원도민속학회, 1995.
김인환, 『기억의 계단 -현대문학과 역사에 대한 비평』, 민음사, 2001.
김일권, 『동양 천문 사상 하늘의 역사』, 예문서원, 2007.
김종영, 『히틀러의 수사학』, 커뮤니케이션북스, 2010.
김주현, 『신채호 문학 연구초』, 소명출판, 2012.
_____, 『계몽과 혁명 -신채호의 삶과 문학』, 소명출판, 2014.
김주희, 「찰리 채플린(Charles Spencer Chaplin)의 신체 움직임과 해학성」, 『대한무용학회논문집』 1권, 대한무용학회, 2013.
김태식, 「동아시아 근대와 尙武精神의 발견: 韓 · 中 · 日, 특히 韓國을 중심으로」, 『한국고대사연구』 9권, 한국고대사탐구학회, 2011.
김항, 『말하는 입과 먹는 입 -'종언의 시대'의 종언과 새로운 사유의 모색』, 새물결, 2009.
_____, 「예외적 존재로서의 천황 -근대 일본의 헌법과 주권」, 『대동문화연구』 70권, 성균관대학교 대동문화연구원, 2010.
김현강, 「발터 벤야민의 사유에 나타난 주체, 이미지, 기술 사이의 관계」, 『인문과학논총』 제69집, 서울대학교인문학연구원, 2013.
김현주, 「신채호 소설에 나타난 영웅의 변모양상 연구 -아나키즘 사상의 심화 과정을 중심으로-」, 『어문학』 제105집, 한국어문학회, 2005.
_____, 『단재 신채호 소설 연구』, 소명출판, 2015.
김현철, 「한말 조선의 대외관과 영토 인식 -박은식 · 신채호의 자강사상과 고대사 인식을 중심으로」, 『만주연구』 12집, 만주학회, 2011.
김혜신, 「파리 건축과 시각문화의 모더니티에 대한 역사적 소고 -현대도시 원사(原史)를 포착하는 방법으로서 발터 벤야민의 영화적 이미지와 관련하여」, 『역사와 경계』 79, 부산경남사학회, 2011.
김홍중, 「발터 벤야민의 파상력(破像力) 연구」, 『경제와 사회』 제73호, 비판

사회학회, 2007.
______, 『마음의 사회학』, 문학동네, 2009.
나병철, 『은유로서의 네이션과 트랜스네셔널 연대』, 문예출판사, 2014.
나인호 외 1인, 「독재와 정치종교: 독일 나치즘과 일본 파시즘의 상징의 정치」, 『대구사학』 제 79집, 대구사학회, 2005.
나정길, 「대종교와 천부경」, 『신종교연구』 제16집, 한국신종교학회, 2007.
노관범, 「대한제국기 신채호의 "아(我)" 개념의 재검토」, 『개념과 소통』 14권, 한림과학원, 2014.
독립기념관, 「단재 신채호의 삶과 투쟁 그리고 현재적 의의 심포지엄」, 독립기념관 한국언론재단, 2007.
라파엘 젤리히만, 박정희 · 정지인 옮김, 『집단 애국의 탄생 히틀러』, 생각의 나무, 2008.
량치차오, 신채호 번역, 류준범 · 장문석 현대어 옮김, 『이태리건국삼걸전』, 지식의 풍경, 2001.
롤랑 바르트, 김웅권 옮김, 『글쓰기의 영도』, 동문선, 2007.
류동일, 「1920년대 신채호 문학 연구 : '0'의 의미를 중심으로」, 『현대소설연구』 제48호, 현대소설학회, 2011.
무라야마 지준, 김희경 역, 『조선의 점복과 예언』, 동문선, 2005.
문광훈, 『가면들의 병기창』, 한길사, 2014.
미쓰이 다카시, 「식민지하 조선의 언어 정치학 조선 언어정책, 사회사재고」, 『한림일본학』 20권, 한림대학교 일본학연구소, 2012.
민희식, 「〈악의 꽃〉에서 산문시 〈파리의 우울〉에 이르는 보들레르의 미적 세계」, 『민족과 문화』, 한양대학교 민족학연구소, 1993.
박걸순, 「日帝强占期 亡命 人士의 高句麗 · 渤海認識」, 『한국독립운동사연구』 제23집, 독립기념관 한국독립운동사연구소, 2004.
박광수, 「홍암(弘巖) 나철(羅喆)의 단군신앙운동 연구」, 『종교연구』 제53집, 한국종교학회, 2008.
박기현, 「보들레르: 파리의 시인에서 알레고리 시인으로: 벤야민의 독서를 중심으로」, 『프랑스문화예술연구』 33, 프랑스문화예술학회, 2010.
박남수, 「新羅 眞興王代 政治社會와 花郎徒 制定」, 『사학연구』 제92호. 한국사학회, 2008.
박노자, 「1900년대 초반 신채호 '민족' 개념의 계보와 동아시아적 맥락」, 『인문과학논총』 제25집, 순천향대학교 인문과학연구소, 2010.
______, 「신채호의 『을지문덕』과 『수군제일위인이순신』: 외경을 통한 “우리 민족” 만들기」, 『이순신연구논총』 15호, 순천향대학교 이순신연구소, 2011.
박병철 외 1인, 「단재 신채호의 정의관에 관한 연구」, 『민족사상』 제7권 제3호, 한국민족사상학회, 2013.
박상섭, 『국가 · 주권』, 도서출판 소화, 2008.
박상진, 『단테 신곡 연구 : 고전의 보편성과 타자의 감수성』, 아카넷, 2011.
박시현, 「해석과 번역」, 『EU연구』 5권, 한국외국어대학교 EU연구소, 1999.
박영석, 「滿洲問題에 대한 申采浩의 見解– 1990年初 日本의 滿洲侵略과 관련하여」, 『군사』(1), 국방부군사편찬연구소, 1980.
박정심, 「申采浩의 儒教認識에 관한 硏究 : 近代的 主體 問題와 관련하여」, 『한국사상사학』 제22집, 한국사상사학회, 2004.
______, 「신채호의 “아(我)”에 관한 연구」, 『동양철학연구』 76권, 동양철학연구회, 2013.
______, 『한국 근대사상사 –서양의 근대, 동아시아 근대, 한국의 근대를 어떻게 보아야 하는가』, 천년의 상상, 2016.
박진우, 「파국의 시대와 “지금 시간(Jetztzeit)”: 발터 벤야민과 사도 바울의 새로운 역사적 시간의 패러다임」, 『인문학연구』 제44권, 조선대학교 인문학연구원, 2012.
______, 「한말 신채호의 역사관과 역사학」, 『한국문화』 제9집, 서울대학교 규장각 한국학연구원, 1988.
박찬승, 「근대 일본 · 중국의 ‘武士道’론과 신채호의 ‘花郎’론」, 『충청문화연구』 제5집, 한남대학교 충청문화연구소, 2010.
배우성, 「조선 후기 역사학과 신채호, 그리고 21세기」, 『한국학논집』 제43집, 계명대학교 한국학연구원, 2011.
백용성, 「발터 벤야민의 이미지와 시간개념」, 고려대학교 대학원 석사논문, 2010.
백진룡, 「일본 천황제의 역사적 변모 과정에 대한 연구–천황제의 성격 변화와 관련하여」, 『동북아문화연구』 제13집, 동북아시아문화학회, 2007.
보들레르, 윤영애 옮김, 『악의 꽃』, 문학과지성사, 2007.

빌헬름 라이히, 황선길 옮김, 『파시즘의 대중심리』, 도서출판 그린비, 2006.
서종학, 「吏讀의 개념과 성격」, 『구결연구』 제27집, 구결학회, 2011.
성현자, 「역사적 인물의 허구적 서사구조 (1) –신채호의 〈일목대왕의 철퇴〉 〈박상희〉 〈이괄〉을 중심으로–」, 『비교문학』 21권, 한국비교문학회, 1996.
______, 『단재(丹齋) 신채호의 역사전기소설연구 –이태리건국삼걸전과의 비교를 중심으로–」, 『동방문학비교연구총서』 3권, 한국동방문학비교연구회, 1997.
사카이 다카시, 『폭력의 철학』, 김은주 옮김, 산눈, 2007.
샹탈 무페, 이보경 옮김, 『정치적인 것의 귀환』, 후마니타스, 2007.
서형범, 「傳統 知識人 丹齋 申采浩의 省察的 主體로서의 글쓰기의식」, 『대동한문학』 33집, 대동한문학회, 2010.
송병삼, 「번역된 근대 주체와 민족 : 신채호의 '아(我)'와 '아(我)의 확장' 재인식」, 『인문사회21』 7권, 아시아문화학술원, 2016.
송재국, 『눈 들어보니 거기 하늘이 있었네』, 솔, 1996.
______, 『송재국 교수의 역학담론』, 예문서원, 2010.
수잔 벅 모스, 김정아 옮김, 『발터 벤야민과 아케이드 프로젝트』, 문학동네, 2004.
슈테판 마르크스, 신종훈 옮김, 『나치즘, 열광과 도취의 심리학』, 책세상, 2009.
슬라보이 지젝 엮음, 라깡정신분석학회 옮김, 『코기토와 무의식』, 인간사랑, 2013.
신경섭, 「연개소문 인물 형상 연구 –중국 고사의 유래와 변천을 중심으로」, 『동양정치사상사』 제7권 1호, 한국동양정치사상사학회, 2008.
신선희, 「이순신 소재 역사소설에 나타난 전통의 전유방식가 타자 인식 –신채호와 이광수를 중심으로」, 『한민족어문학』 제71집, 한민족어문학회, 2015.
신용하, 『증보 신채호의 사회사상 연구』, 나남출판, 2004.
신정근, 「신채호의 투쟁적 자아관」, 『철학』 제109집, 한국철학회, 2011.
인성기, 「칼 크라우스의 언어 및 문화 비판」, 『뷔히너와 현대문학』 제20호, 한국뷔히너학회, 2003.
안미현, 「게오르게의 『악의 꽃』과 벤야민의 『악의 꽃』 –번역사적 맥락을 중심으로」, 『독일언어문학』 제 57집, 한국독일언어문학회, 2012.
앙드레 슈미트, 정여울 옮김, 『제국 사이의 한국』, 휴머니스트, 2007.
앙리 미셸, 유기정 옮김, 『세계의 파시즘』, 도서출판 청사, 1979.
앨리스 K. 터너, 이찬수 옮김, 『지옥의 역사 Ⅱ』, 도서출판 동연, 1998.
양진오, 「고구려 영웅과 역사의 발전: 신채호 소설을 중심으로」, 『어문학』 제95집, 한국어문학회, 2007.
______, 『영웅의 발견과 한국근대소설의 기원』, 태학사, 2015.
에르트무트 비치슬라, 윤미애 옮김, 『벤야민과 브레히트 –예술과 정치의 실험실』, 문학동네, 2015.
염정삼, 「점복(占卜)과 제사(祭祀)에 관한 문자 연구 –중국 문화의 종교적 기원과 그 연속성에 대하여」, 『서강인문논총』 제26집, 서강대학교 인문과학연구소, 2009.
오영찬, 「朝鮮古蹟硏究會의 설립과 운영 –1931~1932년을 중심으로」, 『한국문화』 제55집, 서울대학교 규장각 한국학연구원, 2011.
왕수파, 「신채호의 이태리건국삼걸전 연구」, 대구대학교 대학원 석사논문, 2008.
유영옥, 「白巖과 丹齋의 연개소문 인식」, 『역사와 경계』 제71집, 부산경남사학회, 2009.
윤미애, 「유년의 장소와 기억 –발터 벤야민의 『1900년경 베를린 유년기』를 중심으로」, 『뷔히너와 현대문학』 25집, 한국뷔히너학회, 2005.
윤성우 「발터 벤야민(W. Benjamin)의 번역론에 관한 소고」, 『번역학연구』 8(1), 한국번역학회, 2007.
윤성환, 「한국인의 고구려와 수 –당전쟁 인식- 고려~근대시기 지식인의 인식을 중심으로」, 『군사연구』 138호, 육군군사연구소, 2014.
윤시향, 「에이젠슈테인의 충돌과 비약의 몽타주 –『전함 포템킨』을 중심으로–」, 『브레히트와 현대연극』 7권, 한국브레히트학회, 1999.
윤영실, 「근대계몽기 '역사적 서사(역사/소설)'의 사실, 허구, 진리」, 『한국현대문학연구』 제34집, 한국현대문학회, 2011.
______, 「근대계몽기 신채호의 민족론에 나타난 '아(我)'의 의미」, 『한국학연구』 제24집, 인하대학교 한국학연구소, 2011.
윤조원, 「번역자의 책무 –발터 벤야민과 문화번역」, 『영어영문학』 57권 2호, 한국영어영문학회, 2011.

윤천근, 「한국인의 운명적 하늘관」, 『동서철학연구』 제58호, 한국동서철학회, 2010.
윤해동, 「동아시아 식민주의의 근대적 성격 –'예'로부터 '피'로의 이행」, 『아시아문화연구』 22, 가천대학교 아시아문화연구소, 2011.
______, 『근대역사학의 황혼』, 책과함께, 2010.
이금희, 「한국고전문학작품에 나타난 王(宣祖)의 위상 –임진왜란 전, 후의 가사를 중심으로」, 『東北亞細亞文化學會 第20次 國際學術大會』, 동북아시아문화학회, 2010.
이동순, 「단재소설에 나타난 낭가사상: 단재 신채호전집[보유] 소수 9편을 대상으로」, 『어문론총』 12 한국문학언어학회, 1978.
이만열, 『단재 신채호의 역사학 연구』, 문학과지성사,1995.
이명종, 「1910 · 1920년대 조선 지식인들의 '만주=단군강역' 담론」, 『한국근대현대사연구』 74집, 한국근현대사학회, 2015.
이명호, 「문화번역의 정치성 : 이국성의 해방과 이웃되기」, 『비평과 이론』제15권, 한국비평이론학회, 2010.
이삼성, 「동서양의 정치전통에서 성속(聖俗)의 연속과 불연속에 관한 일고」, 『현대정치연구』 4집, 서강대학교 현대정치연구소, 2011.
______, 『제국』, 소화, 2014.
이성연, 「열강(列强)의 식민지(植民地)언어정책에 관한 연구」, 전남대학교 대학원 박사논문, 1988.
이숙화, 「『天符經』 수용과 근대 지식인들의 이해」, 『남북문화예술연구』 통권 제9호, 2011.
이승수, 「연개소문(淵蓋蘇文) 서사의 형성과 전승 경로 –연개소문의 형상과 관련하여–」, 『동아시아문화연구』 47권, 한양대학교 동아시아문화연구소, 2010.
이연숙, 『동아시아 정치서사 연구 –19세기 말~20세기 초의 텍스트를 중심으로』, 지식산업사, 2015.
이연희, 「『빌헬름 마이스터의 편력시대』에 나타난 '체념'의 실천이성적 의미」, 『괴테연구』 7권, 한국괴테학회, 1997.
이영범, 「벤야민의 언어철학과 문학적 글쓰기 –초기 언어 논문을 중심으로」, 연세대학교대학원 석사논문, 2001.
이유진, 『'李舜臣' 문학의 역사적 轉機와 그 意味: 愛國啓蒙期 〈李舜臣傳〉을

중심으로」, 「민족문화」 제40집, 한국고전번역원, 2012.
이인화, 「한국정치사상의 민본주의에서 민주주의로의 전환과정: 정약용과 신채호의 정치사상에 나타나는 근대성을 중심으로」, 성균관대학교대학원 석사논문, 2013.
_____, 「1910년 이후 한말 사회진화론의 변용과 극복 양상 -안중근, 박은식, 안창호, 신채호의 사상을 중심으로」, 『동서철학연구』 74권, 한국동서철학회, 2014.
이정석, 「신채호 소설의 전도적 상상력과 그 서사적 효과 –「백세노승의 미인담」과 「용과 용의 대격전」을 중심으로」, 『한국문학이론과 비평』 제46집, 한국문학이론과 비평학회, 2010.
이진경, 『역사의 공간 –소수성, 타자성, 외부성의 사건적 사유』, 휴머니스트, 2010.
이진실, 「'인식비판'으로서의 언어 –발터 벤야민의 초기 경험 개념 및 언어이론 연구」, 서울대학교대학원 석사논문, 2015.
이창남, 「역사의 천사 –벤야민의 역사와 탈역사의 개념에 대하여」, 『문학과 사회』 18, 문학과 지성사,2005.
_____, 「오스만과 근대 도시 파리의 경관 –발터 벤야민의 『파사주 작품』을 중심으로」, 『문화와 사회』 8권, 한국문학사회학회, 2010.
_____, 「19세기 꿈의 집들: 유리와 철의 '도시건축'에 대한 발터 벤야민의 고찰을 중심으로」, 『헤세연구』 제25집,한국헤세학회, 2011.
이택광, 「신성한 유물론: 발터 벤야민의 정치신학에 대하여」, 『비평과 이론』 17권 2호, 한국비평이론학회, 2012.
이혜화, 『미르 –용에 관한 모든 것』, 북바이북, 2012.
이호룡, 『신채호 다시 읽기』, 돌베개, 2013.
이효성, 「메시아적 힘에 대한 탐구: 발터 벤야민의 메시아사상을 중심으로」, 감리교 신학대학교 대학원 석사논문, 2013.
이희원, 「바다 영웅 신화의 영화 정치학」, 『슬라브학보』 25권 2호, 한국슬라브유라시아학회, 2010.
임상석, 「국한문체의 형성과 번역 –근대 초기 문자의 교체와 식민지」, 『반교어문연구』 38권, 반교어문학회, 2014.
임석원, 「발터 벤야민과 구성적 영화」, 『뷔히너와 현대문학』 제39호, 한국뷔히너학회, 2012.

임철규, 『왜 유토피아인가』, 한길사, 2009.
임혁백, 『비동시성의 동시성 –한국 근대정치의 다중적 시간』, 고려대학교 출판문화원, 2015.
임형진, 「단군학과 한국정치학: 근대 정치사상을 중심으로」, 『고조선 단군학』제13호, 고조선단군학회, 2005.
정환국, 「근대계몽기 역사전기물 번역에 대하여 –『월남망국사(越南亡國史)』와 『이태리건국삼걸전(伊太利建國三傑傳)』의 경우」, 『대동문화연구』 48권, 성균관대학교 대동문화연구원, 2004.
자크 랑시에르, 양창렬 옮김, 『정치적인 것의 가장자리에서』, 도서출판 길, 2008.
장선영, 「발터 벤야민, 칼 슈미트, 『햄릿』 –“주권”사상을 중심으로」, 『현대영어영문학』 59권 1호, 한국현대영어영문학회, 2015.
장신, 「일제하 日鮮同祖論의 대중적 확산과 素戔嗚尊 신화」, 『역사문제연구』 21, 역사문제연구소, 2009.
전나래, 「발터 벤야민의 유년시절 회상과 도시 경험 : 어린아이의 모티프를 중심으로」, 한국외국어대학교 대학원 석사논문, 2008.
전석환 외 1인, 「이름, 그 ‘명명하기’와 ‘명명되기’의 의미 –동학 · 천도교의 동덕(同德) 개념을 중심으로–」, 『동학학보』 29권, 동학학회, 2013.
전진성, 『역사가 기억을 말하다 –이론과 실천을 위한 기억의 문화사』, 휴머니스트, 2005.
정경운, 「근대 ‘正義’를 이해하는 두 가지 방식: 이광수와 신채호를 중심으로」, 『현대문학이론연구』 제38집, 현대문학이론학회, 2011.
정선경, 「《意大利建國三傑傳》 번역을 통해 본 한중 영웅서사 수용의 재맥락화」, 『중국소설논총』 제46집, 한국중국소설학회, 2015.
정선태, 『개화기 신문 논설의 서사 수용 양상』, 소명출판, 1999.
정영훈, 「한국사 속에서의 ‘檀君民族主義’와 그 정치적 성격」, 『한국정치학회보』 28(2), 한국정치학회, 1994.
정영훈, 「대종교와 ‘단군민족주의’」, 『단군학연구』 제10호, 단군학회, 2004.
정의진, 「발터 벤야민의 알레고리론의 역사 시학적 함의」, 『비평문학』 제 41호, 한국비평학회, 2011.
정의진, 「발터 벤야민의 역사유물론적 문학예술론이 제기하는 예술과 정치성의 문제」, 『서강인문논총』 40, 서강대학교 인문과학연구소,

2014.
정창석, 「일본 군국주의 파시즘 -그 식민지에의 적용」, 『일본문화학보』 34, 한국일본문화학회, 2007.
정형, 「근대 일본의 전쟁영웅(戰爭英雄) 창출에 관한 고찰 -메이지기(明治期) 군국주의(軍國主義) 교육사상을 중심으로-」, 『동양학』 53권, 단국대학교 동양학연구소, 2013.
조관자, 「〈반〉제국주의의 폭력과 멸죄의 힘 -중국망명기의 신채호와 동시대의 폭력비판론」, 『문화과학』 통권 34호, 문화과학사, 2000.
조르조 아감벤, 김상운 · 양창렬 옮김, 『목적없는 수단』, 난장, 2009.
___________, 김항 옮김, 『예외상태』, 새물결, 2009.
___________, 조효원 옮김, 『유아기와 역사』, 새물결, 2010.
___________, 양찰렬 옮김, 『사물의 표시: 방법에 관하여』, 난장, 2014.
___________, 박진우 · 정문영 옮김, 『왕국과 영광』, 새물결, 2016.
조법종, 「丹齋 申采浩의 民族史學研究: 한국고대사관련 저술을 중심으로」, 『한국종교사연구』 제13호, 한국종교사학회, 2005.
조은주, 「'나'의 기원으로서의 '단군'과 창세기적 문학사상의 의미: 최남선, 신채호를 중심으로」, 『한국현대문학연구』 제29집, 한국현대문학회, 2009.
조재룡, 「파리, 대도시의 등장과 문화 · 예술장의 변화 -발터 벤야민의 사유를 중심으로」, 『프랑스 문화예술연구』 제18집, 프랑스문화예술학회, 2006.
조현걸, 「고려 시대 풍수지리설과 정치: 천도 논의를 중심으로」, 『대한정치학회보』 17권, 대한정치학회, 2010.
조현설, 「궁예이야기의 전승양상과 의미」, 『구비문학연구』 2호, 한국구비문학회, 1995.
조효원, 「발터 벤야민의 Medium 개념 연구」, 성균관대학교 대학원 석사논문, 2009.
_____, 『부서진 이름(들) -발터 벤야민의 글상자』, 문학동네, 2013
주디스 버틀러 · 아테나 아타나시오우, 김응산 옮김, 『박탈 -정치적인 것에 있어서의 수행성에 관한 대화』, 자음과 모음, 2016.
지그프리트 크라카우어, 김정아 옮김, 『역사 -끝에서 두 번째 세계』, 문학동네, 2012.

진덕재, 「민족주의 사학자의 『삼국사기』 인식」, 『역사와 현실』 62, 한국역사연구회, 2006.
진태원, 「메시아주의 없는 메시아적인 것 Ⅱ」, http://rikszine.korea.ac.kr/front/article/humanList.minyeon?selectArticle_id=361
______, 「시간과 정의 : 벤야민, 하이데거, 데리다」, 『철학논집』 제34집, 서강대학교 철학연구소, 2013.
채영숙, 「문화 콘텐츠에 나타난 상징 동물 용(龍)의 고찰: 게임 콘텐츠를 중심으로」, 『동북아문화연구』 제21집, 동북아시아문화학회, 2009.
천자현 외 1인, 「근대 한국의 사회진화론 도입,변용에 보이는 정치적 인식구조: 국가적 독립과 문명개화의 사이에서」, 『대한정치학회보』 18권 3호, 대한정치학회, 2011.
최갑수, 「역사에서 변혁이란 무엇인가」, 『철학과 현실』 60, 철학문화연구소, 2004.
최문규, 『파편과 형세: 발터 벤야민의 미학』, 서강대학교출판부, 2012.
최서영, 「日本에 있어서의 「天皇」의 絕對性과 現在」, 원광대학교대학원 박사논문, 2009.
최성만, 「벤야민에서 중단의 미학과 정치학」, 『문예미학』 8권, 문예미학회, 2001.
______, 「벤야민의 프루스트와 카프카 해석에 나타난 경험이론」, 『독일문학』 74권, 한국독어독문학회, 2004.
______, 「벤야민 횡단하기 Ⅰ -모더니티와 신화」, 『문화과학』 통권 44호, 문화과학사, 2005.
______, 「벤야민 횡단하기 Ⅲ -벤야민의 개념들」, 『문화과학』 통권 48호, 문화과학사, 2006.
______, 「벤야민 횡단하기 Ⅳ -벤야민의 개념들」, 『문화/과학』 통권 49호. 문화과학사, 2009.
______, 「발터 벤야민의 몇 가지 신학적 모티프에 관하여」, 『인문학연구』 44권, 조선대학교 인문학연구원, 2012.
______, 『발터 벤야민 기억의 정치학』, 도서출판 길, 2014.
최성철, 「파국과 구원의 변증법 발터 벤야민의 탈역사주의적 역사철학」, 『서양사론』 제79호, 한국서양사학회, 2003.
최성희, 「사물의 언어, 사물의 온기: 벤야민의 번역론이 말해주는 것」, 『비평과 이론』 제13권 2호, 한국비평이론학회, 2008.
최순목, 「프랑스 제3 공화국 하에서의 언어에 대한 사회언어학적 고찰」, 『불어불문학연구』 25권, 한국불어불문학회, 1990.
최운식, 「占卜信仰의 意味와 原理」, 『국제어문』 16, 국제어문학회, 1995.
최정윤, 「초기 디즈니 애니메이션의 유토피아적 가능성 –미키 마우스에 관한 벤야민의 사유를 중심으로」, 『한국콘텐츠학회논문지』 10권 7호, 한국콘텐츠학회, 2010.
최호근, 「독일 제국의 기념물 건립 붐과 민족주의, 1871~1914」, 『대구사학』 101권, 대구사학회, 2010.
최홍규, 『신채호의 역사학과 민족운동』, 일지사, 2005.
칼 슈미트, 김효전 · 박배근 옮김, 『입장과 개념들』, 세종출판사, 2001.
폴 라파르그, 조형준 옮김, 『자본이라는 종교』, 새물결, 2014.
표언복, 「신채호의 만주인식과 그 변모」, 『Comparative Korean Studies』 제19권 3호, 국제비교한국학회, 2011.
하선규, 「영화 : 현대의 묵시론적 매체 : 크라카우어와 벤야민의 이론을 중심으로」, 『미학』 37권, 한국미학회, 2004.
하정일, 「급진적 근대기획과 예술의 정치화 –신채호의 탈식민 사상과 문학론」, 『탈식민의 미학』, 소명 출판, 2008.
하정현, 「근대 단군 담론에서 '신화' 개념의 형성과 파생문제」, 『고조선단군학』 제24호, 고조선단군 학회, 2011.
허남인, 「임진왜란의 문명사적 맥락: 조선의 문화주의와 일본의 군사주의」, 『경남학』 33호, 경상대학교 경남문화연구소, 2012.
헤겔, 권기철 옮김, 『역사철학강의』, 동서문화사, 2008.
홍승용, 「「역사철학테제」 소고」, 『브레히트와 현대연극』 제27집, 한국브레히트학회, 2012.
홍승우, 「성서에 나타난 세 언어 모티브에 대하여」, 『언어와 언어학』 40권, 한국외국어대학교 언어연구소, 2007.
홍장식, 「占卜信仰의 實行과 그 영향」, 『비교민속학』 12집, 비교민속학회, 1995.
황호덕, 「외부로부터의 격발들, 고유한 연구의 지정학에 대하여 –한국현대문학연구와 이론, 예비적 고찰 혹은 그래프 지도 수형도」, 『상허학보』 35집, 상허학회, 2012.

Antoine Berman, 岸 正樹 驛,『翻訳の時代: ベンヤミン『翻訳者の使命』註解』, 法政大学出版局, 2013.
Bensaïd, Daniel, Walter Benjamin. Links des Möglichen, LAIKA, 2015.
Brendan Moran and Carlo Salzani(ed), Toward the critique of violence, Bloomsbury Academic, 2015.
Howard Eiland and Michael W. Jennings, Walter Benjamin : A Criticla Life, Harvard University Press, 2014.
Khatib, R. Sami, Teleologie ohne Endzweck : Walter Benjamins Ent-stellung des Messianischen, Tectum, 2013.
Menninghaus, Winfried, Walter Benjamins Theorie der Sprachmagie, Suhrkamp Verlag, 1995.
Palmier, Jean- Michel, Walter Benjamin: Lumpensammler, Engel und bucklicht Männlein Ästhetik und Politik bei Walter Benjamin, Suhrkamp, 2009.
Schöttker, Detlev, Konstruktiver Fragmentarismus: Form und Rezeption der Schriften Walter Benjamins, Suhrkamp Verlag, 1999.

ヴァルター・ベンヤミン, 鹿島 徹,『[新訳・評注]歴史の概念について』, 未来社, 2015.
今村仁司,『ベンヤミン「歴史哲学テーゼ」精読』, 岩波書店, 2000.
多木 浩二,『ベンヤミン「複製技術時代の芸術作品」精読』, 岩波書店, 2000.
道籏 泰三,『堕ちゆく者たちの反転――ベンヤミンの「非人間」によせて』, 岩波書店, 2015.
細見和之,『ベンヤミン「言語一般および人間の言語について」を読む―言葉と語りえぬもの』, 岩波書店, 2009.
柿木伸之,『ベンヤミンの言語哲学 — 翻訳としての言語、想起からの歴史』, 平凡社, 2014.
仲正昌樹,『ヴァルター・ベンヤミン――「危機」の時代の思想家を読む』, 作品社, 2011.
小林哲也,「 ベンヤミンの「政治論」と形而上学: 1920年前後の形而 上学的思考の連関」,『文明構造論: 京都大学大学院人間・環境学研究科現代文明論講座文明構造論分野論集』, 京都大学大学院人間・環境学

研究科現代文明論講座文明構造論分野道籏泰三研究室, 2006.
白井 亜希子,「メシアの救出 ――ヴァルター・ベンヤミンのメシアニズムをめぐる 研究への一寄与」, 一橋大学大学院社会学研究科 博士論文, 2012.

진태원,「메시아주의 없는 메시아적인 것 II」. http://rikszine.korea.ac.kr/front/ article/humanList.minyeon?selectArticle_id=361
Elisa Santucci – Nitis, Benjamin's International Reception, http://www.radicalphilosophy.com/conference-report/benjamins-international-reception-2013-berlin

찾아보기